人际网络环境下的信息检索

周玉陶 编著

东南大学出版社
·南京·

内容提要

本书改变现行大多数教材以传统文献形态展开叙述的结构体系，遵循现代信息检索技术发展的规律，以传统文献、数据库、网络及机构四类信息源作为主干结构，既包含原有内容，又有效容纳了信息源的新发展。本书系统介绍了信息检索理论与技术，并对四类信息源的检索方法做了详细介绍，同时，着力透视了迅猛发展的信息技术新热点，探索人际网络环境对信息检索技术与观念的影响，视角新颖，可读性强。

本书可作为研究生、本科生信息检索与利用课程的教材，也可供图书情报工作者、信息管理工作者参考，也适合于普通读者作为提高信息素养的读本。

图书在版编目(CIP)数据

人际网络环境下的信息检索/周玉陶编著．—南京：东南大学出版社，2014.12
 ISBN 978-7-5641-5454-7

Ⅰ.①人… Ⅱ.①周… Ⅲ.①情报检索 Ⅳ.①G252.7

中国版本图书馆 CIP 数据核字(2014)第 310957 号

人际网络环境下的信息检索

出版发行	东南大学出版社
社　　址	南京市四牌楼 2 号(邮编：210096)
出版人	江建中
责任编辑	吉雄飞(办公电话：025-83793169)
经　　销	全国各地新华书店
印　　刷	南京京新印刷厂
开　　本	787mm×1092mm　1/16
印　　张	16.5
字　　数	401 千字
版　　次	2014 年 12 月第 1 版
印　　次	2014 年 12 月第 1 次印刷
书　　号	978-7-5641-5454-7
定　　价	35.80 元

本社图书若有印装质量问题，请直接与营销部联系，电话：025-83791830。

前言

随着进入信息社会的进程不断加快,信息已经成为我们学习、工作和生活中不可或缺的元素,时时刻刻影响着我们的行为,若不会合理利用信息将越来越难适应现代社会的发展。在当今信息环境下,一方面信息增长迅速、数量庞大,信息获取手段、方法、工具呈现多样化,人际信息交流网络的特征与优势越来越明显;另一方面,如何利用各种工具从浩如烟海的信息中快速、准确地获取有价值的信息,成为信息环境与个体信息需求之间的主要矛盾。信息素养教育是当代高等学校人才培养计划的重要组成部分,此项教育主要通过信息检索课程进行。

1984年国家教委(教育部前身)发布正式文件,将"文献检索与利用"列为高等院校本科生的必修或选修课程,现大部分高等院校已将信息检索作为公共基础课程,目的是培养学生的信息意识,提高获取、分析、评价与利用信息的能力,进而提高创新能力。多年来,各高校根据本校专业设置,出版了数百种教材,为我国高等学校人才信息素养教育作出了应有的贡献。扬州大学与国内其他高校一样,非常重视信息检索课程的建设,先后主编或参编了文、理、工、农、医等学科的文献检索教材。在长期的课程建设与教学实践中,我们深深感到,随着现代学科间的不断交叉、融合,原有教材的编写体例已经不能适应这种发展,有些论点与今天的移动互联网时代已经不相适应,更不能适应人际网络环境下的大学生信息素养教育的要求。在新的信息环境下,既要有对新兴信息技术的敏锐感知,又需要将信息技术的成果融入课堂,激发学生的思考与创造;既要充分考虑信息检索课程原有的认知体系与课程结构,保留其方法论上的精髓要义,又要以发展的眼光看信息环境,深刻把握检索对象的新变化,找准信息检索对于信息素养教育的切入点。这就要求我们必须了解新兴的信息源,了解Web 2.0、社交网络及移动互联网等新的工具方法与理论,了解人际网络环境下信息检索的新变化。为了顺应高校学科建设的发展,规范信息检索课程建设,吐故纳新,我们尝试改变原有的教材结构体系,根据新技术呈现的特点,遵循现代信息检索技术发展的内在规律,编写了这本视角新颖的信息检索教材。

本书凝结了作者多年从事信息检索教学、实践与研究的经验,主要特点如下:一是引入较多新技术的透视,这些技术对信息素养教育与终身学习理念推进有极其重要的作用;二是本书将以传统文献形态来组织篇章的体例变更为以信息源来组织叙述结构,这是一种较新的角度,有利于融入传统教材不能有效容纳的知识点,让教师与读者都有耳目一新的感觉,其中传统文献、数据库、网络及机构四种信息源及其关系、四种信息源检索均是本书的独到之处;三是本书对人际信息交流及移动互联网技术对信息检索的影响进行了探索;四是本书适用学科范围广,对本科生、研究生及图书情报工作者均有较强的针对性。

全书分三个部分,第一部分为信息素养篇,为第1章至第2章,主要论述网络的勃兴,使我们进入信息社会的进程加快,信息技术发生日新月异的变化,对教育者与学习者的学习方式均产生影响,进而改变了信息环境,将信息素养教育问题推到一个新高度;第二部分为信息检索理论与实务篇,包括第3章至第8章,主要对信息及信息源进行介绍,并对信息检索的基本原理及内涵进行理论论述,进而以传统文献信息源、数据库信息源、网络信息源及机构信息源作为分类依据,分析信息源共性,并对相关检索工具及检索系统进行了举要式介绍;第三部分为人际信息交流篇,为本书第9章,主要对以 Web 2.0 及社交网络为代表的人际信息交流方式进行讨论,并引入移动互联网为代表的 Web 3.0 概念。

  本书在编写过程中得到扬州大学人文社科处、研究生院、教务处、信息中心、图书馆、信息工程学院、物理学院等相关部门学院的关心、关爱与支持,并获得扬州大学出版基金资助。本书还得到南京大学信息管理学院博士生导师杨海平教授的关注、鼓励与帮助,他对书稿进行了审读,并提出许多中肯的修改意见。感谢南京艺术学院图书馆馆长陈亮研究馆员的鼓励与支持,感谢东南大学出版社吉雄飞编辑为本书付出的辛劳。本书还参考了大量国内外文献资料,大都在参考文献中标明出处,但仍有一些未能确认来源,在此一并向所有相关资料的提供者表示衷心感谢!

  本书许多观点为作者一己之见,限于作者水平与视野所及,疏漏不足之处在所难免,敬请广大读者与同行专家提出宝贵的批评和建议!

周玉陶

2014 年 10 月于扬州

目 录

第1章 信息技术与信息社会 ··· 1

1.1 信息社会 ··· 1
1.1.1 信息化与信息时代 ·· 1
1.1.2 信息社会 ·· 2
1.1.3 信息社会的特征与标志 ······································· 3
1.1.4 信息社会的发展趋势 ··· 7

1.2 人际网络环境下的信息技术 ·· 9
1.2.1 信息技术发展的新态势 ······································· 9
1.2.2 信息技术热点透视 ·· 11

1.3 信息环境与信息生态 ·· 22
1.3.1 信息环境及其要素 ·· 22
1.3.2 信息生态 ·· 24

思考题 ··· 26

第2章 学习方式变革与信息素养训练 ································· 27

2.1 人际网络环境下学习方式的变革 ································· 27
2.1.1 MOOC ··· 27
2.1.2 翻转课堂 ·· 30
2.1.3 微课 ··· 32
2.1.4 碎片化学习 ··· 35
2.1.5 系统化学习 ··· 36
2.1.6 社交化学习 ··· 37
2.1.7 移动学习 ·· 39
2.1.8 学习方式的变革趋势 ······································· 40

2.2 信息素养论 ·· 40
2.2.1 信息素养论的背景 ·· 41
2.2.2 信息素养的标准与评价 ····································· 42

2.3 信息素养训练 ·· 44
2.3.1 信息技术教育与训练 ······································· 44

2.3.2　信息人文素质教育 …………………………………………… 45

思考题 ………………………………………………………………………… 46

第3章　信息与信息源 …………………………………………………… 47

3.1　信息、情报、知识、文献 …………………………………………… 47
　　3.1.1　信息 …………………………………………………………… 47
　　3.1.2　情报 …………………………………………………………… 49
　　3.1.3　知识 …………………………………………………………… 50
　　3.1.4　文献 …………………………………………………………… 51
　　3.1.5　信息、情报、知识、文献等概念间关系 ……………………… 52

3.2　信息源 ………………………………………………………………… 54
　　3.2.1　信息源概述 …………………………………………………… 54
　　3.2.2　传统文献信息源 ……………………………………………… 56
　　3.2.3　数据库信息源 ………………………………………………… 61
　　3.2.4　网络信息源 …………………………………………………… 62
　　3.2.5　机构信息源 …………………………………………………… 62
　　3.2.6　传统文献、数据库、网络与机构四种信息源间的关系 …… 63
　　3.2.7　信息源的其他分类方法 ……………………………………… 64

3.3　信息资源 ……………………………………………………………… 64
　　3.3.1　信息资源概述 ………………………………………………… 64
　　3.3.2　信息资源的开发利用 ………………………………………… 66

思考题 ………………………………………………………………………… 67

第4章　信息检索基础理论 ……………………………………………… 68

4.1　信息组织与存储 ……………………………………………………… 68
　　4.1.1　信息组织 ……………………………………………………… 68
　　4.1.2　信息存储 ……………………………………………………… 69
　　4.1.3　元数据 ………………………………………………………… 70

4.2　信息检索理论与技术 ………………………………………………… 72
　　4.2.1　信息检索理论 ………………………………………………… 72
　　4.2.2　信息检索系统 ………………………………………………… 75
　　4.2.3　信息检索技术 ………………………………………………… 79
　　4.2.4　情报检索语言 ………………………………………………… 83

4.3 信息检索途径、方法与过程 …………………………………………… 87
　4.3.1 信息检索的途径 …………………………………………………… 87
　4.3.2 信息检索的方法 …………………………………………………… 89
　4.3.3 信息检索的步骤 …………………………………………………… 90
4.4 信息检索效果评价 ……………………………………………………… 93
　4.4.1 评价的目的、范围 ………………………………………………… 93
　4.4.2 评价标准 …………………………………………………………… 93
　4.4.3 提高检索效果的措施 ……………………………………………… 96
思考题 ………………………………………………………………………… 97

第5章 传统文献信息源的检索 …………………………………………… 98

5.1 书目与图书检索 ………………………………………………………… 98
　5.1.1 书目检索 …………………………………………………………… 98
　5.1.2 图书检索 …………………………………………………………… 101
　5.1.3 参考工具书检索及其电子化 ……………………………………… 104
　5.1.4 古籍检索 …………………………………………………………… 109
5.2 期刊论文检索 …………………………………………………………… 114
　5.2.1 期刊概述 …………………………………………………………… 114
　5.2.2 期刊目录与论文检索 ……………………………………………… 117
　5.2.3 中外期刊论文常用数据库 ………………………………………… 119
5.3 特种文献检索 …………………………………………………………… 124
　5.3.1 学位论文检索 ……………………………………………………… 124
　5.3.2 专利及专利文献检索 ……………………………………………… 126
　5.3.3 标准及标准文献检索 ……………………………………………… 129
　5.3.4 会议信息检索 ……………………………………………………… 131
　5.3.5 科技报告检索 ……………………………………………………… 132
　5.3.6 其他特种文献检索 ………………………………………………… 134
思考题 ………………………………………………………………………… 135

第6章 数据库信息源的检索 ……………………………………………… 136

6.1 数据库概述 ……………………………………………………………… 136
　6.1.1 数据库的产生与早期的检索系统 ………………………………… 136
　6.1.2 网络化数据库 ……………………………………………………… 139
　6.1.3 网络数据资源平台的发展态势 …………………………………… 141

6.1.4 数据库的类型与构成 ·· 144
6.2 数据库学习使用的一般方法 ·· 146
  6.2.1 了解数据库 ·· 146
  6.2.2 数据库检索的一般方式 ·· 147
  6.2.3 数据库原文文献的获取 ·· 149
  6.2.4 数据库检索语法、常用符号及参数比较 ·· 151
6.3 常用数据库举要 ·· 153
  6.3.1 综合性中文资源库 ·· 153
  6.3.2 综合性外文数据资源库 ·· 156
  6.3.3 引文及专业文献数据库 ·· 157
思考题 ·· 160

第7章 网络信息源的检索 ·· 161

7.1 网络信息源与网络信息源检索 ·· 161
  7.1.1 网络信息源 ·· 161
  7.1.2 网络信息源检索 ·· 164
7.2 Web通用信息搜索 ·· 166
  7.2.1 搜索引擎 ·· 166
  7.2.2 重要的搜索引擎——谷歌与百度 ·· 172
  7.2.3 谷歌与百度搜索语法 ·· 175
7.3 网络学术信息源检索 ·· 182
  7.3.1 网络资源目录与信息门户 ·· 182
  7.3.2 开放获取信息资源及其利用 ·· 184
  7.3.3 教学信息资源的开放获取 ·· 188
思考题 ·· 191

第8章 机构信息源与机构库 ·· 192

8.1 机构信息源举要 ·· 192
  8.1.1 机构信息源的概念与特点 ·· 192
  8.1.2 非政府国际组织 ·· 193
  8.1.3 政府网站 ·· 196
  8.1.4 学会、研究会及行业协会 ·· 203
  8.1.5 大学与研究机构 ·· 205
  8.1.6 图书馆联盟及图书情报机构 ·· 208

  8.1.7 出版与商用数据库平台 ………………………………………… 211
  8.1.8 其他机构 ………………………………………………………… 211
 8.2 机构库 ……………………………………………………………………… 213
  8.2.1 机构库概述 ……………………………………………………… 213
  8.2.2 国内外机构库项目 ……………………………………………… 217
 思考题 …………………………………………………………………………… 218

第9章 网络人际交流与移动互联网 …………………………………………… 219

 9.1 Web 2.0 概述 ……………………………………………………………… 219
  9.1.1 Web 2.0 概念 …………………………………………………… 219
  9.1.2 Web 2.0 工具与技术 …………………………………………… 222
 9.2 Web 2.0 主要理论 ………………………………………………………… 228
  9.2.1 长尾理论 ………………………………………………………… 228
  9.2.2 六度分隔 ………………………………………………………… 229
  9.2.3 150 法则 ………………………………………………………… 230
  9.2.4 弱连带 …………………………………………………………… 230
  9.2.5 并行生产 ………………………………………………………… 231
 9.3 社交网络 …………………………………………………………………… 231
  9.3.1 社交网络概述 …………………………………………………… 232
  9.3.2 社交网络工具及发展 …………………………………………… 233
  9.3.3 中国社交网络发展概况 ………………………………………… 235
  9.3.4 社交网络对社会的影响 ………………………………………… 237
 9.4 移动互联网 ………………………………………………………………… 238
  9.4.1 移动互联网概述 ………………………………………………… 238
  9.4.2 移动互联网的关键技术 ………………………………………… 240
  9.4.3 移动搜索 ………………………………………………………… 241
  9.4.4 移动互联网的应用场景与未来趋势 …………………………… 244
 思考题 …………………………………………………………………………… 246

结束语 人际网络环境下的信息检索 …………………………………………… 247

参考文献 …………………………………………………………………………… 251

第1章 信息技术与信息社会

信息社会是信息化社会的同义语。信息社会是"信息社会化,社会信息化"的结果,社会生产要素的基本性质并没有变化,只是把以传统形态存在的各类生产生活元素通过数字化、编码化、文字化、图表化、音像化、标准化等信息处理技术,全部转化成智力信息,再纳入信息管理系统,以促进社会的快速发展和进步。作为信息社会最重要的物质基础,信息技术(Information Technology,简称IT)是指在信息科学的基本原理和方法的指导下扩展人类信息功能的技术。对信息素养与信息检索教育而言,信息技术与信息社会应成为新时期我们认识的起点。本章将从信息社会论、信息技术发展新态势及所形成的信息环境等几个角度展开论述。

1.1 信息社会

信息社会(Information Society),也有人称之为信息化社会、知识社会、网络社会、虚拟社会、后工业社会等,是与农业社会、工业社会等相对而言的一种新的技术社会形态。它是工业社会之后以信息科技的发展和应用为核心的高科技社会,是信息、知识起主导作用的知识经济社会,也是以计算机信息处理技术为生产力特征的社会形态。信息社会与后工业社会等概念没有原则性的区别。

1.1.1 信息化与信息时代

"信息化"的概念在20世纪60年代初提出。一般认为,信息化是指信息技术和信息产业在经济和社会发展中的作用日益加强,并发挥主导作用的动态发展过程。它以信息产业在国民经济中占比、信息技术在传统产业中的应用深度和信息基础设施建设水平为主要标志。

从内容上看,信息化可分为信息的生产、应用和保障三大方面。信息生产,即信息产业化,要求发展一系列信息技术及产业,涉及信息和数据的采集、处理、存储技术,包括通信设备、计算机、软件和消费类电子产品制造等领域;信息应用,即产业和社会领域的信息化,主要表现在利用信息技术改造和提升农业、制造业、服务业等传统产业,大大提高各种物质和能量资源的利用效率,促使产业结构的调整、转换和升级,促进人类生活方式、社会体系和社会文化发生深刻变革;信息保障,指保障信息传输的基础设施和安全机制,使人类能够可持续地提升获取信息的能力,包括基础设施建设、信息安全保障机制、信息科技创新体系、信息传播途径和信息能力教育等。

新科技革命以电子信息业的突破与迅猛发展为标志,主要包括信息技术、生物工程技术、新材料技术、海洋技术、空间技术五大领域。晶体管和大规模集成电路的出现极大地降低信息传播的费用,其结果是人类社会从工业时代进入了信息时代。

欧美发达国家信息时代的时间跨度概念是从1969年至未来,我国及部分发展中国家的信息时代指的是从1984年至未来,比欧美晚了15年。人们常用最具代表性的生产工具来代表一个历史时期人类文明的发展时代历程,如石器时代、红铜时代、青铜时代、铁器时代、黑暗时代、启蒙时代、蒸汽时代、电气时代、原子时代等。用这种思维模式来观照20世纪,便会发觉,在近100年里人类从电气时代走向了信息时代。

20世纪40年代末50年代初揭幕的第三次科技革命一直延续到了21世纪。在这一期间出现的新技术正在从根本上改变我们的社会经济生活。让我们共同回顾一下这一时期人类所取得的重大突破:

1945年,第一台电子计算机投入使用;

1957年,第一颗人造卫星由前苏联发射升空,开辟了航天时代;

1961年,前苏联进行了人类第一次无人驾驶的宇宙飞船登月试验,并取得成功;

1969年,阿波罗号飞船使人类第一次在月球上留下足迹;

1983年,第一个机器人在联邦德国大众汽车股份公司投入服务;

1989年,互联网出现,一个全新的网络经济从此迅猛发展。

1.1.2 信息社会

人类社会经过农业社会和工业社会后,当前已经进入了信息社会。在社会的不同阶段,社会的主体劳动者、生产工具以及主要的合作关系有所不同(见表1.1)。

表 1.1 人类社会的变迁

	农业社会	工业社会	信息社会
大致时间	19世纪以前	19世纪到20世纪中期	20世纪中期至今
主体劳动者	农民	工厂工人	知识工人
合作关系	人与田	人与机器	人与人
主要工具	手工工具	机器	信息技术

在农业社会,人们以种田为生,绝大多数人都是农民;在工业社会,人与机器之间建立了合作关系,机器成了大多数工人的生产工具,机械化和自动化简化了许多工作流程,人们在机器的帮助下大幅度地提高了生产力。

在1957年,美国的白领工人首次超过了蓝领工人,他们主要从事信息的创建、传递和应用,被称作知识工人,标志着人类进入了信息社会。信息社会是以信息技术为基础,以信息产业为支柱,以信息价值的生产为中心,以信息产品为标志的社会。

在农业社会和工业社会中,人们所从事的是大规模的物质生产,物质和能源是社会发展的主要资源。而在信息社会中,信息成为比物质和能源更为重要的资源,以开发和利用信息资源为目的信息经济活动迅速扩大,逐渐取代工业生产活动而成为国民经济活动的主要内容。信息经济在国民经济中占据主导地位,并构成社会信息化的物质基础。信息技术在生产、科研教育、医疗保健、企业和政府管理以及家庭中的广泛应用对经济和社会发展产生了巨大而深刻的影响,从根本上改变了人们的生活方式、行为方式和价值观念。

在信息社会,虽然农业和工业仍然重要,但信息技术成为人们工作的主要工具。工业社会所形成的各种生产设备将会被信息技术所改造,成为一种智能化的设备,信息社会的农业生产和工业生产将建立在基于信息技术的智能化设备的基础之上。同样,社会服务也会在不同程度上建立在智能设备之上,电信、银行、物流、电视、医疗、商业、保险等服务将依赖于信息设备。由于信息技术的广泛应用,智能化设备的广泛普及,社会的产业结构、就业结构将会发生变化,社会的主体劳动者是从事信息工作的知识工人。掌握信息技术,利用信息技术获取和应用信息的能力已成为当今社会对人才素质的最基本需求。

信息经济在国民经济中占据主导地位,并构成社会信息化的物质基础。以计算机、微电子和通信技术为主的信息技术革命是社会信息化的动力源泉。

学者对于信息社会有不同的界定,较为普遍接受的信息社会的定义是在2003年日内瓦信息社会世界峰会《原则宣言》中提出的,即"一个以人为本、具有包容性和面向全面发展的信息社会。在此信息社会中,人人可以创造、获取、使用和分享信息和知识,使个人、社会和各国人民均能充分发挥各自的潜力,促进实现可持续发展并提高生活质量。"这个定义从个人和社会的视角对信息社会这一全新的社会形态进行界定,揭示了信息社会所特有的内涵。

信息社会发展要经历四个阶段:一是信息技术应用阶段,其表现形式是买设备、建网络;二是信息产业发展阶段,主要特点是发展具有自主知识产权的软、硬件产业;三是信息经济的推进阶段,主要特点是电子商务及信息化在相关经济领域的应用;四是信息社会的构建阶段,主要内容是社会建构、生产关系、意识形态、上层建筑。

1.1.3 信息社会的特征与标志

在20世纪80年代,关于"信息社会"的较为流行的说法是"3C"社会(通讯化、计算机化和自动控制化)、"3A"社会(工厂自动化、办公室自动化、家庭自动化)和"4A"社会("3A"加农业自动化)。到了20世纪90年代及21世纪,关于信息社会的说法又加上多媒体技术和信息高速公路网络的普遍采用等条件。

1) 信息社会的特征

(1) 经济领域的特征

① 劳动力结构出现根本性的变化,从事信息职业的人数与从事其他部门职业的人数相比已占绝对优势;一些传统的就业岗位被淘汰,劳动力人口主要向信息部门集中,新的就业形态和就业结构正在形成。在信息化程度较高的发达国家,其信息业从业人员已占整个社会从业人员的一半以上。一大批新的就业形态和就业方式被催生,如弹性工时制、家庭办公、网上求职、灵活就业等。近年在北京、上海、江苏等地的调查表明,邮电通讯、互联网服务、金融保险、房地产、信息咨询、计算机应用、科学技术服务业都有较快发展。但由于这些新兴的行业和职业岗位对劳动者素质要求较高,因此常常出现高技术高技能人员供不应求的情况。

② 在国民经济总产值中,信息经济所创产值与其他经济部门所创产值相比已占绝对优势。据测算,1967年美国国民生产总值中46%与信息活动有关,约有半数劳动力与信息职业有关,就业者收入的53%来自这类职业收入。根据规划,我国将把推进国民经济和社会信息化放在优先位置,以带动工业发展和出口增长。预计至2014年底,我国软件和信息技术服务业收入将突破4万亿元,信息产业在GDP中比重达8%。社会信息化给我国人民的生活带来重大变化,科技教育、医药卫生、社会保障和公共事业等领域的信息化大大提高了国民素质,信息消费占居民家庭消费支出的比重明显提高。在过去五年中,信息化给我国带来了超过2 000万个新的就业机会。

③ 能源消耗少,污染得以控制。以新兴科学知识和高技术为基础的尖端信息产业群,具有高效率、高增长、高效益和低污染、低能耗、低消耗的新特点。在传统产业日益衰落的过程中,专业化、小型化的新兴产业却在迅速发展。这种产业结构及其技术结构的变化,将会使劳动生产率获得极大增长。传统经济的能源结构是非再生型的,如煤炭、石油等,消耗一点就少一点,不能再生,而且浪费大,效率低,污染严重;而信息经济的能源结构主要是再生型的,如太阳能、生物能、海洋能等,它们不仅可以再生,取之不尽,用之不竭,而且干净效率高。

④ 知识成为社会发展的巨大资源。知识经济是以现代科学技术为基础,建立在知识和信息的生产、存储、使用和消费之上的经济。知识经济之所以在西方国家提出,是基于创新成为经济发展最短缺的因素,而其他经济要素相对而言是充分的。美国等发达国家在信息经济的发展过程中已进入"知识管理"阶段,从过去以信息为基础转向现在更强调知识创新,不仅重视信息使用者对信息集合的反应和运用,而且更重视把信息转化为知识。在知识经济时代,一个最典型和最基本的特征是知识作为生产要素的地位空前提高,并广泛地渗透到一切经济部门中,而且知识本身也成为一种更加市场化的产品。

(2) 社会、文化、生活方面的特征

① 社会生活的计算机化、自动化。随着微型计算机技术的进一步发展及操作运用的简单化,电脑的应用也更为普遍,其应用也不仅仅局限于科研和高精密度的工作。资源共享、数据通信,这两种电脑最原始的功能在日常生活中得到最普遍的应用。在社会生活中,计算机承担着越来越重要的作用。随着网络的迅速发展,电脑的普及速度大大加快,网络影视、社交网络与网络即时通信、网络购物与交易等基于网络的功能产生与发展,使电脑正在逐渐深入到人们的日常生活中。

② 拥有覆盖面极广的远程快速通讯网络系统以及各类远程存取快捷、方便的数据中心。人们的信息交流从语言、文字、印刷、电报、电话一直到今日的多姿多彩的现代通信,现代通信网络正向数字化、智能化、综合化、宽带化、个人化迈进。传统的通信网络(即电话交换的网络)是由传输、交换和终端三大部分组成,传输是传送信息的媒体,交换(主要是指交换机)是各种终端交换信息的中介体,终端是指用户使用的话机、手机、传真机和计算机等。现代通信网是由专业机构以通信设备(硬件)和相关工作程序(软件)有机建立的通信系统,是为个人、企事业单位和社会提供各类通信服务的总和。遍及全球的互联网——因特网(Internet)由多个计算机网络、传输、交换(这里主要是指路由器、交换机、集线器)和终端等

几部分组成。数据中心是一整套复杂的设施,它不仅仅包括计算机系统和其他与之配套的设备(例如通信和存储系统),还包含冗余的数据通信链接、环境控制设备、监控设备以及各种安全装置。谷歌在其发布的 *The Datacenter as a Computer* 一书中,将数据中心解释为"多功能的建筑物,能容纳多个服务器以及通信设备。这些设备被放置在一起是因为它们具有相同的对环境的要求以及物理安全上的需求,并且这样放置便于维护",而"并不仅仅是一些服务器的集合"。

③ 生活模式、文化模式的多样化、个性化加强。随着信息技术的不断进步,智能化的综合网络遍布社会各个角落,信息技术正在改变人类的学习方式、工作方式和娱乐方式。数字化的生产工具与消费终端广泛应用,人类已经生活在一个被各种信息终端所包围的社会中。信息逐渐成为现代人类生活不可或缺的重要元素之一。

④ 可供个人自由支配的时间和活动的空间都有较大幅度的增加。钱学森说:"无足够的自由支配时间,一个人的人格就不可能自主。无自主性人格的人就是他主性人格的人,即奴性人格的人。"自由支配的时间越多,智力生活的丰富性就得以保证。人们学习的主体性意识越强,有充分的时间进行阅读与思考,就会使人选择与自由相匹配的活动空间与行为方式,形成创新性与创造性。随着知识经济时代人们消费水平的提高和生活质量的改善,人们用于国内与国际旅游的需求将会与日俱增,以适应这种需求而兴起的旅游业将得以迅速发展,成为各国 GDP 中占有较大比重的行业。

(3) 社会观念上的特征

① 尊重知识的价值观念成为社会之风尚。在信息社会,知识已成为经济增长和社会进步的关键要素,而知识的生产和运用需要投入大量的社会劳动,从事知识生产、传播和运用的劳动者将成为社会劳动的主力军,他们的劳动得到全社会的普遍尊重。在社会经济知识化、信息化和全球化的历史条件下,企业或组织间的竞争,国与国之间的竞争,本质上是人才的竞争。要充分利用和发挥知识在社会价值创造和促进生产力发展中的作用,关键在于人才的培养、挖掘、使用和相应的激励,因为人才是"德、才、识、学、体"的独到结合和有机统一体,他们在价值创造和社会生产力发展中的作用并非是一般的劳动者或知识个体所能比拟的,所谓"千金易得,一将难求",说的正是人才的稀缺和宝贵。人才的生产需要大量的人力资本投资,包括人才自身个别劳动的投入。现代社会也是尊重知识产权(包括古人的知识产权)的社会,而尊重知识产权也是尊重人的重要标志之一。

② 社会中人具有更积极地创造未来的意识倾向。主体的能动性和进取精神必须依赖于对象或客体的存在,没有客体也就无所谓主体,主体和客体必须一一对应,主体的存在价值体现在它创造的客体上。生产力是一切社会生存和发展的基础,而科学技术是第一生产力。科学技术的本质在于创造和创新。尤其是在知识经济时代,组织的生存与发展、民族进步与强大、国家的繁荣与昌盛、人民的安康与幸福,关键在于其具有的创造或创新能力。尊重、鼓励、支持、保护个体和组织的创造热情、创造精神、创造过程、创造方式和创造成果,培育社会创造或创新文化,应成为全社会共同的价值信念和价值取向,这与传统社会中压制和反对"标新立异"的价值观念形成了鲜明对照和强烈反差。

2) 信息社会的标志

(1) 在信息社会中,信息成为重要的生产力要素,和物质、能量一起构成社会赖以生存的三大资源。物质是本源的存在,能量是运动的存在,信息是联系的存在。"世界由物质、能量、信息三大要素组成",这不光是在我国较有代表性的一种看法,也是国际上流行多年的一种观点。本体论意义上的信息,是标志间接存在的哲学范畴,是物质(直接存在)存在方式和状态的自身显示。信息以能量和物质为媒介,自由地超越空间和时间进行传播。人类对信息及信息技术的认识、发展和应用,是人类在不断认识物质、能量之后的第三次伟大的飞跃,标志着人类社会已进入了信息时代。

(2) 信息社会的经济是以信息经济、知识经济为主导的经济,它有别于农业社会是以农业经济为主导,工业社会是以工业经济为主导。知识经济时代突出表现为以下特征:① 知识成为主导资本;② 信息成为重要资源;③ 知识的生产和再生产成为经济活动的核心;④ 信息技术是知识经济的载体和基础;⑤ 经济增长方式出现了资产投入无形化、资源环境良性化、经济决策知识化的发展趋势。知识经济一方面促进世界新时代的到来,加速经济全球化的进程,使知识化取代工业化;另一方面促使全球面临新的国际分工,知识经济发达国家将成为"头脑国家",而知识经济发展滞后者将沦为"躯干国家",听"头脑国家"驱使。知识经济发展直接的变化是促使服务业成为国民经济的主导行业。世界银行多年前发表的《知识促进发展》的报告就指出,发达国家以知识为基础的行业的产值已占GDP的50%,其中高技术产业的产值占25%。在21世纪,以知识为主导的服务业将以锐不可当的乘数发展态势迅速占据GDP的主要份额。

(3) 在信息社会,劳动者的知识成为基本要求。知识经济是以现代科学为核心,建立在知识、信息、生产、分配和使用基础上的经济,是相对于农业经济、工业经济而言的新经济形态。创新是知识经济发展的动力,教育、文化和研究开发是知识经济的先导产业,教育和研究开发是知识经济时代最主要的部门,知识和高素质的劳动者是最为重要的资源。一切劳动资料的产生运作都离不开劳动者,劳动对象的创造和操作也离不开劳动者。劳动者是劳动资料的使用以及优化者,通过人为的工艺和流程使得劳动资料具某种程度的人类属性,而知识劳动者具有的无限潜力为人类的经济文化的进步提供了原始的动力,因此也必然成为知识经济时期的经济发展的关键因素。

(4) 科技与人文在信息、知识的作用下更加紧密地结合起来。简单地说,人文认识为我们认识世界提供了基础性的认识和视角,科学技术的发展为我们改造世界提供了现实的方法和手段。因此两者的协同作用,促使着人们不断地朝实现创造和谐世界以及人类自由发展这一终极目标发展。文艺复兴之前,真正意义上的现代科学还没有诞生,人文文化和科学文化基本上浑然一体,它们没有出现过严重的对立。在文艺复兴与科学革命期间,很多大科学家自身都带有很强烈的人文色彩。在这些时期,科学文化与人文文化是紧密结合在一起的。但是在18、19世纪,经历了科学的第二次革命以及第一、第二次工业革命以后,科学的地位和作用变得越来越显赫,这才逐渐偏离了人文文化。从历史的进程中,我们可以看出两种文化的演变过程实际是一种分离—融合—涌现的过程。信息、知识经济的发展为科技与人文的融合提供一种催化作用,科技与人文互相激荡、互进共生。对其内部所折射出的科技与人文意蕴进行反思,能使过去的哲人、现在的我们或者未来的新型思想家对科技和人文关系进行着有意义的审视和反思,从而促进科技和人文关系呈曲折而又螺旋式上升关系向前发展。

(5) 人类生活不断趋向和谐,社会可持续发展。人类社会是一个不断从低级向高级发展的历史过程,建立平等、互助、协调的和谐社会一直是人类的美好追求。马克思在《共产党宣言》中明确指出:"代替那存在着阶级和阶级对立的资产阶级旧社会的,将是这样一个联合体,在那里,每个人的自由发展是一切人的自由发展的条件。"马克思关于自由人联合体和人的全面自由发展的表述,都是指未来高级的和谐社会的目标模式。如何使一个社会充满活力?作为最基本的方面,一是发展先进生产力,这是社会最活跃最革命的因素;二是推动市场化改革,为社会充满活力提供制度支撑。当前我国社会活力的释放还不够充分,应特别强调"四个尊重",即尊重劳动、尊重知识、尊重人才、尊重创造,大力营造鼓励人们干事业、支持人们干成事业的社会氛围,使一切有利于社会进步的创造愿望得到尊重,创造活动得到支持,创造才能得到发挥,创造成果得到肯定,从而使社会活力竞相迸发。一个和谐的社会不可能建立在资源枯竭和环境恶化的基础上,人与自然和谐相处,就是要寻求生产发展、生活富裕、生态良好的最佳结合点。

1.1.4 信息社会的发展趋势

在通信技术、信息技术、射频识别技术等新技术迅猛发展的今天,一种能够实现人与人、人与物,甚至物与物之间直接沟通的无处不在的泛在信息社会正日渐清晰。强调"4A",即在任何时间(anytime)、任何地点(anywhere)、任何人(anyone)、任何物(anything)都可以顺畅地通信。在未来信息社会中,人们将能够在任何地点和任何时间随时随地灵活应用各种信息,从而极大地提高学习效率、工作效率、生活效率及生产效率,并以较低的费用充分享受信息化在多种领域给人们生活带来的便利,为人们的生活带来革命性的进步。其主要表现在以下几个方面:

(1) 产生新型的社会生产方式。生产力的技术工艺性质的重大变化总会导致人们的生产活动方式的变化。正如机器的普遍采用将手工工场的生产方式改造成为机器大工业的生产方式一样,信息社会也形成了新的生产方式。它表现在:一是传统的机械化的生产方式被自动化的生产方式所取代,进一步把人类从繁重的体力劳动中解放出来;二是刚性生产方式正在变化为柔性生产方式,使得企业可以根据市场变化灵活而及时的在一个制造系统上生产各种产品;三是大规模集中性的生产方式正在转变为规模适度的分散型生产方式;四是信息和知识生产成为社会生产的重要方式。

(2) 新兴产业的兴起与产业结构演进。信息社会将会形成一批新兴产业,并促进新的产业结构的形成。一是信息技术革命催生了一大批新兴产业,信息产业迅速发展壮大,信息部门产值在全社会总产值中的比重迅速上升,并成为整个社会最重要的支柱产业;二是传统产业普遍实行技术改造,降低生产成本、提高劳动效率,而通过信息技术对传统能量转换工具的改造,使传统产业与信息产业之间的边界越来越模糊,整个社会的产业结构处在不断地变化过程中;三是信息社会智能工具的广泛使用进一步提高了整个社会的劳动生产率,物质生产部门效率的提高进一步加快了整个产业结构向服务业的转型,信息社会将是一个服务型经济的社会。

(3) 数字化的生产工具普及和应用。数字化的生产工具在生产和服务领域广泛普及和应用,工业社会所形成的各种生产设备将会被信息技术所改造,成为一种智能化的设备,信息社会的农业生产和工业生产将建立在基于信息技术的智能化设备的基础之上;同样,信息社会的私人服务和公众服务将或多或少建立在智能化设备之上,电信、银行、物流、电视、医疗、商业、保险等服务将依赖于信息设备。由于信息技术的广泛应用以及智能化设备的广泛普及,政府、企业组织结构进行了重组,行为模式发生新的变化。

(4) 新型就业形态与就业结构的出现。伴随着产业结构的演变,当人类迈向信息社会时,新的就业方式开始形成,就业结构将发生新的变化。从波拉特统计体系来看,社会经济活动可以划分为四大产业部门,即农业、工业、服务业和信息业。随着社会经济形态的演进,劳动力人口依次从农业部门流动到工业部门;在工业化后期,农业人口和工业人口又流向服务业部门;在工业社会向信息社会转型的过程中,信息技术的发展催生了一大批新的就业形态和就业方式,劳动力人口主要向信息部门集中。传统雇佣方式受到挑战,全日制工作方式朝着弹性工作方式转变。而信息劳动者的增长是社会形态由工业社会向信息社会转变的重要特征。

(5) 产生了新的交易方式。分工和专业化是经济增长的主要动力,其中分工扩大生产的可能性边界,推动了人类社会的发展。有分工就会有交易,信息社会中信息技术的扩散使得交易方式出现新的变化。一是信息技术的发展促进了市场交换客体的扩大,知识、信息、技术、人才市场迅速发展起来;二是信息技术的发展所带来的现代化运输工具和信息通讯工具使人们冲破了地域上的障碍,世界市场开始真正形成;三是信息技术提供给人们新的交易手段,电子商务成为实现交易的基本形态,这也扩展了市场交易的空间。

(6) 城市化呈现新特点。随着工业化的完成,城市成为人类居住主要聚集地,完成工业化的国家城市化率都已达到80%以上。但随着工业社会向信息社会的演进,人类以大城市聚集为主的方式正在发生变化,城市人口在经历了几百年的聚集之后开始出现扩散化的趋势,中心城市发展速度减缓,并出现郊区化现象。大城市人口的外溢使城市从传统的单中心向多中心发展。若干中心城市通过增长轴紧密联系,整个区域成为一个高度发达的城市化地区。不同规模和等级的城市之间通过发达的交通网络和通信网络,形成功能上相互补充、地域上相互渗透的城市群(都市连绵区),它们在整个国民经济发展中的地位和作用越来越突出,影响及支配着世界经济的发展。

(7) 数字化生活方式的形成。如同19世纪的工业化进程瓦解了农业社会的生活方式,建立了工业社会的生活形态一样,信息社会新的生活方式也正在形成。在信息社会,智能化的综合网络将遍布社会的各个角落,固定电话、移动电话、电视、计算机等各种信息化的终端设备将无处不在,"无论何事、无论何时、无论何地"人们都可以获得文字、声音、图像信息。信息社会的数字化家庭中,易用、价廉、随身的消费类数字产品及各种基于网络的3C家电将广泛应用,人们将生活在一个被各种信息终端所包围的社会中。

(8) 产生了新战争形态。在信息社会,随着传统的工业社会时代的武器被智能化的系统所控制，人类社会进入了信息武器时代。信息社会的战争形态主要体现在信息战上，它是对垒的军事（也包括政治、经济、文化、科技及社会一切领域）集团抢占信息空间和争夺信息资源的战争。在信息社会战争呈现出新的特点：一是在信息社会，战争将最终表现为对信息的采集、传输、控制和使用上，获得信息优势是参战各方的主要目标；二是武器装备呈现出信息化、智能化、一体化的趋势，打击精度空前提高，杀伤威力大大增强；三是战争形态、作战方式也随之出现一些新的特征，战场空间正发展为陆、海、空、天、电五维一体，全纵深作战、非线式作战正成为高技术条件下战争的基本交战方式；四是为适应战争形态的变化，作战部队高度合成，趋于小型化、轻型化和多样化，指挥体制纵向层次减少，更加灵便、高效。

1.2 人际网络环境下的信息技术

信息技术是以电子计算机和现代通信为主要手段实现信息的获取、加工、传递和利用等功能的技术总和。人的信息功能包括感觉器官承担的信息获取功能、神经网络承担的信息传递功能、思维器官承担的信息认知功能和信息再生功能、效应器官承担的信息执行功能。与之相对应，计算机信息搜集与处理、信息存储、信息传输与信息终端技术分别承担着与人体信息功能相应的功能。在人际网络环境下，Web 2.0、社交网络及移动互联网三种技术手段互相作用，使信息技术发展呈现融合发展、五彩缤纷的场景。

1.2.1 信息技术发展的新态势

互联网的大发展创造了一个全新的网络信息时代。当互联网摆脱"有线"的束缚，插上"移动"的翅膀，将为我们构筑一个更具创新潜能的新世界，也将为传统社会变革与发展提供创新动能。当前在信息技术与产业发展中，呈现出融合化、多样化、丰富化的发展态势。随着信息技术应用进一步深入，数字化、网络化、融合化发展趋势更加明显。如今"融合"已经成为了信息技术发展的主旋律，例如固定网与移动网正逐步走向融合；IP技术在电信网、计算机网和广播电视网的普遍应用，三网已经开始了多种融合模式的实践；随着通信技术与信息技术的加速融合，ICT（信息通讯技术）行业融合程度逐步深入，并在各行业领域得到广泛应用。

1) 信息技术融合趋势的表现

传统PC时代是微软、谷歌、英特尔等传统科技巨头的天下，然而谁也没有预知到在如今网络融合的时代，产业新秀苹果、Facebook、Twitter等新兴网络企业和产品层出不穷，正在全面冲击和改变着社会、经济生活。当产业间的技术壁垒和政策壁垒都被逐渐放开的时候，产业间的融合将孕育出新的产品和市场机遇。

(1) 网络融合——移动互联网、三网融合

网络层面的融合催生了更多基于网络的应用，移动互联网的兴起可谓再次掀起网络经济热潮。在传统互联网增长乏力的形势下，网络传输与通信网络技术的有效结合催生了移动互联网的诞生，为互联网与通信行业发展拓展了新的发展空间。自移动互联网诞生以来，便受到投资界和实业界的竞相追捧。目前，手机成为了我国网民的第一大上网终端。移动

用户数量正呈现高速增长的态势,而且许多用户拥有多个移动终端设备,智能手机、平板电脑这些新兴的移动终端设备便是新一代网络融合的产物。移动互联网产业正在国内和国际形成巨大的潜在市场规模,移动互联网的全球化已经势不可当。

(2) 终端融合——智能手机、智能电视

乔布斯预见和把握到了移动互联网时代的到来,苹果智能手机的推出重新定义了手机行业,对传统手机行业进行了颠覆式的革命。如今智能手机已成为人们生活的中心,语音通信服务的发展已经触顶。用户使用手机的功能正在不断丰富,网速的提升也带来了移动数据需求的增加,WiFi无线网络使用的便捷和低廉的成本也促进了人们对智能终端的使用需求。智能手机带动了手机产业链的整体升级,也极大拓展了企业的盈利空间。三网融合的实现让互联网巨头瞄向了智能电视市场,智能电视将成为人们关注的下一个热点,也成为互联网"大战"的下一个战场。智能电视首先意味着硬件技术的升级和革命;其次,智能电视意味着软件内容技术的革命,因为智能电视必然是一款可定制功能的电视;第三,智能电视还是不断成长、与时俱进的全新一代电视,它的日益普及将推动电视行业的蓬勃发展,更多更丰富的内容将呈现在电视屏幕上,人们使用电视的体验也将极大改善。互联网企业的进军将会改变电视行业的竞争格局。

(3) 服务融合——新兴商业模式与应用服务

便捷、随时随地、灵活使用的移动互联网开创了网络应用服务的新商业模式。如今,手机已不再是简单的通讯工具,网络企业的平台化商业模式正在广泛采用,传统的网络巨头纷纷开始通过打造强大的平台体系来控制整个产业生态。网络平台可以充分利用双边甚至多边市场的网络外部性来获利,以及通过整合资源获取利润。移动互联网还催生了巨大的应用服务市场,各种新兴网络应用服务层出不穷,也为无数白手起家的中小创业者提供了新的舞台。例如,苹果手机用户购买应用所支付的费用由苹果与应用开发商三比七分成,巨大的下载量和丰富的应用种类为苹果创造着源源不断的收入。目前基于手机平台的社交网络软件、位置应用服务软件、游戏软件、电子商务等等,几乎生活中的各种需求都可以找到相应的应用。创新性应用服务日益涌现,网络平台企业也开始转型以打造服务来满足用户需求,市场正在被不断地细分,创新也日益涌现。

2) 信息技术发展的趋势

(1) 屏显技术及平板化

智能手机、平板电脑以及各种大屏幕电子设备的涌现体现了中国移动通信行业的快速发展,同时也说明了我国的电子信息技术也在不断进步。这些电子产品不仅为广大人民提供了丰富的生活体验,也预示着中国的电子信息技术大屏幕显示和扁平方向的发展趋势。所以,大屏幕电子设备和平板设备在电子信息技术行业中有重要的引导作用。

(2) 多媒体化和智能化、移动化

如今计算机技术正在向智能化与多媒体的方向发展,这也是我国电子信息技术发展的一个重要方向。首先,网络计算、并行计算、移动计算,这些使计算机技术开始走向多媒体方向。此外,多媒体形式的电子信息技术的普遍应用给人们带来了很大的帮助,促使电子和信息技术向智能化方向迈进,并成功的突破了人工智能技术、模糊技术、神经元技术等高新技术。

(3) 规模化及个性化

如果我国的电子和信息技术产业的发展不能形成一定的规模,那么将很难具有向前发展的趋势,更何谈与其他国家甚至发达国家竞争。目前国内也有一些跨国公司从事生产电子信息技术产品,无论从质量上还是外观上进行分析,都处于逐渐发展的趋势,同时也拥有相当满意的经济效益。因此,对于我国的电子信息技术,如果一些公司已经具有了一定的规模,应该继续扩大生产规模。随着大众对电子产品越来越大的需求量,我国的电子信息技术行业将会向规模化和个性化发展。

(4) 系统集成化

集成电路技术是高科技的代表,影响着整个世界经济的发展。集成电路在计算机中的应用非常广泛,大到计算机的 CPU,小到各种 IC 卡,集成电路制造技术已成为电子信息硬件产品的核心技术。1995 年,微电子信息技术步入了极大规模集成时代阶段,其发展的历程如下:大规模集成时代(LSI)→超大规模集成时代(VLSI)→特大规模集成时代(GSI)。硅基电路(CMOS)是集成电路的主流工艺,在未来若干年内主要面向硅片大直径化、加工微细化的方向发展。自 1995 年后,已经形成了 400mm 以上硅片产品的设计想法,现 300mm 的硅片处在生产阶段,大多数人使用的是 200mm 的硅片,并且不断得到推广,而 150mm 的硅片使用量只有微小的增长,125mm 以下的硅片使用人数大大减少。不断完善芯片系统、提高集成度、扩大芯片面积、缩小特征尺寸成为集成电路的主要发展方向。

1.2.2 信息技术热点透视

1) 推与拉(Push and Pull)

推与拉均为描述因特网内容提供者和因特网用户之间两种工作方式的术语。"拉"一般是指用户从网站上"拖下"数据,譬如使用超文本传送协议(http);"推"一般是指因特网内容提供者定期向预订用户"推送"数据,譬如通过电子邮件发送数据。

信息获取者对信息的拉取以及信息推送者对信息的推送,与信息需求者的信息素养有关。信息素养能够判断什么时候需要信息,并且懂得如何去获取信息,如何去评价和有效利用所需的信息。其具体的评判标准如下:能意识到信息的重要性;能有效地、高效地获取信息;能批评地、胜任地评价这些信息;能准确地、创造性地利用这些信息;能有效地组织信息;具有很强的信息安全意识;具有知识获取能力。

1996 年底,在美国兴起了一项新的网上信息获取技术——推送(Push)技术。与使用浏览器查找的"拉取"(Pull)信息技术不同,"推送"技术是根据用户的需求,有目的性地按时将用户感兴趣的信息主动发送到用户的计算机中。就像是广播电台播音,"推送"技术主动将最新的新闻和资料推送给客户,使用者不必上网搜索。

而在"推送"技术问世之前,人们往往利用浏览器在 Internet 上搜寻信息。一方面,面对浩如烟海的信息,很多用户花费相当多时间和费用也难以"拉取"到自己所需要的信息;另一方面,信息发布者希望将信息及时、主动地发送到感兴趣的用户计算机中,而不是等着用户来拉取。Push 技术采用一种广播的模式,其特点是以频道"广播"方式使网上用户得到相同的信息。通常,在网络服务器上有专门的推送软件产品(如 PointCast 公司的 Point Cast

Network），可用来制作欲推送出去的信息内容并播送出去；在客户端则利用安装在个人电脑中的软件来接收从网络上传来的信息，并显示出来。当有新的信息需要提交时，"推送"软件会以发送 E-mail、播放一个声音、在屏幕上显示一条消息等方式通知用户。使用 Push 技术，可以提高用户获取信息的及时性和效率。

"推送"技术为网上用户带来了一种新颖的上网方式，其主要优点如下：一是对用户要求低，普遍适用于广大公众，且不要求用户有专门的技术；二是及时性好，信源可及时地向用户推送不断更新的动态信息。但在随后的实际应用中，因为以下几个方面的不足，推送技术没有取得预期的成功：

① 不能确保发送成功。由于 Push 技术采用广播的方式，当网络信息中心发送信息时，只有接收器打开并正好切换到同一频道上传输才能发生作用，用户才能获取信息。这对于那些要确保能收到信息的应用领域是不适合的。

② 没有信息状态跟踪。Push 技术采用的是"开环控制"模式，一个信息发布以后的状态，如客户是否收、收到后是否按信息的提示执行了任务等这些"反馈信息"发布者无从得知。

③ 针对性差。推送的信息内容缺乏针对性，不便满足用户的个性要求。有价值的重要信息通常是要针对一些特定的群组来发送的，即只送给相关人士，但 Push 技术不能满足上述需求。

④ 信源任务重。信源系统要主动地、快速地、不断地将大量信息推送给用户。

迄今为止，"推送"技术最成功的应用是在一些特定的领域，针对特定的用户群体。例如，在大型企业中，对库存管理的一般方式是当某一种原材料的库存量减少到一定量时，仓库管理部门就通知采购部门采购这一原料。如果将"Push"技术应用到这一过程中并与工作流相结合，那么就可以最终自动完成这一任务。在这种应用中，发送的对象是确定的，而且是在需要时才发送，与工作流相结合则可实现状态跟踪，从而确保发送成功。

与特定用途的"推送"技术应用相比，在通用 Internet 信息平台上应用"推送"技术要复杂得多。但无论如何复杂，"推送"技术最终需要解决的问题是"推什么，推给谁"。因此，"推送"技术中最关键，也是首先要解决的问题是对信息的分类及处理。而目前我们所面对的信息特点是信息量巨大、信息类型难以估计和难以人工处理，以及如何使用机器进行自动处理。针对上述问题，要使"推送"技术最终得以成功应用，引入"人工智能"将是值得探索的一个方向。

因此，在目前"推送"技术的基础上融入人工智能、知识发现技术、Internet 及数据库技术，从而形成"智能信息推送"技术，是"推送"技术的一个发展方向。上述技术的引入，可以从根本上解决"推送"技术应用推广过程中所遇到的难题。比如，如何从海量信息中提取有用信息、如何提供个性化信息服务等。

伴随移动互联网的发展，"推送"技术得到了更广泛应用，人们通过移动网络有了更多获取信息的途径。过去，每当人们需要获得最新消息时，首先想到的是电视机、收音机或各种形式的报刊与杂志。然而今天，新兴的"推送"技术正在悄然进入人们的生活，它不仅仅是一种单纯的新闻提交技术，同时还可以将音频、视频和公司数据库中的数据等丰富的多媒体信息通过PC或手机推送到人们面前,使得网络逐步成为人们今后获取最新信息最重要的手段之一。"推送"技术已经成为一个新的热点。

"推送"和"拉取"这两种技术是互为补充的。面对海量信息,要高效率、高质量地获取实用信息,将"推送"和"拉取"相结合的智能信息"推-拉"技术(Intelligent Information "Push-Pull")将会是未来网上信息获取技术的一个重要发展方向。

网上信息的推送主要采用下面几种方式:

① 频道式推送。频道式网播技术是目前网上最普遍采用的一种推送技术,它将某些网页定义为浏览器中的频道,用户可以像选择电视频道那样去选择收看感兴趣的、通过网络播送的信息。

② 邮件式推送,即用电子邮件方式主动将有关信息发送给列表中的用户。

③ 网页式推送,即在特定网页(如某企业、某机构或某个人的网页)上将信息提供给感兴趣的用户。

④ 专用式推送,即通过机密的点对点通信方式,将指定的信息发送给专门的用户。

信息推送模式的主要优点是具有及时性,应用面广,对用户没有技术上的要求;其主要缺点是信息针对性差,难以满足用户的个性化需求。

网络信息"拉取"技术是指用户有目的地在网络上主动查询信息,用户从浏览器给Web发出请求,通过Web获取所需信息。信息拉取模式的主要优点是针对性强,能满足用户的个性化需求;其主要缺点是及时性差,对用户要求较高(需掌握有关的检索技术)。

信息推拉技术是将信息推送与拉取两种模式相结合,因而能做到取长补短,使二者优势互补。根据推、拉结合顺序及结合方式的差异,又分以下四种不同的推拉模式:

① 先推后拉:先由信源及时推送公共信息,再由用户有针对性地拉取个性化信息;

② 先拉后推:根据用户拉取的信息,信源进一步主动提供(推送)与之相关的信息;

③ 推中有拉:在信息推送过程中,允许用户随时中断并定格在感兴趣的网页上,以拉取更有针对性的信息;

④ 拉中有推:根据用户搜索(即拉取)过程中所用的关键词,信源主动推送相关的最新信息。

现在单一的信息推送或拉取已经很少见,基本上都是推拉结合。这是因为单一的信息推送或拉取虽然相比较同时推拉会更高效,更节省时间,但是推拉结合更适合目前网络信息的发展现况。无论是先推后拉、先拉后推,还是推中有拉或拉中有推,这都给信息的接受者以更广的信息面及更大的选择空间。

2) 云计算

云计算(Cloud Computing)是基于互联网的相关服务的增加、使用和交付模式,通常涉及通过互联网来提供动态易扩展且经常是虚拟化的资源。云是网络、互联网的一种比喻说法。过去在图中往往用云来表示电信网,后来也用来表示互联网和底层基础设施的抽象。云计算甚至可以让用户体验每秒10万次的运算能力,拥有这么强大的计算能力可以模拟核爆炸、预测气候变化和市场发展趋势。用户可通过电脑、笔记本、手机等方式接入数据中心,按自己的需求进行运算。

对云计算的定义有多种说法。对于到底什么是云计算,至少可以找到100种解释。目前广为接受的是美国国家标准与技术研究院(NIST)对其的定义:云计算是一种按使用量付费的模式,这种模式提供可用的、便捷的、按需的网络访问,进入可配置的计算资源共享池(资源包括网络、服务器、存储、应用软件、服务),这些资源能够被快速提供,只需投入很少的管理工作,或与服务供应商进行很少的交互。

云计算是继1980年代大型计算机到客户端-服务器的大转变之后的又一种巨变。云计算是分布式计算、并行计算、效用计算、网络存储、虚拟化、负载均衡等传统计算机和网络技术发展融合的产物。

由于云计算应用的不断深入,以及对大数据处理需求的不断扩大,用户对性能强大、可用性高的4路和8路服务器需求出现明显提速。

云计算通过使计算分布在大量的分布式计算机上,而非本地计算机或远程服务器中,企业数据中心的运行将与互联网更相似。这使得企业能够将资源切换到需要的应用上,根据需求访问计算机和存储系统。这好比是从古老的单台发电机模式转向了电厂集中供电的模式,它意味着计算能力也可以作为一种商品进行流通,就像煤气、水电一样,取用方便且费用低廉。最大的不同在于,它是通过互联网进行传输的。云计算特点如下:

① 超大规模。"云"具有相当的规模,例如Google云计算已经拥有100多万台服务器,Amazon、IBM、微软、雅虎等的"云"均拥有几十万台服务器,而企业私有云一般拥有数百上千台服务器。"云"能赋予用户前所未有的计算能力。

② 虚拟化。云计算支持用户在任意位置、使用各种终端获取应用服务,所请求的资源来自"云",而不是固定的有形的实体。应用在"云"中某处运行,但实际上用户无需了解,也不用担心应用运行的具体位置。只需要一台笔记本或者一部手机,就可以通过网络服务来实现我们需要的一切,甚至包括超级计算这样的任务。

③ 高可靠性。"云"使用了数据多副本容错、计算节点同构可互换等措施来保障服务的高可靠性,使用云计算比使用本地计算机可靠。

④ 通用性。云计算不针对特定的应用,在"云"的支撑下可以构造出千变万化的应用,同一个"云"可以同时支撑不同的应用运行。

⑤ 高可扩展性。"云"的规模可以动态伸缩,满足应用和用户规模增长的需要。

⑥ 按需服务。"云"是一个庞大的资源池,你按需购买,并可以像自来水、电、煤气那样计费。

⑦ 极其廉价。由于"云"的特殊容错措施,可以采用极其廉价的节点来构成云;"云"的自动化集中式管理使大量企业无需负担日益高昂的数据中心管理成本;"云"的通用性使资源的利用率较之传统系统大幅提升。因此用户可以充分享受"云"的低成本优势,经常只要花费几百美元、几天时间就能完成以前需要数万美元、数月时间才能完成的任务。

云计算可以彻底改变人们未来的生活,但同时也要重视环境问题,这样才能真正为人类进步做贡献,而不是简单的技术提升。

云计算服务除了提供计算服务外,还提供了存储服务。云计算服务当前垄断在私人机构(企业)手中,而它们仅仅能够提供商业信用。对于政府机构、商业机构(特别像银行这样持有敏感数据的商业机构)对于选择云计算服务应保持足够的警惕。一旦商业用户大规模使用私人机构提供的云计算服务,无论其技术优势有多强,都不可避免地让这些私人机构以"数据(信息)"的重要性挟制整个社会。对于信息社会而言,"信息"是至关重要的。另一方面,云计算中的数据对于数据所有者以外的其他云计算用户是保密的,但是对于提供云计算的商业机构而言确实毫无秘密可言。所有这些潜在的危险,是商业机构和政府机构选择云计算服务、特别是国外机构提供的云计算服务时不得不考虑的一个重要前提。

云计算包括以下几个层次的服务(见图 1.1):

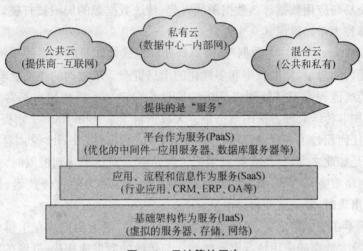

图 1.1 云计算的层次

① IaaS(Infrastructure-as-a-Service):基础设施即服务。消费者通过 Internet 可以从完善的计算机基础设施获得服务,例如硬件服务器租用。

② SaaS(Software-as-a-Service):软件即服务。它是一种通过 Internet 提供软件的模式,用户无需购买软件,而是向提供商租用基于 Web 的软件来管理企业经营活动,例如专业云服务器。

③ PaaS(Platform-as-a-Service):平台即服务。PaaS 实际上是指将软件研发的平台作为一种服务,以 SaaS 的模式提交给用户。因此,PaaS 也是 SaaS 模式的一种应用。但是,PaaS 的出现可以加快 SaaS 的发展,尤其是加快 SaaS 应用的开发速度,例如软件的个性化定制开发。

3) 大数据分析

大数据分析是指对规模巨大的数据进行分析。大数据可以概括为 4 个 V,即数据量(Volume)大、速度(Velocity)快、类型(Variety)多、真实性(Veracity)高。大数据作为时下最火热的 IT 行业词汇,随之而来的数据仓库、数据安全、数据分析、数据挖掘等等围绕大数据的商业价值的利用逐渐成为行业人士争相追捧的利润焦点。随着大数据时代的来临,大数据分析也应运而生。

信息社会的现实图景中,物联网、云计算、移动互联网、车联网、手机、平板电脑、PC 以及遍布地球各个角落的各种各样的传感器,甚至每个互联网用户,无一不是数据来源或者承载的方式。海量数据就是这么产生出来的,并且在不断膨胀增加。

"大数据"是一个体量特别大、数据类别特别大的数据集,并且这样的数据集无法用传统数据库工具对其内容进行抓取、管理和处理。"大数据"的数据体量大,指代大型数据集,一般在 10 TB 规模左右,但在实际应用中很多企业用户把多个数据集放在一起,已经形成了 PB 级的数据量;数据类别大,是因为数据来自多种数据源,数据种类和格式日渐丰富,已冲破了以前所限定的结构化数据范畴,囊括了半结构化和非结构化数据;数据处理速度快,是指在数据量非常庞大的情况下也能够做到数据的实时处理;数据真实性高,是指随着社交数据、企业内容、交易与应用数据等新数据源的兴起,传统数据源的局限被打破,企业正愈发增强有效的信息掌控力量以确保其真实性及安全性。

研究机构 Gartner 认为:"大数据"是需要新处理模式才能具有更强的决策力、洞察发现力和流程优化能力的海量、高增长率和多样化的信息资产。从数据的类别上看,"大数据"指的是无法使用传统流程或工具处理或分析的信息。它定义了那些超出正常处理范围和大小、迫使用户采用非传统处理方法的数据集。大数据科学家 John Rauser 则提出一个简单定义:大数据就是任何超过了一台计算机处理能力的庞大数据量。Kelly 说:"对大数据的一部分认知在于,它是如此之大,分析它需要多个工作负载。当技术达到极限时,也就是数据的极限。"亚马逊网络服务(AWS)研发小组认为:"大数据是最大的宣传技术,是最时髦的技术,当这种现象出现时,定义就变得很混乱。"

大数据问题不在于如何定义,最重要的是如何应用。最大的挑战在于哪些技术能更好的应用数据,以及大数据的应用情况究竟如何。与传统的数据库相比,开源的大数据分析工具如 Hadoop 的崛起,这些非结构化的数据服务的价值需要我们厘清。众所周知,大数据不仅是数据大,而最重要的现实是对大数据进行分析,只有通过分析才能获取更多智能的、深入的、有价值的信息。越来越多的应用涉及大数据,而这些大数据的属性,包括数量、速度、多样性等等都是呈现了大数据不断增长的复杂性,所以大数据的分析方法在大数据领域就显得尤为重要,可以说是判断最终信息是否有价值的决定性因素。

大数据分析基础在于以下五个基本方面:

(1) 可视化分析(Analytic Visualizations)

大数据分析的使用者有大数据分析专家,同时还有普通用户,但是他们二者对于大数据分析最基本的要求就是可视化分析,因为可视化分析能够直观的呈现大数据特点,同时能够非常容易被读者所接受,就如同看图说话一样简单明了。

(2) 数据挖掘算法(Data Mining Algorithms)

大数据分析的理论核心就是数据挖掘算法,各种数据挖掘的算法基于不同的数据类型和格式才能更加科学的呈现出数据本身具备的特点,也正是因为这些被全世界统计学家所公认的各种统计方法(可以称之为真理)才能深入数据内部,挖掘出公认的价值。另外一个方面也是因为有这些数据挖掘的算法才能更快速的处理大数据,如果一个算法得花上好几年才能得出结论,那大数据的价值也就无从说起了。

(3) 预测性分析能力(Predictive Analytic Capabilities)

大数据分析最重要的应用领域之一就是预测性分析,从大数据中挖掘出特点,通过科学的建立模型,之后便可以通过模型带入新的数据,从而预测未来的数据。

(4) 语义引擎(Semantic Engines)

大数据分析广泛应用于网络数据挖掘,可从用户的搜索关键词、标签关键词或其他输入语义分析、判断用户需求,从而实现更好的用户体验和广告匹配。

(5) 数据质量与数据管理(Data Quality and Master Data Management)

大数据分析离不开数据质量和数据管理,高质量的数据和有效的数据管理,无论是在学术研究还是在商业应用领域都能够保证分析结果的真实性和有价值性。

大数据分析的基础就是以上五个方面,当然更加深入进行大数据分析的话,还有很多很多更加有特点的、更加深入的、更加专业的大数据分析方法。

大数据一般指在10TB(1TB=1 024GB)规模以上的数据量,其中"大"是指数据规模。大数据具有如下特点:

第一,数据体量巨大,现已从TB级别跃升到PB级别。

第二,数据类型繁多,比如网络日志、视频、图片、地理位置信息等等。

第三,价值密度低。以视频为例,在连续不间断监控过程中,可能有用的数据仅仅只有一两秒。

第四,处理速度快,比如1秒定律。这一点和传统的数据挖掘技术有着本质的不同。

大数据技术是指从各种各样类型的巨量数据中快速获得有价值信息的技术。解决大数据问题的核心是大数据技术。目前所说的"大数据"不仅指数据本身的规模,也包括采集数据的工具、平台和数据分析系统。大数据研发目的是发展大数据技术并将其应用到相关领域,通过解决巨量数据处理问题促进其突破性发展。因此,大数据时代带来的挑战不仅体现在如何处理巨量数据从中获取有价值的信息,也体现在如何加强大数据技术研发,抢占时代发展的前沿。

随着具有语义网特征的数据基础设施和数据资源发展起来,组织的变革就越来越显得不可避免。大数据将推动网络结构产生无组织的组织力量,最先反映这种结构特点的是各种各样去中心化的Web 2.0应用,如RSS、维基、博客等。大数据之所以成为时代变革力量,在于它通过追随意义而获得智慧。

4) 移动应用

移动应用(Mobile Application)的英文缩写是MA。广义移动应用包含个人以及企业级应用,而狭义移动应用指企业级商务应用。

移动应用的服务性能除在云端不断增强,在用户端的表现也十分精彩,成为云计算时代最显著的特征。单纯用PC来运行管理信息系统(MIS)的时代将一去不复返,而以手机、平板电脑介质为代表的移动终端应用将给信息化带来巨大变革。

移动应用不只是在手机上运行软件那么简单,它涉及信息化应用场景的完善、扩展,带来MIS的延伸,让它无所不在,并通过广泛的产业链合作为用户提供低成本整体解决方案。移动应用将带来社会信息化商业模式的创新变革。

移动应用的特征体现以下七个方面:

(1) 可用优先

要想引人注目,移动应用的界面就必须注重可用性。而实现可用性的最好方式就是学习 Facebook、Instagram 以及 Twitter 等流行应用的逻辑。当然,界面友好也是相当重要的。

(2) 保持简单

APP 制作不能贪大求全,需着眼基本需求的实现,也许只有最常用的几个功能,而许多看起来很酷很好看但很琐碎的小功能不一定要全部纳入,因为用户不需要复杂完善的功能,只想迅速达到想要的目标。把传统基于浏览器的系统转为移动应用时,要确保没有省略或隐藏原有的任何功能,无论该功能看起来是多么的微不足道。如果原有功能在移动应用上找不到,那用户体验就会很糟糕。

(3) 减少点击

若必须要让用户注册、登录或者填写表格,那么在设计上需尽可能减少点击次数,要求的信息要从简。这是因为对手机等用户而言,复杂的过程最消耗用户耐心。吸引用户的机会稍纵即逝,如果体验糟糕的话,可能会永远错过潜在用户。

(4) 可以定制

用户可调整应用的设置方式,如颜色、字体大小等,一定要直观明白。如果是社交应用,最重要的则是隐私设置可调。用户可以根据个人喜好进行调整的地方越多,出错的几率就越低。若在用户端即便弄错了,调整回来就可。

(5) 手机为本

在设计中一定要把握手机这个终端的最基本功能,让用户可以在程序交互的同时随时可通过电话进行沟通,此有利于提供一流的客户服务。

(6) 目标集中

APP 的目标用户相对集中,因此所呈现的内容应尽量符合目标用户需求。如果把 PC 端内容都试图搬进 APP,那么将失去大量的耐心用户。要充分把握移动用户的碎片化时间这个特点,组织有针对性、适应性的内容。

(7) 优化速度

保持应用流畅非常重要,这是因为用户对应用速度的耐受力很低,在应用加载时不需要用户空等至关重要。这一点对于游戏开发者来说相当重要,因为游戏体验主要就是速度问题。

碎片化的节点应用,不强调在移动端上实现完整的流程,而是根据场景存在许多的节点应用,且应用针对性极强,操作也应极为简单。比如,一个部门主管用手机可以审批业务,可以通过手机查看联系人并安排工作,可以通过手机查询自己的薪资,晚上还可以用手机查询当天的业务报表等等,这些都是碎片化的应用,而且这些应用彼此之间是没有上下文关系的。

PC 时代的 MIS,虽然经历了单机、局域网、互联网等多个阶段,但因限制了非电脑群体参与信息化,而使得 MIS 在相当长的时间内只能起到手工替代、精确计算、流程执行、部门或岗位协同的作用。而移动应用时代,信息化的节点通过移动终端到达个人,拓宽了 MIS 涵盖的外延。

移动应用不是水平应用,也不是行业垂直应用,但在教育管理、企业市场销售、经营管理、资源管控、决策支持的方方面面,从教师、学生、消费者、企事业单位业务员、送货员、服务人员、工人到业务主管、企业高管,移动应用都有其适用的应用场景和应用价值。移动应用在信息化的各个领域都是无所不在的,而在每一个单位都可能有成百上千的移动应用。

能配置 PC 进行 MIS 系统操作的岗位,大多有良好教育背景和专业培训。而相对于基于 PC 应用而言,移动应用的场景差异大,使用者背景不一,人员规模大,流动性大,其属性复杂等因素需要移动应用必须简单易用,不需要专门培训。要让复杂流动的群体能够普遍使用起来,应用设计必须简单且稳定可靠,并在十分钟内可以上手。

移动应用的主角是手机,但并不是说只有手机上的应用才是移动应用。不同的场景下需要不同的移动终端,而手机作为通用型消费品在企业级应用上存在许多缺陷,比如电池续航能力、一/二维条码读取、RFID 识别、IC 卡读写、三防(防水/防尘/防震)耐用等方面。因此,平板电脑、PDA、存储式 IC 卡识读器、条码枪等都可作为特殊场景下的移动应用设备。

5) 下一代网络(NGN)

下一代网络(Next Generation Network,简称 NGN)作为新兴信息产业技术的领域之一,其演进已呈现出融合发展的趋势。NGN 是一个可以提供包括话音、数据和多媒体等各种业务在内的、综合开放的网络构架,代表了网络融合的发展趋势,而网络互通和业务互通是 NGN 研究的关键内容。数字技术、光通信技术、IP 传输的统一应用、跨平台应用的软件技术均为下一代网络发展在技术上提供了融合的基础,而 SDN 正是在探索下一代网络的背景中出现的。

软件定义网络(Software Defined Network,简称 SDN)是一种新型网络创新架构,其核心技术 OpenFlow 通过将网络设备控制面与数据面分离开来,从而实现了网络流量的灵活控制,为核心网络及应用的创新提供了良好的平台(见图 1.2)。

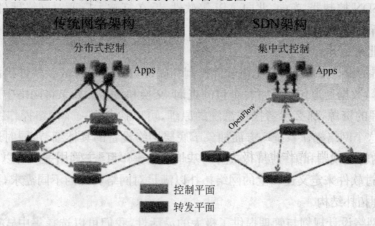

图 1.2　SDN 网络

2006 年,SDN 诞生于美国 GENI 项目资助的斯坦福大学 Clean Slate 课题,以斯坦福大学 Nick McKeown 教授为首的研究团队提出了 OpenFlow 的概念用于校园网络的试验创新,后续基于 OpenFlow 给网络带来可编程的特性,SDN 的概念应运而生。Clean Slate 课题的最终目的是要改造因特网,旨在改变设计已略显不合时宜且难以进化发展的现有网络基础架构。

2009 年 12 月，OpenFlow 规范发布了具有里程碑意义的可用于商业化产品的 1.0 版本，而 OpenFlow 在 Wireshark 抓包分析工具上的支持插件、OpenFlow 的调试工具（Liboftrace）、OpenFlow 虚拟计算机仿真（OpenFlow VMS）等也已日趋成熟。2011 年 3 月，在 Nick McKeown 教授等人的推动下，开放网络基金会 ONF 成立，主要致力于推动 SDN 架构、技术的规范和发展工作。目前 ONF 成员共有 96 家，其中创建该组织的核心会员有 7 家，分别是 Google、Facebook、NTT、Verizon、德国电信、微软和雅虎。

2012 年 SDN 完成了从实验技术向网络部署的重大跨越——覆盖美国上百所高校的 Internet 2 部署 SDN；德国电信等运营商开始开发和部署 SDN；成功推出 SDN 商用产品的新兴创业公司在资本市场上备受瞩目，Big Switch 两轮融资已超过 3 800 万元。

2012 年 4 月，谷歌宣布其主干网络已经全面运行在 OpenFlow 上，并且通过 10G 网络链接分布在全球各地的 12 个数据中心，使广域线路的利用率从 30% 提升到接近饱和。这证明了 OpenFlow 不再仅仅是停留在学术界的一个研究模型，而是已经完全具备了可以在生产环境中应用的成熟技术。

2012 年，我国"863"计划基金资助项目"未来网络体系结构和创新环境"获得科技部批准。这项符合 SDN 思想的项目主要由清华大学牵头负责，清华大学、中科院计算所、北京邮电大学、东南大学、北京大学等分别负责各自课题。项目提出了未来网络体系结构创新环境 FINE（Future Internet innovation Environment），基于 FINE 体系结构，将支撑各种新型网络体系结构和 IPv6 新协议的研究试验。

2013 年 4 月，思科和 IBM 联合微软、Big Switch、博科、思杰、戴尔、爱立信、富士通、英特尔、瞻博网络、NEC、惠普、红帽和 VMware 等发起成立了 Open Daylight，并与 LINUX 基金会合作开发 SDN 控制器、南向/北向 API 等软件，旨在打破大厂商对网络硬件的垄断，驱动网络技术创新力，使网络管理更容易、更廉价。同月底，我国首个大型 SDN 会议——中国 SDN 大会在北京召开。

从路由器的设计上看，SDN 是由软件控制和硬件数据通道组成。软件控制包括管理以及路由协议等，数据通道包括针对每个包的查询、交换和缓存。如果将网络中所有的网络设备视为被管理的资源，那么参考操作系统的原理，可以抽象出一个网络操作系统（Network OS）的概念：这个网络操作系统一方面抽象了底层网络设备的具体细节，同时还为上层应用提供了统一的管理视图和编程接口。这样，基于网络操作系统这个平台，用户可以开发各种应用程序，通过软件来定义逻辑上的网络拓扑以满足对网络资源的不同需求，而无需关心底层网络的物理拓扑结构。

SDN 给网络设计规划与管理提供了极大的灵活性，我们可以选择集中式或是分布式的控制对微量流（如校园网的流）或是聚合流（如主干网的流）进行转发时的流表项匹配，还可以选择虚拟实现或是物理实现。包括 HP、IBM、Cisco、NEC 以及国内的华为和中兴等传统网络设备制造商都已纷纷加入到 OpenFlow 的阵营，同时有一些支持 OpenFlow 的网络硬件设备已经面世。

6）终端多样化趋势

终端，即计算机显示终端，是计算机系统的输入、输出设备。计算机显示终端伴随主机时代的集中处理模式而产生，并随着计算技术的发展而不断发展。迄今为止，计算技术经历了主机时代、PC 时代、网络计算时代和移动互联网时代这四个发展时期，而终端与计算技术发展的四个阶段相适应，也经历了字符哑终端、图形终端、网络终端、移动终端这四个形态。

互联网终端是互联网服务模式的载体，是互联网内容及应用呈现给用户的第一界面，从某种意义上来说，互联网终端的演进历程就是互联网的发展史，也是人类获取信息、参与互动交流、商业交易的工具发展史。回顾终端的发展历程，随着互联网服务模式从"大众入口"向"个人入口"的转变，互联网终端呈现硬件端多样化与软件端统一化的发展趋势。

网络接入技术的多样化促使互联网硬终端的多样化发展，而互联网硬终端的一个重要功能就是实现网络接入。随着网络接入技术从单一的 ADSL、小区 LAN、互联网专线等固定接入方式向 2G、3G、WiFi、WiMAx 等无线接入技术的多样化发展，硬终端必须能够支持不断增加的网络接入技术，支持长尾和大众市场业务的传播，因此硬终端从最初单一的 PC 演进到了各种接入制式移动终端与 PC 并存的局面。

细分市场需求的极致化促使互联网硬终端极致化发展。2008 年众多主流笔记本电脑厂商纷纷生产上网本，而上网本兴盛的事实只是信息社会上网终端多样化、极端化发展的一个缩影。与上网本将笔记本电脑屏幕和功能浓缩化、简洁化相比，台式机的趋势则是恰恰相反，台式机的显示器呈逐渐变大的趋势，宽屏、智能、高清、护眼成为未来发展的方向。互联网硬终端的多样化和极端化是人们在不同环境下不同需求的体现。用户经常出差或是旅游，就会选择体积小的；用户在家庭和办公室使用，则会选择宽屏、高清的护眼液晶屏幕。

终端操作的习惯性及连续性为软终端融合统一奠定了用户基础。硬终端的一个显著特点是满足网络接入要求，而软终端则主要是呈现给用户便利的操作界面。与硬终端相比，软终端在满足用户功能性需求的同时，更注重终端操作的体验性。用户对硬终端的需求呈现多样化与极致化，但对软终端的操作具有很强的习惯性、连贯性以及一致性，因此客户需求本身决定了软终端具有日趋统一的趋势，这也就是在个人 PC 操作系统中 Windows 成为主流的主要原因。

互联网服务模式的转变使得"个人随身门户"成为软终端的融合发展趋势。随着 Web 2.0 技术的应用，曾被认为是关键的成功因素——专注与"内容为王"的传统媒介思维被"用户为王"的新媒介思维所取代，"大众入口"的传统互联网服务模式遭到抛弃，"个人入口"的互联网服务模式逐渐被业内人士广泛接受，各大互联网企业纷纷转向以用户为中心的全面应用整合，竞争的全行业性越来越明显。门户网站布局游戏、搜索领域，而搜索引擎进军资讯、电子商务领域，如百度以信息搜索为初始切入点开始推出一系列的个人应用及平台，强化各种人的关联，逐步形成了以"搜索＋IM＋电子商务平台＋社区"的百度"个人随身门户"。即时通信厂商也将触角伸向目前几乎所有的个人应用，设计思路从最初的"以产品为中心"向"以用户为中心"转型，如 QQ 以即时通信应用切入互联网市场，近几年在已建立的人与人之间关系的基础上逐步推出"QQ 搜搜＋QQ 游戏平台＋QQ 拍拍电子商务平台＋QQ 门户"，使得各种可能性都可以在 QQ"个人随身门户"架构的基础上孕育发展。日益蓬勃发展的移动互联网软终端也上演着同样的发展趋势,微信通过微信账户与用户在 QQ、MSN、Facebook 等其他软终端账户的映射关系,使得用户在手机上只需登录微信账户即可了解自己在其他不同软终端的动态信息,从而减少了用户登录不同软终端所需的操作,给用户带来了极大的便利。微信的迅速发展说明了用户在移动互联网上对"个人随身门户"的潜在需求,同时也从集成的角度提供了"个人随身门户"的一种实现方法。

移动终端或者叫移动通信终端,是指可以在移动中使用的计算机设备,广义上讲包括手机、笔记本、POS 机甚至包括车载电脑,但是大部分情况下是指手机或者是具有多种应用功能的智能手机。随着网络和技术朝着越来越宽带化的方向发展,移动通信产业将走向真正的移动信息时代。而另一方面,随着集成电路技术的飞速发展,移动终端的处理能力变得越来越强大,移动终端正在从简单的通话工具变为一个综合信息处理平台,这也给移动终端提供了更加宽广的发展空间。

现代的移动终端已经拥有极为强大的处理能力(CPU 主频已经接近 2G)、内存、固化存储介质以及像电脑一样的操作系统,成为一个完整的超小型计算机系统,可以完成复杂的处理任务。移动终端也拥有非常丰富的通信方式,即可以通过 GSM、CDMA、WCDMA、EDGE、3G、4G 等无线运营网通讯,也可以通过无线局域网、蓝牙和红外进行通信。

今天的移动终端不仅可以通话、拍照、听音乐、玩游戏,而且可以实现包括定位、信息处理、指纹扫描、身份证扫描、条码扫描、RFID 扫描、IC 卡扫描以及酒精含量检测等丰富的功能,有的还将对讲机功能也集成进来,这些使得移动终端成为移动教学、移动办公和移动商务的重要工具。如今,移动终端已经深深地融入我们的经济和社会生活中,改变了我们的生活、学习与工作方式。

1.3 信息环境与信息生态

信息环境即社会信息环境或社会信息生态。从特定的组织或个人来讲,所谓信息环境即组织信息环境或个人信息环境,就是社会中特定组织或个人可能接触的信息资源以及特定信息交流活动的影响因素共同构成的环境。

1.3.1 信息环境及其要素

1) 信息环境的含义

(1) 概念

信息环境是与信息交流和信息活动有关的各种要素的总和,具体是指一个社会中与个人或群体有接触可能的信息及其传播活动的总体构成的环境。

构成信息环境的基本要素包括具有特定含义的语言、文字、声音、图画、影像等信息符号。在此背景下,一系列信息符号按照一定的结构相互组合便构成具有完整意义的讯息。大部分讯息传达的并不仅仅是信息或知识,而且包含特定的观念和价值,它们不仅仅是告知性的,而且是指示性的,因而对人的行为具有制约作用。而当某类信息的传播达到一定规模时,便形成该时期和该社会信息环境的特色和潮流。因此,信息环境具有社会控制的功能,是制约人的行为的重要因素。信息环境有两层含义,一是社会信息交流与活动对社会发展的作用程度;二是相关因素对信息交流与信息活动的作用程度。

(2) 信息环境的类型

① 纵向划分:社会信息环境、组织信息环境、个人信息环境。

社会信息环境是与社会信息交流活动有关的社会因素的集合,是影响整个社会信息交流活动的具体社会条件和社会基础的表征。

组织信息环境是指所有潜在影响组织运行和组织绩效的信息因素或力量。组织信息环境调节着组织信息的结构设计与组织绩效的关系,影响着组织的有效性。组织信息环境对组织的生存和发展起着决定性的作用,是组织管理活动的内在与外在的客观条件。

个人信息环境则是个人可能接触的信息资源以及参与信息交流活动时与他人共同构成的环境。要注意个人信息环境与个人信息的区别,后者应当理解为以电子形式保存,在网络环境下传播或有可能传播于网络的涉及特定自然人的数据资料,具体来看包括个人姓名、身份证号码、肖像、手机号码、住宅电话、住址、基因、指纹、不动产等可以直接识别特定自然人的直接个人信息,也包括出生年月、年龄、通讯地址、文化程度、爱好、职业、消费倾向、网络联系方式、民族、种族、家庭出身、宗教信仰、所属党派、身体形态、血型、疾病、病史、收入数额、存款、有价证券、纳税数额、信用交易信息、行政处罚信息、法院强制执行信息等可以间接识别或强化识别,乃至于涉及部分隐私内容的间接个人信息。

② 横向划分:人文环境、经济环境、技术环境等。

人文环境是当今最时髦、最常用的一个词汇,是人类社会文明进步的客观需要,实际就是指人们周围的社会环境。信息人文环境则专指由于人类活动不断演变的社会信息大环境,是人为因素造成的、社会性的,而非自然形成的。信息技术教学中的人文环境包括了学习氛围、教学理念、师生关系、人文关怀等方面的内容。

所谓经济环境是指构成企业生存和发展的社会经济状况和国家经济政策,是影响消费者购买能力和支出模式的因素,包括收入的变化、消费者支出模式的变化等。信息经济环境则是指经济越发展,社会就能越充分的提供更多的物力、人力、财力来促进和保障信息管理活动,同时也能增加信息量,推动信息需求的产生和强化。

信息技术环境则是指科学的发展使知识量激增,促进了知识的交流。但由于信息数量的增长速度会因为信息质量的不同呈现不平衡状态,因此信息交流必须依赖于科学知识的发展,需要从中获取科学理论和方法来提高信息交流的效率和效果。

2) 信息环境的构成要素

(1) 政治因素。社会政治和管理信息作为社会政治生活和上层建筑的组成部分是信息管理的对象之一,其有效的传播和利用成为有利的政治工具。不同的政治环境、政治理念和信仰都会对信息传播造成影响。

(2) 经济因素。经济发展使社会能提供更多的物力、人力、财力来促进和保障信息管理活动,这也促进信息量增加,产生和强化信息需求。

(3) 科学因素。科学的发展促进了知识的交流,使知识量激增。但信息质量的不同,使信息数量的增长速度呈现不平衡状态,因此提高信息交流的效率和效果,必须从科学知识的发展中获取科学理论和方法。

(4) 文化因素。社会文化现状能够为信息交流提供一种文化氛围，像民族风俗、宗教信仰、文化习惯等对信息交流活动中信息的认同与否都会有影响。

(5) 教育因素。教育活动平民化及其发展为信息交流和管理创造了有利条件，特别是各种教育方式又要求信息交流和管理具有更大责任感和使命感。

(6) 技术因素。信息的交流极大地促进了科技的发展及应用转化，而只有信息技术的不断发展才能极大地促进信息更高速、便捷的传递，才能更大地促进社会的发展。

(7) 语言因素。由于不同的民族或国家一般使用不同的语言，使人在进行信息交流中会遇到各种困难。因此，需要选择一种或几种自然语言作为公共语言，促进其广泛应用，从而减少交流不畅。

1.3.2 信息生态

信息生态(Information Ecology)是用生态学的理论与方法考察人所生活的信息环境而形成的概念，是指在特定时空条件下由信息、人、环境等多元素组成的体系。信息生态的研究涉及"信息—人—环境"之间的相互影响和相互作用，进而推动信息生态系统的生成演变和发展。

1) 对信息生态的认识

(1) 1997年，美国管理科学家托马斯·达文波特首次提出"信息生态学"的概念，并将生态理念引入信息管理中，从而开辟了信息管理的新领域。目前信息生态系统研究已经形成了比较健全的研究体系，主要涉及信息生态系统内涵和特征、信息生态因子及相互关系、信息在传播过程中的一些生态可持续发展的模式和方法，同时还对信息生态系统的管理等问题进行了研究，倾向从经济学的角度来研究信息生态问题。

(2) Nardi 和 O. Day(1999)专门研究了使用技术环境的信息生态，突出强调了信息生态中人的核心作用。他们把信息生态定义为在一个特定环境中由人员、工作、价值和技术构成的系统，认为信息生态系统是在特定环境里由人、实践、技术和价值所构成的系统，并认为在信息生态系统中占核心地位的不是信息技术，而是技术支持下的信息人。

(3) Jane Fedorowicz(2004)从组织间信息生态学的研究视角给出了组织间信息生态学的定义。他提出了企业生态系统健康的概念，认为一个健康的企业信息生态系统在时间上能维持其组织结构，具备良好的自我调节能力以及应对外界冲击的恢复能力。2005年Peter H. Jones建立了药物研究组织信息生态系统模型，并研究系统中人员的信息行为对系统功能实现的作用。同年，Bern Shen研究了在信息生态不断变化的情况下医学图书馆信息资源所做变化的问题，即信息资源建设问题。

2) 信息生态系统

信息生态系统是信息与环境相互作用的综合体，是一种人工的专门系统，由人(包括信息生产者、加工者、传播者、利用者)、信息、信息环境三大要素构成。在生态系统中，种群和种群之间、种群内部个体和个体之间，甚至生物和环境之间都有信息传递。信息传递与联系的方式是多种多样的,它的作用与能流、物流一样,把生态系统各组分联系成一个整体,并且有调节系统稳定性的作用。具体传递方式可分为物理信息传递、化学信息传递和行为信息传递。无论哪种传递,都是为了适应环境而进行的传递。信息生态研究有两个基本问题,一是信息的差异与多样化问题,二是信息分化问题。

3) 信息生态平衡

信息生态研究目标是实现信息生态系统平衡,促进人、信息环境和人类社会可持续发展,主要解决信息生态失调问题。所谓信息生态平衡,是指系统的各种结构要素、比例、输入和输出数量都处于稳定或通畅状态;而信息生态失调是指信息生态系统中"信息—人—环境"的非均衡性,主要表现为结构与功能及输入与输出的非均衡性。一方面,主要是指整个信息生态系统的平衡;另一方面,信息生态平衡不是指信息生态系统与外部环境的平衡。

4) 信息生态失衡的表现

(1) 信息超载

信息超载是指个人或组织所接受的具有潜在价值的信息超过其自身的处理能力时,导致信息利用率的相应降低,甚至不能有效利用的现象。信息超载增加信息选择的负担,导致信息利用率的下降,造成了信息的积压、老化和失效。

(2) 信息污染

信息污染是指信息污染源对社会的危害状况,是由信息的无限激增传递造成的,使得信息大量重复和泛滥,以及信息谬误讹传产生信息赝品。信息污染不仅阻碍社会对有用信息的吸收和利用,而且给社会的精神领域造成严重危害。

(3) 信息垄断

信息垄断是指信息资源不合理地被独享或专用的状况。据联合国教科文组织统计,全球书刊发行量的83%、报纸发行量的78%集中于富裕国家,全世界电话的75%集中于15%的人手中,数据库的90%集中于发达国家,由此导致信息鸿沟的出现。

(4) 信息侵犯

信息侵犯是指利用技术手段侵犯他人、组织等合法利益的现象。例如在网上,数据采集商、推销商、罪犯者利用各种手段收集人们平时不经意泄露的信息,并出售给一些公司;另外,网上的木马程序、病毒等也构成对人们利益的侵犯。

(5) 信息综合症

信息综合症是指与信息有关的症候群,它能影响人的生理和心理健康,改变人或社会组织的行为。信息综合症分为个人信息综合症和社会信息综合症,其中信息综合症可以导致盲目公关、信息的重复建设和资源的严重浪费。

5) 如何解决信息生态失调

(1) 从人的因素优化开始

加强道德教育,一是要求网络主体对自身的道德责任有发自内心的认同,同时也能感受到外界要求自己遵守各种道德规范的无处不在的强烈压力以及违约责任;二是要加强网络文化的引导和管理,规范网络行为,维护网络道德,要利用社会舆论无所不在的强制性压力使个体放弃不道德的想法与行动。信息伦理准则是人们在信息交往中应当遵守的基本行为准则,它将高度抽象的信息伦理价值目标加以外化,形成系统的信息伦理原则体系,为制定具体的信息道德行为规范提供理论依据。明晰的信息伦理准则将使个体有法可依。

(2) 加强社会信息环境建设

信息消费者的信息素质直接决定着整个系统的功能发挥,因此须提高信息素质教育的层次,只有这样才能更好地维护系统的生态环境,维护信息生态系统的平衡与稳定。

(3) 加强信息活动的管理

加快制定针对网络环境下的知识产权保护法、信息安全法和互联网络法、数据保护法;设立信息质量监控机构,负责对流通信息的审查;利用法律、行政、经济等手段控制虚假、淫秽、假冒伪劣信息的生产,不定期对信息生产进行评估、审查和监督;加大扫"黄"、打"假"力度;严格限制并制裁各种信息的非法转载、转抄、重印行为。

总之,伴随着信息技术的发展,信息化和全球化已成为当代世界经济不可逆转的大趋势。应正确认识全球信息化发展的大趋势,主动应对这个大趋势,趋利避害,加快发展信息产业,积极推进国民经济和社会信息化,缩小数字鸿沟,提高信息安全保障水平,为创新型国家和社会主义和谐社会建设,实现"中国梦"做出更大贡献。

思 考 题

1. 什么是信息社会?
2. 论述信息社会的特征与标志。
3. 简述信息社会的未来趋势。
4. 信息技术热点中与信息检索相关的技术有哪些?
5. 什么是推与拉的技术?
6. 什么是大数据分析?
7. 简述近年新兴的信息技术。
8. 信息终端技术总的趋势是什么?
9. 信息环境及要素有哪些?
10. 简述信息生态理论。

第 2 章　学习方式变革与信息素养训练

人类悄然进入信息社会,信息技术呈现出日新月异的发展与变化趋势,必将给教师的教学模式、学生的学习模式带来深刻的影响。而及时了解信息技术的变化,将有助于我们做出判断和选择,以推进终身学习观念的养成。近年来出现的 MOOC、翻转课堂、微课、碎片化与系统化学习、社交化学习与移动学习均是这种变化的反应,我们认为进行信息素养教育是非常重要的一个环节,本章力图从这几个方面来讨论这种新的变化或趋势。

2.1　人际网络环境下学习方式的变革

网络信息技术的发展,使开放式网络课程蓬勃发展,为学生提供了丰富的学习材料,并具备了通过网络系统学习的可能性,在此背景下,MOOC、翻转课堂、微课、碎片化学习与移动学习等类型学习模式必将颠覆传统的教师教学模式与学生学习模式。

2.1.1　MOOC

MOOC(Massive Open Online Courses)即大型开放式网络课程。2012 年,美国的顶尖大学陆续设立网络学习平台,在网上提供免费课程,给更多学生提供了系统学习的可能,同时使 MOOC 日益受到瞩目,人们为此将 2012 年称为大型开放式网络课程元年。MOOC 的三大著名平台分别为 Coursera、Udacity、edX,它们提供的课程全部针对高等教育,并且像真正的大学一样有一套自己的学习和管理系统,完全免费。以 Coursera 为例,这家公司原本已和包括美国哥伦比亚大学、普林斯顿大学等在内的全球 33 所学府合作,2013 年 2 月,该公司又宣布有另外 29 所大学加入他们的阵容。

MOOC 成功实现了一种高端的知识交换。它可适用于专家培训、各学科间的交流学习,以及特别教育的学习模式——任何学习类型的信息都可以通过网络传播。而网络课堂可以给学习者带来很多方便,例如可调整的学习时间表,从而可以节省出额外时间用于旅游、阅读或游戏,甚至可以有效改善社交生活。

1) MOOC 的起源

虽然大量公开免费线上教学课程是 2000 年之后才发展出来的概念,但其理论基础却深植于信息时代之前,最远可追溯至 20 世纪 60 年代。

1961 年 4 月 22 日,巴克敏斯特·富勒针对教育科技的工业化规模发表了一个演讲。1962 年,美国发明家道格拉斯·恩格尔巴特向史丹福研究中心提出一个研究"扩大人类智力之概念纲领",并在其中强调使用电脑辅助学习的可能性。在此计划书里,恩格尔巴特提倡电脑个人化,并解释使用个人电脑搭配电脑间的网络为何将造成巨大并波及世界规模的信息交换潮。

2007年8月,大卫·怀利在犹他州州立大学教授的早期的大型开放式网络课程(称为大型开放式网络课程原型),是一个开放式的、全球有兴趣学习的人均可参与的研究生课程。在成为开放课程之前,这门课本来只有5个研究生选修,后来变成有50个来自8个国家的学生选修。

2011年秋天大型开放式网络课程出现重大突破,超过16万人通过赛巴斯汀·索恩新成立的知识实验室(现称Udacity)参与索恩和彼得·诺威格所开设的人工智能课程。

2012年,美国的顶尖大学陆续设立网络学习平台,在网上提供免费课程,而Coursera、Udacity、edX三大课程提供商的兴起,给更多学生提供了系统学习的可能。

2013年2月,新加坡国立大学与美国Coursera公司合作,加入大型开放式网络课程平台。新加坡国立大学是第一所与Coursera达成合作协议的新加坡大学,并在2014年率先通过该公司平台推出量子物理学和古典音乐创作的课程。

2) 课程特征

(1) 工具资源多元化:MOOC课程整合多种社交网络工具和多种形式的数字化资源,形成多元化的学习工具和丰富的课程资源。

(2) 课程易于使用:突破传统课程时间、空间的限制,依托互联网,世界各地的学习者在家即可学到国内外著名高校课程。

(3) 课程受众面广:突破传统课程人数限制,能够满足大规模课程学习者学习。

(4) 课程参与自主性:MOOC课程具有较高的入学率,同时也具有较高的辍学率,这就需要学习者具有较强的自主学习能力才能按时完成课程学习内容。

3) 教学设计

因为大型开放式网络课程有为数众多的学习者,以及可能有相当高的学生/教师比例,所以大型开放式网络课程需要能促进大量回应和互动的教学设计。以下是两个基本的设计方式,一是运用MOOC网络来处理大众的互动和回应,像是同行审查(Peer Review)、小组合作等;二是使用客观、自动化的线上评价系统,像是随堂测验、考试等等。目前较多应用连结主义式的教学设计原则。

(1) 集结:连结主义式的MOOC让大量的资料能在线上不同网站传播,然后再将各种信息集结成通讯报导或网页,以方便让参与者读取。这和传统课程相反,因为传统课程的内容是事先准备好的。

(2) 混编:连结课程内的教材或其他内容。

(3) 重新制定目标:重新编排教学内容以配合不同学习者的目标。

(4) 反馈:与其他学习者或全世界分享按照不同学习目标编排的教学内容和想法。

4) 发展趋势

更多的美国以外的顶尖大学将提供大型开放式网络课程;更多提供网上课程的机构宣布,将与加拿大、墨西哥、中国、新加坡、日本、澳大利亚以及欧洲的顶尖大学合作,同时还会跟更多美国学府签约。

总部设在美国加州的 Coursera 新增中文、法文、西班牙文和意大利文四种授课语言,将多提供约 90 个新课程。其联合创立人、斯坦福大学副教授吴恩达(Andrew Ng)说:"用其他语言授课将能让更多学生上我们的课。"

国外的开放课程几乎都是在该校内受欢迎的课程,教授也几乎都是在该领域颇有建树的专家。据了解,耶鲁大学每门开放课的制作费高达三、四万美元,麻省理工学院每门开放课的制作费也需两万美元。

针对我国大学较为封闭的教学模式和学籍管理模式,未来也会逐步引入大型开放式网络课程教学模式,这对于我国大学教育现状的改革以及高考升学选拔制度的优化,全面贯彻素质教育方针,逐步实现大学教育的普及,都有着一定的现实意义。

5) MOOC 在中国

由美国哈佛大学和麻省理工学院(MIT)成立的 edX 所提供的免费开放课程已经吸引了大约 6 000 名中国学生。大量开放的在线网络课程是远程教育取得的最新发展成果,这些课程所提供的教育资源可以被任何人所接触使用。通常情况下,他们不提供学分或收取任何学费。

香港中文大学(CUHK)也投入了一些项目在 Coursera 平台上面,以免自己将来被教育竞争甩在后面。该校副校长侯杰泰承诺第一步向该平台提供至少 5 门课程。

清华大学也已正式加盟 edX,成为 edX 的首批亚洲高校成员之一。清华大学将配备高水平教学团队与 edX 对接,前期将选择 4 门课程上线,面向全球开放。未来,清华大学将在中国建立自己的在线教育平台,进一步拓展在线教育模式,大力推动优质教育资源的开放和共享,为社会提供更为广泛的教育服务。清华大学校长陈吉宁表示,在线教育提供了一种全新的知识传播模式和学习方式,将引发全球高等教育的一场重大变革。这场重大变革,与以往的网络教学有着本质区别,不单单是教育技术的革新,更会带来教育观念、教育体制、教学方式、人才培养过程等方面的深刻变化。而复旦大学、上海交通大学则签约了 MOOC 平台 Coursera。

2014 年,网易云课堂与教育部"爱课程网"合作,以国家精品开放课程为主推出"中国大学 MOOC"项目。上线之初,就有北京大学、浙江大学、复旦大学、哈尔滨工业大学等 16 所"985 工程"高校推出了 61 门课程。

此外,在中国还出现了很多细分领域的 MOOC 平台,自主研发打造在线教育新课程。例如慕课网专注互联网技术在线编程教学,是 MOOC 的又一成功践行。

结合终身学习和将来走出校园后学习条件的变化,我们提倡在课外学习时采用课外学习模式。其精髓是以实践为主线,连接起自己的学习过程,增进自己的信息素养。而 MOOC 模式恰好是课内学习中最缺乏的,可以形成与课内学习的互补。这种模式也是一种"零起点"模式,适用于任何场合。这种模式失败的可能性很小,且越在前期,即使失败,代价也不大,不至于打击积极性。在失败中学习是最佳学习,当然在起步阶段需要更多的成功体验。

2.1.2 翻转课堂

这是由英语"Flipped Class Model"翻译过来的术语,一般被称为"翻转课堂式"教学模式。传统的教学模式是老师在课堂上讲课,然后布置家庭作业,让学生回家练习。与传统的课堂教学模式不同,在"翻转课堂式"教学模式下学生在家完成知识的学习,而课堂变成了老师与学生之间和学生与学生之间互动的场所,包括答疑解惑、知识的运用等,从而达到更好的教育效果。互联网的普及和计算机技术在教育领域的应用,使"翻转课堂式"教学模式变得可行和现实。学生可以通过互联网去使用优质的教育资源,不再单纯地依赖授课老师去教授知识。而课堂和老师的角色则发生了变化,老师更多的责任是去理解学生的问题和引导学生去运用知识。

1)起源

2000 年,美国人 Maureen Lage,Glenn Platt 和 Michael Treglia 在他们发表的论文 *Inverting the classroom: a gateway to creating an inclusive learning environment* 中介绍了他们在美国迈阿密大学教授"经济学入门"时采用的"翻转教学"模式以及取得的成绩,但是他们并没有提出"翻转课堂式"或"翻转教学"的名词;2000 年,J. Wesley Baker 在第 11 届大学教学国际会议上发表了论文 *The classroom flip: using web course management tools to become the guide by the side*;2007 年,美国科罗拉多州 WoodlandPark High School 的化学老师 Jonathan Bergmann 和 Aaron Sams 在课堂中采用"翻转课堂式"教学模式,并推动这个模式在美国中小学教育中的使用。随着互联网的发展和普及,翻转课堂的方法逐渐在美国流行起来并引起争论。

在国内,也曾经出现类似的教学方法,但被冠以高效课堂。典型的案例包括 1998 年山东的杜郎口中学所尝试的杜郎口教学模式。与当前的翻转课堂不同,这些模式中学生并不使用微视频和在线做题,而使用导学案、课本和习题册。

2)特点

利用视频来实施教学,在多年以前人们就进行过探索。如 20 世纪 50 年代,世界上很多国家所进行的广播电视教育就是明证。为什么当年所做的探索没有对传统的教学模式带来多大的影响,而"翻转课堂"却备受关注呢?这是因为"翻转课堂"有如下几个鲜明的特点:

(1) 教学视频短小精悍

不论是萨尔曼·汗的数学辅导视频,还是乔纳森·伯尔曼和亚伦·萨姆斯所做的化学学科教学视频,一个共同的特点就是短小精悍。大多数的视频都只有几分钟的时间,比较长的视频也只有十几分钟。每一个视频都针对一个特定的问题,有较强的针对性,查找起来也比较方便;视频长度控制在学生注意力能比较集中的时间范围内,符合学生身心发展特征;通过网络发布的视频,具有暂停、回放等多种功能,可以自我控制,有利于学生的自主学习。

(2) 教学信息清晰明确

萨尔曼·汗的教学视频有一个显著的特点,就是在视频中唯一能够看到的就是他的手,不断地书写一些数学的符号,并缓慢地填满整个屏幕。除此之外,就是配合书写进行讲解的画外音。用萨尔曼·汗自己的话语来说:"这种方式似乎并不像我站在讲台上为你讲课,它让人感到贴心,就像我们同坐在一张桌子面前,一起学习,并把内容写在一张纸上。"这是"翻转课堂"的教学视频与传统的教学录像的不同之处。而传统教学录像中出现的教师的头像以及教室里的各种物品摆设都会分散学生的注意力,特别是在学生自主学习的情况下。

(3) 重新建构学习流程

通常情况下,学生的学习过程由两个阶段组成:第一阶段是"信息传递",是通过教师和学生、学生和学生之间的互动来实现的;第二个阶段是"吸收内化",是在课后由学生自己来完成的。由于缺少教师的支持和同伴的帮助,"吸收内化"阶段常常会让学生有挫败感,丧失学习的动机和成就感。"翻转课堂"则对学生的学习过程进行了重构。"信息传递"是学生在课前进行的,老师不仅提供了视频,还可以提供在线的辅导;"吸收内化"是在课堂上通过互动来完成的,教师能够提前了解学生的学习困难情况,再在课堂上给予有效的辅导,而同学之间的相互交流更有助于促进学生知识的吸收内化。

(4) 复习检测方便快捷

学生观看了教学视频之后是否理解了学习的内容,视频后面紧跟着的4~5个小问题可以帮助学生及时进行检测,并对自己的学习情况作出判断。如果发现几个问题回答得不好,学生可以回过头来再看一遍,仔细思考哪些方面出了问题。学生对问题的回答情况能够及时地通过云平台进行汇总处理,帮助教师了解学生的学习状况。教学视频另外一个优点就是便于学生一段时间学习之后的复习和巩固。评价技术的跟进使得教师能够得到学生学习的相关环节的实证性资料,从而有利于教师真正了解学生。

3) 效果评价

翻转课堂利用丰富的信息化资源让学生逐渐成为学习的主角,而评价机制的提升可以促进翻转课堂更加普及。推动翻转课堂,就要打破现有的谁是教师就由谁来评价学生的学习状况的传统做法,建立一种新型的评价机制。学生在学习的过程中可以观看自己的任课教师的视频来学习,也可以观看其他老师的视频来学习,只要能够顺利通过测试,都应该计算学分。这有利于优质教育资源的共享,对促进教育均衡发展也有很重要的意义。

从学生角度说,翻转课堂的模式是否真正解决了因材施教的问题?对于传统教育的诟病在于,对待不同的孩子搞"一刀切",不仅在教学上是如此,考试时更是如此,这也就使得很多成绩一般的孩子只能在班级中"跟着跑",而不能按照自己的学习能力和消化水平定制出符合自己的学习计划。翻转课堂虽然将学习的掌控权给了学生,但是我们应该看清目前国内学生的情况——不善于提问和主动性不强,这两点直接影响了翻转课堂的效果。

从老师的角度看,国内的教师是否具备引导学习的职业素质?翻转课堂很重要的一点,是通过教师的引导和答疑来检查学生学习的效果。在翻转课堂中,教师的角色其实不是被淡化了,而是从另一个侧面有所加强,它要求老师能够通过设问、通过学生之间的讨论和完成作业、项目的情况来分析和把握学生的学习效果。相较于传统的教学模式,老师从主动变为被动,从主导变为引导,这对其职业素质有着更高的要求,而与学生一样习惯了传统教育模式的老师群体,也很难在短时间内完成自身的转变。

从家长的角度看,翻转课堂的教学效果如何去量化?中国的家长对于教育非常关注,一直存在"望子成龙,望女成凤"的心愿。虽然现今的家长对于孩子的教育有了更加新潮的观念和更为开放的思想,但是有一点始终不变,就是如何量化老师的教学效果和学生的学习情况。过去通过考试来为学生排名次,为老师测评,但在素质教育观念影响下,家长更看重孩子的全面发展。对于翻转课堂来说,要翻转的不仅仅是教与学过程中的顺序,相对应的还要有最终的效果评估机制。

4)我国实施翻转课堂需要的条件

考虑我国的教育背景,目前粉笔黑板仍然是我国课堂教学工具的主流,并且教学效果依然不减当年,如果说现在完全抛弃传统的粉笔与黑板,那么目前的教学肯定无法进行。如果翻转课堂真的在我国实施的话,它应该具备两个条件:

首先,要有足够多的优秀教学视频。通常这些教学视频是由任课教师录制并后期制作的,如果教学视频不好看、不优秀的话,学生是没有兴趣去看的,更别说是提高教学效果了。基于这一点,对教师的教学水平和视频制作技术水平的要求是很高的,而这一条件就目前来看是不太成熟的。

其次,翻转课堂对于学生的自律性和意志力的要求是很高的,而且这种自控能力不是一两天能够训练出来的,它包括各方面的因素,其中与年龄因素有很大关系。我们认为在目前的条件下,如果翻转课堂能应用到高校教育教学中,则应该比中小学要容易一点,或者推广难度要相对小一些,因为目前高校教育相对于中小学教育来说更注重自主学习,而且大学生自律能力要强一些,空余时间相对也很充裕,目前可移动终端设备也很先进,完全有可能进行翻转课堂的学习。

2.1.3 微课

在网络 Web 2.0 时代,随着信息与通讯技术的快速发展,与当前广泛应用的众多社会网络工具软件(如博客、微博、Facebook 等)一样,微课也将具有十分广阔的教育应用前景。

1)概念

"微课"的核心组成内容是课堂教学视频(课例片段),同时还包含与该教学主题相关的教学设计、素材课件、教学反思、练习测试及学生反馈、教师点评等辅助性教学资源,它们以一定的组织关系和呈现方式共同"营造"了一个半结构化、主题式的资源单元应用"小环境"。因此,"微课"既有别于传统单一资源类型的教学课例、教学课件、教学设计、教学反思等教学资源,又是在其基础上继承和发展起来的一种新型教学资源。

微课的理念体现在重引导、微处入手和快乐学习,具体说是以小见大、用微课堂带动学生的学习积极性,适当地让学生动手做;微课的口号是见微知著,小课堂大教学;微课的宗旨在于关注孩子每一个微变化,从小处着手,创建一个真正属于学生自己的课堂。

中国教育界和教育产业界对微课有不同的定义,最大不同体现在关于微课时间和微课录制工具方面。在时间方面,有的主张 5~8 分钟,有的主张 5~10 分钟,还有的主张 10~15 分钟和 10~20 分钟者,一般不主张超过 20 分钟;在微课录制工具方面,有采用摄像机在真实的课堂教学中进行录制,也有采取 PPT 录屏技术录制并加上字幕。

2) 特点

(1) 教学时间较短。教学视频是微课的核心组成内容,根据中小学生的认知特点和学习规律,"微课"的时长一般为5～8分钟,最长不宜超过10分钟。因此,相对于传统的40或45分钟的一节课的教学课例来说,"微课"可以称为"课例片段"或"微课例"。

(2) 教学内容较少。相对于较宽泛的传统课堂,"微课"的问题聚集,主题突出,更适合教师的需要。"微课"主要是为了突出课堂教学中某个学科知识点(如教学中重点、难点、疑点内容)的教学,或是反映课堂中某个教学环节、教学主题的教与学活动,相对于传统一节课要完成的复杂众多的教学内容,"微课"的内容更加精简,因此又可以称为"微课堂"。

(3) 资源容量较小。从大小上来说,"微课"视频及配套辅助资源的总容量一般在几十兆左右,视频格式须是支持网络在线播放的流媒体格式(如 rm,wmv,flv 等),师生可流畅地在线观摩课例,查看教案、课件等辅助资源,也可灵活方便地将其下载保存到终端设备(如笔记本电脑、手机、MP4 等)上实现移动学习、"泛在学习",非常适合于教师的观摩、评课、反思和研究。

(4) 资源组成/结构/构成"情景化"。"微课"选取的教学内容一般要求主题突出、指向明确、相对完整,以教学视频片段为主线"统整"教学设计(包括教案或学案)、课堂教学时使用到的多媒体素材和课件、教师课后的教学反思、学生的反馈意见及学科专家的文字点评等相关教学资源,构成了一个主题鲜明、类型多样、结构紧凑的"主题单元资源包",营造了一个真实的"微教学资源环境",使得"微课"资源具有视频教学案例的特征。广大教师和学生在这种真实的、具体的、典型案例化的教与学情景中,可易于实现"隐性知识"、"默会知识"等高阶思维能力的学习,并实现教学观念、技能、风格的模仿、迁移和提升,从而迅速提升教师的课堂教学水平,促进教师的专业成长,提高学生学业水平。

(5) 主题突出,内容具体。一个课程就一个主题,或者说一个课程一个事;研究的问题来源于教育教学具体实践中的具体问题,或是生活思考,或是教学反思,或是难点突破,或是重点强调,或是学习策略、教学方法、教育教学观点等等具体的、真实的、自己或与同伴可以解决的问题。

(6) 草根研究,趣味创作。因为课程内容的微小,所以人人都可以成为课程的研发者;因为课程的使用对象是教师和学生,课程研发的目的是将教学内容、教学目标、教学手段紧密地联系起来,是"为了教学,在教学中,通过教学",而不是去验证理论、推演理论,这些决定了研发内容一定是教师自己熟悉的、感兴趣的、有能力解决的问题。

(7) 成果简化,多样传播。因为内容具体、主题突出,所以研究内容容易表达,研究成果容易转化;因为课程容量微小、用时简短,所以传播形式多样(网上视频、手机传播、微博讨论)。

(8) 反馈及时,针对性强。由于在较短的时间内集中开展"无生上课"活动,参加者能及时听到他人对自己教学行为的评价,获得反馈信息,较之常态的听课、评课活动,"现炒现卖",具有即时性。又由于是课前的组内"预演",人人参与,互相学习,互相帮助,共同提高,在一定程度上减轻了教师的心理压力,不会担心教学的"失败",不会顾虑评价会"得罪人",较之常态的评课就会更加客观。

3) 分类

(1) 按照课堂教学方法来分类。根据李秉德教授对我国中小学教学活动中常用的教学方法的分类总结,以及便于一线教师对微课分类的理解和实践开发的可操作性,可将微课划分为 11 类,分别为讲授类、问答类、启发类、讨论类、演示类、练习类、实验类、表演类、自主学习类、合作学习类、探究学习类(如表 2.1 所示)。

表 2.1 微课的分类及适用范围

分类依据	常用教学方法	微课类型	适用范围
以语言传递信息为主的方法	讲授法	讲授类	这是中小学最常见、最主要的一种微课类型,适用于教师运用口头语言向学生传授知识(如描绘情境、叙述事实、解释概念、论证原理和阐明规律)
	谈话法(问答法)	问答类	适用于教师按一定的教学要求向学生提出问题,要求学生回答,并通过问答的形式来引导学生获取或巩固检查知识
	启发法	启发类	适用于教师在教学过程中根据教学任务和学习的客观规律,从学生的实际出发,采用多种方式,以启发学生的思维为核心,调动学生的学习主动性和积极性,促使他们生动活泼地学习
	讨论法	讨论类	适用于在教师指导下,由全班或小组围绕某一种中心问题通过发表各自意见和看法,共同研讨,相互启发,集思广益地进行学习
以直接感知为主的方法	演示法	演示类	适用于教师在课堂教学时,把实物或直观教具展示给学生看,或者做示范性的实验,或通过现代教学手段,让学生实际观察获得感性知识以说明和印证所传授的知识
以实际训练为主的方法	练习法	练习类	适用于学生在教师的指导下,依靠自觉的控制和校正,反复地完成一定动作或活动方式,借以形成技能、技巧或行为习惯,尤其适合工具性学科(如语文、外语、数学等)和技能性学科(如体育、音乐、美术等)
	实验法	实验类	适用于学生在教师的指导下,使用一定的设备和材料,通过控制条件的操作过程引起实验对象的某些变化,从观察这些现象的变化中获取新知识或验证知识。在物理、化学、生物、地理和自然常识等学科的教学中,实验类微课较为常见
以欣赏活动为主的方法	表演法	表演类	适用于在教师的引导下,组织学生对教学内容进行戏剧化的模仿表演和再现,以达到学习交流和娱乐的目的,促进审美感受和提高学习兴趣。一般分为教师的示范表演和学生的自我表演两种
以引导探究为主的方法	自主学习法	自主学习类	适用于以学生作为学习的主体,通过学生独立的分析、探索、实践、质疑、创造等方法来实现学习目标
	合作学习法	合作学习类	是一种通过小组或团队的形式组织学生进行学习的一种策略
	探究学习法	探究学习类	适用于学生在主动参与的前提下,根据自己的猜想或假设,运用科学的方法对问题进行研究,在研究过程中获得创新实践能力,获得思维发展,自主构建知识体系的一种学习方式

值得注意的是,一节微课作品一般只对应于某一种微课类型,但也可以同时属于二种或二种以上的微课类型的组合(如提问讲授类、合作探究类等),其分类不是唯一的,应该保留一定的开放性。同时,由于现代教育教学理论的不断发展,教学方法和手段的不断创新,微

课类型也不是一成不变的,需要教师在教学实践中不断发展和完善。

(2) 按课堂教学主要环节(进程)来分类。微课类型可分为课前复习类、新课导入类、知识理解类、练习巩固类、小结拓展类,其他与教育教学相关的微课类型还有说课类、班会课类、实践课类、活动类等。

2.1.4 碎片化学习

所谓"碎片化"(Fragmentation),原意为完整的东西破成诸多零块。我们也可将"碎片化"理解为一种"多元化",而碎片化传播本质上是整个社会碎片化或者说多元化的一个体现。

1) 碎片化的含义

有研究表明,当一个社会的人均收入在1 000～3 000美元时,这个社会便处在由传统社会向现代社会转型的过渡期,而这个过渡期的一个基本特征就是社会的"碎片化",即传统的社会关系、市场结构及社会观念的整一性(从精神家园到信用体系、从话语方式到消费模式)瓦解了,代之以一个利益族群和"文化部落"的差异化诉求及社会成分的碎片化分割。

如果让一个普通人描述自己十几年前的媒体接触方式,简单的一句话就可以描述清楚:白天看报纸,晚上看电视。但是今天,人们的生活被很多碎片化的内容切分,在信息传播进入网络时代以后,碎片化逐渐成为我国社会传播语境的一种形象性描述。

如今,报纸定位变"泛众传播"为"分众传播",平面媒体常常开始围绕着"读者关心的是什么"来做文章,习惯于思考整个报纸定位的问题。这是因为在碎片化时代,报纸要"包揽天下"的操作难度很大,要办一份让所有的读者都喜欢的报纸也成为不可能的事情。每当看到读者的反馈信息,编辑记者们常常哀叹"众口难调"。而现今受众人群不断呈现出分众化的趋势,从中央电视台办了30多年的"春节联欢晚会"节目也可以看出这个趋势。"多种媒体,一个声音"的传播方式已不能满足"碎片化时代"不同受众群体的信息需求。

克里斯·安德森的"长尾理论"认为,传统意义上的主流商品是一个坚硬的头部,而海量的、零散而无序的个性化需求则形成了一条长而细的尾巴。若将长尾上的个性化需求累加起来,就会形成一个比主流商品还要大的市场。

对碎片化的研究最早见于20世纪80年代"后现代主义"研究文献中。随着互联网时代的到来,数字技术、网络技术、传输技术的大量应用,大大强化了学习者作为传播个体处理信息的能力。碎片化现象不但让学习者群体细分呈现为碎片化现象,也引发着人们个性化的信息需求,甚至包括知识的学习及整个网络传播均呈现为碎片化语境。碎片化已成为社会发展的趋势,影响到社会的方方面面。碎片化是学习者追求自我、追求个性的必然发展,是文化知识传播者从事教育活动的主要依据。

2) 碎片化学习的概念与特点

所谓碎片化学习,是指通过对学习内容或者学习时间进行分割的学习方式。碎片化学习主要针对短训班或者成人教育,碎片化的内容可以用正式或非正式学习的方式推送给学生。碎片化学习也叫非正式学习或非正规学习,也就是我们通常所说的"处处留心皆学问"

或"按需学习"。一个成年人的学习,大多数是这样的学习。

碎片化学习具有这样一些特点:

① 灵活度更高:在分割学习内容后,每个碎片的学习时间变得更可控,提高了学员掌握学习时间的灵活度;

② 针对性更高:在分割学习内容后,学员可重点学习对自己更有帮助或启发的那部分内容;

③ 吸收率更高:在分割学习内容后,由于单个碎片内容的学习时间较短,保障了学习兴趣,在学习成效上对于知识的吸收率会有所提升。

3) 碎片化学习的意义

碎片化学习,古来有之。北宋欧阳修曾提倡学习要随时随地,千方百计,即使在马上、枕上、厕上,也一刻不得放松。温家宝总理在与网民进行在线交流中曾提到:"我非常希望提倡全民读书,我愿意看到人们坐地铁的时候能够手里拿上一本书。"在地铁里读书是一种现象,这话的本质其实就是让人们挤出时间来学习。

知识的碎片化本身并不带来优势,优势在于碎片化后的有效利用给学习者带来的价值,这个价值来源于学习者的碎片化需求,而且这个碎片化需求是随着情境变化而变化的。

研究显示,一个大学生在促进自身能力提升的要素中,系统学习的知识所占比例不足20%,而80%为课堂之外非正式学习手段中获得的知识,同时,在大学所学知识也会随着时间变化大部分失效。因此,大学生在大学阶段主要是习得方法,必须要学会非正式学习,以应未来工作岗位及时充电之需。在教师进行的学生学习规划上,同一主题、内容可按正式学习和非正式学习两种方式进行规划及分割,以正式学习为主,非正式学习为辅;在学生进行实际学习时,可以设计非正式学习的方式以提升学生的学习兴趣。

2.1.5 系统化学习

所谓系统化学习,就是 Formal Learning,或者叫正式学习或正规学习。更简单地可以理解为学校教育,有课程、有进阶、有引导。

系统化学习是一个系统过程,学习者、学习辅助者、学习资源、学习环境、支持服务等每个因素对学习的成功都很关键。系统化学习模型设计是从学习的本质出发,应用系统化方法来分析学习的需求,明确学习任务,在分析学习内容和学习环境的基础上,确定学习目标、学习策略、学习通道、学习支持,筛选学习资源,制订学习计划,并在自主探索、协作互助、讨论交流等方式下完成学习计划,通过学习过程的全程跟踪和记录进行形成性评价和总结性评价,最后通过学习测评进行学习成果的认证。系统化学习模型中"分析、设计、实施、评价、认证"是几个关键的要素,由此也可以将其分为几个重要的阶段。有三大主要学习方式,即正式、准正式、非正式;有五种主要应用表现形式,即学校教育、远程教育、企业培训、自主学习和社会生活。

系统化学习法告诉我们,对一个问题我们事先可以从各个层面角度给它确定一个思考的方向(模式),然后从这些方向展开知识的联想,寻找到解答;或者根据教材对知识的表达方向,给它列出一个框架图,这样便于学生进行学习。引导学生运用系统化学习法时,有如下几个注意点:① 要明确问题的指向,尤其要注意利用中心主题串联知识各要素;② 要注意把握知识要素之间的联系,便于形成对知识的整体观念和在头脑中创造全景图;③ 在系统化学习法中各个图形要素要简明清晰,最好能够符号化。

正规教育需要做到如下几个方面:

(1) 利用系统化学习法,教学生学会预习。预习是提高教学质量的重要环节,但是由于受到应试教育的影响,很多老师只是忙于布置作业、考试检测,对于学生的预习工作草率随意,缺少对学生预习方法的必要指导,学生的预习从来没有真正做到位,因为他们根本不知道怎样才算是预习。而利用系统化学习法就可以帮助学生学会预习。采用系统化学习法指导学生预习,可大大增强学生的学习效果,培养学生的自主学习能力。

(2) 利用系统化学习法,教学生学会思维。爱因斯坦曾说:"学习知识要勤于思考。思考,再思考,我就是靠这个学习方法成为科学家的。"这句话说明了思考的重要性。一个懂得学习的学生往往是会思考的学生,这样的学生在面对问题时,懂得对问题的背景情况作出充分的分析,然后确定自己该从哪些角度考虑构建思维的模式,从而准确、全面地找到问题的答案。

(3) 利用系统化学习法,教学生学会统整。一架机器,它的整体就是一个严密的系统,各个零部件通过某种序列安装在一起才能构成这部机器的整体,发挥它们的效用。科学知识也如同一架机器一样,每一个知识要素就是这架机器的零部件,这些知识要素之间存在的某种联系就是把这些零部件统整在一起的序列。在教学中教师要懂得这个道理,引导学生以系统化学习法来统合整理知识,帮助学生掌握知识并能够准确运用于具体的问题分析之中。

教育信息化不应再局限于信息系统"碎片化"的应用,而是要利用信息技术形成"学习生态系统",构建以移动互联网和智能终端为标志的学习环境,运用云计算、社交网络、大数据支持个性化的交互学习系统以及线上线下学习融合的混合学习模式。

系统化学习是基础,而碎片化学习是应用。对于跳过系统学习的阶段而直接采用碎片化学习我们认为不可取,这里可以采用 Jay Cross 的 Formal Learning 和 Informal Learning 来加以解释。就一个人的成长来说,随着年龄的增长,其经验之中的"源自于正式学习的经验"所占比例和发挥作用越来越小,而其经验之中的"源自非正式学习的经验"所占比例和发挥作用越来越大。

这二者的分水岭其实就应该是在大学阶段。在大学之前,我们一直是在做系统化的学习,所学的知识也是非常系统化、非常标准统一的;而大学之后,我们通常是从接触到的更多更繁琐的信息中选择自己需要的那部分,在这种情况下知识的系统化是有助于自己对于复杂的碎片进行筛选的。也许年龄和经验的增长使得我们对于基础知识的需求会相对减少,但是一套成体系的知识链对于我们少走弯路的帮助是十分重要的。所以我们建议,应认真地按部就班地去打基础,在掌握了结构化的知识之后再用系统的方法学习碎片类的知识,而不是反过来。

2.1.6 社交化学习

随着互联网技术的飞速发展,如何利用网络给学生提供个性化的教学一直是研究热点。尤其是近几年来随着社交网络的兴起和飞速发展,将社交网络技术应用于网络教学中也逐渐引起相关学者的兴趣,我们有理由相信未来的网络教学将会更加的个性化和社交化。互联网社交是一种新的发展趋势,它可以帮助个体更为便捷快速地捕捉最新需求,这其中就包括学习模式和社交模式。

美国皮尤互联网研究中心发布的最新研究报告显示,现在的青少年十分沉迷于社交网络。在年龄为12~17岁的受访者中,有73%是社交网络的重度用户。他们在社交网站注册个人主页,上传照片,发表言论,关注和评论好友状态,更新和互相发送即时消息等。这种发生在美国的2010年的现象,如今正在我国上演。这一点,也可以从人人网、开心网等社交网络平台的兴起,以及微博、微信等移动社交应用在青少年群体中的流行得到证实。

社交网络平台的搭建在技术上始终基于实时互动、个体与个体或个体与群体交流的人际传播模式。在社交网络媒体中,从信源到信宿的中间环节大大减少,依然存在的"发射器"和"接收器"几乎没有扭曲和失真效应,只是转换信息样式,便于传播。社交网络最突出的特征就是个性化,这契合了在现代技术围绕下出生和成长的当代青少年的普遍心理。青少年群体的人际交往需求较大,强烈的新奇感和活跃的思维使其对真实性及虚拟性人际交往模式均具有较强的接纳性。因此,在学习过程中融入社交化方式,无疑是有效提高青少年学习兴趣和效率的重要途径之一。而这一先进教育理念的实施,首先归功于社交化的网络学习形式。

科技不断地将时间碎片化,相应的,人们的学习模式、社交模式也随之发生斗转星移的变革。从关系上来说,朋友、同行、同事、团队成员的交流与分享最容易被认知与学习;从精神集中度来看,小而碎的知识点更容易被记忆与消化。因此,社交化学习(如利用SNS、微博等)可能成为改变人们相互关系的一次革命。Android、云技术、开放性平台、SNS、微博等基于互联网技术的出现,让个人、企业都不可避免地主动或被动地加入到这场变革中去;而随着智能手机、平板电脑等移动互联网终端的普及,分享、学习、互动成为了未来学习者生活中的三个关键词。借助手机,通过SNS了解朋友的近况,通过微博了解我们想要了解的人,甚至和他们成了朋友,移动互联网模式下的社交需求被激发和持续优化。

在青少年网络移动学习行为中扮演重要角色的,除了移动终端,还有与终端紧密结合的云平台。如果说移动终端实现了学习者触感、实感的移动学习,那么网络平台则为移动终端提供了源源不断的发展动力。因为有了平台这朵"云",终端才有了信息之源,学习者才有了无边无际的虚拟社交空间。论坛式的网络学习社区是青少年网络移动学习社交化方式的主要呈现平台,这样的学习社区意在通过发挥青少年社交需求的动力,让他们在学习前有兴趣,在学习中有毅力,在学习后有牵挂。

目前,苹果公司联合斯坦福大学和创业公司Piazza的社交学习平台,把Piazza的社交学习平台添加到iTunes U上最具人气的斯坦福大学"iOS开发"学期课程中。这是Piazza和斯坦福大学首次与苹果公司iTunes U的深度合作,在iTunes U上内置了Piazza社交学习平台课程的链接。有了Piazza社交学习平台之后,学生可以互相提问(可实名或匿名),实时讨论课程的内容,而且能够像Wiki站点一样,自由编辑、自由回复。Piazza可不仅仅是个留言板,这个学习平台能够区别学生回复(可修改)和老师回复,学生和老师可以合作教学,学生可同时查看有多少同学在线,从而方便他们交流学习体会。

在移动互联网高速发展背景下,学习者的社交方式和学习方式正在发生着前所未有的裂变。未来的移动互联网学习将会以"学习者为中心"刺激学习者的主动意识从而增进学习兴趣,"云课堂"将改变传统的教学模式,更加强调主动性,这必会产生好的学习效果。目前,包括新东方在内的众多教育机构纷纷推出在线和移动学习产品,而未来的移动学习更多的是通过 App 方式。可以预测,未来更多的学习 App 将受到用户的宠爱和欢迎,这改变的不只是人们的生活习惯,还有学习方式。

2.1.7 移动学习

移动学习是一种在移动计算设备帮助下的能够在任何时间、任何地点发生的学习,其使用的移动计算设备必须能够有效地呈现学习内容并且提供教师与学习者之间的双向交流。移动学习研究始于 1994 年美国卡耐基-梅隆大学的 Wireless Andrew 研究项目,该项目历时 3 年,最终通过无线基础设施建设为校园内师生、管理者等提供了覆盖整个校园的无线高速连接。此项目是全球范围内第一个移动学习研究项目,随后全球性的移动学习研究就此展开。

1) 学习要素的变化

传统学习的必备要素包括学生、老师、内容、学习时间等,而在社交网络时代,必备的学习要素可能只需学生和网络就已足够。学习变得越来越简单,主要的推动因素是新时代高性能网络系统的出现和人们学习重心的转移。学习正逐渐成为一个非常自我的过程。到哪里学、找谁学,这些问题完全能通过与网络的互动来解决。学习活动本身已经融入到人们的日常生活中,学习与生活、工作的界限也已越来越模糊,难以分清。人们将不再受限于学校、工作单位提供的讲师和内容,网络中几乎包含了所有需要的信息。正因如此,人们关心的核心问题已从"哪里有最好的学习资源"转变为"我到底需要学习什么",而后者才是学习的本质问题。

日新月异的学习网络和学习系统也使学习过程变得极为个性化,同时,它还具备分析每个学生的需求、寻找最合适的内容、提供有效的内容链接、连接最合适的内容专家、记录每个学生学习过程和结果、分享个性化的经验等诸多功能,实现了学习一体化。根据学生的需求和选择,移动互联网和智能设备的应用还能使这一系列完整活动转化为碎片化学习。

受制于物理空间、讲师时间、学生空闲时间的传统学习方式即将成为过去,全新的学习方式已经崭露头角。

2) 未来学习的核心

可以想象,未来十年,职场的主力团队将由 80 后和 90 后组成。面对上述学习的变化,高校教师在过去的成功经验基础上需要认真思考:对于 21 世纪的人才特征、社交学习以及移动技术的应用,自己是否准备好了?

21 世纪的人才是在电子邮件、游戏、手机和社交网络氛围下长大的,他们只愿在工作场所中选择适合自己的技术,偏爱在线工具和下载开源软件,并且对隐私有着更宽松的感知,通常会被那些拥有最新技术潮流的公司吸引。这些人才特征,正在对信息技术的发展方向,尤其是对学生的学习与工作方式产生着深远的影响。

传统学习模式正在面临挑战,对新生代来讲,他们常期望快速获取信息,每日只用 7 个小时来工作或学习;对他们而言,网络没有秘密,电子邮件是过时的,他们崇尚生活胜于工作,时刻在用社交媒体,总是期待最新的更刺激的技术,对网络免费的内容特别钟情。在这种情况下,教育者必须探索变革传统教学方式的新思路,将整个教学组织转型成为面向未来的模式,比如丰富的非正式学习方式、稳定可靠的内容来源、随时接入的内外部专家资源、按需定制的碎片化的学习信息、针对学生的个性化的学习记录、学习与工作嵌入整合、最小化技能获得时间等。

2.1.8 学习方式的变革趋势

1) 各类社交化学习与移动学习的代表

在公众教育中，Facebook、YouTube、MOOC、可汗学院（Khan Academy）在移动学习和社交学习的应用上具有一定的代表性。它们或者利用本身已经具备的社交基因、用户资源，或者借助新技术，彻底创新出了颠覆性的学习模型。

例如 Facebook，它是在强大的社交媒介功能和大用户基础上，与社交学习强劲结合。Facebook 能作为学习平台和学习工具，供教师与学生在社区或群组中交流学习，并且开始与第三方软件公司整合，在社交网站的基础上加强学习的功能。

作为全球最大的视频网站，YouTube 公布了与 Google 的整合计划。在整合完成之后，YouTube 可以让用户使用他们的 Google 帐号登录到 YouTube 的视频广播网络。此外，YouTube 还可以让用户通过该视频网站向其他好友传递与视频内容相关的信息。

MOOC 意指大规模的网络开放课程，是 Massive（大规模的）、Open（开放的）、Online（在线的）、Course（课程）四个词的缩写。它是一种由组织者利用网络平台发布课程信息，参与者利用各种网络工具进行自主学习，再并利用网络媒介进行交流互动，从而完成学习任务的新型学习模式。学习界的革新派甚至将 MOOC 称之为"未来高等教育界的沃尔玛"。

可汗学院采用的是颠覆性的反转式教育，力图让任何人、在任何地方都能得到世界一流的教育。它的兴起体现了从移动学习到社交学习，再到 O2O（Online to Offline）学习的学习发展走向。学习专家预测，利用视频和移动设备进行自主学习，再通过社交学习进行自我评估，最后在线下的讨论中进行交流与分享的模式，将成为未来学习的主流趋势。

由此可见，社交化、移动化的学习理念与模式已经渗透到了公众教育中。这种运作机制也给高校和教师带来新的启示：有必要将社交学习与移动学习提升至相当高度来实施。

2) 构建移动学习和社交学习的关键

以埃森哲为例，过去积累的内部知识管理系统已经通过搜索和微博功能被整合在一起，形成了一个完整的生态系统，并与最流行的外部社交媒介有着明确的映射关系。在为自身的移动学习设定战略框架的过程中，埃森哲还确定了移动学习所需的四个基本要素，即迅速、便利、舒适、简易。这种将移动学习与教学目标、学习战略密切关联的做法，可以实现按需学习，即时问题即刻解决。不过，在较长的时期内，如何管理好正式学习和非正式学习的关系，并建立社交学习与移动学习的最佳模式，会是新时代的高校和教师们普遍要面临的难题。

2.2 信息素养论

信息素养的本质是全球信息化需要人们具备的一种基本能力，包含了技术和人文两个层面的意义。从技术层面来讲,信息素养反映的是人们利用信息的意识和能力;从人文层面来讲,信息素养也反映了人们面对信息的心理状态,或说面对信息的修养。作为与信息检索有深刻渊源的概念,本节将论述作为信息社会公民的基本素质问题。

2.2.1 信息素养论的背景

从词源上讲,信息素养(Information Literacy)更确切的名称应该是信息学识,因为单词literacy 有识字、有文化、能读能写、精通文学等义项,与中文词学识或文化更为接近。

信息素养是一种基本能力,即一种对信息社会的适应能力。美国教育技术 CEO 论坛2001 年第四季度报告提出 21 世纪的能力素质,包括基本学习技能(指读、写、算)、信息素养、创新思维能力、人际交往与合作精神、实践能力。信息素养是其中一个方面,它涉及信息的意识、信息的能力和信息的应用。

信息素养又是一种综合能力,其涉及各方面的知识,是一个特殊的、涵盖面很宽的能力,包含人文的、技术的、经济的、法律的诸多因素,和许多学科有着紧密的联系。信息技术支持信息素养,通晓信息技术强调对技术的理解、认识和使用技能。而信息素养的重点是内容、传播、分析,包括信息检索以及评价,涉及更宽的方面。它是一种了解、搜集、评估和利用信息的知识结构,既需要通过熟练的信息技术,也需要通过完善的调查方法、鉴别和推理来完成。信息素养是一种信息能力,而信息技术是它的一种工具。

信息素养概念的酝酿始于美国文献检索技能的演变。1974 年,美国信息产业协会主席Paul Zurkowski 在向美国全国图书馆和信息科学委员会提交的一份提案中率先提出了信息素养这一全新概念,并解释为利用大量的信息工具及主要信息源使问题得到解答的技能,即明确信息需求、选择信息源、检索信息、分析信息、综合信息、评估信息、利用信息的能力。此概念一经提出,便得到广泛传播和使用。世界各国的研究机构纷纷围绕如何提高信息素养展开了广泛的探索和深入的研究,对信息素养概念的界定、内涵和评价标准等提出了一系列新的见解。

1979 年,全美信息产业协会给出了信息素养的定义:掌握了利用信息工具的知识与技能,并将其应用于解决实际问题。

1987 年信息学家 Patrieia Breivik 将信息素养概括为一种"了解提供信息的系统并能鉴别信息价值,选择获取信息的最佳渠道,掌握获取和存储信息的基本技能"。

1989 年美国图书馆协会(ALA)下设的"信息素养总统委员会"在其年度报告中对信息素养的含义进行了重新概括:"要成为一个有信息素养的人,就必须能够确定何时需要信息并且能够有效地查寻、评价和使用所需要的信息"。

我国学者马海群指出:信息素养广义的理解是在信息化社会中个体成员所具有的各种信息品质,包括信息智慧(涉及信息知识与技能)、信息道德、信息意识、信息觉悟、信息观念、信息潜能、信息心理等。

美国学者 H. B. Rader 的定义:信息素养是在解决问题和作决策时具有有效地找到和评价信息的能力,包括在现代信息环境中求生存、谋发展的能力,迅速适应外部环境变化的能力,解决问题时能把合适的信息找出来的能力,还包括熟练使用计算机方面的能力。

美国教学指导和课程研究协会在其1991年的一份决议案中提出：信息素质是检索、加工和有效地利用信息，充分利用全球化社会特有的机遇充实自我的能力。

1992年，Doyle在信息素养全美论坛的终结报告中将信息素养定义为一个具有信息素养的人，他能够认识到精确的和完整的信息是做出合理决策的基础，确定对信息的需求，形成基于信息需求的问题，确定潜在的信息源，制定成功的检索方案，从包括基于计算机和其他信息源获取信息、评价信息、组织信息于实际的应用，将新信息与原有的知识体系进行融合，以及在批判性思考和问题解决的过程中使用信息。

C. R. McClure指出，信息素质是四方面素质的集成，即传统素质(Traditional Literacy)，指具备读、写、计算等基本文化素质；媒体素质(Media Literacy)，即对包括图书馆信息资源在内的各种信息媒体的认识；计算机素质(Computer Literacy)，即了解计算机基本文化，掌握其基本应用；网络素质(Network Literacy)，即对当代信息环境的核心——互联网的认识和掌握。

信息技术的发展已使经济非物质化，世界经济正转向信息化非物质化时代，并加速向信息化迈进，人类已自然进入信息时代。21世纪是高科技时代、航天时代、基因生物工程时代、纳米时代、经济全球化时代等等，但不管怎么称呼，21世纪的一切事业、工程都离不开信息，从这个意义来说称21世纪是信息时代更为确切。

2.2.2 信息素养的标准与评价

在信息社会中，物质世界正在隐退到信息世界的背后，各类信息组成人类的基本生存环境，影响着芸芸众生的日常生活方式，成为人们日常生活的重要组成部分。

虽然信息素养在不同层次的人们身上体现的侧重面不一样，但概括起来主要具有以下五大特征：① 捕捉信息的敏锐性；② 筛选信息的果断性；③ 评估信息的准确性；④ 交流信息的自如性；⑤ 应用信息的独创性。

美国图书馆协会和教育传播与技术协会在1998年制定了学生学习的九大信息素养标准，这一标准分信息素质、独立学习和社会责任三个方面表述，丰富了信息素养的内涵。借鉴这一标准，一般认为信息素养的评判标准如下。

(1) 信息素质

标准一：具有信息素养的人能够高效地获取信息。

标准二：具有信息素养的人能够熟练地、批判性地评价信息。

标准三：具有信息素养的人能够精确地、创造性地使用信息。

(2) 独立学习

标准四：作为一个独立的学习者具有信息素养，并能探求与个人兴趣有关的信息。

标准五：作为一个独立的学习者具有信息素养，并能欣赏作品和其他对信息进行创造性表达的内容。

标准六：作为一个独立的学习者具有信息素养，并能力争在信息查询和知识创新中做得最好。

(3) 社会责任

标准七：对学习社区和社会有积极贡献的人具有信息素养，并能认识信息对社会的重要性。

标准八：对学习社区和社会有积极贡献的人具有信息素养，并能实行与信息和信息技术相关的符合伦理道德的行为。

标准九:对学习社区和社会有积极贡献的人具有信息素养,并能积极参与活动来探求和创建信息。

与其他素养的评价判断一样,信息素养的评价包含的内容十分多,而且有一部分只能依靠教师观察与调查得出结果,因此它的评价结果不宜使用过于细致的分段标准,主要是使用合格与不合格的标准来表示;为了表彰比较努力的学生,也可以使用优秀、良好、合格、不合格的四级或者优秀、良好、中等、合格、不合格的五级度量方式表达。国家应该组织专家研究制定我国基础教育阶段的信息素养评价的指标体系。

对于信息素养的评价,过去主要是检查学生的信息知识与信息能力,因此所采取的方法主要是通过测验,而且很大程度上是依靠笔试进行的,这就产生了一系列的问题。首先,对于信息素养的信息意识与信息伦理道德这两个重要部分的程度与水平没有认真判断;其次,依靠测验方法,特别是笔试难以判断学生的实际操作能力,而且,由于是笔试进行考核,学生只要能够答对就可能通过测验,这样就可能使一部分学生只注意知识方面而对能力方面有所忽视。

因此必须针对信息素养的不同方面,确定各个项目的评价方法。

(1) 信息意识

信息意识与情感的标准是十分难以评价的问题,但是作为信息素养的一个重要部分,又必须予以评价。而目前,还没有专门的讨论涉及信息意识与情感的评价问题。一般认为信息意识的评价必须通过实践才能真正实现,但是作为学生素质的一部分来评价,考虑到学习周期比较短的关系,可以通过观察学生应用信息技术的积极性、记录学生上机次数、能不能主动应用信息技术解决其他学科学习问题等等来判断与衡量。这里一部分评价工作可以靠学校校园网的使用记录来进行分析,而许多判断需要教师日常观察与调查。

(2) 信息伦理道德

与信息意识相类似,信息伦理道德的水平判断主要依靠教师的观察与调查。当然一部分理论上的认识可以靠笔试测验结果分析,例如,提出一些个案研究来分析学生如何对待典型的信息技术应用中的伦理道德问题。

(3) 信息知识

这个部分的信息素养是信息素养评价中最适合于笔试进行测验的部分,许多知识内容都可以通过提出相应的问题和检查学生的回答来判断学生的理解与掌握程度。同时,有条件的地方,还是使用计算机辅助测试的方法来进行较好。一方面可以利用现代信息技术而节省批阅考卷与记分等繁杂劳动,避免不必要的错误与干扰,另一方面也是培育信息素养的一个实际行动。

(4) 信息能力

目前,对于信息能力的判断主要还是通过笔试进行,我们国家的一部分省市还配合使用了上机操作考试来判断学生的信息能力,这样可以比较客观地评价学生使用信息系统完成一定工作的能力水平。问题是这种测试的条件要求比较高一些,解决办法有如下两种:一种是准备几套试卷,所有参加测验的学生分为几组,学生使用信息技术回答,由计算机根据标准答案进行判卷记分,且现在随着网络建设的不断发展,测试条件已经大大改善;另一种则可以利用项目反应理论(Item Response Theory,简称 IRT)的程序化实现,使得我们可以用较少数量的问题测试出学生某种能力达到的程度。

2.3 信息素养训练

信息素养教育包括两个层面,一是信息技术教育课程,二是信息人文素质教育。信息素养教育具有伦理道德、技术、人文三个要素,是一个综合性的学科,此外,信息科学技术是一种可以在其他学科教育和学习中应用的工具,因此进行信息素养教育不能只在计算机学科教学中实施,须分别在计算机学科教学、计算机辅助教学、计算机辅助教育管理的应用中进行。

2.3.1 信息技术教育与训练

人是信息系统中最重要的因素,而信息系统的协调是一项非常重要的工作,作为信息素养的重要部分,信息知识是不可或缺的内容。作为一个有信息素养的人应了解信息技术的基本常识(各种术语、各种技术、信息技术的特点、信息技术的发展历史与趋势等)、信息系统的工作原理(数字化原理、程序、算法与数据、信息传播原理)、信息系统的结构与各个组成部分(硬件、软件、系统)、信息技术的作用与影响(使用信息技术的利弊、局限性等)以及与信息技术有关的法律与道德常识。

根据教育信息专家的建议,现代社会中的师生应该具备六大信息技能:

① 确定信息任务:确切地判断问题所在,并确定与问题相关的具体信息。

② 决定信息策略:在可能需要的信息范围内决定哪些是有用的信息资源。

③ 检索信息策略:开始实施查询策略,包括使用信息获取工具、组织安排信息材料和课本内容的各个部分以及决定搜索网上资源的策略。

④ 选择利用信息:在查获信息后,能够通过听、看、读等行为与信息发生相互作用,以决定哪些信息有助于问题解决,并能够摘录所需要的记录,拷贝和引用信息。

⑤ 综合信息:指把信息重新组合和打包成不同形式以满足不同的任务需求。综合可以很简单,也可以很复杂。

⑥ 评价信息:是指通过回答问题确定实施信息问题解决过程的效果和效率。在评价效率方面还需要考虑花费在价值活动上的时间,以及对完成任务所需时间的估计是否正确等。

如今,提高青少年的信息素养已经成为渗透素质教育的核心要素。这就对教师提出新的要求,即在开设信息技术课程的同时,要积极努力地探索信息技术与其他课程整合的思路与方法,在课堂上应用现代信息技术,把信息技术教育课程真正融入到其他课程中去,通过学校教育渠道培养学生的信息素养。为此,教师应做到以下一些方面:

(1) 努力将信息素养的培养融入有机联系着的教材、认知工具、网络以及各种学习与教学资源的开发之中,通过信息的多样化呈现形式以形成学生对信息的需求,培养学生查找、评估、有效利用、传达和创造具有各种表征形式信息的能力,并由此扩展学生对信息本质的认识。

(2) 坚持以学生的发展为本。不要过分注重学科知识的学习,而应关心如何引导学生应用信息技术工具来解决问题,特别是通过把信息技术的学习与学科教学相结合,让学生把技术作为获取知识和加工信息、为解决问题而服务的工具。同时,教师还要关心学生的情感发展,不能因为信息技术的介入而忽略了与学生的直接对话和沟通。

(3) 在培养学生信息素养的同时,还要注意发展学生与信息素养密切相关的媒体素养、计算机素养、视觉素养、艺术素养以及数字素养,以期全面提高学生适应信息时代需要的综合素质。

(4) 信息素养教育要以培养学生的创新精神和实践能力为核心。因此在信息技术课程中,必须是在基于自主学习和协作学习的环境中,学生自主探究、主动学习,教师成为课程的设计者和学生学习的指导者,让学生真正成为学习的主体。教师可以利用网络和多媒体技术构建信息丰富的、反思性的、有利于学生自主学习、协作学习和研究性学习的学习环境与工具,开发学生自主学习的策略,允许学生进行自由探索,极大地促进他们的批判性、创造性思维的养成和发展。

2.3.2 信息人文素质教育

作为承担培养人类社会未来继承者与建设者重任的教育事业,应该使受教育者的德智体全面得到发展,这是全面素质教育的目标与意义。从 20 世纪 70 年代开始,一些计算机教育专家就提出了计算机文化的观念,指出在信息时代,一个现代人不仅需要有读写算的能力,还要具有计算机的常识,并且具有使用计算机的意识与能力。1981 年在世界计算机教育应用会议上,前苏联西伯利亚科学院院士叶尔肖夫所作的大会主题报告就是"程序设计——人类的第二文化"。随着计算机技术的深入研究与发展,人们越来越认识到信息化教育是现代社会全面素质教育的一个重要部分。我国教育界的领导与广大教育工作者现在已经取得共识:我国的教育应该从应试教育的轨道转向全面素质教育的轨道。因此,我们必须认识到信息化教育是全面素质教育的一个部分,其目标就是培养现代社会接班人的信息素养。

要具备信息素养,无疑要涉及学会运用信息技术,但不一定非得精通信息技术。况且,随着高科技的发展,信息技术正成为大众的良好伴侣,操作也越来越简单,为人们提供各种及时可靠的信息便利。因此,现代人的信息素养的高低,首先要决定于其信息意识和情感。信息意识与情感主要包括:积极面对信息技术的挑战,不畏惧信息技术;以积极的态度学习操作各种信息工具;了解信息源并经常使用信息工具;能迅速而敏锐地捕捉各种信息,并乐于把信息技术作为基本的工作手段;相信信息技术的价值与作用,了解信息技术的局限及负面效应从而正确对待各种信息;认同与遵守信息交往中的各种道德规范和约定。

在我国,针对国内教育的实际情况,学生的信息素养培养主要针对以下五个方面的内容:

① 热爱生活,有获取新信息的意愿,能够主动从生活实践中不断地查找、探究新信息;

② 具有基本的科学和文化常识,能够较为自如地对获得的信息进行辨别和分析,并正确地加以评估;

③ 可灵活地支配信息,较好地掌握选择信息、拒绝信息的技能;

④ 能够有效利用信息表达个人的思想和观念,并乐意与他人分享不同的见解或信息;

⑤ 无论面对何种情境,能够充满自信地运用各类信息解决问题,有较强的创新意识和进取精神。

我国目前进行信息素养教育最普遍的方式是计算机学科教育,即通过计算机的必修课、选修课或活动课来进行,这对于形成教师队伍、组织教材建设、保证一定的教学活动是有必要的。但是由于信息技术的迅速发展,学科内容必须不断地变化和发展,而且作为一般社会成员所需的信息能力不必要与未来的信息工程师一致,因此在确定计算机学科教学内容时以及在教材的编写时,必须掌握好分寸和尺度。这一点也是我们今后研究的一个问题。

应该注意的是通过计算机辅助教育进行教学活动,一方面将计算机和其他信息技术应用于教学,成为教学改革的重要手段,另一方面也让学习者学习了各种信息技术的应用与操作,这也是信息教育的最重要之处。要做好这一点,就需要把信息技术与学科课程的开发结合起来,这就是人们所说的把信息技术整合到课程中。

思 考 题

1. 什么是 MOOC?
2. 什么是微课?
3. 什么是翻转课堂?
4. 试述系统化学习与碎片化学习的含义,并思考其关系。
5. 什么是移动学习?
6. 如何理解学习社交化、移动化的趋势?
7. 简述移动互联网对人类学习的影响。
8. 信息素养的特征与标准是什么?
9. 简述信息素养论的背景。
10. 如何训练信息素养?

第 3 章 信息与信息源

信息、情报在当代社会堪称使用范围最广、频率最高的词汇之一。但对于什么是信息、什么是情报，人们的理解却不同，迄今为止还没有一个权威的公认的定义。信息源是人们在科研活动、生产经营活动和其他一切活动中所产生的成果和各种原始记录，对这些成果和原始记录加工整理得到的成品也是获得信息的源泉。信息源内涵丰富，它不仅包括各种信息载体，也包括各种信息机构；不仅包括传统印刷型文献资料，也包括现代电子图书报刊；不仅包括各种信息储存和信息传递机构，也包括各种信息生产机构。信息检索的起点在于信息，信息的源头在哪里，我们从何处获得信息，这将是本章要着重讨论的。

3.1 信息、情报、知识、文献

信息、情报、知识、文献等概念是信息检索这门课程的立论基础，又是课程的研究对象，也是信息检索与利用工作的对象。准确把握这些概念的含义及相互关系，有助于我们深入讨论信息检索及信息利用所涉及相关单元的内涵外延，为信息素养训练打下坚实基础。

3.1.1 信息

1) 信息的概念

信息(Information)迄今为止还没有一个权威的公认的定义，不同领域的研究者站在各自的角度提出对信息内涵的不同界定。例如，信息论的创始人香农从通信系统理论的角度把信息定义为用以消除随机不确定性；控制论专家 N. 维纳则认为信息既不是物质，又不是能量，信息就是信息。若从哲学角度来理解，信息是事物本质、特征、运动规律的反映，因此哲学家认为信息是人类认识世界的依据；数学家认为信息是一种概率；物理学家认为信息是"熵"；通信学领域专家认为信息是"不定度"的描述；图书情报领域的专家认为信息是可以用各种形式进行传播、记录、出版及发行的观念、事实及论著。

《牛津辞典》的定义为信息就是谈论的事情、新闻和知识；《韦氏字典》的定义为信息就是在观察或研究过程中获得的数据、新闻和知识；《辞海》的定义为信息是通信系统传输和处理的对象，泛指消息和信号的具体内容和意义，通常需要通过处理和分析来提取等；国标 GB 4894—1985《情报与文献工作词汇 基本术语》的定义为信息是物质存在的一种方式、形态或运动状态，也是事物的一种普遍属性，一般指数据、消息中所包含的意义，可以使消息中所描述事件的不定性减少；《中国大百科全书(图书馆学·情报学·档案学)》是这样定义信息的：一般说来，信息是关于事物运动的状态和规律的表征，也是关于事物运动的知识，用符号、信号或消息所包含的内容来消除对客观事物认识的不确定性。

总之,信息是物质的一种基本属性,是自然和人类社会中一切事物自身运动状态与方式,是事物的内在联系和含义的表征。

从本质上说,信息是反映现实世界的运动、发展和变化状态及规律的信号与消息。信息表现如下:① 物质存在的一种方式,一般指数据、消息中所包含的意义,可以使消息中所描述的事件的不定性减少;② 是事物运动的状态与方式的反映。

信息渗透于社会的各个层面,在当今社会,信息学识与信息素养是人生是否顺利或成功的重要因素。

信息源于事实中存在的客观数据,这里数据泛指所有描述事物的形貌、特性、状态或任何其他属性的数字、文字或符号,一般指原生的、未经智能处理过的信号、讯息、数值、状态。数据是原生的,信息则是一种反映。

社会的进步赋予信息更丰厚的内涵,信息的膨胀与人们对其需求的激增,使信息成为当今社会生活的一大支柱,成为一种与能源、材料并存的重要战略资源。

2) 信息的属性

(1) 普遍性:一切事物都存在一定的运动状态和运动方式的改变,即信息的产生源于事物,是事物的普遍属性。

(2) 传递性:信息必须依附一定的物质载体才能进行传递,声音、语言、文字、图像、纸张、胶片、人的大脑等,无一不是信息的载体。

(3) 共享性:同一内容的信息可以在同一时间、同一地域被两个或两个以上的使用者同时分享,其分享的信息内容和信息量不会因此损失或减少。

(4) 时效性:信息具有时间价值。信息的价值实现取决于及时地把握和运用恰当或正确的信息,如天气信息、经济信息、交易信息、科学信息等,一些信息可能会随时间的推移而逐渐失去价值,但也有可能一段时间后产生新的使用价值。

3) 信息的价值

在市场经济条件下,信息已经成为一种极其重要的商品。信息社会通常被定义为信息生产和消费的集中,而信息集中度取决于对信息的需求以及此需求被满足的程度。因此,一种看待信息社会是否形成的方法是评价信息的交换强度及信息内部流动的持久性。那么,什么是信息价值?它的价值如何确定?这些问题已成为当今信息社会所面临的最基本问题之一。近年来,行为经济学把经济学理论和心理学理论结合起来研究信息的主观价值,取得了一定的成果。这些研究成果对于我们认识了解信息价值的确定和市场经济条件下人们对信息的需求特性,具有重要的启示作用。

如何从海量信息中收集有价值的信息资料并进行分析研究,形成企业各种决策的依据,是信息人员及市场研究人员所面临的一个问题。信息必须经过汇总、整合、分析才能产生价值,零散的信息只能是新闻性的,无法体现真正的商业价值。

对于企业以及信息分析人员来说,一方面要在大量的信息中过滤出有效的价值点,同时又要降低获取相应信息的成本,使信息的实际使用价值大于收集、分析信息等过程所产生的成本,使信息为企业的决策带来增值价值。

信息经济学对信息不对称进行研究。信息经济学中将信息作为一种稀缺资源,基于信息越多越好的原则,信息越多则越有优势。

3.1.2 情报

从词源上分析,情报(Intelligence)一词来源于日语,而日语的"情报"又来源于英语中的 information,经过这种转移,在汉语中情报已经转化为英语的 intelligence,即在一定领域内有价值的信息、知识或文献。

1) 情报的含义

关于情报的概念,有多种下定义的方法。有学者用拆字的方法将"情报"两字拆开,解释为"有情有报告就是情报";也有学者从情报搜集的手段来给其下定义,说情报是通过秘密手段搜集来的关于敌对方外交、军事、政治、经济、科技等信息;还有学者从情报处理的流程来给其下定义,认为情报是被传递、整理、分析后的信息。

情报的定义是情报学中一个最基本的概念,它是构建情报学理论体系的基石,是情报学科建设的基础,对情报工作产生直接的影响。情报究竟是什么?时至今日,国内外对其定义仍然是众说纷纭。据学者统计,如今国内外对情报的定义数以百计,不同的情报观对情报有不同的定义,主要的三种情报观对情报的解释如下:

(1) 军事情报观对情报的解释。如"军中集种种报告,并预见之机兆,定敌情如何,而报于上官者"(1915 年版《辞源》);"战时关于敌情之报告,曰情报"(1939 年版《辞海》);"获得的他方有关情况以及对其分析研究的成果"(1989 年版《辞海》);"以侦察的手段或其他方式获取有关对方的机密情况"(光明日报出版社版《现代汉语辞海》)。

(2) 信息情报观对情报的解释。如"情报是被人们所利用的信息";"情报是被人们感受并可交流的信息";"情报是指含有最新知识的信息";"某一特定对象所需要的信息,叫做这一特定对象的情报"等。

(3) 知识情报观对情报的解释。如《牛津英语词典》把情报定义为"有教益的知识的传达","被传递的有关情报特殊事实、问题或事情的知识";英国的情报学家 B.C. 布鲁克斯认为"情报是使人原有的知识结构发生变化的那一小部分知识";前苏联情报学家 A.H. 米哈依洛夫所下的情报定义是"情报——作为存贮、传递和转换的对象的知识";日本《情报组织概论》一书的定义为"情报是人与人之间传播着的一切符号系列化的知识";我国情报学界也提出了类似的定义,有代表性是"情报是运动着的知识,这种知识是使用者在得到知识之前不知道的","情报是传播中的知识","情报就是作为人们传递交流对象的知识"。

除了以上三种主要情报观的情报定义外,还有许多从其他不同的社会功能、不同的角度、不同的层面对情报所作的定义,但在普遍意义上能被多数学者认同接受的情报定义如下:情报是为实现主体某种特定目的,有意识地对有关的事实、数据、信息、知识等要素进行劳动加工的产物。

2) 情报的属性

情报具有三个基本属性,它们是相互联系、缺一不可的,而情报的其他特性则都是这些基本属性的衍生物。

(1) 知识性。知识是人的主观世界对于客观世界的概括和反映,随着人类社会的发展,每日每时都有新的知识产生,人们通过读书、看报、听广播、看电视、参加会议、参观访问等活动,都可以吸收到有用知识。这些经过传递的有用知识,按广义的说法就是人们所需要的情报。因此,情报的本质是知识,没有一定的知识内容,就不能成为情报。知识性也是情报最主要的属性。

(2) 传递性。知识之所以成为情报,还必须经过传递。知识若不进行传递交流、供人们利用,就不能构成情报。情报的传递性是情报的第二基本属性。

(3) 效用性。人们创造情报、交流传递情报的目的在于充分利用情报,不断提高其效用性。情报的效用性表现为启迪思想、开阔眼界、增进知识、改变人们的知识结构、提高人们的认识能力、帮助人们去认识和改造世界。情报为用户服务,用户需要情报,效用性是衡量情报服务工作好坏的重要标志。

此外,情报还具有目的性、意识性、社会性、积累性、与载体的不可分割性以及老化等特性。情报属性是情报理论研究的重要课题之一,其研究成果正丰富着情报学的内容。

3.1.3 知识

"知识"(Knowledge)的"知",字从矢从口,矢亦声。"矢"指"射箭","口"指"说话","矢"与"口"联合起来表示"说话像射箭,说对话像箭中靶心",本义是指说的很准(一语中的)。"知识"的"识",繁体写作"識",字从言从戠,戠亦声。"戠"字从音从戈,指古代军队的方阵操练,本义就是规则图形及其变换,引申义为区别、辨别,意指思考与辨析。

知识是人类对客观世界的物质形态及其运动过程和规律的认识,是人们对自然和社会的认识和描述的总和。它可能包括事实、信息、描述或在教育和实践中获得的技能,可能是关于理论的,也可能是关于实践的。在哲学中,关于知识的研究叫做认识论,但知识的定义在认识论中仍然是一个争论不止的问题。一个经典的定义来自于柏拉图——一条陈述能称得上是知识必须满足三个条件,即它一定是被验证过的、一定是正确的,以及一定被人们相信的。知识的概念是哲学认识论领域最为重要的一个概念。

知识的获取涉及许多复杂的过程,如感觉、交流、推理。知识也可以看成构成人类智慧的最根本的因素。

知识是信息的一部分,是由信息提炼转化而成的,是经过人类认识、挑选、系统和深化了的信息。知识是人类的主观世界对客观世界概括和反映,是大量有组织的信息,是关于事实和思想的有组织的陈述,提供某种经过思考的判断和某种实验的结果。

广义的知识可以分为两类,即陈述性知识和程序性知识。

(1) 陈述性知识:是描述客观事物的特点及关系的知识,也称为描述性知识。陈述性知识主要包括三种不同水平,即符号表征、概念、命题。符号表征是最简单的陈述性知识。所谓符号表征就指代表一定事物的符号,如学生所学习的英语单词的词形、数学中的数字、物理公式中的符号、化学元素的符号等都是符号表征。概念是对一类事物本质特征的反映,是较为复杂的陈述性知识。命题是对事物之间关系陈述,是复杂的陈述性知识。命题可以分为两类,一类是非概括性命题,只表示两个以上特殊事物之间关系;另一类命题表示若干事物之间的关系,这类命题叫概括,如"圆的直径是它的半径的两倍",这里的倍数关系是普遍的关系。

(2) 程序性知识:是一套关于办事的操作步骤的知识,也称操作性知识。这类知识主要用来解决"做什么"和"如何做"的问题,用来进行操作和实践。策略性知识是较为特殊的程序性知识。它是一种关于认知活动的方法和技巧的知识,例如如何有效记忆、如何明确解决问题的思维方向等。

3.1.4 文献

文献(Literature)一词最早见于《论语·八佾》,南宋朱熹《四书章句集注》认为"文,典籍也;献,贤也",可见此时的文指典籍文章,献指的是古代先贤的见闻、言论以及他们所熟悉的各种礼仪和自己的经历。《尚书·虞夏书·益稷》也有相关的引证说明"文献"一词的原意是指典籍与宿贤。

1984年中华人民共和国国家标准《文献著录总则》关于"文献"的定义是记录有知识的一切载体。在这一定义中有两个关键词:"知识"是文献的核心内容;"载体"是知识赖以保存的物质外壳,即可供记录知识的某些人工固态附着物。也就是说,除书籍、期刊等出版物外,凡载有文字的甲骨、金石、简帛以及拓本、图谱乃至缩微胶片、视盘、声像资料等等,皆属文献的范畴。具体地说,文献就是将知识、信息用文字、符号、图像、音频等记录在一定的物质载体上的结合体。

文献具有三个基本属性,即文献的知识性、记录性和物质性,具有存贮知识、传递和交流信息的功能。文献具有三要素,一是载体,即文献的外部形式,它是知识的包装或运载方式,常称之为媒体、知识,反映了文献的信息内容;二是记录,即信息的一种人工编码,通过人工、机械以及声、光、电、磁等各种技术手段生成多种包含知识信息内容的符号,以一定的形态出现,形成各种媒体的文献类型;三是出版物,即文献的表现形式或承载物,大多数情况下出版物等同于文献。

文献对科学和社会发展、人类文明进步具有的重大意义在于:

① 是科学研究和技术研究结果的最终表现形式;
② 是在空间、时间上传播情报的最佳手段;
③ 是确认研究人员对某一发现或发明的优先权的基本手段;
④ 是衡量研究人员创造性劳动效率的重要指标;
⑤ 是研究人员自我表现和确认其在科学中的地位的手段,因而也是促进研究人员进行研究活动的重要激励因素;
⑥ 是人类知识宝库的组成部分,是人类的共同财富。

文献是人们获取知识的重要媒介,是人类文化发展到一定阶段(具有可记录的内容与记录的工具、手段时)的产物,并随着人类文明的进步而不断发展。人类认识社会与自然界的各种知识的积累、总结、贮存与提高,主要是通过文献的记录、整理、传播、研究而实现的。文献能使人类的知识突破时空的局限传之久远。

文献的内容反映了人们在一定社会历史阶段的知识水平,而文献的存在形式(诸如记录手段、书写材料、构成形态与传播方式等)又受当时社会科技文化发展水平的影响与制约。例如在纸张发明以前,我国的古人只能在甲骨、简牍、缣帛上作记录;在雕版印刷术发明以前,古人只能凭手工抄写来记录文献。然而,正是在文献的初级原始阶段经验积累的基础上才发明了纸张与雕版印刷术,使文献的记录方式更为便利,传播的范围更广,速度更快。人们又从文献中汲取、利用知识贡献于社会,从而极大地推动了社会文明的发展。由此可见,社会的发展水平决定了文献的内容与形式,而文献的继承、传播与创造性地运用又反作用于社会,成为社会向前发展的有利因素。

文献是科学研究的基础。任何一项科学研究都必须广泛搜集文献资料,在充分占有资料的基础上分析资料的种种形态,探求其内在的联系,进而作更深入的研究。如英国李约瑟教授历经数十年时间撰成举世瞩目的巨著《中国科学技术史》,就是在搜集了大量中国古代科技文献资料的基础上写成的;我国明代伟大的科学家李时珍"渔猎群书,搜罗百氏,凡子、史、经、传,声韵,农圃,医卜星相,乐府诸家,稍有得处,辄著数言","岁历三十稔,书考八百家",编纂了不朽的名著《本草纲目》,被称为"博物之通典",据统计其直接和间接引用的文献达 900 余种。

据上所述,文献对人类的文明、社会的进步至关重要,无论古今中外,凡从事科学研究都需凭借有关文献。现代科技文献的特征主要反映在三个方面,即数量巨大、分布离散、更新加快。

3.1.5 信息、情报、知识、文献等概念间关系

1) 信息链导向的观点

信息是事物运动的状态和方式及其反映;知识是人类通过信息对自然界、人类社会及其思维方式与运动规律的认识,是人的大脑通过思维重新组合的系统化的信息;情报是对用户有用的知识信息;文献是记录、存储、传播知识信息的载体,也是信息和情报的载体。简单地说,知识是系统化的信息;文献是静态的、记录的知识;情报是动态的、传递的知识。它们在一定条件下是可以相互转化的。

信息是人们对客观存在的一切事物的反映,是通过物质载体所发出的消息、情报、指令、数据、信号中所包含的一切可传递和交换的知识内容。由于宇宙间的一切事物都在运动,都存在一定的运动状态和状态的改变方式,因而一切事物及其运动是信息之源。

信息不同于数据,数据是记录信息的一种形式,同样的信息也可以用文字或图像来表述;信息不同于情报,情报通常是指秘密的、专门的、新颖的一类信息,可以说所有的情报都是信息,但不能说所有的信息都是情报;信息不同于知识,知识是认识主体所表述的信息,而并非所有的信息都是知识。知识是人类通过信息对自然界、人类社会以及思维方式与运动规律的正确认识和掌握,是人的大脑通过思维重新组合的系统化的信息的集合。人类既要通过信息感知世界、认识世界和改造世界,而且要根据所获得的信息组成知识。可见知识是信息的一部分,是一种特定的人类信息。

从以上讲述可以看出,信息的含义非常广泛,它包容了知识、情报,而文献上记载的知识也隶属于信息,即文献是信息的一个组成部分。另外,情报是知识的一部分,是在信息的有效传递、利用过程中进入人类社会交流系统的运动着的知识。而数据是信息的记录形式和原材料,因而数据涵盖最广。事实、数据、信息、文献、知识和情报的逻辑关系为

事实＞数据＞信息＞文献＞知识＞情报

许多人赞成"Information"是一个连续体的概念,这个连续体由事实(Facts)→数据

(Data)→信息(Information)→知识(Knowledge)→"情报"(Intelligence)五个链环构成。有人称这个链为"信息链",有人则称"知识链",又亦称"信息金字塔"或"知识金字塔"(见图3.1)。在该链条中,"信息"的上游是面向物理属性的,下游是面向认知属性的,作为中心链环的"信息"既有物理属性也有认知属性。对于它们之间的相互关系人们有多种看法,代表性的有并列关系、转化关系、包含关系、层次关系。这些认识从不同的角度提出、分析问题,对于我们研究问题有十分重要的启迪作用。

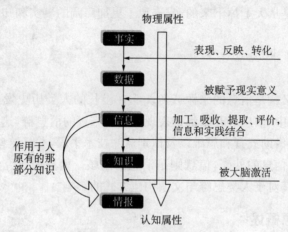

图 3.1 基于信息链倾向的观点

2) 本质探析

对事实、数据、信息、知识及情报的分析和理解,从总体上讲不宜过于复杂,只求抓住要义,不必在文字上作过多的文章。具体而言,事实、数据、信息和知识只是站在不同角度对同一客观存在即同一对象的不同表述,而情报此时并不在其中,如果对这一对象从外部加入情报,原有的事实或数据或信息或知识将会发生结构性改变。

从点上看这一客观对象(或信息、或知识),我们得到的概念就是数据。数据是信息的局部表现形式。一般人认为"数据"在其中但没有特定含义,是没有被加工过的原料。其实,一般而言,数据也是经过加工了的,也是有特定含义的,只是人们没有去关注这些初始的加工过程和庞杂的具体含义罢了。

从面上看这一客观对象(或数据、或知识),我们得到的概念就是信息。信息是信号,是一种事实的表征,是知识的外在表现。一般人认为"信息"是已经排列成有一定意义、有一定形式的数据。其实,信息也不一定都是有意义并按一定具体形式排列的,"杂乱无序,毫无意义"本身就是一条不可否认的信息。

从功能上看这一客观对象(或数据、或信息),我们得到的概念就是知识,也可以说知识是数据或信息的功能,这个功能具体包括"知道是什么"、"知道为什么"、"知道怎样做"、"知道是谁"等问题。一般认为,知识是人们认识世界、改造世界所获取的信息,包括积累的经验的总和。其实,知识是认识世界、改造世界的结果,更是认识世界、改造世界的过程。知识总是通过一定的载体以数据、信息的形式来表达和体现的,世界上脱离数据、信息的知识是不复存在的。

而情报不是本体内的,它是由本体外注入的、能够使特定对象(或信息、或知识)发生结构性改变的"活化剂"。当然,情报也是一种知识,是一种与本体不同质的特殊的知识。

从以上的角度观察、分析问题,可以认为事实、数据、信息、知识和情报不是简单的并列、转化、包含和层次关系。数据、信息和知识是基于一定事实的抽象表达的具体描述,或者说是基于同一客体的不同角度的具体表述,它们之间相互支撑、相互补充、密不可分。而情报是"外来物",它是为一定对象的知识结构的调整、变化、升级服务的,也可以说是实现知识创新的"活性剂",是新知的重要组成部分。知识要创新离不开情报,情报离开了知识就失去了功能。当然,情报不是从天上掉下来的,它来源于更加广阔的事实和知识。

3.2 信息源

信息源,顾名思义就是信息的来源或源头。在漫长的人类历史发展进化以及不断积累的科学技术实践过程中,信息一开始都是表现为真伪难辨的消息群,这些物质世界的内部规律对于人类来说需要借助五官和思维以及识别监测技术手段,并且这些技术不断与时俱进,动态发展。消息只是信息的外壳,信息则是消息的内核。信息源研究侧重追踪这种外部形式与内在意义,探讨其对于人类思维与文明构建方式的影响。

3.2.1 信息源概述

联合国教科文组织出版的《文献术语》把信息源定义为个人为满足其信息需要而获得信息的来源。由于信息的含义十分宽泛,信息源的定义也因学科领域的不同而有不同的解释。从传播学的角度看,"传播的来源是指生成、制作和发送信息的人,也可以是群体——指发生信息的部门或机构";在图书情报领域,信息源被解释为"人们在科研活动、生产经营活动和其他一切活动中所产生的成果和各种原始记录,以及对这些成果和原始记录加工整理得到的成品",又可进一步分为文献信息源和非文献信息源(包括口头信息源、实物信息源)。

随着网络环境的变化,(文献)信息源的表现形式呈现出多样化态势。信息源内涵越来越丰富,它不仅包括各种信息载体,也包括各种信息机构;不仅包括传统印刷型文献资料,也包括现代电子图书报刊;不仅包括各种信息储存和信息传递机构,也包括各种信息生产机构。信息出版链也由传统的作者→出版者→图书情报机构→读者这样的单线分化为电子图书、电子期刊、电子预印本等多形态出版、多种出版周期、多种服务系统及机构的形态(见图3.2)。

依据信息源的层次及其加工和集约程度,信息源可分四次:所有物质均为一次信息源,也称本体论信息源,从一次信息源中提取信息是信息资源生产者的任务;二次信息源也称感知信息源,主要储存于人的大脑中,传播、信息咨询、决策等领域所研究的也主要是二次信息源;三次信息源又称再生信息源,主要包括口头信息源、体语信息源、文献信息源和实物信息源四大类型,其中又以文献信息源(包括印刷型和电子型文献信息源)最为重要;四次信息源也称集约信息源,是文献信息源和实物信息源的集约化和系统化,前者如档案馆、图书馆、数据库,后者如博物馆、样品室、展览馆、标本室等。

各种定义都是从特定的角度来解释的,只是强调的侧重点不同而已。简而言之,信息源可看作是产生、持有和传递信息的一切物体、人员和机构。

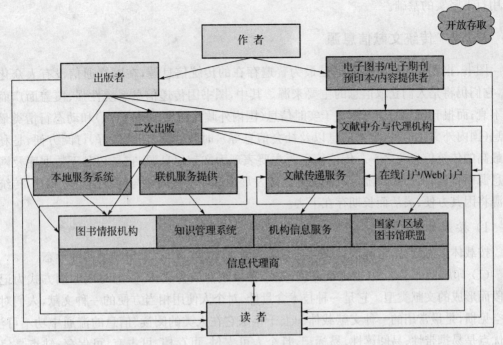

图 3.2　网络时代信息出版链的变化

信息源的基本属性表现在以下几个方面：

(1) 客观性。信息源中所蕴涵的信息是人类一切思维和社会活动的反映，它作为人类知识和记忆的物质载体是客观的。第一，它是一种客观物体；第二，它是所包含的知识存在的反映。

(2) 可传递性。信息源是信息传播过程中的第一要素，只有通过传播到达接收者并得到利用，才能发挥其作用。

(3) 可激活性。信息源从某种意义上可以视为静态的，但信息可被人感知、识别和利用，人脑对信息源的信息内涵进行感知、思维、分析、综合、联想的过程就是激活信息源中的信息，使其总是处于不断传播与使用的循环中，在循环过程中信息可以不断得到调整、补充、改编与重组，使其所含内容的针对性更强。

信息源具有以下几方面的特征：

(1) 信息源的积累性。由于人类通常将信息知识记载在物质的载体上，因此我们可以用物质的手段进行搜集、整理、积累，使得人类所创造的知识、文化、技术可以不断地延续、继承和发展。

(2) 信息源的复杂性。由于信息是一切物质的基本属性，所以信息源的类型、载体的形态都具有复杂性。它数量巨大，内容丰富，形式多样，随着人类社会的发展和科学技术的进步而迅速增长。

(3) 信息源的再生性。信息源与其他物质财富不同，它使用后不会消耗，反而会产生"增值现象"；同时信息源本身也可以再生，从原始信息源产生出二、三次信息源。

(4) 信息源的共享性。信息源接收者并非是独占使用者，信息源可以传播至不同接收者同时使用，具有共享性。

了解信息源的不同形式有助于加深对信息内涵及其特征的认识，为信息的组织与检索利用打下坚实的基础。

3.2.2 传统文献信息源

图书、报刊等印刷纸质文献是最为普遍存在的传统信息源,在网络通信没有大众化之前,它们仍将是人们获取信息的主要来源。其中,图书因传递信息系统性强、覆盖面广而久盛不衰;而报刊所载的信息侧重于实时信息(国内外政治信息、经济信息)和动态行情类最新信息(国内外文化信息、学术信息以及社会信息等),时效性强、连续性好、订阅方便,是利用率最高的传统信息源之一。传统信息源主要表现为文献信息源,它是相对于数据库及网络信息源而言的,而后者伴随信息网络的高速发展出现并勃兴的。与网络信息源相比,传统信息源将因其方便、灵活而长期存在下去。

1) 按载体形态来划分

按载体形态划分,传统信息源可分为印刷型、缩微型、声像型、电子型四种形态。

(1) 印刷型即书本型,也称纸介型,是一种以纸介质为载体、以书写或印刷方式为记录手段而形成的文献类型。它是一种技术含量低、对个人使用相当方便的一种文献,人们对它司空见惯,是最常用的一种文献载体。上千年来它在人类的阅读、信息的流通中功不可没。其优点是易携带性、易阅读性、易标记,且个人可支付、可存档、可占有、可保存;缺点是信息密度低、容量小、体积庞大、占有大量存储空间、不易长久保存。

(2) 微缩型,即以光学材料和技术生成的文献形式,距今已经有一百多年的历史。在全息照相技术出现之前,一般只是将文字、图像等信息符号进行一种等比的缩放。缩微媒体还可作为计算机数据的存取载体,分别有输入胶卷和输出胶卷。缩微图像可复制,传送设备能将扫描的缩微图像在异地的打印机或传真机等设备上输出。缩微型资料本身的数字化被认为是一种趋势。

(3) 声像型,也称视听型,是利用电、磁、声、光等原理、技术将知识、信息表现为声音、图像、动画、视频等信号,给人以直观、形象的感受。比起文字信息来,人们更乐于并容易接收视听信息,它是人们认知、学习、文化娱乐的重要来源。在科学技术领域中,它在描述自然现象和实验现象方面具有不可替代的表现力,比如大至天体星云,小至原子结构。在语言学习方面,这类文献也有其独到之处。声像文献有许多制品,从唱片、录音带、录像带、电影胶片直至唱盘和视盘。利用计算机对音像信息进行处理,使得声像型文献更丰满、诱人,并与电子文献浑然一体。

(4) 电子型,也称为机读型,这里"机"现指的就是计算机、微机。通过计算机对数据的存取与处理,完成文献信息的数字化,形成电子型文献及形形色色的电子出版物,包括电子图书、电子报刊、电子新闻、电子会议录等等。机读型的版本也是多样的,有磁带版、磁盘版、光盘版、联机版以及最新的网络版。电子型文献不仅存储密度高、存取速度快,而且具有电子加工、编辑、出版、传送等种种功能,具体有可存取性、可获得性、即时性、及时性、可检索性、可研究性、学科交叉性、动态性、合作性、可链接性、交互性、广博性、多媒体性等特点。

2) 按信息处理级别来划分

按信息处理级别划分,传统信息源可分为一次文献信息、二次文献信息与三次文献信息。其中,一次文献信息是基础,是检索的对象;二次文献信息是检索一次文献信息的工具;

三次文献信息是一次、二次文献信息的浓缩和延伸(见图3.3)。

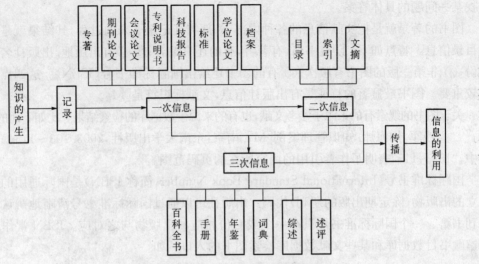

图 3.3 按处理级别划分传统信息源

一次文献信息一般指以知识的直接生产者记录的最初发现、发明、新理论、新方法、新见解为内容出版的原始文献,包括期刊论文、研究报告、会议录、专利说明书、学位论文等。

二次文献信息是将大量分散、零乱、无序的一次文献进行整理、浓缩、提炼,著录其特征(著者、篇名、分类号、出处、文摘等),并按照一定的逻辑顺序和科学体系加以编排存储,使之系统化,以便于检索利用。其主要类型有目录、索引和文摘等。

三次文献信息是选用大量有关的文献信息,经过综合、分析、研究而编写出来的文献信息,主要分为综述研究和参考工具两类。它通常是围绕某个专题,利用二次文献信息检索搜集大量相关文献,对其内容进行深度加工而成。属于这类文献的有综述、评论、评述、进展、动态、手册、指南、年鉴、百科全书等。这些对现有成果加以评论、综述并预测其发展趋势的文献,具有较高的实用价值。在学习和学术研究中,可以充分利用反映某一领域研究动态的综述类文献信息,在短时间内了解其研究历史、发展动态、水平等,以便能更准确地掌握学习和学术研究领域的技术背景等。

3) 按信息的出版形式来划分

这是对传统信息源最常用、最典型的划分方法。按出版类型,可将传统信息源划分为图书、期刊、报纸、专利文献、标准文献、会议文献、科技报告、学位论文、科技档案、产品资料十种类型。在这十大传统文献信息源中,图书、期刊与报纸以外的其他文献信息有时候也统称特种文献。

(1) 图书

图书是论述或介绍某一领域知识的出版物。图书又可分为三类:一类是消遣、教科书、科普读物和一般生产技术图书,属阅读性的图书;一类是辞典、手册和百科全书等,属工具性的图书;另一类是含有独创性内容的专著,它属原始信息(文献)。图书往往是著者在收集大量第一手资料基础上,经分析归纳后编写而成的。其特点是内容比较系统、全面、成熟、可靠,但出版周期较长,报道速度相对较慢。图书主要用于需对大范围的问题获得一般性的知识或对陌生的问题需要初步了解的场合,如系统地学习知识、了解关于某知识领域的概要、查找某一问题的具体答案。

　　图书的著录就是把文献信息的各种内部、外部特征记录下来的过程,其结果就是形成一条目录信息。特点如下:① 有书名,有著者,有的还有编者;② 必有出版地、出版社名和出版年份;③ 非第一版的图书有版次;④ 有的图书还给出国际标准书号(ISBN)。这四点中第②点较重要。图书最显著的特征是有出版社信息,文献标识符是[M]。

　　关于图书的线索有的来源于参考文献,也有的来源于数据库的检索结果。比如下面的记录:

　　　　钱军,周海炜. 知识管理案例[M]. 南京:东南大学出版社,2003.103～115

其中,"103～115"表明了作者引用的内容所在的页码范围。

　　国际标准书号(International Standard Book Number,简称 ISBN)是国际通用的图书或独立的出版物(除定期出版的期刊)代码。出版社可以通过国际标准书号清晰地辨认所有非期刊书籍。一个国际标准书号只有一个或一份相应的出版物与之对应。ISBN 常作为图书馆馆藏书目数据库和某些文献数据库检索图书的入口。如

　　　　　　　　978 - 7 - 5641 - 4272 - 8

其中,978 为 EAN.UCC 前缀,是国际物品编码协会分配的产品标识编码,由国际 ISSN 中心向 EAN 组织申请,中国的 EAN.UCC 前缀为 978 和 979,目前使用 978;7 为组号,代表国家、地区或语种,中国为 7;5641 为出版社号,是出版社在国际上的标准代号;4272 为书名号,是出版社给每一种出版物的编号;8 为校验号,为计算机自动校验而设。

　　中国标准书号的格式为

　　　　　　　　ISBN＋中图法基本大类类号和种次号

其中,种次号同一出版社的同一学科门类图书的顺序号。如

　　　　　　　　978 - 7 - 5641 - 4272 - 8/O・135

　　(2) 期刊

　　一般是指名称固定、开本一致的定期或不定期连续出版物。期刊论文内容新颖,报道速度快,信息含量大,是传递科技情报、交流学术思想最基本的文献形式。据估计,期刊情报占到整个情报源的 60%～70%,因此受到科技工作者的高度重视。大多数检索工具也以期刊论文作为报道的主要对象。当对某一问题需要深入了解时,做学术研究需要了解与自己的课题相关的研究状况而查找必要的参考文献时,需要了解某学科水平动态时,学习专业知识的时候,较普遍的办法是查阅期刊论文。

　　期刊论文的著录格式如下:

　　　　　　　　作者. 文章题目. 刊物名称,年代,卷数(期数):页数

　　例如:

　　① H. Tohyama. A plasma Image bar for an electrophoto-graphic printer[J]. Journal of the Imaging Science, 1991, Vol. 35, No. 5:330～333

　　② 赵洗尘. 数字图书馆资源组织[J]. 图书情报工作,2003(3):76～80

　　正式出版的期刊有 ISSN 代码,即国际标准连续性出版物编号,如 ISSN 1001—8867 为《中国图书馆学报》的国际标准编号。

杂志与期刊和报纸一样,也是连续出版物的一种,但是它的内容一般具有通俗性或娱乐性。以下情况会用到杂志:① 寻找关于流行文化的信息和观点;② 得到当前事件的实时信息;③ 寻找供某一领域非专业人士阅读的文章。期刊与杂志的区别在于:① 杂志适合普通读者阅读,内容涉及生活的方方面面;② 杂志往往有许多照片和广告;③ 杂志上刊登的文章一般不长;④ 杂志的出版周期通常比学术性期刊短。而学术期刊适合学者、研究人员及教授们阅读;刊物名称中一般有"学报"等字样,容易辨认;学术期刊中较少有照片或广告,封面严肃;学术期刊常刊登较长、有深度的研究文章;学术期刊通常由学术或专业机构主办。

(3) 报纸

报纸是连续出版物的一种,通常每天或每周发行,它收集了时事新闻和相关评论等各种文章。报纸最大的优势是时效性强,通常在发布关于国际、国内和本地事件的最新消息,以及发表社论、评论、专家或者大众的观点时使用报纸。

报纸著录格式可如下表示:

  国务院新闻办公室. 中国的粮食问题[N]. 人民日报,1996-10-25(2)

(4) 学位论文

学位论文是指为申请学士、硕士、博士等学位而提交的学术论文。学位论文的质量参差不齐,但都是就某一专题进行研究而作的总结,多数有一定的独创性。学位论文是非卖品,除极少数以科技报告、期刊论文的形式发表外,一般不出版。学位论文的获取一般通过专门的数据库或学位授予单位的图书馆。学位论文著录的特点如下:通常有表示学位论文的词,如 Thesis,Dissertation 等;有的写有论文作者所在学校的校名。

下列情况会用到学位论文:

① 科学研究开题前的文献调研;

② 博硕士研究生撰写开题报告时;

③ 自己写毕业论文或毕业设计时;

④ 追踪学科前沿发展、了解研究过程。

学位论文著录格式可如下表示:

① 朱建立. 面向对象的分布式知识处理系统[D]. 北京:中国科学院计算技术研究所,1987

② P B Bishop. Computer system with a very large address space and garbage collection[D]. Cambridge, MA: Massachusetts Inst Technology, 1997

(5) 会议文献

会议文献是在学术会议或专业会议上交流的论文和会议资料编辑出版的信息,其内容新颖,专业性和针对性强,传递信息迅速,能及时反映某个专业领域的研究水平、新发现、新成果、新成就以及学科发展趋向,是了解有关学科发展动向的重要信息源。会议文献包括:① 会前文献,如会议日程预报和会议论文预印本;② 会中文献,如开幕词、讨论记录和闭幕词等;③ 会后文献,如会议录(Proceedings)、会议论文集(Symposium)、会议论文汇编(Transactions)。而会后文献是主要的会议文献。做学术研究要了解与自己的课题相关的研究状况查找必要的参考文献时,或需了解某学科水平动态时均可能用到会议文献。

会议文献著录的特点如下：① 有表示会议的专门用词，如 Conference，Workshop，Meeting，Congress，Assembly 等；② 有表示会议录的一些词，如 Proceedings of …，Collection of …；③ 有的写有会议召开的地点、届次、时间，以及会议录的出版社、出版地、出版时间等。这三点中第①点最为重要。其格式可如下表示：

惠梦君，吴德海，柳葆凯等. 奥氏体-贝氏体球铁的发展[C]. 全国铸造学会奥氏体-贝氏体球铁专业学术会议，武汉，1986

(6) 专利文献

专利文献主要由专利说明书构成。所谓专利说明书，是指专利申请人向专利局递交的有关发明目的、构成和效果的技术文件。它经专利局审核后，向全世界出版发行。专利说明书的内容比较具体，有的还有附图，通过它可以了解该项专利的主要技术内容。由于只有符合新颖性、创造性和实用性的发明创造才能获得专利权，所以专利说明书对于工程技术人员，特别是产品工艺设计人员来说是一种切合实际、启迪思维的重要情报源。

专利文献由于有等同专利，所以重复量大，根据这一特点，可以通过不同途径获得专利全文。专利说明书著录的特点如下：① 通常有表示专利的词（Patent）；② 有专利号。专利号按国际规定由两个字母表示的国家名称和其后的顺序号构成。其格式可如下表示：

于习法. 组合模板[P]. CN203142183U，2013-03-15

下列情况会用到专利文献：

① 在申请专利前检索相关的专利文献，确定该项发明创造是否能被授予专利权；

② 开发新产品，投入新项目，先查专利文献，寻找技术方案；

③ 从专利文献中了解某领域的技术水平及发展的最新动态；

④ 开发新产品前检索专利，了解现状，避免侵权；

⑤ 利用专利情报参谋进出口业务；

⑥ 专利诉讼时帮助寻找证据，处理专利纠纷。

(7) 标准文献

标准文献是标准化工作的文件，主要是工业产品和工程建设的质量、规格和检验方法等的技术规定文件。作为一种规章性文献，它具有一定的法律约束力。一个国家的标准文献反映着该国的生产工艺水平和技术经济政策，而国际现行标准则代表了当前世界水平。国际标准和工业先进国家的标准常是科研生产活动的重要依据和情报来源。国际上最重要的两个标准化组织是国际标准化组织（ISO）和国际电工委员会（IEC）。

标准文献著录的特点如下：① 通常有表示标准的词，如 Standard，Recommendation 等；② 有标准号，且每个标准一个号，并按惯例由标准颁布机构代码、顺序号和颁布年份三部分构成，如"BS 6839—1987"。

下列情况会用到标准文献：

① 产品设计、生产、检验；

② 工程设计、施工；

③ 进出口贸易；

④ 写作、文献著录等各个方面。

(8) 科技报告

科技报告是指国家政府部门或科研生产单位关于某项研究成果的总结报告,或是研究过程中的阶段进展报告。报告的出版特点是各篇单独成册,统一编号,由主管机构连续出版。在内容方面,报告比期刊论文等专深、详尽、可靠,是一种不可多得的情报源。科技报告可分成技术报告、技术备忘录、通报和其他(如译文、专利等)几种类型。有些报告因涉及尖端技术或国防问题等,所以又分绝密、秘密、内部限制发行和公开发行几个等级。目前国际上较著名的科技报告是美国政府的四大报告。做学术研究要了解与自己的课题相关的研究状况查找必要的参考文献时,或需研究尖端学科或某学科的最新研究课题时可能需要使用科技报告。

科技报告著录的特点是有报告号,如"AD—A233725"。

(9) 技术档案

技术档案是指科研生产活动中形成的,有具体事物的技术文件、图纸、图表、照片和原始记录等,详细内容包括任务书、协议书、技术指标、审批文件、研究计划、方案大纲、技术措施、调查材料、设计资料、试验和工艺记录等。这些材料是科研、生产工作中用以积累经验、吸取教训的重要文献。技术档案一般为内部使用,不公开出版发行,有些有密级限制,因此在参考文献和检索工具中极少引用。

(10) 产品资料

产品资料是指产品目录、产品样本和产品说明书一类的厂商产品宣传和使用资料。产品资料通常对定型产品的性能、构造、用途、用法和操作规程等作具体说明,内容成熟,数据可靠,有的还含有外观照片和结构图,可在产品的设计制造过程中进行参考。

产品技术资料著录的特点如下:① 通常有表示产品样本这类资料的词,如 Catalog,Guide Book,Master of,Databook of 等;② 有公司名称。

产品技术资料一般可向厂商直接索取,在科技信息所可以查到一部分,有些以汇编形式正式出版的可以在图书馆查到。

3.2.3 数据库信息源

数据库可以被视为能够进行自动查询和修改的数据与信息的集合,是目前文献信息检索的主要工具,有各种各样的数据库,如期刊全文、电子图书、产品资料库、公司名录、标准法规等。数据库一般都由数据库商提供,通常限定在一定的范围内使用,在图书馆网站上可以看到有使用权的大量数据库。

数据库信息源容量巨大,且门类齐全,提取速度快。数据库作为一种动态信息源,是用户摄取信息的又一基地。国内有中国期刊网专题数据库,集 9 000 种中文期刊全文、摘要以及引文期刊分列数据库;关于经贸方面的数据库信息源有中国科技经济新闻数据库、中国投资合作项目数据库、中国企业公司产品数据库、中国适用技术成果数据库等。国外如美国的 UMI 公司的 P 系统中的商业信息数据库、学术研究图书馆、应用科学与技术数据库、博硕士论文数据库、教育全文数据库、通用科学全文数据库、计算机技术数据库、全文医学图书馆、社会科学全文数据库,另外如美国的 EBSCO 系统中的学术期刊全文数据库、商业资源集成全文数据库、医学文献全文数据库等。

下列情况会用到数据库：

① 当要完成一篇论文，写文献综述时；
② 需了解某学科领域或某一问题的研究现状及发展趋势时；
③ 当知道一篇文章的简单信息，想要了解更多或希望找到全文的重要线索时；
④ 做学术研究，需了解与自己的课题相关的研究状况，查找必要的参考文献时；
⑤ 要了解某学科水平动态时；
⑥ 当想获得一篇文章全文时。

3.2.4 网络信息源

当今社会已进入信息时代，信息传输呈网络化，最为突出的代表是 Internet 网。网络不仅成为信息传播的通道，而且蕴藏丰富的信息源。目前世界上大约有 15 亿台电脑通过因特网连接，并以每年 5 000 万~7 500 万台的速度增长。2014 年 1 月 16 日，中国互联网络信息中心（CNNIC）在京发布的《第 33 次中国互联网络发展状况统计报告》显示，截至 2013 年 12 月，我国网民规模达 6.18 亿，互联网普及率为 45.8%，其中手机网民规模达 5 亿，继续保持稳定增长。手机网民规模的持续增长促进了手机端各类应用的发展，成为 2013 年我国互联网发展的一大亮点。网络成为当今社会最显著、最直接、使用最便捷的信息源。

电子出版（网络出版）或原生的网络信息形成网络信息源，如网页、博客、播客、论坛、轻应用平台、数字出版等。使用 WWW 信息源，主要是为了解时事新闻；获得企事业单位或各级政府的信息；获取免费的学术资源；参与 BBS 讨论，发表自己对某一问题的看法，也了解别人的相关意见；以及生活、工作、学习中的信息查询、网络导航等。

3.2.5 机构信息源

一切产生、生产、存贮、加工、传播信息的源泉都可以看作是信息源，而信息处理与服务专业机构正是产生这样一种信息源的场所。机构信息源通常为一种综合性的信息源，在新时期，产生机构信息源的主要有以下几个方面。

(1) 图书情报档案博物馆系统。我国图书馆系统分为高校、科研和公共三大系统，其中高校图书馆以提供科研文化、信息为主；科研系统由中国科技信息研究所和中央各部委信息研究院或中心以及地方各级科技情报研究所和大量的企业情报室组成，以提供科技信息为主，此外还包括各级标准、专刊、计量类信息研究所；公共图书馆则更加侧重于大众文化教育信息服务。此外，还有档案馆、博物馆等文献或实物情报源产生机构。

(2) 大型数据资源服务平台的提供商。这些平台以整合的形式涵盖传统出版形态的信息源、数据库及网络资源，成为一种特色鲜明的机构信息产生之源。

(3) 非政府的信息服务机构，如 IFLA、OCLC、ISO，各专业学会如 IEEE、ITU、AIP 等也通过对学会信息资源及信息服务进行整合，形成独立信息源。

(4) 信息咨询公司。信息服务业中前景被看好的信息咨询公司在我国正崭露头角，风靡一时。它们中既有国营的，也有民营的，咨询内容十分丰富，但仍以经济和科技为主。它们大多依托专业研究机构或信息研究机构或政府经济部门，有雄厚的人才智力保障。大的信息咨询公司侧重于为信息用户的决策需求服务,如协助开展可行性研究及市场前景预测的中国宏观经济信息网、中国国际经济咨询公司、中国技术与经济信息咨询服务公司等。

(5) 广播电台、电视台及各种会议。广播电台、电视台是最主要的实时经济商情和广告信息源;此外,各种综合性或专业性的博览会、技术交易会、人才交流会、招商会、信息发布会等也在发挥信息传递的作用。

3.2.6 传统文献、数据库、网络与机构四种信息源间的关系

以上述及的传统文献信息源、数据库信息源、网络信息源及机构信息源并非截然分开的四种不同信息源,而是既有区别又有联系,并相互交叉、错综复杂的存在。在网络时代,前三种信息源呈现融合趋势,并整合归并于机构信息源之中。

传统文献信息源产生最早,数量最为庞大,是人们长期以来最习惯使用的信息源,但在计算机与网络时代,随着传统文献数字化,图书、期刊与特种文献均以数据库或网络开放获取资源的形式繁衍,获得了新的生命,这种信息源又按机构资源库的形式被收录整合并提供服务;数据库信息源产生于人类对于传统信息源的组织整序,但又超出传统信息源范畴,成为一种独立于传统文献信息源并不断以直接数字式形态存在且不断增长的独立信息源,在网络时代这种趋势更为明显,许多传统出版物纷纷以电子刊的形式发行,甚至不再发行印刷型载体;网络信息源随着 Internet 网的产生发展而勃兴,它既包含传统文献信息源的数字化,也包含数字式存在的数据库信息源,同时网络信息源更主要是以通用信息检索、事实与数据检索形式存在的 Web 通用搜索,并以开放获取为特征的各类资源及各类教学免费资源的形式存在;机构信息源是一种综合信息源,它的主要使命是将各类机构影响范围内的各种资源进行打包,或分发,或提供一站式检索类的相关服务(见图3.4)。

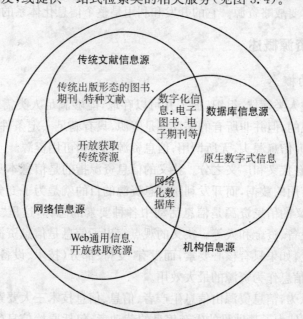

图 3.4 四种信息源之间的关系

从下一章开始本书将重点介绍这四种信息源,叙述的方式将以该类信息源的特性为主,同时分不同侧重点。其中,传统文献信息源侧重介绍传统出版形态的信息源,兼及其数字化;数据库信息源侧重介绍计算机情报检索背景下的数据库检索、数据库检索方法归纳、数据库类型归纳,兼及部分原生的数据库资源;网络信息源则侧重介绍 Web 通用信息搜索中的搜索引擎、网络资源目录及开放获取资源;机构信息源则主要介绍各类提供整合资源的机构。

3.2.7 信息源的其他分类方法

(1) 按信息源产生的时间顺序来划分有先导信息源、即时信息源、滞后信息源。先导信息源是指产生于社会活动之前的信息源,如天气预报;即时信息源是指在社会活动中产生的,如工作记录、实验报告等;滞后信息源如报刊。

(2) 按信息源传播形式来划分有口传信息源、文献信息源和实物信息源。口传信息源存在于人脑的记忆中,人们通过交流、讨论、报告会的方式交流传播;实物信息源存在于自然界和人工制品中,人们可通过实践、实验、采集、参观等方式交流传播;文献信息源(包括印刷型信息源和电子信息源等)存在于文献中,人们可以通过阅读、视听学习等方式交流传播。

3.3 信息资源

信息资源是人类科学研究、生活、生产及管理过程中所涉及的一切文件、资料、图表和数据等信息的总称,与能源、材料并列为当今世界三大资源。信息资源广泛存在于经济、社会各个领域和部门,是各种事物形态、内在规律及与其他事物联系等各种条件、关系的反映。随着社会的不断发展,信息资源对国家和民族的发展,对人们工作、生活至关重要,成为国民经济和社会发展的重要战略资源。它的开发和利用是整个信息化体系的核心内容。

3.3.1 信息资源概述

1) 信息资源的概念

信息资源是经过人类筛选、组织、加工并可以存取,能够满足人类需求的各种信息的集合。信息是普遍存在的,但并非所有的信息都是资源,只有满足一定条件的信息才能构成资源;而信息源侧重研究信息源头,无所谓用;信息资源则专指可用资源。

对于信息资源,有狭义和广义之分。狭义的信息资源指的是信息本身或信息内容,即经过加工处理对决策有用的数据,而开发利用信息资源的目的就是为了充分发挥信息的效用,实现信息的价值;广义的信息资源是信息活动中各种要素的总称,这里"要素"包括信息、信息技术以及相应的设备、资金和人等。狭义的观点突出了信息是信息资源的核心要素,但忽略了"系统"。事实上,如果只有核心要素,而没有"支持"部分(技术、设备等),就不能进行有机的配置,不能发挥信息作为资源的最大效用。

归纳起来可以认为,信息资源由信息生产者、信息、信息技术三大要素组成。

(1) 信息生产者是为了某种目的生产信息的劳动者,包括原始信息生产者、信息加工者或信息再生产者。

(2) 信息既是信息生产的原料,也是产品,是信息生产者的劳动成果,对社会各种活动直接产生效用,是信息资源的目标要素。

(3) 信息技术是能够延长或扩展人的信息能力的各种技术的总称,是对声音、图像、文字等数据和各种传感信号的信息进行收集、加工、存储、传递和利用的技术。信息技术作为生产工具,对信息收集、加工、存储和传递提供支持与保障。

2) 信息资源的特征

(1) 智能性:信息资源是人类所开发与组织的信息,是人类脑力劳动或者说认知过程的产物,人类的智能决定着特定时期或特定个人的信息资源的量与质,智能性也可以说是信息资源的丰富度与凝聚度的集中体现。

(2) 有限性:信息资源只是信息中极有限的一部分,比之人类的信息需求,它永远是有限的。

(3) 不均衡性:由于人们的认识能力、知识储备和信息环境等多方面的条件不尽相同,他们所掌握的信息资源也多寡不等;同时,由于社会发展程度不同,对信息资源的开发程度不同,地球上不同区域信息资源的分布也不均衡。

(4) 整体性:信息资源作为整体是对一个国家、一个地区或一个组织的政治、经济、文化、技术等的全面反映,信息资源的每一个要素只能反映某一方面的内容,如果割裂它们之间的联系则无异于盲人摸象。

信息资源与自然资源、有形资源相比,具有以下几个特点:

① 能够重复使用,其价值在使用中得到体现;

② 信息资源的利用具有很强的目标导向,不同的信息在不同的用户中体现出不同的价值;

③ 具有整合性,人们对其检索和利用不受时间、空间、语言、地域和行业的制约;

④ 它是社会财富,任何人无权全部或永久买下信息的使用权,但它是商品,可以被销售、贸易和交换;

⑤ 具有流动性。

信息资源作为经济资源具有如下一般特征:

① 作为生产要素的人类需求性;

② 稀缺性;

③ 使用方向的可选择性。

3) 信息资源共享

信息资源共享,究其根本是消费者群体对信息资源的一种积极的、经济的共同利用行为。信息资源共享是一个发展的概念。美国图书馆学家肯特(Allen Kent)认为:"资源共享最确切的意义是指互惠(Reciprocity),意即一种每个成员都拥有一些可以贡献给其他成员的有用事物,并且每个成员都愿意和能够在其他成员需要时提供这些事物的伙伴关系。"

图书馆信息资源共享是指图书馆在自愿、平等互惠的基础上,通过建立图书馆与图书馆之间、图书馆与其他相关机构之间的各种合作、协作、协调关系,利用各种技术、方法和途径,共同揭示、共同建设和共同利用信息资源,最大限度地满足用户信息资源需求的全部活动。

信息资源共享的最终目标是任何用户(Any User)在任何时候(Any Time)、任何地点

(Any Where)均可获得任何图书馆(Any Library)拥有的任何信息资源(Any Information Resource)。

我国已建成或正在建设各级各类信息资源共享系统,有中国高等教育文献保障系统(China Academic Library & Information System,简称 CALIS)、江苏省高等教育文献保障系统(JALIS)等。

3.3.2 信息资源的开发利用

信息资源是无限的、可再生的、可共享的,其开发利用会大大减少材料和能源的消耗,减少污染。人类和地球所在的宇宙在其存在的无限时间和无限空间内生成了海量的物质、能量和信息,人类在其存在的有限时间和有限空间内消耗了大量的物资和能源,也生成了大量的信息。我们人类赖以生存的地球终究是要毁灭的,但在地球毁灭以后,信息资源作为人类的遗产,是可以在宇宙中长久地存在的。

1) 推动信息资源开发

大力推动信息资源开发利用,要以需求牵引,与信息化应用相结合,特别要注重实效。

(1) 发布和实施与国家信息资源开发利用相关的法规,制定相应的规划,加强信息资源开发利用的统筹管理,规范信息服务市场行为,促进信息资源共享;

(2) 积极开展试点示范工程,在国民经济和社会各领域广泛利用信息资源,促进信息资源转化为社会生产力;

(3) 建设若干个国家级数据交换服务中心和一批国家级大型数据库,形成支撑政府决策和社会服务的基础资源;

(4) 加大中文信息资源的开发力度,鼓励上网应用服务,鼓励信息资源的共享;

(5) 协调信息资源开发利用标准的制订工作。

2) 建设信息资源管理平台

信息技术的爆炸式发展,政府、企业、社会信息化应用的过热式需求,使信息资源从技术应用变成了无处不在的重要经济资源。信息资源牵动着经济增长、体制改革、社会变迁和发展,信息资源管理技术也从单一走向综合,正在形成集各种软件构件于一体的大型平台,用于分布式信息资源管理的信息资源管理平台(Information Resource Management Platform,简称 IRMP)成为当前及未来信息化推进的关键。该平台是以信息资源为基础,利用计算机网络和通讯系统,通过满足客户需求的信息资源加工方法和再利用方式向用户展现资源价值的信息资源管理系统。

3) 明确信息资源管理原则

(1) 必须认识到信息是一种组织资源。信息资源管理的主要目标之一是确保一个组织机构在信息资源方面的投资能够以最佳的方式运作,这就要求有关人员必须将信息视为一种宝贵的资源,并视信息资源共享为一种规则而不是例外。

(2) 在利用信息资源和技术时,必须保证职责分明。即明确规定谁管理这些资源、谁利用这些资源、彼此的权利和义务是什么、如何确保合作与资源共享等内容。

(3) 业务规划与信息资源规划必须紧密地联系在一起。信息资源管理的许多活动领域从前主要是依赖于用户要求的被动的辅助部门，随着信息资源管理的进化，它与最高层的战略规划的关系越来越密切，这种趋势最终形成了一种规则。

(4) 必须对信息技术实施集成管理。信息技术的集成管理是实现信息资源管理内部融合的前提，是在新技术环境下提高潜在生产率的必要条件，是最大限度地利用信息技术集成优势的管理保证。

(5) 最大限度的提高信息质量。改进信息利用和促进信息增值是一个组织机构的战略目标，而信息资源管理的最终目的是使机构中的每一个成员都成为有效的信息处理者和决策者，从而有效地提高每个人和整个机构的生产率。

思 考 题

1. 简述信息、情报、知识、文献等概念的联系与区别。
2. 如何准确把握信息源？
3. 信息源有哪些类型？
4. 简述四种常用信息源之间的关系。
5. 写出下列文献的出版类型：

(1) Olivia Mitchell, John Piggott. Unlocking housing equity in Japan[J]. J. Japanese Int. Economies，2004(18)：466～505　　　　　　　　　　　　　　　（　　　）

(2) He, Changhua. Analysis of security protocols for wireless networks[D]. California：Stanford University，2006　　　　　　　　　　　　　　　　　　　（　　　）

(3) Rees, Helen. Echoes of History：Naxi Music in Modern China [M]. New York：Oxford University Press，2000　　　　　　　　　　　　　　　　　　　　（　　　）

(4) Brouwer. Coking hlld with air curtain[P]. EP1967796A1，2007-08-03
　　　　　　　　　　　　　　　　　　　　　　　　　　　　　　　　（　　　）

(5) GB/T 50362—2005,《住宅性能评定技术标准》[S]　　　　　　　（　　　）

6. 什么是信息资源？如何开发信息资源？

第4章 信息检索基础理论

信息检索起源于图书馆的参考咨询和文摘索引工作实践,从19世纪后半叶出现,至20世纪40年代,索引和检索成已为图书馆独立的工具和用户服务项目。随着1946年世界上第一台电子计算机问世,计算机技术逐步走进信息检索领域,并与信息检索理论紧密结合起来,脱机批量情报检索系统、联机实时情报检索系统相继研制成功并商业化,20世纪60年代到80年代,在信息处理技术、通讯技术、计算机和数据库技术的推动下,信息检索在教育、军事和商业等各领域高速发展,得到了广泛的应用。本章将从基本概念、基本原理、检索过程、规范控制、效果评价等几个角度来探讨信息检索关注的最基本问题。

4.1 信息组织与存储

信息组织即信息的有序化与优质化,也就是利用一定的科学规则和方法,通过对信息外在特征和内容特征的表征和排序,实现无序信息流向有序信息流的转换,从而使信息集合达到科学组合实现有效流通,促进用户对信息的有效获取和利用。信息组织具有类聚性、系统性、动态性、多重性、综合性等特点。信息组织与存储是信息检索的基础。

4.1.1 信息组织

信息组织的目的可以概括为"实现无序信息向有序信息的转换"。具体地说,信息组织的目的应包括:① 减少社会信息流的混乱程度;② 提高信息产品的质量和价值;③ 建立信息产品与用户的联系;④ 节省社会信息活动的总成本。

信息组织有如下四个过程:

(1) 信息选择:从采集到的、处于无序状态的信息流中甄别出有用的信息,剔除无用的信息,是信息组织过程的第一步;

(2) 信息分析:按照一定的逻辑关系从语法、语义和语用上对选择过的信息内、外特征进行细化、挖掘、加工整理并归类的信息活动;

(3) 信息描述与揭示:也称为信息资源描述,是根据信息组织和检索的需要,对信息资源的主题内容、形式特征、物质形态等进行分析、选择、记录的活动;

(4) 信息存贮:将经过加工整理序化后的信息按照一定的格式和顺序存贮在特定的载体中的一种信息活动。

信息组织按信息表现形式,可分为文字信息组织、图像信息组织、声音信息组织、视频信息组织;按信息的加工程度,可分为一次信息组织、二次信息组织、三次信息组织;按信息的传播载体,可分为文献信息源、非文献信息源。非文献信息源特指网络环境下没有以传统文献载体形式出现的信息源,如程序代码、网页、超文本等,为了学习的方便,我们统称其为网络信息源。

信息组织的要求如下:

(1) 信息特征有序化。一是要将内容或外在特征相同或者相关的信息集中在一起,把无关的信息区别开来;二是集中在一起的信息要有系统、有条理,按一定标识呈现某种秩序,并能表达某种意义;三是相关信息单元之间的关系要明确化,并能产生某种关联性,或者能给人某种新的启示。

(2) 信息流向明确化。现代管理科学的基本原理表明,信息作用力的大小取决于信息流动的方向。信息整序要做到信息流向明确化,首先,要认真研究用户的信息需求和信息行为,按照不同用户的信息活动特征确定信息的传递方向;其次,要注意根据信息环境的发展变化不断调整信息流动的方向,尽量形成信息合力。

(3) 信息流速适度化。信息流速的不断加快使人们感受到巨大的信息压力,而眼花缭乱的信息流可能会降低决策的效率。同时,人们面对的决策问题在不断地发展变化,信息需要也在不断地更新。为此必须适当控制信息流动速度,把握信息传递时机,提高信息的效用。

(4) 信息数量精约化。现代社会信息数量浩如烟海,以至于超过了人们的吸收能力。信息组织的目的就是使信息达到简明扼要、内容精炼,为此必须认真加工,尽量减少信息的冗余度,筛选出最精约化的信息,使人们能吸收利用。

(5) 信息质量最优化。由于社会信息污染日益严重,从信息源中采集来的信息通常是新旧并存、真假混杂、优劣兼有,因此要对信息进行优化,提高信息的精确度,从而提高信息产品的可靠性与先进性。

4.1.2 信息存储

信息存储是将经过加工整理有序化后的信息按照一定的格式和顺序存贮在特定的载体中的一种信息活动。如果没有信息储存,就不能充分利用已收集、加工所得信息,同时还要耗资、耗人、耗物来组织信息的重新收集、加工;而有了信息储存,就可以保证随用随取,为单位信息的多功能利用创造条件,从而大大降低了费用。

信息存储有三层含义:一是将采集的信息按一定的规则记录在相应的载体上;二是将此信息载体按一定的特征和内容性质组成系统有序的、可供检索的集合;三是应用计算机等先进的技术和手段,提高信息存储的效率和信息利用水平。

信息存储是信息检索的基础。存储的目的是为了检索,为了方便检索,必须对存储的信息做标记,这就是检索标识。检索的基本原理是将用户的检索提问词与检索系统中文献记录的标引词相比对,当检索提问词与标引词匹配时即为命中,检索成功。能否准确检索出所需信息,关键在于能否准确地选择检索词。这里所谓的"准确",是指用户所选择的检索词必须与检索系统中标引所用的标引词一致。而检索标识就是为沟通信息标引与信息检索而编制的人工语言,也是连接信息存储与信息检索两个过程,沟通标引人员与检索人员思路的渠道,是一种约定语言。

要把信息存储与信息检索联系在一起,检索标识所表达的意思应该是唯一的,与要表达的事物一一对应,尽量保证标识在检索系统中的单义性。我们可以将相对固定的检索标识称为情报检索语言,如分类语言、主题语言(详见第 4.2.4 小节)。

4.1.3 元数据

元数据(Metadata)有如下定义:
① 数据的数据(Data about Data);
② 结构化数据(Structured Data about Data);
③ 用于描述数据的内容(What)、覆盖范围(Where & When)、质量、管理方式、数据的所有者(Who)、数据的提供方式(How)等信息,是数据与数据用户之间的桥梁;
④ 资源的信息(Information about a Resource);
⑤ 编目信息(Cataloguing Information);
⑥ 管理信息(Administrative Information);
⑦ 是一组独立的关于资源的说明;
⑧ 定义和描述其他数据的数据。

传统的书目、产品目录、人事档案等都是元数据。元数据可以为各种形态的信息资源提供规范、普遍的描述方法和检索工具,为分布的、由多种资源组成的信息体系(如数字图书馆)提供整合的工具与纽带。离开元数据的数字图书馆将是一盘散沙,无法提供有效的检索和处理。

"书目"作为元数据的一种形式在以图书为资源存在形式的相关行业中应用了千百年,其他许多行业也都有自己的元数据格式,例如名册、账本、药典等等。"元数据"作为一个统一概念的提出首先起因于对电子资源管理的需要。因特网的爆炸式发展,使人们一时难以准确地找到自己所需的信息,于是试图模仿图书馆对图书进行管理的方式对网页进行编目。坦白地说在这方面至今仍然成效不大,甚至可以说是失败的。但对元数据的研究和应用使人们看到了新的可能性,元数据可以成为下一代万维网——"语义万维网(Semantic Web)"的基石,通过表达语义的元数据,以及表达结构、关系和逻辑的 XML/XMLS/RDF/RDFS/OWL 等形式化描述,计算机能够对于数据所负载的语义进行理解和处理,从而赋予因特网以全球的智慧和惊人的能力。

对于元数据的种类有不同的分类方法,一般可分为描述型元数据、评价型元数据、结构型元数据、存取控制型元数据等等。根据结构和语境可将元数据分为三组,第一组为全文索引;第二组为简单结构化的普通格式,如 DC、RFC1807 等;第三组为结构复杂的特殊领域内的格式,如 FGDC、GILS、TEI、EAD 等。根据元数据的应用范围,又可将其分为通用型元数据、专业型元数据、Web 元数据、多媒体元数据,还可以分为管理型元数据、描述型元数据、保存型元数据、技术型元数据和实用型元数据(见表 4.1)。

表 4.1 元数据类型及范例

类型	定义	使用实例
管理型	用于管理与控制信息资源的元数据	① 采购信息； ② 版权及复制记录； ③ 获取权利控制（密级）； ④ 馆藏信息； ⑤ 数字化的选择标准； ⑥ 版本控制
描述型	用于描述与标识信息资源的元数据，一般为手工制作的元数据	① 目录记录； ② 专门索引； ③ 资源之间的超链接； ④ 用户所做的注解
保存型	与信息资源的保存管理相关的元数据	① 资源的物理状态描述文档； ② 有关保存资源物理或数字化版本的文档，例如数据的更新与迁移
技术型	与系统功能相关的元数据或元数据行为模式	① 硬件及软件文档； ② 数字化信息，例如格式、压缩比及缩放比； ③ 系统响应时间的记录； ④ 许可及安全数据，例如密码及加密密钥
实用型	与用户级别与类型相关的有关信息资源的元数据	① 展出记录； ② 用户及利用记录； ③ 内容重用及多版本信息

(1) 描述型元数据(Intellectual Metadata)：用来描述、发现和鉴别数字化信息对象，如 MARC、DC，主要描述信息资源的主题和内容特征。

(2) 结构型元数据(Structural Metadata)：用来描述数字化信息资源的内部结构，如书目的目录、章节、段落的特征。

(3) 存取控制型元数据(Access Control Metadata)：用来描述数字化信息资源能够被利用的基本条件和期限，以及这些资源的知识产权特征和使用权限。

(4) 评价型元数据(Critical Metadata)：用来描述和管理数据在信息评价体系中的位置。

DC 元数据即"都柏林核心(Dublin Core)元数据"，是一种元数据标准，1994 年在美国国家超级计算应用中心(NACA)和联机图书馆中心(OCLC)联合会议上，由 52 位来自图书馆界、电脑网络界专家共同研究产生，其目的是希望建立一套描述网络电子文献的方法，以便网上信息检索，中心议题是如何用一个简单的元数据记录来描述种类繁多的电子资源，使非图书馆专业人员都能够了解和使用著录格式来描述网上资源。因第一届会议在美国 Ohio 州的 Dublin 召开，因此得名。其基本方案是提出一个元数据核心集，即包括 15 个"核心元素"的集合，由 DCMI 负责维护。

DC 的 15 个核心元素包括：

(1) 表内容属性：题名(Title)、主题(Subject)、描述(Description)、来源(Source)、语种(Language)、关联(Relation)、覆盖范围(Coverage)。

(2) 表知识产权属性：创建者(Creator)、出版者(Publisher)、其他责任者(Contributor)、权限(Rights)。

(3) 表形式属性：日期(Date)、类型(Type)、格式(Format)、标识符(Identifier)。

DC 元数据有简单 DC 与复杂 DC 之分。简单 DC 包含 15 个核心元素，复杂 DC 是在简单 DC 的基础上引进修饰词的概念，如体系(Scheme)、语种(Languages)、子元素(Sub-Element)等修饰词，进一步明确元数据的特性。

常用的元数据格式主要有以下 7 种：

① DC(Dublin Core)元数据，适用于网络资源；

② CDWA(Categories for the Description of Works of Art)，适用于艺术品；

③ VRA(Core Categories for Visual Resources Association)，适用于艺术品、建筑物、史前古器物、民间文化等艺术类可视化资料；

④ FGDC(Federal Geographic Data Committee)，称为地理空间元数据内容标准，适用于地理空间信息；

⑤ GILS(Government Information Locator Service)，即政府信息定位服务，适用于政府公用信息资源；

⑥ EAD(Encode Archival Description)，即编码档案描述，适用于档案和手稿资源，包括文本、电子文档、视频和音频；

⑦ TEI(Text Encoding Initiative)，适用于对电子形式全文的编码和描述。

4.2 信息检索理论与技术

信息检索有广义和狭义的之分。广义的信息检索全称为"信息存储与检索"，是指将信息按一定的方式组织和存储起来，并根据用户的需要找出有关信息的过程；狭义的信息检索为"信息存储与检索"的后半部分，通常称为"信息查找"或"信息搜索"，是指从信息集合中找出用户所需要的有关信息的过程。狭义的信息检索包括三个方面的含义，即了解用户的信息需求、信息检索的技术或方法、满足信息用户的需求。

4.2.1 信息检索理论

1) 检索与查找的区别

如果不刻意区分，信息检索完全等同于信息查找、搜索或搜寻。查找是从未知的信息中搜索需要的内容，比如从互联网中找一张特定图片，或在城市街道上寻找长得很相像的人脸等；而检索是从已知范围的信息库中搜索需要的内容，比如从近两万幅的图片中找寻某一张图片，或从机动车通过路口的海量数据中检索某一辆特定车辆的通过图像等。信息检索是一种体系化的理论，着重讲数据库、检索原理与算法，通过学习可以对流行的搜索引擎工作原理有个基本了解。但搜索引擎技术能实现涵盖更多内容的信息处理，包含海量数据的优化处理、更深层次的如智能分词等技术。检索与查找的具体区别如表 4.2 所示。

第4章 信息检索基础理论

表 4.2 检索与查找的区别

	检索	查找
英文	Retrival 或 Retrieval	Search
过程和方法	有一定的策略,是系统的查找资料	随机或更随意一些
技能	需要一定的专门知识和技能	简单,任意词
用途	课题或专题	日常生活
结果	检索前通常不知道会有什么结果	通常知道结果
效率	迅速、准确	一般

2) 信息检索的概念与原理

信息检索是从信息集合中迅速、准确地查找出所需信息的过程和方法。从技术上讲,信息检索是以信息的存储与检索之间的相符性为基础的。这里要明确的是,信息检索是一整套过程与方法,目标是查找出所需信息,并以信息集合作为依托对象。信息集合是指有组织的信息资源整体,它可以是图书馆等馆藏单位的馆藏目录、专业或商用数据库、以印本形式存在的手工检索工具等。

通过对大量的、分散无序的文献信息进行搜集、加工、组织、存储,建立各种各样的检索系统,并通过一定的方法和手段使存储与检索这两个过程所采用的特征标识达到一致,便可有效地获得和利用信息源。其中存储是为了检索,而检索又必须先进行存储。

信息检索表现为两个过程,一是信息组织与存储过程,它是实现信息检索的基础。这里需要通过整序实现信息的有序化,存储的信息不仅包括原始文档数据,还包括图片、视频和音频等,首先要将这些一次(原始)信息进行特征分析,并进行人工语言或计算机语言的转换,抽取检索标识,再将其存储在检索工具(系统)或数据库中,否则查找人员或机器无法进行识别。这部分工作称为标引,专业性较强,一般由专业人员完成。二是信息检索的过程,先是用户根据检索课题进行分析,再参照检索语言提取主题概念,并通过检索技术构造成检索提问标识;在输入检索请求后,检索系统将根据用户的提问要求在数据库中搜索与提问相关的信息,通过一定的匹配机制计算出信息的相似度大小,并按从大到小的顺序将信息转换输出;用户在得出的检索结果中进行判断,决定是否为需要,否则将调整策略,重新进行提问。检索过程可以由用户独立完成,也可在专业人员指导下完成(见图 4.1)。

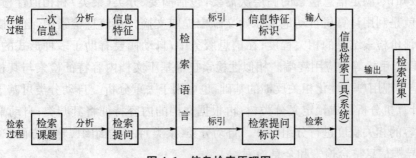

图 4.1 信息检索原理图

3) 信息检索的类型

讨论检索类型,先要了解检索的一种特殊类型,即全文数据库,它是一次信息和二次信息的综合体。在检索结果中,全文数据库有直接的全文链接。

按存储与检索对象划分,信息检索可以分为文献检索、数据检索、事实检索。其中数据检索和事实检索是确定性的检索,检索结果可以直接利用,一般通过三次信息源来完成;文献检索是一种相关性检索,检索结果是文献信息的线索,一般通过二次信息来实现。以上三种信息检索类型的主要区别在于:数据检索和事实检索是要检索出包含在文献中的信息本身,而文献检索只要检索出包含所需要信息的文献即可。

按存储的载体和实现查找的技术手段为标准划分,信息检索可分为手工检索、机械检索、计算机检索。其中发展比较迅速的计算机检索是数据库与网络信息检索,也即数据库与网络信息搜索,是指互联网用户在网络终端通过特定的网络搜索工具或是通过浏览的方式查找并获取信息的行为。

按检索途径划分,信息检索还可分为直接检索、间接检索。

4) 人际网络时代信息检索相关热点

(1) 智能检索或知识检索

传统的全文检索技术基于关键词匹配进行检索,往往存在查不全、查不准、检索质量不高的现象,特别是在网络信息时代,利用关键词匹配很难满足人们检索的要求。而智能检索利用分词词典、同义词典、同音词典改善检索效果,比如用户查询"计算机",与"电脑"相关的信息也能检索出来;进一步还可在知识层面或者说概念层面上辅助查询,通过主题词典、上下位词典、相关同级词典形成一个知识体系或概念网络,给予用户智能知识提示,最终帮助用户获得最佳的检索效果,比如用户可以进一步缩小查询范围至"微机"、"服务器"或扩大查询至"信息技术"或查询相关的"电子技术"、"软件"、"计算机应用"等范畴。另外,智能检索还包括歧义信息和检索处理,如"苹果",究竟是指水果还是电脑品牌,又如"华人"与"中华人民共和国"的区分,将通过歧义知识描述库、全文索引、用户检索上下文分析以及用户相关性反馈等技术结合处理,高效、准确地反馈给用户最需要的信息。

(2) 数据(知识)挖掘

数据(知识)挖掘主要指文本挖掘技术的发展,目的是帮助人们更好的发现、组织、表示信息,提取知识,满足信息检索的高层次需要,包括摘要、分类(聚类)和相似性检索等方面。自动摘要就是利用计算机自动地从原始文献中提取文摘。在信息检索中,自动摘要有助于用户快速评价检索结果的相关程度;在信息服务中,自动摘要有助于多种形式的内容分发,如发往 PDA、手机等轻应用终端。相似性检索技术基于文档内容特征检索与其相似或相关的文档,是实现用户个性化相关反馈的基础,也可用于去重分析。自动分类可基于统计或规则,经过计算机分析形成预定义分类树,再根据文档的内容特征将其归类;自动聚类则是根据文档内容的相关程度进行分组归并。自动分类(聚类)在信息组织、导航方面非常有用。

(3) 异构信息整合检索和全息检索

在信息检索分布化和网络化的趋势下,信息检索系统的开放性和集成性要求越来越高,需要能够检索和整合不同来源和结构的信息。这是异构信息检索技术发展的基点,包括支持各种格式化文件,如 TEXT、HTML、XML、RTF、MS Office、PDF、PS2/PS、MARC、ISO 2709 等处理和检索;支持多语种信息的检索;支持结构化数据、半结构化数据及非结构化数据的统一处理;和关系数据库检索的无缝集成以及其他开放检索接口的集成等。所谓全息检索,就是支持一切格式和方式的检索。从实践来讲,发展到异构信息整合检索的层面,基于自然语言理解的人机交互以及多媒体信息检索整合等方面尚有待取得进一步突破。

另外,从工程实践角度,综合采用内存和外部存储的多级缓存、分布式群集和负载均衡技术也是信息检索技术发展的重要方面。

随着互联网的普及和电子商务的发展,企业和个人可获取、需处理的信息量呈爆发式增长,而且其中绝大部分都是非结构化和半结构化数据。内容管理的重要性日益凸现,而信息检索作为内容管理的核心支撑技术,随着内容管理的发展和普及,亦将应用到各个领域,成为人们日常工作生活的密切伙伴。

在新时期,信息检索呈现智能化、可视化、简单化、多样化、个性化、商业化等发展趋势。

5) 信息检索的意义

(1) 充分利用和掌握有效的信息资源,有利于举一反三,扩大知识视野,学好专业知识和技能;

(2) 掌握科学的信息检索方法是获取新知识的捷径,可以使自己在广阔的知识领域中不断更新知识,更好地适应社会发展的需求;

(3) 掌握科学的信息检索方法可以缩短查询信息的时间,获取更多的信息,提高工作效率,有利于就业后了解市场同类产品及销售情况,积极参与市场竞争;

(4) 有利于为个人、企业提供竞争情报和相关信息,为决策作参考。

4.2.2 信息检索系统

信息检索系统(Information Retrieval System,简称 IRS)是指根据特定的信息需求而建立起来的一种有关信息搜集、加工、存储和检索的程序化系统,其主要目的是为人们提供信息服务。

信息检索系统通常表现为存储经过加工了的信息集合。这种信息集合是拥有特定的存储、检索与传送的技术装备,提供一定存储与检索方法及检索服务功能的一种相对独立的服务实体(包括人和检索工作单位)。通俗讲,信息检索是指为了个人或他人的需要,去发现适当的信息资源或信息对象,而信息检索系统的作用就是对数据系统进行有效管理和利用。

信息检索系统有三个基本要素,即人、检索工具(包括设备)和信息资料。

从社会文献信息事业角度看,信息检索系统包括宏观信息检索系统,专指图书、情报、档案大系统;微观信息检索系统,包含我们通常所指的手工检索工具与系统、计算机信息检索系统。我国目前主要有三大文献信息系统,即图书馆系统、信息研究所系统和档案馆系统,可视为宏观检索系统。图书馆系统纵横交错组成了一个全国性的图书馆网,读者查找图书情报资料时不仅可利用自己所在单位的图书馆,而且可以通过互联网络上每一个互联的图书馆查找信息,高校图书馆系统就是图书馆系统的一个子系统;信息研究所系统是以中国科学院文献信息中心和中国科学技术信息研究所为核心的全国信息所网络,以及中国社会科学院情报信息系统;档案馆系统是从中央到地方的各级各类档案馆组成的网络系统。

1) 检索工具

检索工具是指人们用来报道、存储和查找信息线索的工具。它是检索标志的集合体,其基本职能一方面是揭示信息及其线索,另一方面提供一定的检索手段,使人们可以按照它的规则从中检索出所需信息的线索。检索工具的基本要求是存储的广泛、全面和检索的迅速、准确。

检索工具应具备详细描述信息的内容特征、外部特征,用户可以根据这些线索查找所需信息;每条信息必须有相应检索标识;信息条目按一定顺序形成一个有机整体,能够提供多种检索途径。

检索工具按检索手段,可分为手工检索工具、机械检索工具、计算机检索工具。其中手工检索工具又可分为两大类,即检索型检索工具和参考型检索工具。

(1) 检索型检索工具

检索型检索工具主要向用户提供信息的线索、出处等,有目录、索引、文摘。

① 目录:也称书目,是著录一批相关图书或其他类型的出版物,并按一定次序编排而成的一种检索工具。如《中国国家书目》、《中国古籍善本书目》、《全国中文期刊联合目录》等。

② 索引:是记录一批或一种图书、报刊等所载的文章篇名、著者、主题、人名、地名、名词术语等,并标明出处,按一定排检方法组织起来的一种检索工具。索引不同于目录,它是对出版物(书、报、刊等)内的文献单元、知识单元、内容事项等的揭示,并注明出处,方便进行细致深入的检索。如《全国报刊索引》、《十三经索引》、《全唐诗索引》、《工程索引》(EI)、《科学引文索引》(SCI)等。

③ 文摘:是以提供文献内容梗概为目的,不加评论和补充解释,简明、确切记述文献重要内容的短文。汇集大量文献的文摘,并配上相应的文献题录,按一定的方法编排而成的检索工具,称为文摘型检索工具,简称为文摘。如《新华文摘》、《化学文摘》(CA)、《食品科学与技术文摘》(FSTA)等。

(2) 参考型检索工具

参考型检索工具主要是提供查检资料,解决疑难,通常只供部分阅读,主要有词典、百科全书、年鉴、指南、手册等。

① 词典(字典):是最常用的一类参考工具书,分为语言性词典(字典)和知识性词典。如《汉语大词典》、《康熙字典》、《辞海》、《牛津高级英汉双解词典》、《经济学词典》、《中国百科大词典》、《牛津英汉百科大辞典》等。

② 百科全书:是概述人类一切门类或某一门类知识的完备工具书,是知识的总汇,是对人类已有知识进行汇集、浓缩并使其条理化的产物。现代百科全书的奠基人狄德罗说:百科全书旨在收集天下学问,举其概要,陈于世人面前,并传之后世。人们往往称百科全书是"没有围墙的大学"、"精简的图书馆"、"工具书之王",是人们学习和工作中必备的工具书之一。百科全书一般按条目(词条)字顺编排,另附有相应的索引,可供迅速查检。如著名的 ABC 三大百科全书——《美国大百科全书》(EA)、《新不列颠百科全书》(EB)、《科利尔百科全书》

(EC);国内出版的《中国大百科全书》、《世界经济百科全书》、《中国企业管理百科全书》、《中国农业百科全书》等。

③ 年鉴:是按年度系统汇集一定范围内的重大事件、新进展、新知识和新资料,供读者查阅的工具书。年鉴按年度连续出版,所收内容一般以当年为限,可用来查阅特定领域在当年发生的事件、进展、成果、活动、会议、人物、机构、统计资料、重要文件或文献等方面的信息。如《中国年鉴》、《中国经济年鉴》、《中国统计年鉴》、《扬州年鉴》等。

④ 手册:是汇集经常需要查考的文献、资料、信息及有关专业知识的工具书。手册也称"指南"、"便览"、"要览"、"宝鉴"、"必备"、"大全"等。如《中华人民共和国资料手册》、《外贸知识手册》、《建筑师设计手册》等。

⑤ 名录:是提供有关专名(人名、地名、机构名等)的简明信息的工具书。如《世界名人录》、《世界科学家名人录》、《世界地名录》、《历代地名录》、《中国工商名录》等。

⑥ 表谱:是采用图表、谱系形式编写的工具书,大多按时间顺序编排,主要用于查检时间、历史事件、人物信息等。如《中国历史纪年表》、《两千年中西历对照表》、《毛泽东年谱》、《白居易家谱》、《历代职官表》、《中国近代教育大事记》、《历代地理沿革表》等。

⑦ 图录:包括地图和图录两类。如《世界地图集》、《中国历史地图集》、《中国历史参考图谱》、《美国农业地图集》、《建筑装饰设计与构造图集》等。

⑧ 类书:是我国古代一种大型的资料性书籍,辑录各门类或某一门类的资料,并依内容或字、韵分门别类编排供寻检、征引的工具书。现存著名的类书有唐代的《艺文类聚》、《初学记》,宋代的《太平御览》、《册府元龟》,明代的《永乐大典》,清代的《古今图书集成》。

⑨ 政书:是我国古代记述典章制度的图书,它广泛收集政治、经济、文化制度方面的材料,分门别类系统地加以组织,并详述各种制度的沿革等。由于它具有资料汇编性质,所以一般也把它作为工具书使用。政书一般分两大类,一类为记述历代典章制度的通史式政书,以"十通"为代表;另一类为记述某一朝代典章制度的断代式政书,称为会典、会要。"十通"是《通典》、《通志》、《文献通考》、《续通典》、《续通志》、《续文献通考》、《清朝通典》、《清朝通志》、《清朝文献通考》、《清朝续文献通考》等十部政书的合称。

检索工具按物质载体形态,可分为书本式检索工具、卡片式检索工具、缩微式检索工具、机读式检索工具,其中书本式检索工具又包括期刊式、单卷式和附录式三种;按收录的学科范围,可分为综合性检索工具、专科性检索工具、专题性检索工具;按时间范围,可分为预告性检索工具、现期通报性检索工具、回溯性检索工具。

2) 手工信息检索工具与系统

手工检索系统是指传统的靠查目录卡片、工具书等来检索的系统,如图书馆目录体系、工具书检索体系等。它是以人工方式查找和提供情报的系统,其特点是人直接参与检索过程,所使用的情报检索工具包括书本式目录、文摘、索引以及各种卡片(穿孔卡片、元词卡片)。手工检索是信息检索的传统方式,历经了一个多世纪的发展过程。手工检索系统由手工检索设备(书本式目录、文摘、索引、卡片柜等)、检索语言、文献库等构成。

手工检索系统包括六个子系统:① 文献筛选子系统,即根据一定的标准选择摘储的文献;② 词表子系统,即编制、维护、修订分类表和主题词表;③ 标引子系统,即根据词表将文献的主题内容经概念分析而转换成检索语言；④ 查寻子系统，即把情报用户的需求转换成检索策略；⑤ 用户与系统之间交互子系统，即通过与情报用户的商谈以及收集反馈，具体确定检索目标；⑥ 匹配子系统，即检索策略同文献索引中有关标引记录相比较，实施检索作业。

手工检索多以书本式或卡片式检索工具为主，需要了解标引规则，而用户根据文献标引规则查询有关文献则是手工检索方法的基本功之一。手工检索需要了解各类型检索刊物的收录范围、专业覆盖面、特点与编制要点，以提高查全率和查准率。到今天，手工检索仍然是一种较好的检索手段，主要用于未数字化的传统文献的查找，不需要特殊的设备，用户根据所检索的对象，利用相关的检索工具就可进行，查准率高、容易掌握且费用低，但是，手工检索费时、费力，特别是进行专题检索和回溯性检索时需要翻检大量的检索工具反复查询，花费大量的人力和时间，而且很容易造成误检和漏检。在中国，手工检索系统将与自动化检索系统在一定期限里共生共存，互相补充，在情报交流中发挥其应有的作用。

3) 计算机信息检索系统

计算机信息检索是指人们在计算机终端上，通过特定的检索指令、检索词与检索策略，从相关信息集合(数据库或网络信息源)中检索出所需要的信息，并通过线索寻找对应文献或直接输出结果的过程。其所依托的对象为计算机信息集合，包括通过计算机手段进行整序的数据库，以及网络上原生的大量全文、文档、图片、视频、学习资料、免费资源等。计算机信息检索系统中主要过程均为计算机进行自动比较匹配，不仅能跨越时空，通过实时与回溯的方式在短时间内进行大量的查询操作并返回结果，效率高，并有较高的准确性保证，因此这种检索方式及检索系统已经成为21世纪信息检索的主流。

一个完整的计算机信息检索系统通常由信息源、信息组织管理、系统功能、用户接口和系统支持技术等几个部分有机组成。信息检索系统中的数据主要来自各种公开文献，如一次文献中的期刊、图书、研究报告、会议论文、专科文献、政府出版物、学位论文；二次文献中的摘要、索引和目录；三次文献中的百科全书、专科词典、名录、指南、手册等。信息组织管理主要是指信息标引的方法、组织方式和更新周期。信息组织管理科学、实用、合理与否，会直接关系到信息检索的效果。信息检索系统的功能取决于系统所能提供的检索途径、检索方式和检索方法，其功能的状况会在很大程度上影响到检索的结果，例如词表管理。用户接口承担着用户与系统之间的通讯功能，是二者之间实现通讯不可缺少的连接系统(软硬件)，通常由用户模型、信息显示、命令语言和反馈机制等部分构成。系统技术支持主要是指系统及其软、硬件平台的通用性、兼容性、可靠性和稳定性。用户输入检索词或提问式后，系统要将检索词或提问式与数据库中存储的数据进行比较运算，然后把运算结果输出给用户。

数据库是一种典型的计算机信息检索系统，它是将数据按一定格式存储在计算机内的数据的仓库，即存储在计算机内的相关数据的集合。数据库是有组织、可共享的各类数据的集合，数据库中的数据按照一定的规格组织、描述和存储，具有较小冗余度和较高的数据独立性、易维护性与扩展性。数据库包含如下类型：① 参考数据库(Reference Database)，含书目数据库、指南数据库；② 源数据库(Source Database)，含数值数据库、文本-数值数据库、全文数据库、术语数据库、图像数据库；③ 混合型数据库(Mixed Database)，是指能够同时存储多种不同类型数据的数据库。

计算机信息检索的实现大大方便和加速了信息资源的交流和利用,并对社会经济的发展和人们的科研方式产生了深刻的影响,从而也极大地促进了科技的进步。

4.2.3 信息检索技术

信息检索技术是用户信息需求和文献信息集合之间的匹配比较技术。由于信息检索提问式是用户需求与信息集合之间匹配的依据,所以信息检索技术的实质是信息检索提问式的构造技术。目前,计算机信息检索技术已经从基本的布尔逻辑检索、截词检索、邻近检索、限制检索、短语检索、字段检索发展为高级的加权检索、自然语言检索、模糊检索、概念检索和相关检索等多种技术并存。

1) 布尔逻辑检索

布尔逻辑组配是现行计算机检索的基本技术,主要通过"与(and,×)"、"或(or,+)"、"非(not,-)"将检索词联络起来。

(1) 逻辑与:用 and、× 等符号,表达式为 A and B 或 $A \times B$。A 和 B 都为真时,结果才为真。其逻辑含义如图 4.2 所示。

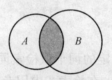

图 4.2 逻辑与

(2) 逻辑或:用 or、+ 等符号,表达式为 A or B 或 $A+B$。A 或 B 中只要有一个为真时,结果就为真。其逻辑含义如图 4.3 所示。

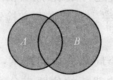

图 4.3 逻辑或

(3) 逻辑非:用 not、- 等符号,表达式为 A not B 或 $A-B$。A 为真、B 为假时,结果才为真。其逻辑含义如图 4.4 所示。

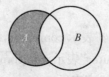

图 4.4 逻辑非

布尔逻辑运算符的运算次序如下所述:

① 括号优先(与计算机编程中一样);

② 不同的系统次序有差别,但总的来说一般次序为 not→and→or。

例1 查找有关信息检索的非英文文献。

检索词:信息[information] 检索[retrieval] 英文[english]

中文检索表达式:(信息 and 检索) not 英文

英文检索表达式:(information and retriever) not english

例2 上海零售业的现状以及发展趋势。

检索词:上海 零售业 现状 发展趋势

检索表达式:上海 and 零售业 and (现状 or 发展趋势)

对于常见的三种布尔逻辑算符(and、or、not),在不同搜索引擎中该功能表现不同。首先是受支持的程度不同,"完全支持"全部三种运算的搜索引擎有 InfoSeek、AltaVista 和 Excite 等;在"高级检索"模式中"完全支持",而在"简单检索"模式中"部分支持"的有 HotBot、Lycos 等。其次是提供运算的方式不同,大部分搜索引擎采用常规的命令驱动方式,即用布尔算符(and、or、not)或直接用符号进行逻辑运算,如 AltaVista、Excite;有的用"+"和"−"号替代"and/not"进行运算;也有部分引擎使用菜单驱动方式,即用菜单选项来替代布尔算符或符号进行逻辑运算,如 HotBot、Lycos 中均提供了两个菜单"All the words"和"And of the words"分别代表 and 和 or 运算,天网的"精确匹配"、"模糊匹配"原理与此相似。

2) 截词检索

截词(Truncation)检索是指用给定的词干做检索词,查找含有该词干的全部检索词的记录,也称词干检索或字符屏蔽检索。在检索式中用专门的截词符号表示检索词的某一部分,允许有一定的词形变化。

截词检索是预防漏检、提高查全率的一种常用检索技术,大多数系统都提供截词检索的功能。截词是指在检索词的合适位置进行截断,然后使用截词符进行处理,这样既可节省输入的字符数目,又可达到较高的查全率。尤其在西文检索系统中,使用截词符处理自由词对提高查全率的效果非常显著。

截词检索就是用截断的词的一个局部进行的检索,并认为凡满足这个词局部中的所有字符(串)的文献都为命中的文献。按截断的位置来分,截词可有后截断、前截断、中截断三种类型。

不同的系统所用的截词符也不同,常用的有"?"、"$"、"*"等,分为有限截词(即一个截词符只代表一个字符)和无限截词(一个截词符可代表多个字符)。下面以无限截词举例说明。

① 后截断,前方一致:如"comput?"表示 computer,computers,computing 等;

② 前截断,后方一致:如"? computer"表示 minicomputer,microcomputer 等;

③ 中截断,中间一致:如"? comput?"表示 minicomputer,microcomputers 等。

3) 邻近检索

邻近检索也叫位置(Proximate)检索,是在检索词之间使用位置算符(也称邻近算符)来规定算符两边的检索词出现在记录中的位置,从而获得不仅包含有指定检索词,而且这些词在记录中的位置也符合特定要求的记录。位置检索是用一些特定的算符(位置算符)来表达检索词与检索词之间的临近关系,并且可以不依赖主题词表而直接使用自由词进行检索的技术方法,能够提高检索的准确性。

按照两个检索词出现的顺序、距离,可以有多种位置算符,而且对同一位置算符,检索系统不同,规定的位置算符也不同。

(1) 位置算符(W)—with,(nW)—n with:表示检索算符两侧的词不可以颠倒顺序,n 表示两个词中间可以插入≤n 个的词。如"control (1W) system"可以检索出"control system"与"control in system"等信息。

(2) 位置算符(N)—near,(nN)—n near:表示检索算符两侧的词可以颠倒顺序,n 表示两个词中间可以插入≤n 个的词。如"control system"可以检索出"control system"与"system control"等信息。

(3) 字段算符(F)和(L)

(F)—in the same field:表示检索算符两侧的词必须同时出现在记录的同一字段内;

(L)—link:表示检索算符两侧的词必须在数据库界定的统一规范字段内,且有一定的从属关系,可以用来链接主标题词和副标题词。

(4) 句子位置算符(S)—in the same subfield or same paragraph:表示检索算符两侧的词只要在同一个子字段(文摘中的句子)或全文数据库的一个段落中出现就是匹配。

以上这些算符可以一起使用,顺序为(W)(S)(F)。这些算符在实际检索中都是为了扩大检索范围。

4) 限制检索

限制检索是指限制检索词在数据库记录中规定的字段范围内出现的信息方为命中信息的一种检索技术。限制检索适用于在已有一定数量输出记录的基础上,通过指定字段或使用限制符减少输出信息数,达到优化检索结果。限制检索的方式有多种,例如进行字段检索、使用限制符、采用限制检索命令等。

(1) 字段检索:是把检索词限定在某个(些)字段中,如果记录的相应字段中含有输入的检索词则为命中记录,否则检不中。在检索系统中,数据库设置的可供检索的字段通常有两种,即表达文献主题内容特征的基本字段和表达文献外部特征的辅助字段。如在扬州大学图书馆书目检索系统中,选择检索类型,有题名、责任者、主题词、ISBN、订购号、分类号、索书号、出版社、丛书名等字段。

(2) 使用限制符:可用表示语种、文献类型、出版国家、出版年代等字段标识符来限制检索范围。

(3) 使用范围符号:如 Less than、Greater than、From to 等;又如查找 1989—1999 年的文献,可表示为 PY=1989:1999 或者 PY=1989 to PY=1999。

(4) 使用限制指令:限制指令可以分为一般限制指令(Limit,是对事先生成的检索集合进行限制)、全限制指令(Limit all,是在输入检索式之前向系统发出的,把检索的全过程限制在某些指定的字段内)。

上述几种限制检索方法既可独立使用,也可以混合使用。

5) 加权检索

加权检索是某些检索系统中提供的一种定量检索技术。加权检索同布尔检索、截词检索等一样，也是信息检索的一个基本检索技术，但与它们不同的是，加权检索的侧重点不在于判定检索词或字符串是不是在数据库中存在、与别的检索词或字符串是什么关系，而是在于判定检索词或字符串在满足检索逻辑后对文献命中与否的影响程度。加权检索的基本方法是在每个提问词后面给定一个数值表示其重要程度，这个数值称为权，在检索时先查找这些检索词在数据库记录中是否存在，然后计算存在的检索词的权值总和。权值之和达到或超过预先给定的阈值，该记录即为命中记录。阈值可视命中记录的多寡灵活地进行调整，阈值越高，命中记录越少。

运用加权检索可以命中核心概念文献，因此它是一种缩小检索范围提高检准率的有效方法。但并不是所有系统都能提供加权检索这种检索技术，而能提供加权检索的系统，在对权的定义、加权方式、权值计算和检索结果的判定等方面又有不同的技术规范。

6) 聚类检索

聚类是把没有分类的事物在不知道应分几类的情况下，根据事物彼此不同的内在属性，将属性相似的信息划分到同一类下面。聚类检索是在对文献进行自动标引的基础上构造文献的形式化表示——文献向量，然后通过一定的聚类方法计算出文献与文献之间的相似度，并把相似度较高的文献集中在一起，形成一个个的文献类的检索技术。根据不同的聚类水平的要求，可以形成不同聚类层次的类目体系。在这样的类目体系中，主题相近、内容相关的文献便聚在一起，而相异的则被区分开。

聚类检索的出现，为文献检索尤其是计算机化的信息检索开辟了一个新的天地。文献自动聚类检索系统兼有主题检索系统和分类检索系统的优点，同时具备族性检索和特性检索的功能。因此，这种检索方式将有可能在未来的信息检索中大有用武之地。

此外还有词组检索、字段检索等方法。其中词组检索是将一个词组（通常用双引号括起）当作一个独立运算单元，进行严格匹配，以提高检索的精度和准确度，这也是一般数据库检索中常用的方法。词组检索实际上体现了临近位置运算（Near 运算）的功能，即它不仅规定了检索式中各个具体的检索词及其相互间的逻辑关系，而且规定了检索词之间的临近位置关系。几乎所有的搜索引擎都支持词组检索，并且都采用双引号来代表词组，如"信息教育"。字段检索实际是限制检索的一种，因为限制检索往往是对字段的限制。在搜索引擎中，字段检索多表现为限制前缀符的形式。属于主题字段限制的有 Title、Subject、Keywords、Summary 等；属于非主题字段限制的有 Image、Text 等。作为一种网络检索工具，搜索引擎提供了许多带有典型网络检索特征的字段限制类型，如主机名（Host）、域名（Domain）、链接（Link）、URL（Site）、新闻组（Newsgroup）和 E-mail 限制等。这些字段限制功能限定了检索词在数据库记录中出现的区域。由于检索词出现的区域对检索结果的相关性有一定的影响，因此字段限制检索可以用来控制检索结果的相关性，以提高检索效果。在著名的搜索引擎中，目前能提供较丰富的限制检索功能的有 AltaVista、Lycos 和 Hotbot 等。

在网络上还有短语检索（半角双引号）、自动纠错检索（如"李敖"提示"你是不是要检索李敖")、自动转换检索(如汉语拼音转换成文字)、自然语言检索、概念检索(同义词/近义词/狭义词,如搜索引擎 Excite)、相关检索等方法与技术。

目前,信息检索技术已经发展到网络化和智能化的阶段,信息检索的对象从相对封闭、稳定、由独立数据库集中管理的信息内容扩展到开发、动态、更新快、分布广泛、管理松散的 Web 内容,信息检索的用户也由原来的情报专业人员扩展到包括商务人员、管理人员、教师、学生等在内的普通大众,他们对信息检索从方法、技术到结果提出了更高、更多样化的要求。为适应网络化、智能化和个性化的需要,当前已出现了智能检索、数据(知识)挖掘、异构信息整合检索和全息检索等检索新技术。

4.2.4 情报检索语言

情报检索语言是根据情报检索的需要而创制的人工语言,专门用于各种手工的和计算机化的文献情报存储检索系统,表达文献主题概念和检索课题概念,亦称文献工作语言。情报检索语言实质上是表达一系列概括文献情报内容的概念及其相互关系的概念标识系统。

1) 概述

情报检索语言可以是从自然语言中精选出来并加以规范化的一套词汇,可以是代表某种分类体系的一套分类号码,也可以是代表某一类事物的某一方面特征的一套代码,用以对文献内容和情报需要进行主题标引、逻辑分类或特征描述。

2) 基本功能

① 对文献的情报内容(及某些外部特征)加以标引;
② 对内容相同及相关的情报加以集中或揭示其相关性;
③ 对大量情报加以系统化或组织化;
④ 便于将标引用语和检索用语进行相符性比较。

3) 组成

情报检索语言由词汇和语法组成。词汇是指登录在分类表、词表、代码表中的全部标识,一个标识(分类号、检索词、代码)就是它的一个语词,而分类表、词表、代码表则是它的词典;语法是指如何创造和运用那些标识来正确表达文献内容和情报需要,以有效地实现情报检索的一整套规则,分为词法(主要用于分类表、词表、代码表编制过程)和句法(主要用于文献标引和情报检索过程)两部分。

情报检索语言主要以书面形式使用,其标识必须符合唯一性、规律性、定型性、通用性、准确性和政治思想上的正确性等质量要求,必须排除自然语言中的多词一义、一词多义和词义含糊现象,并要有适当的专指度。

采用等级结构、参照系统、轮排聚类法、范畴聚类法和图示法等各种显示概念之间关系的方法来实现对内容相同及相关的情报加以集中或揭示其相关性这项功能,是情报检索语言优于自然语言的最主要一点。概念逻辑和知识分类(事物和学科的系统分类)是显示概念关系的基本依据。

情报检索语言选取概念(选词和列类)是否符合文献主题的实际情况和情报检索的实际

需要,标识的种类、结构、专指度、规范化程度和使用方式,在显示概念关系方面的质量、分类表、词表、代码表的结构体系,以及检索设备是否与其匹配,标引是否正确等,对情报检索效率都有影响。

4) 分类

情报检索语言按其结构原理,可分为分类检索语言(分类法)、主题检索语言(主题法)和代码检索语言;按其标识的组合使用方法,可分为先组式语言(文献标识在编表时就固定组合好,也称列举式语言)和后组式语言(文献标识在检索时才组合起来,也称组配式语言)。后组式语言也可充当先组式语言使用(文献标识在标引时组合成固定的标识串,称先组散组式)。此外,还可按其包括的学科或专业范围、适用范围等划分类型。

(1) 分类检索语言

分类检索语言是将表示各种知识领域(学科及其研究问题)的类目按知识分类原理进行系统排列并以代表类目的数字、字母符号(分类号)作为文献主题标识的一类情报检索语言,亦称分类法。文献内容属于某个类目的范围,即用该类目的分类号标引,并被反映在与分类体系一致的序列中特定的位置。使用分类检索语言建立的文献情报检索系统能够使检索者鸟瞰全貌、触类旁通,对系统地掌握和利用一个学科或专业范围的知识和情报十分方便、有效。

国内外比较重要的分类语言表有《国际专利分类表》、《杜威十进分类法》、《中国图书馆分类法》、《中国科学院图书馆图书分类法》等。分类语言可分为体系分类语言、组配分类语言和混合分类语言。

体系分类语言即体系分类法,是一种直接体现知识分类的等级制概念标识系统,是通过对概括文献信息内容及某些外表特征的概念进行逻辑分类(划分与概括)和系统排列而构成的。体系分类法的主要特点是按学科、专业集中文献,并从知识分类角度揭示各类文献在内容上的区别和联系,提供从学科分类检索文献信息的途径。所谓"类",是指具有共同属性的事物的集合。

体系分类法具有按学科或专业集中系统地向人们揭示文献资料内容的功能,这对于希望系统掌握和利用某一专业范围的文献而言无疑是有效的。目前在我国通用的主要分类法是《中国图书馆分类法》(中图法)和《中国科学院图书馆图书分类法》(科图法)。《中国图书馆分类法》(原称《中国图书馆图书分类法》)是我国建国后编制出版的一部具有代表性的大型综合性分类法,也是当今国内图书馆使用最广泛的分类法体系,简称《中图法》。《中图法》初版于1975年,2010年出版第五版。《中图法》是国家推荐统一使用的分类法,被许多检索工具采用或改编。共分5大部类、22大类(见表4.3),类号采用汉语拼音字母与阿拉伯数字相结合的混合号码,用一个字母代表一个大类,以字母的顺序反映大类的序列,在字母后用数字表示大类下类目的划分。

表 4.3 《中国图书馆分类法》类目表

字母序号	类目名称	字母序号	类目名称	字母序号	类目名称
A	马克思主义、列宁主义、毛泽东思想、邓小平理论	I	文学	S	农业科学
B	哲学、宗教	J	艺术	T	工业技术
C	社会科学总论	K	历史、地理	U	交通运输
D	政治、法律	N	自然科学总论	V	航空、航天
E	军事	O	数理科学和化学	X	环境科学、安全科学
F	经济	P	天文学、地球科学	Z	综合性图书
G	文化、科学、教育、体育	Q	生物科学		
H	语言、文字	R	医药、卫生		

按体系分类法检索,其优点是能满足从学科或专业角度广泛地进行课题检索的要求,达到较高的查全率。查准率的高低与类目的粗细多少有关——类目越细,专指度越高,查准率也越高。但类表的篇幅是有限的,类目不可能设计得很细。因此,体系分类法只是一种"族性检索",而非"特性检索"。

体系分类语言属于先组式语言,分类体系明显,容易理解,但因其采用分举式分类方法和类目的单线排列方式,所以存在着不能无限容纳概念的局限性和集中与分散的矛盾。

(2) 主题检索语言

主题检索语言是使用语词标识的一类情报检索语言,亦称主题法。其基本的、共同的特点如下:① 用自然语言中的名词术语经过规范化后直接作为文献主题标识,直观性好;② 按字顺序列排列标识,检索者较易使用;③ 具有按文献主题(文献所论述的事物)集中文献情报的功能,对有关某一事物的检索效率较高;④ 用参照系统及其他方法间接显示文献主题概念之间的关系,其系统性不及分类检索语言,对一学科或一专业文献作全面、系统的检索比较困难;⑤ 较接近自然语言,所以较易与自然语言结合使用。

主题检索语言是直接以代表文献的内容特征和科学概念作为检索标识,并按其外部形式(字顺)组织起来的一种检索语言。主题法最常用的有叙词法和标题法,前者采用表示单元概念的规范化语词的组配来对文献内容进行描述,是一种后组式词汇标识系统;后者使用一个或者一组规范化的自然语言作为检索标识来描述文献的内容,是一种先组式的词汇标识系统。它们的优点是在表达主题内容方面具有较大的灵活性,抛弃了人为的号码系统,代之以通用的规范语言,并在各主题之间建立有机的参照系统,代替了等级制的直线排列;使用组配和索引等方式,能较好地满足多元检索的要求;用户查找文献时可以不考虑所需文献内容在体系分类等级中的位置,只要按字顺查找表达概念的主题词或相近的主题词即可。

标题词语言是采用规范化了的自然语言,即经过标准化处理的名词术语作为标识来表达文献所论述或涉及的事物——主题,并将全部标识按字顺排列。例如一篇关于计算机设计和另一篇关于计算机维修的文章,都可以直接用"计算机"作标题词,它们在标题词系统中都是按"计"字排列集中在一起的。但是,如果一篇文章用"微型计算机"这个术语来叙述它的研究对象,另一篇文章用"微型电脑"这个术语来叙述它的研究对象,第三篇文章用"微机"这个术语来叙述,虽然都表示同一概念,这时就不能直接用"微型电脑"或"微机"作标题词了,这三篇文章都必须用"微型计算机"作标题词(根据词表决定)。因为这三个术语是等同概念,如果同时用三个术语来标引会导致文献被分散。当然,读者若从"微型电脑"或"微机"入手检索时,都可以在标题词表中看到"见:微型计算机"的参照指示。

叙词是指一些以概念为基础的,经过规范化的,具有组配功能并可以显示词间关系和动态性的词或词组。叙词语言是以叙词作为文献检索标识和查找依据的一种检索语言,它是多种情报检索语言的原理和方法的综合,体现了情报检索语言的发展趋势。概念组配是叙词语言的基本原理。概念组配与字面组配在形式上有时相同,有时不同,但从性质上来看两者区别是很大的。字面组配是词的分析与组合(拆词),概念组配是概念的分析与综合(拆义)。例如:

	字面组配	概念组配
(1)	模拟+控制→模拟控制	模拟+控制→模拟控制
(2)	香蕉+苹果→香蕉苹果	香蕉味食品+苹果→香蕉苹果

在以上第(1)例中,无论是字面组配还是概念组配,其结果都是"模拟控制";第(2)例中,根据字面组配原理,"香蕉"和"苹果"组配是"香蕉苹果",而概念组配的结果应是指"一种香蕉和苹果杂交的品种",而这样的品种目前是不存在的,所谓"香蕉苹果"只能是一种有香蕉味的苹果,因此根据概念组配原理,这个概念应当用"香蕉味的食品"和"苹果"两个词组配才符合概念逻辑。

关键词语言是直接选用文献中的自然语言作基本词汇,并将那些能够揭示文献题名或主要意旨的关键性自然语词作为关键词进行标引的一种检索语言。所谓关键词是指那些出现在文献的标题(篇名、章节名)以至摘要、正文中对表征文献主题内容具有实质意义的语词,亦即对揭示和描述文献主题内容来说是重要的、带关键性的(可作为检索"入口"的)那些词语。关键词语言是为适应目录索引编制的自动化的需要而产生的,与标题词语言、叙词语言同属主题法系统。但是,标题词语言、叙词语言使用的都是经规范化的自然语言,而关键词语言基本上不作规范化处理。例如,"国际联机检索概论"中的"国际联机"、"联机"、"检索"都是能描述这篇文献的主题的,可以作为检索词。概括地说,关键词法就是将文献原来所用的能描述其主题概念的那些具有关键性的词抽出,不加规范或只作极少量的规范化处理,按字顺排列以提供检索途径的方法。

关键词法目前已得到广泛的应用,出现了多种关键词索引形式,大体可分为两类:一类是带上下文的关键词索引,包括题内关键词索引和题外关键词索引等;另一类是不带上下文的关键词索引,包括单纯关键词索引、词对式关键词索引和简单关键词索引。

① 题内关键词索引:也称上下文关键词索引,这种索引将文献标题中的关键词和非关键词都保留,并保持标题原文的词序,使每一个关键词都有一次机会轮流排到作为检索词的固定位置(如中栏开头),将处于固定检索位置的关键词按字顺排列起来,每条款目附文献地

址。这样构成的关键词索引便成为一种检索工具,如美国出版的《化学题录》。

② 题外关键词索引:这种索引是将文献标题中的关键词和非关键词都保留,并保持标题原文的词序,同时轮流地将每个关键词"抽出"(实际上在标题原文位置仍保留或用"*"号代替),置于标题左方(或左上方)的检索词位置,并将处于检索词位置的关键词按字顺排列。

③ 单纯关键词索引:这种索引是将表征主题内容的关键词抽出组成索引款目,然后将索引款目中的关键词轮流移到左端(或左上方)作为检索词,并按字顺排列,每条款目后附文献地址(文摘号)。

④ 简单关键词索引:这种索引的索引款目只有一个关键词,后面附全部相关文摘号,非常简单。

5) 计算机对情报检索语言的影响

20世纪50年代开始的情报检索计算机化,对情报检索语言的发展产生了深刻的影响,推动了情报检索语言的创新和改造,使词表、分类表向机读化和机编化发展,使多种语言结合使用成为可能,促进了文献标引过程和索引编制过程的自动化,促使许多新检索方法的产生,扩大了情报检索语言的应用范围,特别是使自然语言在情报检索中的应用成为可能。自然语言检索系统并不是与情报检索语言检索系统决然对立的,它们或采用情报检索语言作为辅助手段,或与情报检索语言结合使用,或利用情报检索语言的某些原理和方法,以保证较高的检索效率。当前,情报检索语言仍是情报检索中的主要语言工具。对情报检索中的语言保证问题的研究已成为情报学的重要领域,并逐步形成情报语言学。而情报语言学的主要研究对象就是情报检索语言,同时也研究自然语言在情报检索中的应用问题。

检索语言是进行情报存贮和检索的基础,每一种检索工具都采用了特定的检索语言来编制和提供检索途径。我们只有通过具体检索工具的使用,才能加深对检索语言的理解,进而更好地使检索语言为情报检索服务,提高检索效率。

4.3 信息检索途径、方法与过程

4.3.1 信息检索的途径

在利用检索工具进行检索时主要利用它的各种索引,即通过检索工具的索引提供的各种检索途径来查找文献。检索途径主要分以下几种。

1) 内容特征途径

(1) 分类途径

分类途径是一种按照文献资料所属学科属性进行检索的途径,主要利用分类目录或分类索引查找文献。检索工具的分类表提供了从分类角度检索文献信息的途径,其检索的关键在于正确理解检索工具中的分类表。按分类途径检索文献信息便于从学科体系的角度获得较系统的文献信息线索,即有族性检索功能。

多数检索工具的正文按照分类编排,因此可利用其分类目次表按类进行查找。分类途径可把同一学科的文献信息集中检索出来,但一些新兴学科、边缘学科的文献难以给出确切的类别,易造成误检和漏检。因此,从分类途径查找文献信息,一定要掌握学科的分类体系及有关规则。

分类检索途径在我国具有悠久的历史,许多目录大多以分类方法编排,也称为体系分类途径。体系分类索引是指利用科技文献信息的体系分类法所建成的索引系统。利用这一途径检索文献,首先要明确课题的学科属性、分类等级,获得相应的分类号,然后逐类查找。按分类途径检索文献信息便于从学科体系的角度获得较系统的文献线索,要求检索者对所用的分类体系有一定的了解,熟悉分类语言的特点,熟悉学科分类的方法,并注意多学科课题的分类特征。

(2) 主题途径

主题途径是一种按照文献信息的主题内容进行检索的途径,根据文献信息的主题特征,利用各类主题目录和索引进行检索。从文献信息中抽出来能代表文献内容的主题词、关键词、叙词按字顺排列,检索者只要根据课题确定了检索词,便可像查字典一样按字顺逐一查找,从检索词之下的索引款目找到所需的线索。

主题途径在我国的使用不如分类途径那样普及。主题目录和主题索引就是将文献信息按表征其内容特征的主题词组织起来的索引系统。利用主题途径检索时,只要根据所选用主题词的字顺(字母顺序、音序或笔画顺序等等)找到所查主题词就可查得相关文献。主题途径表达概念灵活、准确、直观、专指、方便,并能把同一主题内容的文献信息集中在一起同时检索出来;不必如使用分类途径那样,先考虑课题所属学科范围、确定分类号等;不论主题多么专深都能直接表达和查找,并能满足多主题课题和交叉边缘学科检索的需要,具有特性检索的功能。

(3) 其他途径

依据学科特有的特征查找,如分子式索引、环系索引、子结构索引等。

2) 外部特征途径

(1) 题名途径

题名途径是根据已知信息的文献题名来检索文献的途径,一般较多用于查找图书、期刊、单篇文献。题名包括正题名、副题名、并列题名和题名说明文字,一般都能揭示出信息的基本特征,是识别特定文献的一种标识。如反映学科属性的《中国经济年鉴》、《古代汉语》,反映地域范围的《扬州概览》,反映时间范围的《汉书》等。

(2) 著者途径

著者途径是根据文献信息的外部特征,利用著者(个人或单位著者)目录和著者索引进行检索的途径。通过著者途径可以检索到某一著者对某一专题研究的主要文献信息。国外比较重视著者途径的利用,许多检索工具和著作都把著者索引作为最基本的辅助索引。它是按著者的姓名字顺,将有关文献信息排序而成。以著者为线索可以系统、连续地掌握他们的研究水平和研究方向,同一著者的文章往往具有一定的逻辑联系,著者途径能满足一定族性检索功能要求。已知课题相关著者姓名,便可以依著者索引迅速准确地查到特定的资料,因此亦具有特性检索的功能。

(3) 号码途径

号码途径是根据文献信息的序号特征,按已知号码来查找文献的途径,如专利号索引、标准文献的标准号索引等。许多文献信息具有唯一或一定的序号,如专利号、文摘号、国际标准图书编号、电子元件型号等等,在已知序号的前提下利用序号途径能查到所需文献信息,满足特性检索的需要。序号途径一般作为一种辅助检索途径,利用序号途径,需对序号的编码规则和排检方法有一定的了解。往往可以从序号判断出文献的种类、出版的年份等等,这有助于信息检索的进行。

信息检索主要根据文献信息的外部特征和内容特征的描述,利用各种途径获得所需的相关文献信息。除了以上所讲的几种途径以外,还有引文途径、分子式途径、化学物质途径等等,只有根据课题的需要选用相应的检索途径,才能获得相关的文献信息。除此之外,信息检索的途径还有时序途径、地序途径。时序途径是利用以时间先后编排内容的信息,如历史纪年表、人物表谱、历法、编年书目、索引等工具书刊来查找信息;地序途径是利用按行政地区编排内容的文献信息,如地图、名胜辞典、地方志书等来查找资料,如查某一地名的历史沿革,即采用地序途径。

4.3.2 信息检索的方法

所谓信息检索的方法,即查找信息的方法,往往与文献信息检索的课题、性质和所检索的文献信息类型有关,主要有如下几种方法。

1) 常用法

常用法也称工具法或直接法,是直接利用文献信息检索工具来查找文献的方法,也就是利用文摘或题录等各种文献检索工具查找文献。由于检索工具种类繁多,一般应根据课题内容特点首先利用综合性的检索工具,然后使用专业性的检索工具,二者结合,可提高查全率和查准率,而不致造成主要资料的漏检。常用法根据时间范围又分为顺查法、倒查法和抽查法。

(1) 顺查法:是以所查课题起始年代为起点由远而近地按时间顺序的查找方法。查找前要确定该课题研究的历史背景,从研究开始的年代查起,按时间顺序由远及近,一年年或一卷卷地通过检索工具查找,直到查到的文献信息满足要求为止。这种方法优点是查全率高,但比较费时、费力,且问题发生的起始时间不容易一下子确定。

(2) 倒查法:是一种由近而远逆时间顺序的查找方法,从近期往远期查找,一般将注意力放在查找近期文献上。这是因为近期文献不仅反映了现在的研究水平,而且一般都引用、论证和概述了早期的文献资料。因此,查找时不必一年一年地查找完,只要查到基本所需文献就行了。这种方法多用于新开课题或有新内容的老课题,需要的是近期发表的文献,以便掌握最近一段时间该课题所达到的水平及研究动向。与顺查法相比,此方法的优点是节约时间,缺点是漏检率高。

(3) 抽查法:是根据课题研究的特点,抓住该课题研究发展迅速且出版文献较多的年代,从中抽取一段时间(几年或十几年)或一段时间内的几个点,再进行顺时查找的检索方法。使用抽查法,检索时间较少,查得文献较多,但也有漏检文献的可能,并要求检索者对课题研究的历史情况有较多的了解和掌握,否则难以取得预期效果。

2) 追溯法

追溯法又叫回溯法,是从已有的文献后所列的参考文献着手逐一追查原文,再从这些原文后所附的参考文献逐一检索,由近及远进行追溯查找,从而获得相关文献的方法。它是科研人员常喜欢用的一种简便的获得文献的途径。其优点是在没有检索工具或检索工具不齐全的情况下,借助此法可较快地获得一批相关文献。但是,原文作者所引用的参考文献有一定局限性,也不可能全部列出相关文献,并且有的参考文献相关性不大,因此这种方法具有检索效率低、查全率低、漏检率高的缺点。尽管如此,但仍不失为一种简便的获得相关文献的方法。

3) 循环法

循环法也称综合法,又称为分段法或交替法,是上述追溯法和常用法的结合。具体地说,采用这种方法查找文献时,既要利用一般检索工具书刊,又要利用文献后附的参考文献进行追溯,分期分段地交替使用,直到获得满意的相关文献为止。循环法可得到较高的查全率和查准率,是采用较多的方法之一。

实际课题的检索选用哪一种方法要根据具体情况而定,一是根据课题研究的需要,二是视所能利用的检索工具和检索手段。在了解所查课题发生的起始年代的条件下,可以利用顺查法;在获得针对性很强文献的条件下即可利用追溯法获得相关性较强的文献;获悉研究课题出版文献较多的年代即可利用抽查法。总之,只有视条件的可能和课题的需要选用相应的检索方法,才能迅速地获得相关的文献,完成课题检索的任务。

文献信息检索总是根据文献的某种特征,从各个不同的角度进行的。根据文献的不同特征,就可以按照不同的途径使用上述方法进行检索。

4.3.3 信息检索的步骤

信息检索就是根据课题要求,使用检索工具并按照一定的步骤查找文献信息的过程。检索步骤是对查找信息全过程的程序划分,检索步骤的科学安排称为检索策略。检索策略是针对检索提问、运用检索访求和技术而设计的信息检索方案,其目的是要达到一定的查准率和查全率。完成一个课题的检索如图 4.5 所示。

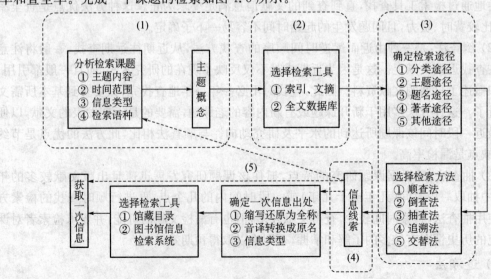

图 4.5 信息检索步骤

1) 分析检索课题，明确信息需求

分析检索课题，明确检索目的、要求和检索的范围，这是制定检索策略的基础和前提。任何一个检索都是根据已知去查找未知，通过分析检索课题，明确的已知线索越多，查获所需信息的可能性就越大。

明确检索目的即要弄清楚检索是因为什么而进行的，通常检索目的可分为 3 种。① 科研攻关型：是要解决研究或生产中的一些技术难题，如某一理论、方法、设备、过程等的具体问题，这类检索要求查准率高，只要找到合适的文献即可；② 课题普查型：是要针对某一课题收集系统、详尽的资料，这类检索要求查全率高，往往要检索若干年的文献，一般采用回溯检索的方式；③ 研究探索型：是要密切跟踪、了解国内外某一方面的最新成果，掌握最新科研动态，这类检索要求信息的新颖、及时性强，多采用定题检索的方式。

2) 选择检索工具，了解检索系统

(1) 选择检索系统

选择合适的检索系统主要是选择检索工具/数据库，要根据检索课题的内容范围和要求来决定。要了解检索工具/数据库的学科专业范围及各种性能参数，其内容主要包括：

① 检索工具/数据库的类型是否满足检索需要；

② 检索工具/数据库的学科专业范围是否与检索课题的学科专业相吻合；

③ 检索工具/数据库收录的文献类型、文献存贮年限、更新周期是否符合检索需求；

④ 检索工具/数据库描述文献的质量，包括对原文的表达程度、标引深度、专指度如何等，以及是否按标准化著录；

⑤ 检索工具/数据库提供的检索入口是否与检索课题的已知线索相对应。

(2) 检索费用

对于联机检索，费用包括机时费、联机(脱机)打印费、通讯费、字符费等。而且即使是同一种数据库在不同的检索系统中，检索费用、文档结构、可检字段、检索功能等都不完全相同。

3) 确定检索途经，选定检索方法

检索策略(Retrieval Strategy)是指为实现检索目标而制定的全盘计划或方案，是对整个检索过程的谋划与指导。具体包括以下几个方面：

① 确定查找范围：根据第一步对检索的时间、地域、语种以及文献类型等的分析，确定一个合理的检索范围。

② 选择检索手段：一般来说，利用光盘检索系统，结合检索相应的网络数据库能满足多数检索要求；没有机检条件时则选用手工检索。如果光盘检索能满足要求，则不必选用其他检索手段。

③ 确定检索途径和检索词：检索途径主要根据分析课题时确定的已知条件，以及所选定的检索工具能够提供的检索途径来决定。常用的检索途径有著者、分类、主题、文献题名、文献号、代码(如分子式、产品型号)、引文等，还有文献类型、出版时间、语种等。每种途径都必须根据已知的特定信息进行查找。

检索词也称检索点,与检索途径相对应,是检索途径的具体化。确定检索词就是将检索课题中包含的各个要素及检索要求转换成检索工具/数据库中允许使用的检索标识。即用所选定的检索工具/数据库的词表(如主题词表、分类表)把检索提问的主题概念表达出来,形成主题词或分类号等,也可以是关键词(视检索系统而定)、人物姓名、地名、文献名等。

④ 构造检索式:检索式是机检中用来表达检索提问的一种逻辑运算式,又称检索表达式或检索提问式。它由检索词和检索系统允许使用的各种运算符组合而成,是检索策略的具体体现。构造检索式就是把已经确定的检索词和分析检索课题时确定的检索要求用检索系统所支持的各种运算符连接起来,形成检索式。

4) 实施检索策略,浏览初步结果

在检索系统中将检索标识与系统中存贮的信息标识进行匹配,查出相关信息,并对所获结果进行浏览分析,看其是否符合需要。如果试查结果满意,可进行正式检索;否则,要分析原因,修改、调整检索策略。在检索中,应灵活运用各种检索方法和检索途径,充分利用各种累积索引,并对各种参照款目进行认真审核与利用。为确保检索结果的完整性,还应利用其他文献信息源进行查找,如浏览最新的核心刊物来补充检索工具或数据库中尚未报道的最新文献。

5) 调整检索策略,获取所需信息

调整检索策略包括修改检索式、调整检索词以及重新选择检索系统等。

(1) 缩检:当检出的记录数量太多时,应采用缩检技术排除不符合需要或相关性较小的记录。可以调整检索式将检索限定在篇名和叙词字段、利用文献的外表特征进行限制检索、增加用逻辑"与"或"非"运算、采用位置算符、改用确切的词组并指定词之间的位置关系、增加新的限定词、选择更专指的检索词等。

(2) 扩检:当检出的记录数量太少时,则要采用扩检技术扩大检索范围。可以将检索的字段改为文摘或全文字段、减少或取消限制条件、提高检索词的泛指度、结合使用关键词和叙词、增加同义词和其他相关词并将其与原来的检索词用逻辑"或"算符组配、减少逻辑"与"和"非"运算、采用截词检索等。

由于书目检索结果得到的只是文献线索,检索结束后,还要根据所获得的文献线索索取原文。在索取原文过程中,要注意以下问题:

① 识别文献类型:不同类型的文献收藏地点不同,在索取原文时首先就要区别文献的类型;

② 将缩写刊名恢复全称:检索工具中在文献来源项的著录中,常常将期刊名称按一定的缩写规则进行缩写;

③ 识别不同语系文字的音译:在西文检索工具中,俄文、中文、日文等的文献作者、出版物名称通常采用音译法转换成英文进行著录;

④ 利用各种收藏目录:在索取原始文献过程中,要根据不同类型的文献查找不同的联合目录、馆藏目录、联机公共目录等,查知其原文的收藏单位,再进行借阅;

⑤ 利用文献传递服务获取远程文章:许多大型检索系统提供文献传递服务,可以根据

检索结果在线提出索取全文的申请,通过 E-mail、传真等方式获得原文。

4.4 信息检索效果评价

检索效果(Retrieval Effectiveness)是指检索系统检索的有效程度,它反映检索系统的能力,也涉及实施检索的人所能发挥检索系统的最大能力、效益等因素。检索效果如何直接反映检索系统的性能,影响系统在信息市场上的竞争能力和用户的利益。

4.4.1 评价的目的、范围

评价系统的检索效果,目的是为了准确地掌握系统的各种性能和水平,找出影响检索效果的各种因素,以便有的放矢,改进系统的性能,提高系统的服务质量,保持并加强系统在市场上的竞争力。

检索效果包括技术效果和社会经济效果两个方面。技术效果主要是指系统的性能和服务质量以及系统在满足用户的信息需要时所达到的程度;社会经济效果是指系统如何经济有效地满足用户需要,使用户或系统本身获得一定的社会和经济效益。因此,技术效果评价又称为性能评价;而社会经济效果评价则属于效益评价,并且要与费用成本联系起来,比较复杂。

4.4.2 评价标准

根据 F. W. Lancaster 的阐述,判定一个检索系统的优劣,主要从质量、费用和时间三方面来衡量。因此,对计算机信息检索的效果评价也应该从这三个方面进行。质量标准主要通过查全率与查准率进行评价;费用标准即检索费用,是指用户为检索课题所投入的费用;时间标准是指花费时间,包括检索准备时间、检索过程时间、获取文献时间等。

我们认为,不同的检索系统,其评价标准有一定的差别。检索效果评价主要包含收录范围、查全率、查准率、响应时间、用户友好程度与负担、新颖性及输出形式这几个方面,其中两个主要的衡量指标是查全率(Recall Ratio)和查准率(Precision Ratio),分别用 R 和 P 大写字母表示。

1) 查全率与查准率

查全率是指系统在进行某一检索时,检出的相关文献量与系统文献库中相关文献总量的比率,它反映该系统文献库中实有的相关文献量在多大程度上被检索出来;查准率是指系统在进行某一检索时,检出的相关文献量与检出文献总量的比率,它反映每次从该系统文献库中实际检出的全部文献中有多少是相关的。即查全率反映所需文献被检出的程度,查准率则反映系统拒绝非相关文献的能力,两者结合起来反映检索系统的检索效果。信息检索的理想状态是查全率和查准率都达到100%,但这是不可能的。查全率和查准率之间的互逆相关性是由英国 C. W. Cleverdon 领导的 Cranfield 试验所发现的,Cleverdon 在 1962 年首次将它运用于实际信息检索系统的评价实验(Cranfield Ⅱ)中。也就是说,在排除了人为因素的情况下,任何提高查全率的措施都会降低查准率,反之亦然。究其根本原因不是在检索系统本身,而是在检索对象——文献,因为文献所反映的信息与各个学科知识之间的普遍联系,各种知识之间的相互渗透、相互包容是影响查全率和查准率不能同时达到100%,而成反比关系的客观因素,称为合理影响因素。由其造成的误检和漏检称为合理误检和合理漏检。

在同一个检索系统中,当查全率与查准率达到一定阈值(即查全率在60%～70%之间,查准率在40%～50%之间)后,二者呈互逆关系,查准率每提高1%将导致查全率下降3%(见图4.6)。因此,信息检索的最佳效果是查全率为60%～70%,且查准率为40%～50%。

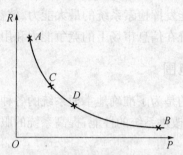

图4.6 查全率 R 与查准率 P 的关系曲线

查全率与查准率有如下计算公式:

$$查全率 = \frac{检出相关文献量}{文献库内相关文献总量} \times 100\%$$

$$查准率 = \frac{检出相关文献量}{检出文献总量} \times 100\%$$

例如,要利用某个检索系统查某课题。假设在该系统文献库中共有相关文献为40篇,而只检索出来30篇,那么查全率就等于75%。如果检出的文献总篇数为50篇,经审查确定其中与项目相关的只有40篇,另外10篇与该课题无关,那么这次检索的查准率就等于80%。显然,查准率是用来描述系统拒绝不相关文献的能力,有人也称其为"相关率"。查准率和查全率结合起来,则描述了系统的检索成功率。

(1) 影响查全率的因素

影响查全率的因素从文献存储来看,主要有如下几个方面:① 文献库收录文献不全;② 索引词汇缺乏控制和专指性;③ 词表结构不完整;④ 词间关系模糊或不正确;⑤ 标引不详;⑥ 标引前后不一致;⑦ 标引人员遗漏了原文的重要概念或用词不当等。此外,从情报检索来看,主要有如下几个方面:① 检索策略过于简单;② 选词和进行逻辑组配不当;③ 检索途径和方法太少;④ 检索人员业务不熟练和缺乏耐心;⑤ 检索系统不具备截词功能和反馈功能,检索时不能全面地描述检索要求等。

(2) 影响查准率的因素

影响查准率的因素主要有如下几个方面:① 索引词不能准确描述文献主题和检索要求;② 组配规则不严密;③ 选词及词间关系不正确;④ 标引过于详尽;⑤ 组配错误;⑥ 检索时所用检索词(或检索式)专指度不够,检索面宽于检索要求;⑦ 检索系统不具备逻辑"非"功能和反馈功能;⑧ 检索式中允许容纳的词数量有限;⑨ 截词部位不当,检索式中使用逻辑"或"不当等等。

实际上,影响检索效果的因素是非常复杂的,且查全率与查准率呈反比关系的。要想做到查全,势必会要对检索范围和限制逐步放宽,则结果是会把很多不相关的文献也带进来,影响了查准率。企图使查全率和查准率都同时提高,是很不容易的。强调一方面,忽视另一方面,也是不妥当的。应当根据具体课题的要求,合理调节查全率和查准率,保证检索效果。

2) 漏检率与误检率

漏检率(Omission Ratio)是未检出的相关文献数量与系统中相关文献总量之比。漏检率与查全率是一对互逆的检索指标,二者之和为1,查全率高,则漏检率必然低。

误检率(Noise Ratio)是检索出的不相关文献数量与检索出的文献总量之比。误检率与查准率是一对互逆的检索指标,二者之和为1,查准率高,则误检率必然低。

3) 响应时间

响应时间是指从用户提问到提问接受再到检索结果输出平均消耗的时间。手工检索响应时间人为因素影响较多,响应时间一般较长;单机检索系统的响应时间主要是由系统的处理速度决定的;网络检索的响应时间在相当大的程度上取决于用户使用的通信设备和网络传输速度等外部因素。就是同一检索系统,在不同的时间检索同一问题,其响应时间也可能不一样。网络检索的响应时间由四个部分组成,即用户检索请求到服务器的传输时间、服务器处理检索请求的时间、服务器的检索结果到用户端的传输时间、用户端计算机处理服务器检索结果的时间。其中服务器处理检索请求的时间和用户端计算机处理服务器检索结果的时间主要取决于服务器和客户机的硬件配置、用户的检索请求类型和服务器的负载情况等;用户检索请求到服务器的传输时间和服务器的检索结果到用户端的传输时间主要是信息在网络传输中所造成的延迟。由此可见,缩短网络检索的响应时间,一方面可以提高服务器和客户机的整体性能;另一方面要增加网络的带宽,控制输入网络的数据量。

4) 其他标准

除了查全率、查准率和响应时间外,传统的评价指标还有以下几种:

① 收录范围:一个检索系统中收录的文献是否齐全,包括专业范围、语种、年代与文献类型等,这是提高查全率的物质基础;

② 工作量:从检索系统中获得相关文献消耗的精力与工作时间;

③ 可用性:按可靠性、年代与全面性的因素检出文献的价值;

④ 外观:检索结果的输出格式等。

5) 网络资源检索效果评价

网络检索工具,尤其是搜索引擎,其评价有其自身的特点。目前网络检索工具主要以自动方式在网络上搜索信息,经过标引形成索引数据库,其构成是网络检索工具检索效果实现的基础。

检索工具提供的检索功能直接影响检索效果,而网络检索工具除了提供传统的检索功能外,还提供了一些高级检索功能,如多语种检索功能、自然语言检索功能、多媒体检索功能和相关反馈等。

在检索效果评价方面,除查全率、查准率和响应时间外,还应将重复链接数量和死链接数量作为评价指标。

4.4.3 提高检索效果的措施

信息检索效果是评价一个检索系统性能优劣的质量标准,它始终贯穿于信息存储与检索的全过程。用户在进行信息检索时,总是希望把与检索课题相关的信息全面(查全率)、准确(查准率)、迅速(响应时间)地检索出来,获得满意的检索效果。

要提高检索效果,主要应从两方面入手:一是提高检索系统的质量,二是提高用户利用检索系统的水平。检索系统的质量不由用户控制,要提高检索效果,更主要从用户入手。

1) 提高检索人员素质

信息检索是用户具体进行操作的,人的因素占支配和主导作用。在信息检索中主要依靠检索人员的大脑不断进行思考、判断、选择和决定,如检索策略的制订、检索途径与方法的选择、检索技术的运用、检索式的构造等,检索效果与检索人员的知识水平、业务能力、经验和工作责任心密切相关。应该从以下两方面提高检索人员的素质:

① 提高检索人员的知识素质;
② 提高检索人员的思想素质。

2) 优选检索系统

检索系统的质量是决定检索效果的基础,所以优选检索系统是保证检索效果的重要环节。由于检索系统类型多种多样,并各具特色,同时还存在交叉重复现象,对一般用户来说,要熟悉与其专业相关的检索系统的功能不是一件容易的事情,选择恰当的检索系统就更加困难,这就要求检索人员必须全面了解检索系统,如收录范围、标引语言、排检方式等,然后才能根据检索课题的要求,选择专业对口强的检索系统。

不存在可以满足任意检索需求的检索系统,每一个检索系统都有自己的强项和特点。检索系统选定后,检索途径选择就基本限定,它取决于该检索系统的排检方式和辅助索引的种类。因此,提高检索效果,必须进行检索系统的优选。

3) 检索策略与步骤优化

正确的检索策略可优化检索过程与检索步骤,有助于求得查全率和查准率的适当比例,节省检索时间与费用,取得最佳的检索效果。

由于信息需求的多样性,决定了其检索目的、检索方法与检索步骤的差异性。因此,只有充分了解检索需求,才能有针对性地选择检索系统;只有了解检索目的,才能有效地把握查全率与查准率的关系。如科研立项、科技查新检索强调的是信息的查全率,遗漏信息会造成重复劳动及经济损失;而一般性检索则强调信息的查准率,准则精,便于吸收利用,就能节省时间。同样的检索需求,由于检索目的的不同,其检索策略的制订也有所不同,对应的检索步骤也就有所差异。

由于信息量的巨大和信息描述的不规范,利用检索系统检索信息的过程往往是多次检索、不断完善、不断优化的过程。所谓检索优化过程,就是在检索过程中,为了完整描述检索课题的内涵和外延,往往要进行几个概念的组合和表达同一概念的多个同义词的组合,而且在检索过程中也要根据检索结果随时调整检索策略。

为了实现检索策略与步骤的优化,一般是通过布尔逻辑检索、位置检索、限制检索等技术进行优化。

4）精心选用检索词

使用检索系统进行信息检索时，检索词的选择也是一个重要环节。在选择检索词时主要从下面五个方面进行考虑：

① 尽量使用专指性强的词；
② 学会使用截词；
③ 不使用常用词；
④ 避免使用多义词；
⑤ 避免出现错别字。

5）巧妙构造检索提问式

运用逻辑算符、位置算符、限定符、通配符及相关的检索技巧来构造检索提问式，是提高检索效果的有效途径。

6）熟悉检索代码与符号

检索代码与符号是进入检索工具的语言保证，是检索与系统相匹配的关键，其选取是否恰当将直接影响检索效果。因此检索人员必须利用相应的分类表、词表，选取与检索工具相匹配的正确代码与符号。

7）仔细鉴别检索结果

检索结果的鉴别可从资源类型角度切入，分为印刷型资源和电子资源。对印刷型资源，可从版权页上的出版者、作者和序跋中的作者及相关内容介绍等方面进行鉴别；对电子资源，主要从信息来源与生成者、权威性、用户、网站内容、时效性等方面鉴别。

对于用户检索而言，首先要全面、细致地分析检索提问，尽可能列出全部已知线索；然后制定最优检索策略，并灵活运用各种检索方法，包括合理选用检索系统及数据库，根据检索要求正确使用词表，选取能够全面、准确表达检索提问的检索词，构造出合理的检索式。在检索过程中，要会灵活、有效地运用各种检索技术和索引文档，还要根据不同的检索要求适当地调节查全率和查准率。

思 考 题

1. 什么是信息组织与存储？
2. 简述元数据的概念与作用。
3. 简述信息查找与信息检索的区别。
4. 什么是广义的信息检索？什么是狭义的信息检索？
5. 论述信息检索的主要技术。
6. 简述网络时代信息检索的趋势。
7. 简述信息检索的途径与方法。
8. 如何评价信息检索的效果？

第 5 章　传统文献信息源的检索

传统信息源主要表现为传统文献信息源,其主要通过检索工具来解决特定类型的问题,如查找图书、期刊要利用书目,查找文章要利用索引和文摘。书目又可进一步分为图书目录、报纸目录、期刊目录、丛书目录、方志目录、机读目录、现行书目、回溯性书目等,索引也可分为期刊索引、报纸索引、文集索引、引文索引等等,它们都有各自的特定用途。伴随着数字化馆藏的发展,传统检索工具纷纷实现电子化,甚至连被揭示对象图书、期刊及特种文献本身也实现了数字化。根据本书第 3 章对于信息源的界定,从本章开始,我们将从传统文献信息源、数据库信息源、网络信息源及机构信息源四个方面分别展开对于特定类型信息源的检索实践。本章则择要介绍一些重要的书目及图书检索工具与系统、期刊论文检索工具与系统、特种文献检索工具与系统,侧重传统工具的使用方法,兼顾介绍在数据库及互联网上获取相应资料的途径。

5.1　书目与图书检索

书目是图书目录的简称,又称书目型检索工具,是对一批文献的书目信息进行著录,形成记录款目,并按照一定的次序编排而成的一种揭示与报道文献的工具。

5.1.1　书目检索

我们在学习与研究中要获取所需图书,需要考虑这样几个问题:新出版了哪些图书;早已出版但目前是否仍然在销;怎么知道它们的价值,哪些是值得阅读的;在哪儿以及通过什么途径才能获得。传统方法是去新华书店查询出版物目录或去图书馆检索馆藏目录,现代方法则是利用网站获得新书出版目录,或通过图书馆提供的 OPAC 系统查询图书馆的馆藏。但无论传统与现代,都要用到书目。

1) 书目概述

书目名称繁多,在我国古代多称其为目录。西汉刘向编撰的《别录》一书中,著录有《列子目录》,是"目录"一词的最早出处。其他名称如"略"、"簿"、"录"、"书录"、"书录解题"、"题记"、"题识",还有"考"、"经籍考",以及"书目"、"总目提要"、"综录"、"总录"等等。

西文中也有用 Index、Guide、Record、Catalog、Bilbliotheca 等类属词的,如 *Cumulative Book Index*,*Guide to Reference Books*,*American Book Publishing Record*,*National Union Catalog*,*Bibliotheca Americana* 等等。

古代书目和现代书目有较大的区别。古代书目不仅著录图书的外形特征,还侧重从学术角度解释其内容特征,有的书目还注重介绍图书的版本情况,读者可以从中窥探学术发展的轨迹,并能鉴别、考证图书的版本以及真伪。因此,古代书目的显著特征是对读者起着"辨章学术,考镜源流"的作用。现代书目较之古代书目,分类体系更为科学规范,注重揭示和报道文献的内外部特征,信息丰富,检索手段完备。

不同的划分标准构成不同的书目类型,现国内外的划分方法尚不统一。西方一般把书目分为三类,一种是列举式书目(Enumerative Bibliography),对书目信息作简要的描述;一种是描述性书目(Descriptive Bibliography),对文献的特征(著者、题名、出版项、页码、书型、插图等)作详细的描述;还有一种被称为评论性书目(Evaluative Bibliography),是对著者、成书年代以及版本插图进行考订或物质特征组织资料。这些特征可作为书史、版本研究的考证,相当于我国的版本目录。

中国学术界根据编撰方式和时间等方面的特点,一般将书目分成古典书目和现代书目两种。古典书目,包括官修书目(如《四库全书总目》)、史志目录(如《汉书艺文志》)、私撰书目(如《郡斋读书志》)、版本目录(如《遂初堂书目》)等。

2) 国家书目与营业性目录

现代书目的类型分为国家书目和营业性目录。国家书目是揭示与报道一个国家在一定时期内出版的所有图书及其他出版物的目录,包括报道最近出版物的现行国家书目和反映一定时期内出版物的回溯性国家书目。我国图书常用的书目检索工具有如下几种:

(1)《全国新书目》

《全国新书目》创刊于 1951 年 8 月,原由中国版本图书馆编辑出版,现由新闻出版总署信息中心主办,《全国新书目》杂志社出版发行。该刊初为季刊,1952 年改为半年刊,1953 年 10 月改为月刊,1959 年改为旬刊,1961 年改为半月刊。1966 年停刊,1972 年复刊,仍为月刊,一直沿用至今。《全国新书目》恢复至今,经过多次改版,目前的《全国新书目》辟有书业观察、新书选介、书评、新书摘、新书视窗、好书商情等栏目,是查找正在出版的图书的较好工具。

(2)《全国总书目》

《全国总书目》是一部综合性图书目录,由中国版本图书馆根据各出版单位呈缴的样本汇编而成。1949 年至 1954 年合编为一册,以后每年一册。它较为系统、全面地反映了历年我国的图书出版情况,是了解新中国成立以后图书出版情况的重要工具书。另外,与《全国总书目》配套使用的《全国内部发行图书总目(1946—1986)》(中国版本图书馆编,中华书局,1988)收录了 318 301 种内部发行的图书。

(3)《中国国家书目》

《中国国家书目》由中国国家图书馆编,是全面、系统揭示报道中国出版物全貌的工具书。国家书目一般采取"领土-语言"原则,要求收录一国领土范围内出版的所有出版物,以及世界上用该国主要语言出版的出版物。因此,它的报道范围要远远大于现在的《全国总书目》。从 1985 年度开始,《中国国家书目》的收录范围是汉语普通图书、连续出版物、地图、乐谱、博士论文、技术标准、非书资料、少数民族文字图书、盲文读物,以及中国出版的外文图书。

(4)《外文报刊目录》

《外文报刊目录》是一种营业性目录,是中国图书进出口总公司利用国外书业书目汇编的系列征订目录之一。

3）图书馆目录及联机公共检索目录系统

图书馆传统目录以卡片或书本形式编制，一般存放于图书馆专门的目录大厅，随着时代的发展，计算机化的馆藏目录已经取代了这种目录查询方式。

联机公共检索目录（Online Public Access Catalog，简称 OPAC），包括单一馆藏目录与联合目录，是基于网络的书目检索系统。现一般图书馆自动化管理系统大多提供了 OPAC 功能，这种查询是一种线索查询，通过线索可以了解相应的馆藏方位（如图 5.1 所示复旦大学图书馆 OPAC）。其主要包括以下几个方面：

图 5.1 复旦大学图书馆 OPAC

① 书刊信息查询：读者可以通过书名、刊名、作者、分类号、主题、ISBN、ISSN、出版社、索书号等多种途径，对馆藏图书、期刊进行检索，可以查询图书的复本数量、馆藏地点、借阅状态等信息。

② 个人信息查询：提供包括借阅状态及历史、预约、超期、续借、个性化定制等个人信息的查询与互动服务。

除单一馆藏目录外，在多家馆藏目录联合的基础上还形成了一定范围的联合目录，比如江苏高校数字图书馆兴建的汇文图书馆联合目录。全球最大的联合书目是 OCLC 联机联合书目，它是一个图书馆联盟，联合了 110 多个国家和地区的 55 000 多个机构。OCLC 有一个称作"OCLC Online Union Catalog"的资料库，该库保存有约 3 300 万条书目记录，涉及约 5.6 亿册（件）馆藏资源，这些资源除图书、期刊外，还包括各种手稿、地图、乐谱、视听资料等多种信息载体。该资料库每年约增加 200 万条记录数据，数据涉及各种主题和语种，其中绝

第 5 章 传统文献信息源的检索

大部分数据来自世界 55 000 多个成员馆,它们通过联机编目实现了与 OCLC 的书目交换与共享(见图 5.2)。

图 5.2 OCLC 中文版首页

4) 网上书店、出版社书目系统

随着网络的发展,图书发行渠道增多,各大电商平台、网上书店,如"亚马逊"、"当当网"也成为获得图书的一个重要来源;许多出版社为了适应信息社会的需要,也开设自己的网站,在网站上可以检索到本社出版的书目。又如中国图书进出口总公司提供的海外图书采选系统,它提供了国外原版书目达 100 多万条,每月的更新信息达 5 000 多条,为专家们提供了强大的个性化的功能设置,他们可以从基础偏好、分类偏好、分类浏览、书目搜索等不同的途径检索自己想要找的图书,并推荐给本单位图书馆。

5.1.2 图书检索

图书是以传播知识为目的,用文字或其他信息符号记录在一定形式的载体之上的可读物。它是人类社会实践经验不断发展的产物。目前,按照载体形式,图书可以分为纸本图书与电子图书。

联合国教科文组织曾经对图书定义如下:凡由出版社(商)出版的不包括封面和封底在内 49 页以上的印刷品,具有特定的书名和著者名,编有国际标准书号,有定价并取得版权保护的出版物称为图书。当时,人们对"图书"这样定义是可以的。但是随着现代科学技术的飞速发展,数字化、网络化等先进技术正渗透到社会的各个领域之中,这极大地改变了人类的生活环境,无形间也使"图书"在使用和传播渠道上拓展了应用空间,出现了新的图书形式——电子书。所谓"电子图书"(Electronic Book),也称"数字图书"或 ebook,它是把传统的文字符号转化为数字符号的一种新的制作方式,具有便于携带、内容丰富、多媒体化等优点。

1) 与期刊相比图书的特点

① 图书具有明显的单本独立性:每本书通常都有单独的书名,拥有明确的、集中的主题,具有独立完整的内容。

② 图书的内容结构具有较强的系统性:图书一般是针对一定的主题,根据观点并按照一定的体系结构系统有序地介绍有关内容。

③ 图书内容的观点具有相对的稳定性:图书的内容一般不像报纸、杂志那样强调新闻性和时间性,往往侧重于介绍比较成熟、可靠并在一定时间内相对稳定的观点。

④ 图书内容的文体具有前后一致的统一性:一本杂志的内容往往是多种文体并存,但是一本书的内容则通常采用前后一致的文体,尤其科技图书在体例格式、名词术语、图表形式、计量单位以及数字的使用等方面,一般都有严格的统一要求。

⑤ 图书的篇幅具有较强的灵活性:与期刊不同,图书的篇幅可以根据需要灵活掌握。但是,篇幅的灵活性并不意味着随意性,一部书往往在写作时就对篇幅大小有明确的规划。

2) 与传统图书相比电子书的特点

电子图书拥有许多与传统图书相同的特点,但是作为一种新形式的书籍,电子图书又拥有许多传统图书所不具备的特点,比如:

① 必须通过一定的设备读取,并通过屏幕显示;

② 信息检索方便;

③ 多媒体化:电子书可以不仅仅是纯文字,还可以添加许多多媒体元素,比如图像、声音、影像等,在一定程度上丰富了知识的表达形式;

④ 成本更低:以相同的容量来比较,电子书存储体的价格远远低于纸本图书,这大大减少了资源的消耗,节省了存储空间。

纸质书的优点在于阅读不消耗电能,可以适用于任何明亮环境,一些珍藏版图书还具有收藏价值;而缺点在于占用太大空间,不容易复制并需要专用设备,一些校勘错误会永久存在,价格也比较贵。与纸质书相比较,电子图书的缺点在于容易被非法复制,损害原作者利益;长期注视电子屏幕有害视力;无法满足图书收藏爱好者的需要。

3) 现行主要电子图书系统简介

(1) 超星数字图书馆

超星数字图书馆成立于 1993 年,2000 年 1 月在互联网上正式开通,是国内专业的数字图书馆解决方案提供商和数字图书资源供应商,国家"863"计划中国数字图书馆示范工程项目。它由北京世纪超星信息技术发展有限责任公司投资兴建,目前拥有 1977 年至今数字图书 80 多万种,覆盖范围涉及哲学、宗教、社科总论、经典理论、民族学、经济学、自然科学总论、计算机等各个学科门类。

(2) 方正 Apabi 电子图书

Apabi 电子图书由北京方正阿帕比技术有限公司制作,主要为文学、工业技术、经济、科教文体、政治法律等学科领域 2000 年以来出版的新书。

(3) 读秀中文学术搜索

读秀中文学术搜索是目前全世界最完整的文献搜索及获取服务平台,其后台建构在由北京世纪超星信息技术发展有限责任公司在 18 年来所数字化的 430 多万种中文图书元数据组成的超大型数据库基础上。以 10 亿页中文资料为基础,为读者提供深入内容的章节和全文检索、部分文献试读、文献传递等多种功能。收录元数据 2.5 亿条(其中中文期刊 5 000 多万条,中文报纸近 3 000 万条)。一站式检索实现了馆藏纸质图书、电子图书、学术文章等各种异构资源在同一平台的统一检索,通过优质的文献传递服务,实现了为读者学习、研究、写论文、做课题提供最全面准确的学术资料和获取知识资源的捷径。

(4) NetLibrary 数据库

NetLibrary 提供来自全球 300 多个出版商的 50 000 多种高质量电子图书,这些电子图书的 90% 是 1990 年后出版的,每月均增加几千种。NetLibrary 电子图书覆盖了科学技术、医学、生命科学、计算机科学、经济、工商、文学、历史、艺术、社会与行为科学、哲学、教育学等主要学科。

(5) 施普林格(Springer Link)出版社电子图书

2006 年,Springer Link 提供 10 000 余本在线电子书,之后每年增加 3 000 余本新著作。Springer Link 所提供的电子书系列,不但为研究人员提供 Springer 了高品质印刷出版物的精确数字化复本,更具电子出版物的功能,令其大大增值,并具备优越的检索性能。研究人员可访问数以百万计页的可检索文献,这些文献既能融入图书馆的整体目录,又与 Springer 的在线期刊紧密连接,成为一种独特的在线资源。

4) 在线读书网站及电子图书搜索

随着网络的发展,很多网站提供"在线读书"服务,人们通过网页不仅可以阅读短篇或者长篇文章,甚至于可以发表自己的作品,有些网站还可以提供电子书下载。比如:新浪读书(http://book.sina.com.cn/)、豆瓣读书(http://book.douban.com/)、白鹿书院(http://www.oklink.net/)、天涯在线书库(http://www.tianyabook.com/)。

图书搜索引擎搜索到的大部分图书只可以浏览其中一定的页数,通常大约占全书的 20%(如果要阅读全文,图书搜索一般提供网上购书途径),但是对于公版书(属于公众领域并且已不受版权法保护)则可以阅读全文。谷歌图书搜索中文版还加入了国学书籍的搜索,而且国学方面的内容是能够全文预览的,其高级搜索很有特色,可限定搜索"有限预览"、"全书浏览"、"国学图书"、"图书馆目录"。谷歌在 2007 年 3 月份推出中文图书搜索业务,已与 20 多家出版社达成合作协议。2007 年 4 月,百度推出图书搜索服务,首批 10 家合作伙伴中,有图书馆(如北大图书馆、中科院图书馆、广东省立中山图书馆)、电子书数据库(如超星、方正等)和网上书店(如卓越、蔚蓝等)。常用图书搜索如下:

① 谷歌图书搜索中文(http://books.google.cn/);

② 谷歌图书搜索英文(http://books.google.com/):搜索结果限定"有限预览"、"全书

浏览"、"国学图书",用高级搜索功能有更多限定;

③ 百度图书搜索(http://book.baidu.com/);

④ 读秀图书搜索(http://www.duxiu.com/):允许上网用户阅读部分无版权限制图书的全部内容,对于受版权保护的图书,可以在线阅读其详细题录信息、目录及进行少量内容预览。

5.1.3 参考工具书检索及其电子化

1) 参考工具书概述

参考工具书是一种依据特定的需要广泛汇集相关的知识或文献资料,并按照字序、分类、主题、年代、地区等特定的方法和检索方式编排而成的图书。使用参考工具书的过程是检索事实型数据库或数值型数据库的过程。参考工具书具有以下几个特点:① 收集内容的广泛性和完整性,汇集若干领域的完整信息资料;② 反映内容的简明性和精确性;③ 有特定的编排方法,检索方便。

科研、学习中需要大量的数据与事实情报,如国外有关文献、出版物的概况;外文字词,如通用词、古词、缩略语、专业词汇、定义、概念等;人物传记、史料机构等;条约、法规、统计资料等;数据、公式、图表等;某一事实、某位科学家的生产与贡献、地名、机构名称及缩写、某一参数、某一公式、常数、规格、材料的成分与性能、电子元器件的参数等。查询这些确定的事实与数据情报,依靠仅能提供文献线索的检索工具显然是不足够的,各种类型的参考工具书就显示了巨大的魅力。

参考工具书按照其功用,可划分为① 百科全书;② 年鉴;③ 手册、指南;④ 字典、词典、辞典;⑤ 名录;⑥ 图谱;⑦ 年表;⑧ 书目;⑨ 书目指南等等类型。随着网络的发展,这类工具逐渐电子化与搜索引擎化,成为事实型或数值型数据库。由于事实型与数值型数据库的信息来源主要是人们从文献资料中分析提取出来的,或者是从实验、调查、观测或统计工具中直接得到的,因此与文献型数据库相比,事实型与数值型数据库是人们对信息进行深度加工的产物,它可以直接提供解决问题时所需的事实与数据,因此成为开展各种统计分析、定量研究、管理决策等活动的重要工具。

2) 百科全书检索

百科全书是一种十分重要的工具书,被称为"工具书之王",具有学术权威性和查考性。美国出版的《ALA图书与情报学词汇》一书中指出:百科全书是一本或一套含有所有知识领域主题或者是一种涉及一个专门学科或主题的资料性条目的图书,按字顺排列,通常分为综合性百科全书和专业性百科全书两种。据统计,社会科学的知识性问题中有一半以上可从百科全书找到答案。

百科全书中有小部分是综合性的,而大部分则是专业性的,它们的内容丰富、精确、新颖,包括定义、术语、数据、公式、人物、事件,正文常有插图,书后常有索引。百科全书正文或按条目的字顺,或按其分类,或按两者相结合的方式编排,外文的百科全书多按字母顺序编排。

查找网络百科全书资源主要采用网络目录、图书馆员编制的参考工具和传记网站链接等方法。目前主要依据以下一些百科全书网站来进行查考。

(1) 中华百科全书(http://ap6.pccu.edu.tw/encyclopedia_media/)：是多位专家学者参与编制的百科全书，分为38个类别、10 525个档案，内容丰富，图文并茂，其中"传记"类几乎囊括了中国古、近、现代名人且资料翔实，按"部别"检索。

(2) 维基百科(http://zh.wikipedia.org/[中文]，http://wikipedia.org/[英文])：包含200多种语言、700万篇文章的百科全书。维基百科2002年10月推出中文版，查找人物信息用人名作为关键词一检即得。它是任何人都可以参与编辑的开放性百科全书。

(3) Encyclopedia Britannica(http://www.britannica.com/)：《不列颠百科全书》网络版，包括《不列颠百科全书》、《简明不列颠百科全书》和《韦氏词典》三部分，1994年正式发布，是互联网上第一部百科全书，可检索词条达到9万多个，可链接的优秀网站20多万个，提供关键词、字顺索引、主题分类索引等多种检索方法。

(4) Encyclopedia.com(http://www.encyclopedia.com/)：提供《简明哥伦比亚电子百科全书》2001年第六版5万多篇文章的全文检索，每篇文章均有相关链接，以人名为关键词可以检索所有收录文章中人物资料。

(5) Information Please(http://www.infoplease.com/)：提供主题广泛的数百万个事实查询，"Encyclopedia"可以检索《哥伦比亚百科全书》(第六版)5万多篇文章，"Dictionary"可以查询12万多个词条，均可用于人物检索。

(6) Encyclopedia Smithsonian(http://www.si.edu/)：《史密森百科全书》由咨询解答档案汇编而成，所有内容按主题组织，按字顺查找，每一主题下都有多个相同主题资源链接，以对该主题进行全面阐释。

(7) Encyclopedia of British History：1500—1980(http://spartacus-educational.com/)：研究1500—1980年英国历史最好的资源，目前已有2 000多条目，并在不断增加之中。每一词条都包括故事、插图、背景资料和参考书目等，按事件或年代检索，是查找该国该时期著名人物的首选工具。

(8) Encyclopedia of the orient(http://i-cias.com/e.o/index.htm)：《东方百科全书》，是有关北非和中东国家的唯一一部网络百科全书，收集了从北非西北部古国毛里塔尼亚到东部的伊朗，从北部的土耳其到南部的苏丹之间的所有国家的文化信息。

(9) Encyclopedia Mythica(http://www.pantheon.org/mythica.html)：《神话、民俗和传说百科全书》，收录文章6 800多篇，神话按非洲、美洲、亚洲、欧洲、大洋洲等地区分类，民俗部分包括一般的民间风俗、亚瑟王的传奇、希腊英雄传奇和很多国家的迷人的民间故事，另有动物寓言、传奇英雄、神话人物画廊、神话人物一览表等专题栏目，按地区、关键词或栏目检索。

(10) The WWW Virtual Library(http://home.istar.ca/-obyrne/ency.html)：网络虚拟图书馆的参考资源，介绍并链接了24种综合与专科百科全书。

此外，各大搜索引擎如百度、谷歌均有相应的互动型百科，如百度百科、MBA智库百科、互动百科；各类参考咨询网站如新浪爱问、百度知道也提供相应百科知识及经验的互动分享。

3) 年鉴检索

从字面上理解,"年鉴"中的"年"是年景、一年的意思,"鉴"是照、察的意思。年鉴是按年度连续出版的工具书,系统汇辑上一年度事实和统计数据等信息。它主要回答 6W 中的 When,即时间性问题。每一年度的年鉴提供的都是新的事实、进展与成就。年鉴逐年连续出版,一定时期的年鉴能反映事物发展的趋向,许多独一无二的详细资料只有在年鉴中才能查到。据统计,从 17 世纪到 19 世纪中叶,仅美国就先后出版了大约 1.4 万多种年鉴。我国第一部年鉴是清同治三年出版的《海外中外贸易年刊》。

年鉴的种类很多,按其内容不同可分为三大类,即综合性年鉴、专业性年鉴和专题性年鉴;按地域不同可分为世界年鉴、多国或地域年鉴、某一国年鉴、某一国中某一地区年鉴。年鉴还可分为以文字描述为主的描述性年鉴和以统计数据为主的统计性年鉴,而大量的年鉴既有文字的描述又有大量的统计数据。结构上,年鉴一般分为目录、正文、附录三大部分。

(1) 综合性年鉴:主要收集一个国家或一个地区的基本情况及其上年度各个方面的情况。其特点是"大而全",即成书规模大,通常在百万字左右;篇目、栏目覆盖面广,内容比较全面,综合性强;以国家或某个地区名称冠名。其具体内容,除了有概况、文献、特载、统计资料、附录等综合性资料以外,还包括政治、经济、文化、社会以及军事、政法等各个社会领域。

(2) 专业性年鉴:主要是指机关部门、产业行业、企事业单位的年鉴,用于收集部门、行业、企事业单位的基本情况和年度发展情况。其特点是"专而深",反映对象是特定的专业领域或部门、行业、单位,不涉及其他领域;反映的内容有深度,专业性强。

(3) 专题性年鉴:资料收集在某一特定主题之内的年鉴。其特征与专业性年鉴很相似,但又不是严格意义上的专业性年鉴。专业性年鉴收录的内容有明显的部门、行业、单位界限,而专题性年鉴可以跨部门、跨行业、跨单位,围绕特定主题收集资料,如《中国民族年鉴》、《中国纪录年鉴》等。

年鉴的作用体现在:① 内容新颖,提供一年来的时事动态信息,包括政府颁布的重要文件、法律、法令等,选材具有一定的权威性;② 连续出版,有重要的史料价值;③ 对科学选题、企业生产、产品销售具有重要的参考价值;④ 提供一年内有关领域的重要专著和论文信息、机构简介、企业名录、作者生平等,实用性强;⑤ 有重要的统计和调查数据,为研究现实和历史提供借鉴,为政府决策提供依据。

4) 手册、指南检索

手册是汇集某一或若干学科或专业领域的基本知识、基本情况、常用公式、数据、规范及规章制度等资料,供随时查全的便捷性工具书。其英文名称为 Handbook 或 Manual,一般具有主题明确、信息密集、资料可靠、携带方便、实用性强等特点。指南有引导、指引、入门等含义,与手册有点相近,也是汇辑或叙述某一专题、某一学科的基本知识和基本资料,名字不同,实质内容一样。其他与手册、指南涵义相近的图书还有便览、要览、大全、入门、宝鉴、汇编、必备、必读等。

手册、指南搜集汇总的是准确的资料、数据、公式、规章、条例,是公认的、确定的经典科技知识,而不是最新动态;反映的是该学科内容中有一定专业深度,实践性、应用性都很强的具体业务知识,而不是定义、概念以及历史发展之类理论叙述,具有较大的参考价值。

手册、指南的内容一般是专门性的,虽然这种"专门"的程度因编辑目的不同而有所不同,但总是在某一定范围之内,故一般没有综合性手册。其编排体例,根据具体情况采用按分类或按条目字顺排列。

工具书指南大体分为以下三类:

一是以教学为目的,以培养学生的信息意识,提高他们在学习和科学研究活动中利用工具书解答疑难和独立检索文献的能力为主要目标,结合教学要点介绍常用的、重要的和最新出版的工具书。如《中文工具书使用法》等。

二是以普及工具书知识为目的,即给读者提供有关文献和工具书的基础知识;或以工具书类型为纲,重点介绍重要的工具书;或以问题为线索,重点介绍常用的工具书。如《参考工作与参考工具书》等。

三是工具书的工具书,读者按它的指引可知道解决某一问题有什么工具书可供查考,从而开阔视野,提高学习与科研的效率。如《中国工具书辞典》《社会科学工具书七千种》《中国社会科学工具书检索大典》《国外工具书指南》《国外科技工具书指南》等。

5) 辞书检索

辞书是字典、词典的统称,按用途可分为语言词典(如《新华字典》《现代汉语词典》《成语词典》)、学科词典(如《政治经济学词典》)和专名词典(如人名词典、地名词典等);按照收词容量的大小可划分为大型词典、中型词典、小型词典、袖珍词典等;按照释词方法可划分为描写型词典和规范型词典;按照载体可划分为印刷版词典、电子版词典、网络版词典。如果遇到诸如词的起源、派生、用法以及同义词与反义词、方言、俚语、缩写字、短语和非常用的冷僻字等问题,可查此类工具书。

常用的字词典,有《辞海》《牛津简明英语词典》《牛津英语词源词典》《韦氏新编同义词词典》《麦格劳-希尔科学技术术语词典》《朗曼科学惯用语词典》《新英汉科技缩略语大词典》《中文大字典》《同义词反义词对照词典》《世界科技人名辞典》《日汉世界地名译名词典》《综合英汉科技大词典》以及众多的专科词典等等。

辞书的网络检索可通过国外免费字典(http://dictionary.reference.com/)等网站进行,字词的查找也可通过谷歌或百度提供的翻译功能展开。

6) 名录类检索

名录类信息检索一般通过名录、黄页、白页与蓝页等工具进行检索,当前这类工具一般以网站、搜索引擎和数据库的形式提供服务。

(1) 工商企业名录

工商企业名录信息占了名录类信息的大部分,在网络上普遍以黄页的形式提供免费检索,此外还有一些专门搜索工商企业信息的搜索软件。在工商企业名录中,还有一些经典的中外商业数据库提供详细的、独特的工商企业名录,这类数据库的数据质量高,成为商业人士不可缺的选择。

《中国企业、公司及产品数据库》是万方数据商务信息子系统中的最早的产品,另外还有

《中经网——中国企业产品库》《INFOBANK——中国企业产品库》。

(2) 人物信息检索

人物信息检索主要是检索人物的基本信息，一般通过检索人物资料数据库来获取。而在西方社会，很多个人通信的信息可以通过白页获取。有如下人物信息检索数据库：

① 《Gale 参考性资料数据库》：其内容覆盖人文社会科学、商业经济、国际市场、人物传记和机构名录等范畴，如"社会大全"（Associations Unlimited）等；

② 《新华社多媒体信息数据库》(info.xinhua.org)：新华社数据库的中文数据库中有人物库、组织机构库、企业库等；

③ 《Lexis-Nexis 参考资料数据库》；

④ 传记字典（www.s9.com）：收录古今 28 000 多位杰出人物的生平资料；

⑤ 中国名人在线；

⑥ 《国际名人录》；

⑦ 《世界学者数据库》(COS Scholar Universe)。

(3) 机构信息检索

通过蓝页获取机构类信息是非常好的方式。有如下机构信息检索数据库：

① 《万方科研机构数据库》：由中国科技信息研究所、万方数据集团公司开发。

② 中国机构网：是经国务院新闻办公室批准从事登载新闻业务的行业新闻网站，也是全国编制系统唯一的行业新闻网站。

③ 《中国政府机构名录》（新华出版社，1993 年版）：介绍了国务院、各部委、国务院直属机构及办事机构、部委所属司局及归口管理的国家局以及司局所属的处室；各省、自治区、直辖市、计划单列市及其所属厅局和处室；省辖市、地，直到县属科级。并列出这些机构的名称、地址、邮编、电话、传真和负责人的姓名，以及司（厅）局以上单位的主要职能等，材料截止于 1992 年 6 月，全书共 9 册。

(4) 地理信息检索

地理信息检索分成地名信息检索和地图信息检索，其中有如下地名信息检索数据库：

① 地名大词典（www.getty.edu/research/tools/vocabulary/tgn/index.html）：提供术语、名字和人物、地方等相关信息。

② 《21 世纪世界地名录（上、中、下）》（萧德荣、周定国主编，现代出版社，2001 年版）：是目前国内规模最大的一部世界地名录，分外国卷、中国卷和索引三部分，共收中外地名 30 多万条。其编排体例如下：外国地名条目不分国家、地区，一律按罗马字母顺序混合排列；中国地名条目则按汉语拼音字母顺序排列。外国地名一般包括罗马字母拼写名、中文译名、所在地域和地理坐标四项；中国地名一般包括汉语拼音、中文地名、地理坐标三项。

地图信息检索，即地图搜索引擎，又称为地图搜索服务、电子地图服务，专门用于获取地图信息服务。各地图服务均提供基本的平面地图搜索服务（见表 5.1）。

表 5.1 各类地图提供功能一览

网站名称	涵盖地域	地图搜索	卫星图片	三维地图	公交路线	行车路线	周边搜索	黄页搜索	手机服务
E都市	国内城市	√	×	√	√	×	√	√	√
搜狗地图	国内城市	√	√	√	√	√	√	√	√
谷歌地图	国内城市乡镇	√	√	×	√	√	√	√	√
百度地图	国内城市	√	√	√	√	√	√	√	√

其中,√表示提供该类服务,×表示不提供该类服务。

5.1.4 古籍检索

1) 古籍概述

古籍是中国古代书籍的简称,主要指书写或印刷于 1912 年以前具有中国古典装帧形式的书籍。广义的古籍应该包括甲骨文拓本、青铜器铭文、简牍帛书、敦煌吐鲁番文书、唐宋以来雕版印刷品,即 1912 年以前产生的内容为反映和研究中国传统文化的文献资料和典籍;狭义的古籍不包括甲骨及金文拓本、简牍帛书和魏晋南北朝及隋唐写本,而是专指唐代自有雕版印刷以来的 1912 年以前产生的印本和写本。

我国古代文献典籍是人类文明的瑰宝,据估计在 10 万种左右。

(1) 古籍版本

广义的版本包括写本、刻本等形式,狭义的版本概念是伴随着雕版印刷的发展而产生的,简而言之是雕版印刷或活字印刷的本子,区别于写本、抄本。

古籍版本的称谓很多,五花八门。从制作方式分,有写本、印本,其中写本又可分稿本、抄本,印本又有刻本、活字印本、套印本等;从时间上分,有唐本、宋本、元(明、清)本等,再进一步有康熙本、乾隆本等等;从出资情况及刻版主持人分,有官刻本、家刻本、坊刻本、募刻本等;以书的大小可分袖珍、巾箱本;以字的大小(形状)分有大字本、小字本、写刻本;以印刷先后分有初印本、后印本、朱印本、蓝印本等;根据流传情况和珍贵程度,古籍又可分为足本、节本、残本、通行本、稀见本、孤本、珍本、善本等。

(2) 古籍装帧

① 简策:中国古代书籍的装帧始自简策。在纸发明之前,甚至在纸发明以后数百年间,也就是从商周到东晋的数千年中,中国古代书籍主要载体是竹木。简策意即编简成策,古人将竹木加工处理成狭长的简片,把若干简用绳编连起来即为策。

② 卷轴装:又称卷子装,是中国早期的图书装帧形式。在印刷术发明以前,图书是抄写在缣帛和纸张上,采用长卷形式,并在长卷帛书、纸书的左端安装木轴,阅读时展开,平时卷起,与装裱好的书画相似。敦煌石室中发现的大批唐五代写本图书,大多数采用这一方式。

③ 旋风装:是将所有的单叶按顺序摞起来,并装订粘连在一起,如同现代书籍一样,每一页都可以翻动,这样可以很容易翻检所需内容。然而它仍然无法摆脱卷轴装的影响,保留了很多共同的特征。旋风装是根据自身特点而形成的一种不固定的、比较随意的装帧形式,

因而在历史上只是昙花一现。

④ 梵夹装：是伴随着佛教一起从印度传入中国的一种书籍装帧形式，也是19世纪中国引进西方书籍装订技术之前唯一引入的一种外国的书籍装帧形式。为确保书叶前后顺序不致混乱，在中间或两端连板带书叶穿一个或两个洞，穿绳绕捆。此种装帧形式随佛教的传播而流传，对我国藏、回纥、蒙古、满等民族的佛教典籍影响很大。

⑤ 经折装：是中国古代佛教信众借鉴印度传统装帧方式的优点，对卷轴装的一种改进，出现在唐中叶以后。佛教信徒受印度梵夹装的启发，将原来卷轴装的佛经按一定行数和宽度均匀地左右连续折叠，前后粘加书皮。这种装帧大量应用在佛经中，故称经折装。历代刊刻佛经道藏多采用这种装订形式，古代奏折、书简也常采用这一形式。

⑥ 蝴蝶装：将每页书在版心处对折，有文字的一面向里，再将若干折好的书页对齐，粘贴成册。采用这种装订形式，外表与现在的平装书相似，展开阅读时书页犹如蝴蝶两翼飞舞，故称为蝴蝶装。蝴蝶装是宋元版书的主要形式，它改变了沿袭千年的卷轴形式，适应了雕版印刷的一页一版的特点，是一重大进步。但这种版心内向的装订形式，人们翻阅时会遇到无字页面，同时版心易于脱落，造成掉叶，所以逐渐为包背装所取代。

⑦ 包背装：将印好的书叶版心向外对折，书口向外，然后用纸捻装订成册，再装上书衣。由于全书包上厚纸作皮，不见线眼，故称包背装。包背装出现于南宋，盛行于元代及明中期以前。清代宫廷图书如历朝实录、《四库全书》也采用这种装订方式。包背装改变了蝴蝶版心向内的形式，不再出现无字叶面，但未解决易散脱页的缺点，所以后来为线装所取代。

⑧ 线装：线装书是传世古籍最常用的装订方式。它与包背装的区别是，不用整幅书叶包背，而是前后各用一叶书衣，打孔穿线，装订成册。这种装订形式可能在南宋已出现，但明嘉靖以后才流行起来，清代基本采用这种装订方式。其特点是解决了蝴蝶装、包背装易于脱叶的问题，同时便于修补重订。

⑨ 毛装：将印好的书叶迭齐，下纸捻后不加裁切。用此法装订书籍，一是为表示书系新印，二是为了日后若有污损可再行切裁。

(3) 古籍分类

最早对图书进行分类的是西汉刘向、刘歆父子的《七略》，将图书分为六大类(六略)三十八小类。这是我国第一部综合性的图书分类目录，也是世界上最早将人类知识加以系统化的一种创举。《七略》原书已佚，其分类法为东汉班固《汉书·艺文志》沿袭。

南朝宋时王俭的《七志》继承刘向父子的分类方法并有发展，增加了图谱类，成为"七分法"，又附道经、佛经，实际上是九类。至于梁阮孝绪的《七录》真正实现了七分。而晋荀勖的《晋中经簿》则把古籍分为甲、乙、丙、丁四个部，唐初的《隋书·经籍志》吸取荀勖四分的成果，将群书按照经、史、子、集分为四部，并将道、佛放在集部之后，将四大类又分为四十小类，为四部分类法确立了规范。《隋书·经籍志》的四部分类法是魏晋以来图书分类法的总结，标志着荀勖四分法的成熟，图书分类领域开始了以四部分类法为正统的新阶段。此后，宋、元、明、清历朝，无论是官修目录还是史志目录、私藏目录大多遵循四部分类法。至清乾隆年间修《四库全书总目》，成为集四部分类法大成者。它将经部分为十类，史部分为十五类，子部分为十四类，集部分为五类，共四十四类，各类下又根据情况进行复分。《四库全书总目》

的分类,使古籍分类法更加完善。现在的古籍分类仍然在沿用四部分类法。

新中国成立后,全国789家收藏古籍的机构联合编制的《中国古籍善本书目》,共分经、史、子、集、丛五部,本质上仍是四部分类法的延续。

2) 古籍传统检索方法

用传统方式查考先秦至清代著述,了解历代图书的存佚情况,一般可以利用正史和《通志》、《文献通考》中的艺文志或经籍志,以及历代其他官私书目。古代书目有如下一些类型。

(1) 古籍综合目录

综合目录就是以某地区、某时期、某类型所有的书籍为对象编制的目录。根据目录编纂者及编目对象的不同,主要有国家藏书目录、史志、私人藏书目录、丛书目录、地方文献目录等。

① 国家藏书目录:又称官书目录或官修目录,即"官簿",是由政府主持对当时尚存的国家藏书进行整理编制的目录。中国古代的国家藏书目录有以下特点:一是著录的古籍全面而丰富,代表了当时国家的藏书水平;二是绝大多数采用了四部分类法,与魏晋以后国家藏书按四部陈列相一致;三是著录较为详细,多有小序、叙录。需重点掌握国家书目是《四库全书总目》。

② 史志:指的是正史中的《艺文志》《经籍志》和有些朝代的《国史艺文志》一类目录以及某些政书中的目录。史志大多由后代史官依靠某一时期所能见到的书籍目录,包括官修目录、私家目录以及其他文献资料编纂而成,所以并非严格的藏书目录。但史志一直有着辨章学术、考镜源流的优良传统。史志可细分为三类,一类是正史原有史志叙录,如《汉书·艺文志》《隋书·经籍志》《旧唐书·经籍志》《新唐书·艺文志》《宋史·艺文志》《明史·艺文志》《清史·艺文志》等;一类是后人补续正史史志;一类是政书史志,如各种《通志》与《通考》,宋代郑樵编的《通志·艺文略》和元代马端临编的《文献通考·经籍考》是两部通史性质的艺文志。

③ 私人藏书目录:也叫私家目录,始见于南朝任昉。宋代私家目录有了显著的发展,清代私家目录数量最多。私人藏书目录所著录的多为撰者当时见存书籍,并且是撰者实见实录的,一般著录详细,多有提要,便于读书治学。其所著录之书,也多能突破正统观念,多录异本,可补国家藏书目录与史志的不足。

④ 地方文献目录:是以某一地区有关的书籍为对象而编制成的目录,包括方志中的目录。地方文献通常有两个含义:一是内容关系到某个地区的著作;另一是籍贯属于某个地区或长期居住在某个地区的作者的著作。

⑤ 丛书目录:是按照一定的原则(或属同一作者、或属同一学科、或属同一时代、或属同一地区),采用相同的物质形式(同一版式、同一装订),编集多种单独的著作并冠以总书名的系列书籍。明清之际,辑刻丛书之风盛行,丛书目录的编撰应运而生。

(2) 古籍学科目录

学科目录专门著录某学科的书籍。早在公元前2世纪汉武帝时期,我国就出现了第一部有文字可考的学科目录——杨仆的《兵录》(亡佚)。

刘歆的《六艺略》著录即以经籍为主,包括史籍;东汉末年,郑玄作《三礼目录》,仅就三礼篇目,为之提要,可称是经籍目录的萌芽;清朱彝尊的《经义考》是其代表。

现存最早的诸子学目录是宋高似孙的《子略》四卷,全书先录书名,次概述内容得失,末录诸家评论,共著录37家;此外晚清王仁俊有《周秦诸子序录》,搜罗子书比较完备;近人胡韫玉有《周秦诸子书目》一卷;陈钟凡编《诸子书目》,共辑录周秦至元明各代诸子书目144家,尤为完备;近人严灵峰编《周秦汉魏诸子知见书》六册,更有后来居上之势。

各代虽有史籍篇目和史目的专目(最早见于著录的史籍目录有唐杨松珍《史目》),但现存最早的较完整的史籍目录是宋高似孙的《史略》六卷,分类著录历代各种史书,但体例比较庞杂。

中国古代最重要的史籍目录,是清乾隆五十二年至嘉庆三年间章学诚初撰,道光二十五年、二十六年潘锡恩组织增订完稿的《史籍考》三百卷,惜其于咸丰六年毁于火灾。但章学诚所撰的《论修史籍考要略》《史籍考释例》《史籍考总目》,尚存《章氏遗书》中,从中可知此书分制书、纪传、编年、史学、稗史、星历、谱牒、地理、故事、目录、传记、小说等十二部,次分五十五目,分类颇为精密,论述也颇多发明。

《七略》中有《诗赋略》,记载文学作品;曹魏以后文集大量出现,所以南朝刘宋时王俭编《七志》,将《汉书·艺文志》中的《诗赋略》改成《文翰志》;梁阮孝绪《七录》中又改名为《文集志》;到《隋书·经籍志》径称文学书籍类目集部,此后沿用至今。

此外还有释道书目录。

(3) 古籍特种目录

特种目录是为某种特定需要而编纂的,与学科目录专收某种专门学科的书籍不同,它可以为同一目的把不同学科的文献目录都组织在一起。

① 推荐书目录:也叫举要目录或导读目录,是针对一定的读者对象,围绕一个专门的目的对有关文献加以选择,推荐给读者的一种目录。清道光二十六年,湖北学政龙启瑞为指导诸生参加科举考试而编撰的《经籍举要》,是一部较早的推荐书目录。最著名的推荐书目录是张之洞的《书目答问》,收书2 200多种。1930年,范希曾作《书目答问补正》,纠正原书的一些错误,并补注原书出版后新刊的版本,补收一些和原书性质相近的书,共1 200种。

② 禁毁书目录:著录被统治者销毁或禁止的书籍。《宋史·艺文志》载《禁书目录》一卷,这是我国禁毁书目录于记载的开始。

③ 阙佚书目录:著录阙佚的古籍的目录。王俭《七志》,对照刘向、刘歆《七略》和《汉书·艺文志》、魏《中经薄》,编所阙之书为一志。阮孝绪作《七录》,也编亡佚书为一录。现存最早的阙佚书目录是《隋书·经籍志》著录的《魏阙书目录》,可能是北魏孝文帝为向南齐明帝借书而令人编写的。此后,宋代、清代都有阙佚书目录。

④ 鬻贩书目录:是为推销书籍而编制的一种书目,多为出版商人所编,明代出现。

⑤ 引用书目录:是著录某一著作或其注中所引用的书籍的目录,藉以考见其史源,始见于宋代,包括为自己著作编引用书的目录和为他人著作编引用书的书目。

此外,古籍特种目录还有个人著作目录、目录之目录等。

3)《中国基本古籍库》

《中国基本古籍库》是对中国文化的基本文献进行数字化处理的一个尝试,由北京大学教授刘俊文总策划编纂,北京爱如生数字化技术研究中心开发制作。《中国基本古籍库》共收录自先秦至民国(公元前11世纪至公元20世纪初)历代典籍1万种、17万卷;选用版本12 500个、20万卷。每种典籍均制成数码全文,并附版本影像,合计全文约17亿字,影像约1 200万页,数据总量约320 GB。其收录范围涵盖全部中国历史与文化,内容含量相当于3部《四库全书》(见图5.3)。

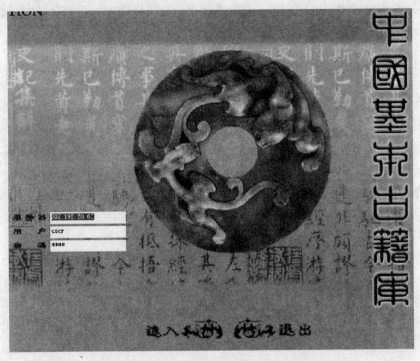

图5.3 《中国基本古籍库》进入界面

《中国基本古籍库》提供分类检索、条目检索、全文检索和高级检索四种检索方式。

(1) 分类检索:进入《中国基本古籍库》,点击主页面上的"分类检索",在屏幕左侧出现"中国基本古籍库"字样,双击"中国基本古籍库",可看到哲科、史地、艺文、综合4个子库,双击各个子库,可浏览子库下的思想、宗教等20个大类,大类下又分为100个细目,双击细目,在页面的右方显示出该目录下收录的图书。总之,读者通过库、类、目的树型结构可以定向检索到某一领域的某些或某种书,并可预览其概要。

(2) 条目检索:限定书名、时代、作者、版本、篇目等条件进行目标检索,可检索到某时代某作者某书某版本某卷某篇,并可预览其概要。

(3) 全文检索:输入任意字、词或字符串进行爬梳检索,可检索到1万种书中所有的与之相关信息,并可预览其例句。如在检索结果的范围内进行二次检索,则可排除大量无用信息,直接检索到所需内容。

(4) 高级检索:在全文检索结果中进行二次检索,或组合字词进行逻辑检索,或综合选项进行关联检索。

5.2 期刊论文检索

期刊是交流学术思想最基本的文献形式,也是科研人员利用最多的文献类型,许多新的成果、新的观点、新的方法往往首先在期刊上通过论文形式发表。期刊论文是文献调研的重要内容之一,全面准确地获取期刊论文将大大提高研究工作的效率。据统计,科研人员所获信息的60%~70%来源于期刊论文。

5.2.1 期刊概述

1) 期刊的概念

期刊又称杂志,是现代文献的一种重要类型。它有如下特点:① 名称固定;② 有连续的卷、年月顺序号;③ 出版周期短,报道速度快;④ 数量大,内容丰富。表示期刊的常用英文单词有Periodical、Journal、Serial、Magazine等,其中Periodical是最广义的概念,Journal是强调文章的学术性,Serial只指定期连续出版的出版物,Magazine主要是指通俗的、大众娱乐及消遣的杂志。正式出版的期刊有ISSN代码,即国际标准连续性出版物编号,如ISSN 1001-8867为《中国图书馆学报》的国际标准编号。

印刷型期刊以纸张为载体,是期刊从产生开始就采用的形式。网上数字期刊有两种形式,一种是印刷型期刊的网络版,目前世界上大多数印刷型学术期刊都有网络版(在内容上与印刷版不完全相同,如 *Science* 其网络版功能更全面),可通过该刊出版商网址浏览目次等信息,一般来说它是免费开放的;另一种是专在Web上出版发行的数字期刊,不出相应的印刷型,如我国第一份网络电子刊物《神州学人》。

2) 国内期刊分类

从广义上来讲,期刊可以分为非正式期刊和正式期刊两种。非正式期刊是指通过行政部门审核领取"内部报刊准印证"作为行业内部交流的期刊(一般只限行业内交流,不公开发行),但也是合法期刊的一种。一般情况下,正式期刊都经历过非正式期刊过程。正式期刊是由国家新闻出版署与国家科委在商定的数额内审批,并编入"国内统一刊号"的期刊。正式期刊的办刊申请比较严格,要有一定的办刊实力、有独立的办刊方针。

"国内统一刊号"是"国内统一连续出版物号"的简称,即"CN号",它是新闻出版行政部门分配给连续出版物的代号;而"国际刊号"是"国际标准连续出版物号"的简称,即"ISSN号",我国大部分期刊都配有"ISSN号"。

期刊可以从不同角度划分类型,大致有以下几种划分角度:

(1) 按期刊的载体分类,有印刷型、电子型、缩微型等媒体期刊。

(2) 按出版机构分类,有学术团体、大专院校、政府机构、公司企业、商业机构、科研部门等主办的期刊。

(3) 按文种分类,有中文期刊、外文期刊。

(4) 按刊期分类,有定期期刊(如周刊、旬刊、半月刊、月刊、双月刊、季刊、半年刊、年刊等)和不定期期刊。

(5) 按内容、用途分类

根据《中国大百科全书(新闻出版卷)》中的叙述,将期刊分为四大类:

① 一般期刊,包括科普性、情报性、工具资料性、普通技术性期刊等,强调知识性与趣味性,读者面广,如我国的《人民画报》《大众电影》,美国的《时代》《读者文摘》等;

② 学术性期刊,包括学报、公报、通报、会志、汇刊等,主要刊载学术论文、研究报告、评论等文章,以专业工作者为主要对象;

③ 行业性期刊,主要报道各行各业的产品、市场行情、经营管理进展与动态,如中国的《摩托车信息》《家具》,日本的《办公室设备与产品》等;

④ 检索性期刊,包括文摘、题录、索引等,如我国的《全国报刊索引》《全国新书目》,美国的《化学文摘》等。

(6) 按学科分类

以《中国图书馆图书分类法·期刊分类表》为代表,可将期刊分为五个基本部类:① 马列主义、毛泽东思想;② 哲学;③ 社会科学;④ 自然科学;⑤ 综合性刊物。在基本部类中又分为若干大类,如社会科学分为社会科学总论、政治、军事、经济、文化、科学、教育、体育、语言、文字、文学、艺术、历史、地理。

(7) 按学术地位分类

按学术地位,可将期刊分为核心期刊和非核心期刊两大类。

3) 核心期刊概念

核心期刊是指在某一学科领域(或若干领域)中最能反映该学科的学术水平,信息量大,利用率高,受到普遍重视的权威性期刊。核心期刊缘起于1934年英国文献计量学家布拉德福发现的文献分散特点(布拉德福定律),目前有关布拉德福定律比较经典的表示就是,专业论文绝大多数集中在少数专业期刊之中。核心期刊的存在缘于文献分布的规律,文献分布规律的基础是期刊的本质,即期刊的学术性和期刊存在的合理性,用量化的指标划分出来的核心期刊依赖于期刊自身的学科特点和学术水平。国内对核心期刊的测定主要运用文献计量学的方法,以及通过专家咨询等途径进行。

了解核心期刊具有重要的意义。就编者而言,可以从核心期刊吸取经验;就读者而言,树立核心期刊意识,可以明确价值取向,提高阅读档次。例如,语言文学专业的学生,首先要阅读《中国语文》《文学评论》等核心期刊,而不是本末倒置;就图书馆而言,在经费有限的情况下,订阅时当然是以核心期刊为首选目标;就科研管理部门而言,可以统计分析单位或个人在核心期刊上发表论文的情况,以此作为衡量其学术水平的一项重要指标。因此,人们往往以在核心期刊上发表文章为自己的追求目标。但也不能过度地追求期刊的学术水平,这样会导致期刊存在的不合理。不可能每一种期刊都是核心期刊,每种期刊的存在是面对不同层次的读者,若只强调核心期刊,将意味着大多数期刊没有出版的意义,因为只要出版若干种核心期刊就行了。

当然核心期刊与非核心期刊不是固定不变的。非核心期刊经过努力,可以跻身于核心期刊之列;核心期刊如故步自封,也会被淘汰。

期刊级别的认定比较复杂,至今尚无全国统一的标准和共同的分级目录,最传统的是按期刊的主管部门分级。1991年国家科委和新闻出版总署联合颁发的《科学技术期刊管理办法》就据此将期刊分为全国性和地方性期刊。按照这种分级方法,期刊被分为国家级、省部级、地市级,由代表国家科研水平的科研院所、高等学校、国家一级学会主办的学术期刊一般被认为是国家级期刊,省部级、地市级依此类推。这种期刊级别的认定方式是传统等级管理模式的产物,由于其认定的依据主要是出版单位的行政级别,不能够完全、充分反映期刊的实际水准和价值。

从20世纪70年代核心期刊理论传入我国开始,到目前,核心期刊已为学界所广为熟知,各种与期刊评价有关的大型数据库开始建立,很多高校科研机构也研究制定为己所用的核心期刊(或称重点期刊等),基本形成了主流学术期刊的评价体系。

4) 中国五大核心期刊体系

(1)《中文社会科学引文索引》(CSSCI)

《中文社会科学引文索引》(Chinese Social Sciences Citation Index)由南京大学创建,是目前国内最权威的"社会科学引文索引"。CSSCI遵循文献计量学规律,采取定量与定性评价相结合的方法,从全国2 700余种中文人文社会科学学术性期刊中精选出学术性强、编辑规范的期刊作为来源期刊。

对于社会科学研究者,CSSCI从来源文献和被引文献两个方面向研究人员提供相关研究领域的前沿信息和各学科学术研究发展的脉搏,通过不同学科、领域的相关逻辑组配检索,挖掘学科新的生长点,展示实现知识创新的途径。对于社会科学管理者,CSSCI提供地区、机构、学科、学者等多种类型的统计分析数据,从而为制定科学研究发展规划、科研政策提供科学合理的决策参考。对于期刊研究与管理者,CSSCI提供多种定量数据,如被引频次、影响因子、即年指标、期刊影响广度、地域分布、半衰期等,通过多种定量指标的分析统计,可为期刊评价、栏目设锣、组稿选题等提供科学依据。CSSCI也可为出版社与各学科著作的学术评价提供定量依据。

(2)《中国科学引文数据库》(CSCD)

《中国科学引文数据库》(Chinese Science Citation Database)是目前国内最权威的"自然科学引文索引"。CSCD创建于1989年,1999年起作为中国科学文献计量评价系列数据库之A辑,由中国科学院文献情报中心与中国学术期刊(光盘版)电子杂志社联合主办,并由清华同方光盘电子出版社正式出版。通过清华大学和中国科学院资源与技术的优势结合和多年的数据积累,CSCD已发展成为我国规模最大、最具权威性的科学引文索引数据库,为中国科学文献计量和引文分析研究提供了强大工具。

《中国科学引文数据库》分为核心库和扩展库,收录我国数学、物理、化学、天文学、地学、生物学、农林科学、医药卫生、工程技术、环境科学和管理科学等领域出版的中英文科技核心期刊和优秀期刊近千种。其中,核心库的来源期刊经过严格的评选,是各学科领域中具有权威性和代表性的核心期刊;扩展库的来源期刊也经过大范围的遴选,是我国各学科领域较优秀的期刊。

《中国科学引文数据库》每年公布一次"中国科学引文数据库CSCD核心库和引文库来

源期刊列表",其中核心库来源期刊670余种。

(3)《中文核心期刊要目总览》

《中文核心期刊要目总览》由北京大学图书馆与北京高校图书馆期刊工作研究会联合编辑出版,1996年推出《中文核心期刊目录总览》(第二版),2000年推出第三版,2004年推出第四版,2008年推出第五版,2011年推出第六版。

《中文核心期刊要目总览》收编了包括社会科学和自然科学等各种学科类别的中文期刊,是我们了解全国核心期刊的重要工具书。其对核心期刊的评价,涵盖了"被索量、被摘量、被引量、它引量、影响因子、被摘率、获奖或被重要检索工具收录"等七大指标,以便进一步发挥期刊学术质量、学术影响在评价中的作用。

(4)《中国人文社会科学核心期刊要览》

《中国人文社会科学核心期刊要览》是由中国社会科学院文献信息中心和社科文献计量评价中心共同建立的核心期刊库。它采用我国目前年度收文量最大的引文数据库和其他大型文献数据库作为统计数据源,运用文献计量学的理论和方法进行综合统计分析,并邀请各学科权威专家进行评审,力求客观地反映期刊的"学术影响力"。该书已出版了2004版和2008版,其中2008版评出哲学、政治、法律、经济、文学、历史等24个重要学科领域中的386种期刊,涵盖了目前我国人文社会科学期刊中使用率和学术水平均居前列的权威期刊和优秀期刊。

该书包括核心期刊表、研制报告、综合性核心期刊学科引用分布表、核心期刊中英文简介,以及各类期刊影响因子排序表等,适用于期刊部门、科研管理部门和图书资讯部门的选刊工作,为读者、作者和科研工作者推荐各学科使用率和影响力较高的学术期刊。

(5)《中国科技期刊引证报告》(CJCR)

《中国科技期刊引证报告》(Chinese S & T Journal Citation Reports)由中国科学技术信息研究所每年出一次,是对科技类期刊进行的综合质量评价。中国科学技术信息研究所在每年第四季度面向全国大专院校和科研院所发布上一年的科研论文排名,这里排名包括SCI、EI、ISTP分别收录的论文量和中国期刊发表论文量等项指标。《中国科技期刊引证报告》以1 300多种中、外文科技类期刊作为统计源,报告的内容是对这些期刊进行多项指标的统计与分析,其中最重要的是按类进行"影响因子"排名。

该报告收录期刊中发表的论文大多数被统计进入《中国科技论文统计与分析》(年度研究报告),因此这些期刊被称为"统计源期刊"。但是,这些期刊也不是"终身制",一旦经过每年的评价指标(总被引频次、影响因子、即年指标、被引半衰期、论文地区分布、基金论文数和自引总引比)的统计分析,如果质量下降,将被淘汰,而一些非统计源期刊的质量评价指标上升后也可被选入目录。因此,该目录每年都有一些变化。

《中国科技期刊引证报告》统计源期刊的选取原则和《中文核心期刊要目总览》核心期刊的认定各依据了不同的方法体系,所以二者界定的核心期刊(指科技类)不完全一致。

5.2.2 期刊目录与论文检索

随着大型数字资源平台的建设与商业化广泛使用,检索期刊论文的方法已经全面转向计算机方式,通过印刷型检索工具查找期刊论文的方法式微并行将消亡,但其构建检索工具与系统的中心思想及方式将随着数字资源平台建设永远存续下去。

1) 期刊目录检索

我国图书情报界对期刊产生以来的国内期刊及当代期刊都进行了编纂,此外,国外也有查找外文期刊的相应检索工具。

(1) 通过印刷型期刊检索工具

我国印刷型期刊检索工具一般由编辑说明、目次表、正文和索引四部分构成。

① 编辑说明:介绍检索工具的编辑出版机构、编辑方针、刊物沿革、学科范围、编排体例、使用方法等,起着指导用户选择并使用检索工具的作用。

② 目次表:有时称目录或分类类目,放在检索工具正文(题录或文摘)前,将所收录的文献条目按照一定的分类法有序的组织编排,帮助用户从分类途径入手检索所需文献信息。

③ 正文部分:这是检索工具的主体,是目录款目、题录款目或文摘款目有序的集合。每条款目都有一个固定的序号,用户根据目次或索引查到所需文献的序号及文献出处,作为索取一次文献的线索。

④ 索引部分:我国的印刷型检索工具辅助索引不够完善,一般仅附有主题索引、作者索引、文献来源索引和专用索引等,是检索工具的核心部分。所谓索引,就是将每篇期刊论文中的主题词、人名、刊名、地名等分别摘录出来,经标引加工后按照一定的原则和方法排列起来,形成主题索引、作者索引、文献来源索引和地名等各种专用索引,帮助用户从不同的途径或检索点获得"隐藏"在正文中的相关文献。

查找新中国成立以前的资料,没有系统的回溯性索引可利用,必须通过多种索引工具进行补充,如《国学论文索引》(1～5编)《十九种影印革命期刊索引》《二十六种影印革命期刊索引》《新民主主义革命时期影印革命期刊索引(抗日战争时期)》;除上述一些综合性的索引外,还可以利用一些报刊的索引,如《申报索引》《东方杂志总目》;除此以外,《国闻周报总目》(1924.8—1937.12)、《新华日报索引》(1938.1.11.—1947.2.28)、《新中华报索引》(1939.2.7—1941.5.15)、《解放日报索引》(1941.5—1947.3)、《(晋冀鲁豫)人民日报索引》(1946.5.15—1948.6.14)、《人民日报索引》(1948年下半年、1949年本)等也可利用和参看。

查找新中国成立后的期刊,主要利用《报章杂志参考资料索引》《全国主要期刊重要资料索引》《全国报刊索引》《报刊资料索引》《复印报刊资料专辑索引》《复印报刊资料》《中国社会科学文献题录》《内部资料索引》和《中国社会科学引文索引》等检索工具;除此以外,《新华文摘》中的"报刊文章篇目辑览"、《全国高等院校社会科学学报(年度)总目录》等也都可供参考。

检索外文期刊论文资料,可参看 Reader's Guide to periodical literature、Social Sciences Index(SSI)、Social Sciences Citation Index(SSCI)、Arts and Humanities Citation Index(A & HCI)、EBSCO 和联合西文期刊篇名目次数据库(CCC)以及其他进入我国科研和高校图书馆的国外期刊数据库,如 UnCover、Science Online 等等。

(2) 通过 OPAC 检索

可通过本单位联机公共查询目录(OPAC)获得所需期刊的馆藏地点和收藏情况,还可通过访问外馆 OPAC 中的期刊目录查询其他馆的印刷型期刊馆藏。亦可通过联合目录查询,如 CALIS 联合书目数据库是全国"211 工程"百余所高校图书馆馆藏联合目录数据库,它提供书刊文献资源网络公共查询;国家科技图书文献中心(NTSL)是科学院系统图书馆虚拟的综合文献服务处,可对查询的结果申请文献传递服务。

2) 期刊论文手工检索工具

(1)《全国报刊索引》

《全国报刊索引》(月刊,1955 年创刊)由上海图书馆编辑出版,分哲社版和自然科学技术版分别发行,是我国连续出版时间最长、收录报刊最多(达 5 531 种)、最全面(包括社会科学和自然科学的各个方面)的综合性题录式检索工具。每条款目根据国家标准 GB 3793—83《检索期刊目录著录规则》著录,其格式如下:

① 题录号② 题名/③ 著者姓名④ 第一著者所在单位 // ⑤ 文献出处.—⑥ 年,卷(期).—页码

索引每期由编辑说明、分类目录、正文和索引四部分构成,采用《中国图书资料分类法》(第三版)标引编排。每期附作者索引、团体作者索引、题中人名索引,按汉语拼音顺序排检。

《全国报刊索引》由计算机编排出版,从 2000 年开始除书本式外,编辑部还建有与之对应的光盘版(单机版和网络版)。另外每期索引之后还附有"引用报刊一览表",各种报刊均按其名称的汉语拼音顺序排列。

(2)《复印报刊资料》

《复印报刊资料》由中国人民大学书报资料中心编辑出版。中国人民大学的报刊资料复印工作始于 20 世纪 50 年代末期,最初只有 9 个专题,1966 年停刊,1978 年恢复。它从全国 3 000 多种报刊中选择资料,目前已形成 100 多个专题,分月刊、双月刊、季刊出版。每一专题分成全文复印和索引两部分,其全文复印部分所收论文是经过挑选的有较大学术价值的论文,或是反映该学科领域最新研究动向的文章,使读者能快速地获得该学科领域分散载各种不同报刊上的文章,便于读者了解学术动态并节省查找资料的时间。

中国人民大学书报资料中心已将《复印报刊资料》网络化。《复印报刊资料全文数据库》收录每年《复印报刊资料》上的全部原文,分成四大类:① 马列、哲学、政治、法律类;② 经济类;③ 文化教育类;④ 语言、文艺、历史、地理及其他类。该数据库以 Web 形式提供服务,可以进行全文检索与拷贝。

5.2.3　中外期刊论文常用数据库

1) 期刊数据库概述

我国的数据库研究工作始于 20 世纪 70 年代中期,80 年代初开始自建数据库工作,90 年代以后,我国的数据库行业得到了蓬勃发展。重庆维普公司研制的《中文科技期刊篇名数据库》以光盘形式率先进入市场;1993 年,我国第一家数据库专业制作公司——北京万方数据公司宣告成立,标志着我国专业化数据库企业出现;1995 年 8 月 24 日清华同方《中国学术期刊(光盘版)》正式立项,1996 年 1 月 30 日首期光盘刻成,其全文检索管理系统经国家教委鉴定,达到国际先进水平;1998 年 9 月 25 日中国学术期刊题录摘要网络数据库通过

CERNET 上网试运行；1999 年 6 月 18 日，中国期刊网（www.chinajournal.net.cn）开通仪式举行，我国的数据库产业已开始由小规模的光盘生产向大规模的网络数据库形式发展；2001 年 4 月中国期刊"世纪光盘"工程项目启动；2003 年，万方与中华医学会合作将所有高水平医学期刊电子化出版。经过十多年努力，高质量的中文期刊网络数据库已经形成规模，并为用户认可。

我国检索期刊论文的全文数据库一般以两种途径产生，一是原先的二次文献数据库逐步全文化，如《中文科技期刊数据库》（重庆维普）最早就是由软盘、光盘版发行，后来逐步网络化、全文化；二是通过大型项目驱动，一次性全面建设并逐步回溯增补，如《中国知网》，是在光盘国家工程 CNKI 的基础上建设成功的，国际上相关期刊数据库如 ISI、EI、EBSCO、Elsevier 也基本上走了类似的路。

期刊数据库主要特点概括如下：

① 数据高度整合：期刊数据库汇集了不同学科、不同主题的期刊论文，集题录、文摘、全文信息于一体，信息量巨大。随着网络技术和存储技术的提高，数据库按照一定的结构方式参照国内外通行的知识分类体系对海量数据进行高度整合，便于用户实现一站式信息检索。

② 检索途径多样：期刊数据库具有强大的检索功能，不仅速度快，而且检索入口多。用户可以通过某个检索字段（如题名、作者、关键词等）进行初级检索，也可以运用布尔逻辑运算符灵活组织检索提问式进行高级检索。

③ 数据更新及时：期刊数据库多实行数据日更新或者月更新，可满足不同类型、不同行业、不同规模用户的信息需求。以互联网为依托的电子期刊数据库，大都设立了遍布各地的数据库交换服务中心，信息获取方便快捷，不受时间和地域限制。

按照组织信息的内容形式，可将期刊数据库划分为全文型、摘要型、引文型；按载体形式不同，可将期刊数据库划分为软盘型、光盘型、联机型和网络型。期刊全文数据库一般分综合型与专业型两种，综合型的如中国知网 CNKI、维普、EBSCO 等，专业型的如 IEL、AIP 等。按语种又分为中文和外文，中文期刊只收录国内期刊信息，外文期刊则兼收各国有影响的期刊信息，也包含部分中文信息。需要注意的是，国内外的由期刊为特色发展成型的大型数据库均往数据资源平台（知识仓库）方向发展，如中国知网、万方、维普、EBSCO 及 IEL 均已成为大型数据资源平台或专业资源库。电子期刊数据库有以下几个发展趋势，即网络数据库主流化、数据库内容深入化、信息服务多层化、信息报道主动化、用户界面个性化。本节侧重介绍这些平台提供的期刊论文资源。

2) 中国学术期刊网络数据库

该库是目前世界上最大的连续动态更新的中国学术期刊全文数据库，收录国内 9 000 多种重要学术类期刊，其中核心期刊、重要评价性数据库来源期刊近 2 700 种。以学术、技术、政策指导、高等科普及教育类期刊为主，内容覆盖自然科学、工程技术、农业、哲学、医学、人文社会科学等各个领域。

(1) 特点

① 根据学术文献检索的需求，提供了快速检索、标准检索、专业检索、作者发文检索、科研基金检索、句子检索、来源期刊检索七种面向不同需要的检索方式；

② 基于学术文献查全查准的核心需求,提供了"三步骤"的标准检索模式,即首先输入检索控制条件,再输入检索内容条件,最后对检索结果分组筛选,使检索过程规范、标准、高效;

③ 根据学术期刊的特点,在平台首页和检索结果页都提供了"文献检索"与"期刊导航"两个通用菜单,方便用户检索;

④ 通过知网节功能,提供以节点文献为中心的知识网络,可以看到所引用参考文献的记录、被引用情况及相关文献的记录。

(2) 检索方式

根据学术文献检索的需求,提供了快速检索、标准检索、专业检索、作者发文检索、科研基金检索、句子检索、来源期刊检索七种面向不同需要的检索方式。

① 快速检索:提供了类似搜索引擎的检索方式,用户只需要输入所要找的关键词就可查到相关的文献。

② 标准检索:将检索过程规范为三个步骤,第一步为输入时间、支持基金、文献来源、作者等检索控制条件;第二步为输入篇名、主题、关键词等内容检索条件;第三步为对检索结果的分组排序,反复筛选修正检索式得到最终结果。

③ 专业检索:使用逻辑运算符和关键词构造检索式进行检索。

④ 作者发文检索:通过作者姓名、单位等信息查找作者发表的全部文献及被引下载情况。通过作者发文检索不仅能找到某一作者发表的文献,还可以通过对结果的分组筛选情况全方位的了解作者主要研究领域,研究成果等情况。

⑤ 科研基金检索:通过科研基金名称查找科研基金资助的文献。通过对检索结果的分组筛选,还可全面了解科研基金资助学科范围、科研主题领域等信息。

⑥ 句子检索:通过用户输入的两个关键词,查找同时包含这两个词的句子。由于句子中包含了大量的事实信息,通过检索句子可以为用户提供有关事实的问题的答案。

⑦ 来源期刊检索:通过输入来源期刊的名称、类别和年期等信息来查找包含相关信息的期刊。

(3) 检索结果分组

检索结果页面将检索得到的检索结果以列表形式展示出来,并提供对检索结果进行分组分析、排序分析的方法来准确查找文献。检索结果分组类型包括学科类别、期刊名称、研究资助基金、研究层次、文献作者、作者单位、中文关键词等。

(4) 检索结果排序

系统为检索结果提供了发表时间、相关度、被引频次、下载频次、浏览频次等排序方式。

3) 中文科技期刊数据库

中文科技期刊数据库也称维普期刊、维普中文期刊、重庆维普。《中文科技期刊数据库》是重庆维普资讯有限公司的主导产品,经国家新闻出版总署批准的大型连续电子出版物,收录中文期刊 12 000 余种,全文 2 300 余万篇,引文 3 000 余万条,分 3 个版本(全文版、文摘版、引文版)和 8 个专辑(社会科学、自然科学、工程技术、农业科学、医药卫生、经济管理、教育科学、图书情报)定期出版。

重庆维普资讯有限公司前身为中国科技情报所重庆分所数据库研究中心。2005 年,重庆维普资讯有限公司营运网站——维普资讯网和全球最大的搜索引擎提供商谷歌进行战略合作,成为谷歌在中国的重要合作伙伴,并且成为谷歌学术搜索的中文内容提供商之一。

4) 中国数字化期刊群(万方数据数字化期刊群)

万方数据股份有限公司是一家以信息服务为核心的股份制高新技术企业,是在互联网领域集信息资源产品、信息增值服务和信息处理方案为一体的综合信息服务商。

《中国数字化期刊群》以万方数据资源平台数字化期刊群为基础,整合了中国科技论文与引文数据库及其他相关数据库中的期刊条目部分内容,并与中华医学会合作将所有高水平医学期刊电子化出版,基本包括了我国文献计量单位中自然科学类统计源刊和社会科学类核心源期刊。

5) 国家科技图书文献中心的中文期刊数据库

国家科技图书文献中心(NSTL)是 2000 年 6 月 12 日组建的一个虚拟的科技文献信息服务机构,成员单位包括中国科学院文献情报中心、工程技术图书馆(中国科学技术信息研究所、机械工业信息研究院、冶金工业信息标准研究院、中国化工信息中心)、中国农业科学院图书馆、中国医学科学院图书馆,网上共建单位包括中国标准化研究院和中国计量科学研究院,按照"统一采购、规范加工、联合上网、资源共享"的原则采集、收藏和开发理、工、农、医各学科领域的科技文献资源,面向全国开展科技文献信息服务。

《NSTL 中文期刊数据库》主要收录了 1989 年至今国内出版的 4 350 余种期刊刊载的 719 余万篇文献,学科范围涉及自然科学各专业领域,并兼顾社会科学和人文科学,注册用户可以通过 E-mail、传真等方式获取全文。

6) Elsevier ScienceDirect

ScienceDirect(www.sciencedirect.com)是全球最著名的科学技术全文数据库之一,其直观友好的使用界面,使研究人员可以迅速链接到 Elsevier 出版社丰富的电子资源,包括期刊全文、单行本电子书、参考工具书、手册以及图书系列等。用户可在线访问 24 个学科 2 200 多种期刊和数千种图书,查看 900 多万篇全文文献。ScienceDirect 产品分为自然科学、生命科学、医学及社会科学四大类。

7) Springer Link

德国 Springer-Verlag 是世界上著名的科技出版集团,通过 Springer Link 系统提供学术期刊及电子图书在线服务。Springer Link 中的期刊及图书等所有资源划分为 12 个学科:建筑学、设计和艺术;行为科学;生物医学和生命科学;商业和经济;化学和材料科学;计算机科学;地球和环境科学;工程学;人文、社科和法律;数学和统计学;医学;物理、天文学等,并包含了很多跨学科内容。Springer Link 现已成为面向全球科研服务的最大的在线全文期刊数据库和丛书数据库之一。

8) EBSCO

该数据库是 EBSCO 公司提供的学术信息、商业信息网络版数据库,包括综合学科参考类全文数据库(Academic Source Premier)和商管财经类全文数据库(Business Source Premier)。数据库将二次文献与一次文献"捆绑"在一起,为最终用户提供文献获取一体化服务,检索结果为文献的目录、文摘、全文(PDF 格式)。

(1) Academic Source Premier(ASP)

① 收录年限:1975 年至今。

② 主题范畴:涵盖多元化之学术研究领域,如社会科学、教育、法律、医学、语言学、人文、工程技术、工商经济、信息科技、通讯传播、生物科学、教育、公共管理、社会科学、历史学、计算机科学、传播学、法律、军事、文化、健康卫生医疗、宗教与神学、生物科学、艺术、视觉传达、表演艺术、心理学、哲学、妇女研究、各国文学等。

③ 数据内容:8 300 多种刊物索引及摘要,4 500 多种全文期刊及 200 多种非期刊类全文出版物。

(2) Business Source Premier(BSP)

① 收录年限:1965 年至今。

② 主题范畴:涵盖商业相关领域,如金融、银行、国际贸易、商业管理、市场行销、投资报告、房地产、产业报导、经济评论、经济学、企业经营、财务金融、能源管理、信息管理、知识管理、工业工程管理、保险、法律、税收、电信通讯等。

③ 数据内容:收录 3 300 多种期刊索引及摘要,2 300 多种全文期刊以及 10 000 多种非刊全文出版物(如案例分析、专著、国家及产业报告等)。

9) OCLC FirstSearch

FirstSearch 是 OCLC 的一个联机参考服务系统,包括 70 多个数据库。从 1999 年开始,CALIS 全国工程中心订购了其中的基本组数据库。FirstSearch 基本组包括 10 多个数据库,其中大多是综合性的库,内容涉及艺术和人文科学、商务和经济、会议和会议录、教育、工程和技术、普通科学、生命科学、医学、新闻和时事、公共事务和法律、社会科学等领域。基本组数据库如下:

① ArticleFirst:16 000 多种期刊目次页的文章索引;

② ClasePeriodica:有关科学和人文领域的拉丁美洲期刊索引;

③ Ebooks:世界各地图书馆的联机电子书的 OCLC 目录;

④ ECO:OCLC 联机电子学术期刊库(书目信息);

⑤ ERIC:教育方面的期刊文章和报告;

⑥ WorldCat Dissertations:学位论文,收集了 OCLC WorldCat 中所有的博、硕士论文和已出版的以 OCLC 成员编目的论文为基础的资料,资源主要来自于欧美几千所大学,共有记录 800 多万条;

⑦ MEDLINE:医学的所有领域,包括牙科和护理方面的文献;

⑧ PapersFirst:国际学术会议论文索引;

⑨ Proceedings:国际学术会议目录索引;

⑩ WilsonSelectPlus:科学、人文、教育和工商方面的全文文章;

⑪ WorldAlmanac:Funk & Wagnalls New Encyclopedia 及 4 本年鉴;

⑫ WorldCat:世界范围图书和其他资料的 OCLC 联合编目库。

10) 大成老旧刊全文数据库

老旧期刊是文献资源的一个重要组成部分,它蕴藏着巨大的信息量。《大成老旧刊全文数据库》收录了清末自有期刊以来到1949年以前我国出版的6 000余种期刊,共12万余期,130余万篇文章,具有全面性和独有性,是研究各个学科发展、科技传承脉络的不可或缺的数据库工具。

11) 中国近代报刊库

《中国近代报刊库》是收录晚清和民国期间报刊类出版物的综合性大型数据库,从现存的清道光十三年(1833年)至民国三十八年(1949年)间数达5万种的报刊类出版物中精选3 000余种、约100万个期号,包括日报、周报、月报等各种报纸,以及周刊、半月刊、月刊、双月刊、季刊、半年刊、年刊、不定期刊等各种杂志,各据原刊或复印件,内容涉及国家政治和社会生活的各个方面,堪称近代中国百科全书。全文总计200亿字,影像3 000万页,数据总量2 TB。同时独创双窗点选式页面,左图右文逐页对照,毫秒级全文检索,可编辑、下载和打印,使3 000余种纷纭散乱之报刊实现有序化编排。《中国近代报刊库》分为要刊编和大报编两种,其中要刊编收录晚清和民国时期重要期刊3 000种,分为20辑陆续出版,每辑100~200种;大报编收录晚清和民国时期大型报纸20种,分为10批陆续出版,每批1~3种。《中国近代报刊库》自2013年6月正式面市,受到国内外学术文化界的热烈欢迎,目前已有20余家顶级用户,如中国国家图书馆、中国国家博物馆、日本东洋文库、法国国家研究中心、美国哈佛大学等。

5.3 特种文献检索

特种文献是指出版形式比较特殊的科技文献资料。特种文献通常介于图书与期刊之间,似书非书,似刊非刊,其内容广泛新颖,类型复杂多样,涉及科学技术、生产生活的各个领域,出版发行无统一规律,但具有重要的科技价值。通常,特种文献主要包括科技报告、专利文献、标准文献、会议文献、学位论文、政府出版物、产品资料、其他资料(如档案资料、地图、乐谱等零散文献)等几种类型。

5.3.1 学位论文检索

1) 学位论文概述

学位论文是指高等学校或研究机构的学生为取得某种学位,在导师的指导下撰写并提交的学术论文,伴随着学位制度的实施而产生。学位论文有博士论文、硕士论文、学士论文之分,其研究水平差异较大,博士论文论述详细、系统、专深,研究水平较高,参考价值大。

学位论文是非卖品,也不公开发行,通常只在学位授予单位的图书馆和按国家规定接受呈缴本的图书馆保存有副本,故学位论文的收集与利用不如其他类型的文献方便。各国学位论文的保管与报道方式不尽相同,通常在各国的国家图书馆收藏有大量的本国学位论文。例如在我国,中国科技信息研究所是国家法定的学位论文收藏单位,它集中收藏和报道国内各学位授予单位的自然科学和技术科学领域的博硕士学位论文。

识别学位论文的主要依据有学位名称、导师姓名、学位授予机构等。

2) 学位论文商业数据库

(1) 中国优秀博硕士学位论文全文数据库(CNKI)

CNKI 是目前国内相关资源最完备、高质量、连续动态更新的中国优秀博硕士学位论文全文数据库,至 2014 年 8 月,累积博硕士学位论文全文文献 220 多万篇。

① 专辑专题:产品分为十大专辑,即基础科学、工程科技Ⅰ、工程科技Ⅱ、农业科技、医药卫生科技、哲学与人文科学、社会科学Ⅰ、社会科学Ⅱ、信息科技、经济与管理科学。十专辑下分为 168 个专题和近 3 600 个子栏目。

② 文献来源:全国 400 多家博士培养单位、600 多家硕士培养单位的优秀博硕士学位论文,具体单位可查学位授予单位导航。

③ 产品形式:Web 版(网上包库)、镜像站版、光盘版、流量计费版。

④ 收录年限:1999 年至今,并部分收录 1999 年以前的论文。

⑤ 检索模式:快速检索、标准检索、专业检索、科研基金检索、句子检索。

⑥ 导航模式:地域导航(即学位授予单位导航)、学科专业导航。

(2) 中国学位论文全文数据库(万方)

中国学位论文全文数据库中论文来源中国科技信息研究所,收录自 1980 年以来我国自然科学领域博士、博士后以及硕士研究生论文。目前收录 84 万余篇全文,并每年新增 15 余万篇。

(3) CALIS 学位论文中心服务系统(http://etd.calis.edu.cn/)

CALIS 学位论文中心服务系统面向全国高校师生提供中外文学位论文检索和获取服务。目前博硕士学位论文数据逾 384 万条,其中中文数据约 172 万条,外文数据约 212 万条,且数据持续增长中。该系统采用 e 读搜索引擎,检索功能便捷灵活,提供简单检索和高级检索功能,可进行多字段组配检索,也可从资源类型、检索范围、时间、语种、论文来源等多角度进行限定检索。系统能够根据用户登录身份显示适合用户的检索结果,通过多种途径的分面和排序方式进行过滤、聚合与导引,并与其他类型资源关联,方便读者快速定位所需信息。

(4) 学位论文全文库(PQDT)

PQDT(ProQuest Dissertations & Theses)是美国 ProQuest 公司(原名 UMI 公司)开发的博硕士论文数据库,原名 PQDD(ProQuest Digital Dissertations),是 DAO(Dissertation Abstracts Ondisc)光盘数据库的网络版。它已收录了欧美 1 000 余所大学的 200 多万篇学位论文,每年约增加 4.5 万篇论文摘要,是目前世界上最大和最广泛使用的学位论文数据库。与光盘版相比,PQDT 具有以下特点:

① 收录年代长,从 1861 年至今;

② 更新快,每周更新;

③ 1997 年以来的部分论文不但能看到文摘索引信息,还可以看到前 24 页的论文。

(5) 国家科技图书文献中心(NSTL)文献检索的中外文学位论文检索

(6) 国家图书馆博士论文库(http://mylib.nlc.gov.cn/web/guest/boshilunwen)

(7) JALIS 博硕士学位论文数据库(http://lib.nuaa.edu.cn/do/bencandy.php?fid=48&id=778)

5.3.2 专利及专利文献检索

1) 专利基础知识

(1) 专利与专利制度

专利是指一项发明创造的首创者所拥有的受保护的、独享的权益;专利制度是指国际上通行的一种利用法律的和经济的手段确认发明人对其发明享有专有权,以保护和促进技术发明的制度。在实行专利保护制度的国家,一般订有专利法。《中华人民共和国专利法》1985年4月1日起施行,并在1992年、2000年和2008年进行过三次修正,日趋完善。国际上有《保护工业产权巴黎公约》,于1883在法国巴黎缔结,中国于1985年3月19日加入。

在法律领域,专利是专利权的简称,是国家按专利法授予申请人在一定时间内对其发明创造成果所享有的独占、使用和处分的权利。在经济领域,专利是一种财产权;而从信息检索角度看来,专利是一类文献。

授予专利权的实质性条件有三个:

① 新颖性,是指发明创造必须是新的、前所未有的技术;
② 创造性,即与以前已有的技术相比,该发明有突出的实质性特点和显著的进步;
③ 实用性,是指能够制造或者使用并能产生积极效果。

专利有如下四个特点:

① 独占性,指权利人对其专利成果具有独立的占有、使用、处分权;
② 排他性,指同一技术内容及复杂程度的专利申请只能授予一次专利权;
③ 地域性,指在一定的国家或地区享有专利权;
④ 时间性,指在一定的时间内享有专利权。

(2) 相关概念

基本专利:指申请人就同一发明在最先的一个国家申请的专利。

等同专利:指发明人或申请人就同一个发明在第一个国家以外的其他国家申请的专利。

同族专利:指某一发明其基本专利和一系列等同专利的内容几乎完全一样,它们构成一个专利族系,属于同一个族系的专利。

非法定相同专利:第一个专利获得批准后,就同一个专利向别国提出相同专利的申请必须在12月内完成,超过12个月的则成为非法定专利。

① 几种"人"

申请人:对专利权提出申请的单位或个人(职务发明与非职务发明);
发明人(设计人):实际开展工作的人;
专利权人:对专利具有独占、使用、处置权的人;
代理人:代为办理专利权申请的人。

② 几种"号"

申请号:发明专利申请号(如99119638.4);
公开号:发明专利公布编号(如1251835);
公告号:三种专利授权公告号(如CN1093184C);

专利号:三种专利原申请号(如 99119638.4);

国际专利分类号(IPC):国际上公认的按专利文献的技术内容或主题进行分类的代码,如 F15B13/043(参见国际专利分类表)。

③ 几种"日"

申请日:专利机关受到申请说明书之日;

公开日:发明专利申请公开之日;

公告日:三种专利授权公告之日;

优先权日:是指专利申请人就同一项发明在一个缔约国提出申请之后,在规定的期限内又向其他缔约国提出申请,申请人有权要求以第一次申请日期作为后来提出申请的日期,这一申请日就是优先权日,而这个"约"就是《保护工业产权巴黎公约》。

(3) 专利的类型

① 发明专利

保护期限:20 年,从实际申请日起算。

要求:对产品、方法及其改进提出的新的技术方案。

特点:具有突出的实质性特点和显著进步。

② 实用新型专利

保护期限:10 年,从实际申请日起算。

要求:对产品形状、构造及其结合提出的实用方案。

特点:具有实质性特点和进步。

③ 外观设计专利

保护期限:10 年,从实际申请日起算。

要求:对产品形状、图案、色彩或者其结合所作出的富有美感并适合于工业上应用的新设计。

特点:具有实质性特点和进步。

(4) 失效专利

失效专利指失去专利法保护的专利。失效专利仅仅是专利的失效,是发明创造不再受到专利法的保护,可以任人无偿地使用,但其知识和技术并没有失效,依然是有用的发明、先进的技术,可以发挥出经济效益。这正是专利制度促进技术发明共享、促进创新与利用的体现。专利失效有以下几种情况:① 专利超过了专利法的规定期限或未缴相关费用而成为失效专利;② 专利权人提前终止专利权而成为失效专利;③ 专利申请人已申请了专利,但放弃获得专利权而成为失效专利;④ 被专利管理机关撤销专利权而成为失效专利;⑤ 被专利管理机关宣告无效而成为失效专利。

失效专利具有重要的利用价值,可通过以下途径检索:

① 国家知识产权局法律状态检索(http://search.sipo.gov.cn/sipo/zljs/searchflzt.jsp);

② 中国知识产权网(http://search.cnipr.com/),其检索后专利信息浏览页面有专门的"法律状态"选项卡;

③ 中国专利技术网(http://www.51patent.net/)。

(5) 等同原则

对于发明和实用新型专利,根据专利侵权判断的一般准则,只有当权利要求书中各个必要技术特征全部被利用的行为才构成侵权。也即被指控为侵权的产品或方法(以下简称侵权物)的技术特征与专利的技术特征相比,其必要技术特征有一项不同,则不构成侵权。但当侵权物的技术特征表面上虽然与权利要求书所记载的必要技术特征有所不同,却实质上是以相同的方式或手段替换属于专利的部分必要技术特征,完成同样的功能,产生实质上相同的效果时,应认定侵权物为专利技术的等同物。即侵权物未脱离专利权的保护范围,从而构成侵权。此即为等同原则。

2) 专利文献

专利文献,即专利信息,包括发明专利公报、实用新型专利公报和外观设计专利公报;发明专利申请公开说明书、发明专利说明书;实用新型专利说明书;专利年度索引。世界知识产权组织的研究结果表明,全世界最新的发明创造信息,90%以上首先都是通过专利文献反映出来的。

专利文献具有如下特点:① 内容新颖、实用并富于创造性;② 反映内容具体、详尽;③ 报道速度快、时间性强;④ 格式规范、语言严谨;⑤ 分类科学、检索方便;⑥ 大量重复报导——等同专利。

要充分合理地利用专利(技术)文献。在以下情形中使用专利文献不视为侵权:① 不以盈利为目的利用行为——用于学习、科研;② 失效专利可无偿使用——法律状态;③ 不受本国专利法保护——地域性;④ 通过专利权转让——合法使用;⑤ 在现有技术的基础上开发、创新。

3) 专利文献检索

可通过下列途径检索专利文献:

① 国家知识产权局专利检索(http://www.sipo.gov.cn/zljsfl/);

② 中国专利信息中心(http://www.cnpat.com.cn/);

③ 百度专利搜索(http://zhuanli.baidu.com/);

④ 台湾专利检索(http://www.patent.org.tw/);

⑤ 谷歌专利搜索(http://www.google.com/patents);

⑥ 美国专利商标局(http://www.uspto.gov/);

⑦ 欧洲专利网(http://ep.espacenet.com/);

⑧ 日本工业产权数字图书馆(IPDL)(http://www.ipdl.inpit.go.jp/homepg_e.ipdl);

⑨ 日本专利厅(特许厅)(http://www.jpo.go.jp/);

⑩ 德国专利(http://www.dpma.net);

⑪ 俄罗斯专利(http://www.fips.ru/ensite/);

⑫ 法国专利(http://www.boutique.inpi.fr/inpiboutic/index_anglais.htm);

⑬ 印度国家信息中心专利检索(NIC)(http://patinfo.nic.in/);

⑭ 印度专利数据库(http://www.indianpatents.org.in/db/db.htm);

⑮ 世界知识产权组织(WIPO)(http://www.wipo.int/patentscope/search/en/search.jsf)。

5.3.3 标准及标准文献检索

1) 标准文献

标准文献是按照规定程序编制并经过一个公认的权威机构批准的,供在一定范围内广泛而多次使用,包括一整套在特定活动领域必须执行的规格、定额、规划、要求的技术文件。标准涉及工农业、工程建设、交通运输、对外贸易和文化教育等领域,包括质量、安全、卫生、环境保护、包装储运等多种类型。

标准文献是一种重要的科技出版物。一个国家的标准文献反映着该国的经济政策、技术政策、生产水平、加工工艺水平、标准化水平、自然条件、资源情况等内容,对于全面了解该国的工业发展情况是一种重要的参考资料。

根据《中华人民共和国标准化法》的规定,我国的标准按类型划分,可分为国家标准、行业标准、地方标准和企业标准四级,各级标准的对象、适用范围、内容特性要求和审批权限由有关法律、法规和规章做出规定;按约束力划分,国家标准、行业标准可分为强制性标准、推荐性标准和指导性技术文件三种;按标准化的对象划分,标准可分为技术标准、管理标准和工作标准三大类。

2) 标准信息资源相关数据库

(1) 国内主要标准检索系统

① NSTL中外标准数据库(http://www.nstl.gov.cn/):NSTL标准数据来源于中国标准化研究院标准馆,收藏7个国内外标准库,即中国国家标准(GB)、英国国家标准(BS)、德国国家标准(DIN)、法国国家标准(AFNOR)、日本工业标准(JIS)、国际标准化组织(ISO)、国际电工委员会标准(IEC),提供标准号、标准名称等5个检索项,用户注册后可以通过系统进行原文传递。

② 万方数据资源系统(http://www.wanfangdata.com.cn/):万方中外标准数据来源于国家质量监督局,收藏了除了NSTL收藏的7个标准数据库外,还有欧洲标准(EN)、国内行业标准(HB)和国外行业标准,如美国计算机协会(ASME)、美国实验材料协会(ASTM)、美国电气与电子工程师协会(IEEE)、美国保险商实验所(UL)等制定的标准。其中,中国标准的收录范围是1964年以来发布的全部标准,并包括台湾地区标准。提供标准号、中国分类号、中英文标准名称、发布单位等11个检索项。目前用户只能检索目录信息,不能获取全文。

③ 中国强制性标准全文检索总库:是一套新编的大型强制性国家标准汇编数据库,该库汇编收集了国家质量监督检验检疫总局确认的全部2 785项强制性国家标准和全部标准修改单,其检索系统具有方便强大的检索功能。

④ 中国标准服务网(http://www.cssn.net.cn):是国家级标准信息服务门户网站,其标准信息主要依托于国家标准化管理委员会、中国标准化研究院标准馆及院属科研部门、地方标准化研究院(所)及国内外相关标准化机构。目前提供查询的数据库有现行国家标准(GB)和行业标准(HB);国外英、法、美、德、日的先进标准;国外著名行业标准,如美国计算机协会(ASME)、美国实验材料协会(ASTM)、美国电气与电子工程师协会(IEEE)、美国保

险商实验所(UL)等制定的标准;国际标准主要是国际标准化组织(ISO)和国际电工委员会标准(IEC)制定的标准。需要注意的是,该网站非注册用户只能使用部分数据库资源,注册后(包括免费注册)才可以使用全部。同时网站提供国家标准的发布实施、作废等动态信息,还提供标准类期刊和图书的查询和定购,以及国内外标准的营销服务。

⑤ 中国标准咨询网:是由中国标准化研究院与其他技术单位合作创建的。它与中国标准服务网收藏的数据库区别是该网站没有美国保险商实验所(UL)制定的标准,但收藏了国家建设标准(GBJ)。该网站的功能特色是电子信息的服务,包括提供各种标准数据库的购买和定制,另外独家提供三种国内行业标准(电子、机械和石油化工)的在线付费下载,原文传递服务只限于电子版标准,不提供印本资源的传递。此外,该网站也发布一些标准化的动态信息,以及各类标准期刊和图书的定购。

⑥ 标准网(http://www.standardcn.com):隶属于国家发改委工业司,该网站除了提供国家标准、国外先进标准等的检索查询外,主要是提供19个工业行业标准的网上管理、服务、相关技术咨询,但不提供标准原文的获取。

⑦ 国家标准化管理委员会:可检索国家标准目录,获得标准的题录信息,并了解标准化动态、国家标准制订计划、国标修改通知等信息。

⑧ 中国环境标准网:免费查询下载国家环境标准、环境保护标准的全文,包括水环境标准、大气环境标准、固废污染控制标准、移动源排放标准、环境噪声标准、土壤环境标准、放射性环境标准、生态保护标准、环境基础标准以及其他环境标准。

⑨ 国家军用标准化信息网:免费查询中国军用标准、美国军用标准、法国宇航标准、北约标准目录及北约出版物等的标准题录信息。

⑩ 北京市质量技术监督信息网:免费检索国家标准、行业标准、ISO、IEC、欧洲标准、地方标准、北京企业标准等目录,提供网上订购全文服务。

(2) 国外主要标准检索系统

① 世界标准服务网:其主要功能是提供国际、国家、地区标准化组织和标准主体的链接和搜索,但不提供标准搜索。

② PERINORM:美国 ISI 集团旗下 Techstreet 公司开发的标准数据库,被称为 The Premier International Standards Database(第一国际标准数据库),提供了世界上45万余条标准,包括 ISO、ETSL、ASTM、ASME、IEEE 等组织制定的标准,可以看到简要说明,用户注册后可以购买原文。

③ 美国国家标准学会(http://www.ansi.org/)。

④ ISO 标准(http://www.iso.org/iso/en/Standards_Search.StandardsQueryForm)。

⑤ IEEE 标准(http://ieeexplore.ieee.org/xpl/standards.jsp):美国电气与电子工程师协会颁布的标准,可到进行检索查询,如果购买了使用权限,还可以下载原文。

⑥ IEC 标准(http://domino.iec.ch/webstore/webstore.nsf/$$search?openform)。

⑦ ITU 标准(http://www.itu.int/ITU-T/index.html):可在"Online Store"中按建筑与工程、电子、能源、环境、信息技术/电信等主题浏览相关标准目录,并在线订购原文。从该网络可以及时获得电信相关标准更新和变化的最新信息。

⑧ 全球标准化资料库(NSSN)(http://www.nssn.org/)：在线免费查询全球600多家标准组织与专业协会制订的225 000多条标准的目录，提供获取全文的途径。

⑨ 美国国家标准与技术研究院(NIST)(http://www.nist.gov/)：选择"NIST Products and Services"栏目下的"NIST Research Library"进入，可以检索并在线订购相关标准。

⑩ 加拿大标准协会(CSA)(http://www.csa.ca/Default.asp? language=English)：提供标准、在线产品目录、免费时事快报和相关加拿大协会的链接，并可通过"Online Store"订购标准全文和其他产品。

5.3.4 会议信息检索

1) 会议信息概述

会议信息是指各类学术会议的资料和出版物，包括会议前参加会议者预先提交的论文文摘、在会议上宣读或散发的论文、会上讨论的问题、交流的经验和情况等以及经整理编辑加工而成的正式出版物(会议录)。

广义的会议文献包括会议论文、会议期间的有关文件、讨论稿、报告、征求意见稿等，而狭义的会议文献仅指会议录上发表的文章。

会议文献一般有如下划分：① 会前文献，如会议日程、论文目录、摘要和会议论文预印本等；② 会中文献，如开幕词、讨论记录和闭幕词等；③ 会后文献，如会议录、会议论文集、会议论文汇编、期刊特辑、图书以及有关会议的声像资料等。

会议文献传递新产生的但未必成熟的科研信息，对学科领域中新发现、新成果等重大事件的首次报道率最高，是人们及时了解有关学科领域发展状况的重要渠道；涉及的专业内容集中、针对性强；围绕同一会议主题撰写相关的研究论文内容新颖，即时性强。因此，会议文献最能反应各个学科领域现阶段研究的新水平、新进展。

会议信息的出版形式多种多样，可以会议录(会议论文集)、期刊、科技报告、预印本等形式出版。

2) 会议预告信息资源检索

(1) 综合会议预告服务系统

① 可以通过"Upcoming Conference"、"Conference Alerts"等搜索词在搜索引擎中找到大量会议预告信息；

② 中国学术会议在线(http://www.meeting.edu.cn/)：含境内、境外会议；

③ 全球学术会议预告(http://www.conferencealerts.com/)：涉及各学科领域；

④ 技术与工程科学高科技会议预告(http://www.techexpo.com/events/)：可以对主题词、地点、会议名称、主办者等信息进行检索，一般报道6年的会议安排；

⑤ 学术会议征稿数据库(http://www.papersinvited.com/)：其中Calendar栏目有会议列表，并有会议论文征稿要求。

(2) 学会、协会与专题会议预告

① IASTED(科技发展国际协会)(http://www.iasted.org/conferences/)；

② IEEE 会议信息检索(http://webapps1.ieee.org/conferenceSearch/search.do);
③ 美国计算机协会会议预告(http://www.acm.org/conferences);
④ 美国核学会会议预告(http://www.new.ans.org/meetings/);
⑤ 美国化学学会会议预告(http://portal.acs.org/)。

3) 印刷型会议信息资源

印刷型会议信息可通过 OPAC 检索到相关会议论文集或会议录。

4) 文摘型会议论文数据库

① 科技会议录索引(ISTP);
② PapersFirst(1993—):OCLC Firstsearch 中的一个子库——国际学术会议论文索引,该库收录了世界各地的学术会议论文,并涵盖了英国图书馆文献供应中心的所有出版过的会议论文及资料,每两周更新一次;
③ Proceedings(1993—):OCLC Firstsearch 中的一个子库——国际学术会议录目录,该库可以检索到"大英图书馆资料提供中心"的会议录。

5) 全文型会议论文数据库

① 中国学术会议论文全文数据库(万方):科技文献子系统中包括会议文献、专业文献、综合文献和英文文献,涵盖面广,具有较高的权威性。

② 中国重要会议论文全文数据库(CNKI):该数据库中的文献是由国内外会议主办单位或论文汇编单位书面授权并推荐出版的重要会议论文。重点收录1999年以来,中国科协系统及国家二级以上的学会、协会以及高校、科研院所、政府机关举办的重要会议以及在国内召开的国际会议上发表的文献。其中,国际会议文献占全部文献的20%以上,全国性会议文献超过总量的70%,部分重点会议文献回溯至1953年。

③ IEL(IEEE/IEE Electronic Library):该数据库提供美国电气电子工程师学会(IEEE)和英国电气工程师学会(IEE)出版的1 000多种标准的全文信息。

④ ACM Digital Library (1985—):收录了美国计算机协会(Association for Computing Machinery)的各种会议录,以及电子期刊、快报等文献。

⑤ SPIE Digital Library (1998—):收录了国际光学工程学会(SPIE)的所有的会议录全文,此外该库还可以查到 SPIE 的 4 种期刊全文。

⑥ AIP Conference Proceedings (2000—):提供 American Institute of Physics(AIP)的会议录全文。

⑦ ASCE Proceedings (2003—):提供美国土木工程学会(The American Society of Civil Engineers,简称 ASCE)会议录全文,以及各种图书、委员会报告、实践手册、标准和专论等。ASCE 服务平台仍然是 AIP 的 Scitation 平台。

5.3.5 科技报告检索

1) 科技报告概述

科技报告也称技术报告、研究报告,它是科学研究工作和开发调查工作成果的记录或正式报告,是一种典型的机关团体出版物。

科技报告的特点是内容新颖、详细、专业性强、出版及时、传递信息快,每份报告自成一册,有专门的编号(即报告号,通常由报告单位缩写代码+流水号+年代号构成),发行范围控制严格,不易获取原文。因科技报告反映新的研究成果,故它是一种重要的信息源,尤其在某些发展迅速、竞争激烈的高科技领域,人们对其需求更为迫切。在我国,国家图书馆、上海图书馆、中国科技信息研究所和国防科技信息研究所等都收藏有较全面的科技报告。

科技报告的种类很多,按时间划分有初期报告、进展报告、中间报告、终结报告;按流通范围划分有绝密报告、机密报告、秘密报告、非密限制发行报告、公开报告、解密报告等。

2) 著名的科技报告

(1) 美国政府的四大报告

① PB 报告:是美国国家技术信息服务处(National Technical Information Services,简称 NTIS)出版的报告。PB 报告由整理第二次世界大战后的战利品逐渐转向报道美国政府资助的科研项目成果,其内容涉及广泛,几乎包括自然科学和工程技术所有学科领域。

② AD 报告:是美国国防技术信息中心(Defence Technical Information Center,简称 DTIC)出版的报告。AD 报告主要报道美国国防部所属的军事机构与合同单位完成的研究成果,主要来源于陆海空三军的科研部门、企业、高等院校、国际组织及国外研究机构。AD 报告的内容涉及与国防有关的各个领域,如空间技术、海洋技术、核科学、自然科学、医学、通信、农业、商业、环境等 38 类。

③ NASA 报告:是美国国家航空航天局(National Aeronautics and Space Administration)出版的报告。NASA 报告的内容侧重于航空和空间科学技术领域,广泛涉及空气动力学、飞行器、生物技术、化工、冶金、气象学、天体物理、通信技术、激光、材料等方面。

④ DOE 报告:是美国能源部(Department of Energy)出版的报告,其前身是 AEC 报告和 ERDA 报告。DOE 报告的内容已由核能扩大到整个能源领域,包括能源保护、矿物燃料、化学化工、风能、核能、太阳能与地热、环境与安全、地球科学等。

(2) 计算机科学研究报告

① 美国计算机科技报告库(Networked Computer Science Technical Reports Library,简称 NCSTRL):收集了来自世界各国各大学计算机系、工业和政府研究实验室的计算机科技报告;

② 美国斯坦福大学计算机科学技术报告(Stanford Computer Science Technical Reports and Technical Notes):可浏览与全文下载;

③ 惠普实验室技术报告(HP Labs Technical Reports):提供全文免费下载。

(3) 环境科学研究报告

(4) 商业经济研究报告

(5) 其他研究报告资源

① GF 报告(中国国防科技报告);

② GrayLIT NetWork(美国政府灰色文献门户);

③ STINET(美国国防部科技信息库)。

5.3.6 其他特种文献检索

其他特种文献还有科技档案、政府出版物、产品样本等,以下侧重介绍一下产品样本。

产品样本(Product Samples)是企业为宣传推销其产品而制作的产品资料,是特种文献资源之一。产品样本作为一种主要的情报资料源,在20世纪80年代与90年代初期比较热门,是我国各级情报研究所必备的科技资源之一,并且有些情报所还建有样本馆,其重要程度显而易见。后来由于经费紧张、收集难度太大等原因,逐渐淡出了图书情报专业资源的范围。因此有关产品样本的研究论文,也主要来自于80年代和90年代初,21世纪后难觅踪迹;90年代中后期的图书情报高等教育也未深入涉足产品样本。

产品样本包含产品广告材料、企业手册、产品目录、CAD设计图、产品音/视频材料、产品标准图片、产品说明书、产品技术白皮书。

产品样本是一种可靠、完整、简明实用的科技信息源。产品样本文献中介绍的内容常常以图表、数据等信息形式出现,所含信息较科学、准确;产品样本文献又能从性能、用途、特征、参数、型号、品种等多方面来描述某一产品,因此所反映的科技信息较详尽;另外产品样本所描述的产品是科技开发与工程设计的最终成果,所以其信息成熟可靠,生产应用性强。

产品样本是一种独特的产品外观造型设计信息源。产品样本中提供的产品图片外观是新产品开发中工程设计的最新成果,反映了生产厂家和设计单位的工艺水平,是产品技术内涵的表现形式。

产品样本可提供一定的专利、标准、商标信息。由于产品存在着竞争,而产品样本是企业宣传产品的重要手段之一,故生产厂家十分注重在产品样本上注明可以佐证产品质量及影响的各种信息,如产品的专利申请及获得情况、产品所达到的标准等级、产品的商标、产品获奖情况、产品的销售地域等,因而产品样本往往又是获取专利、标准、商标等情报的重要信息源。

产品样本具有一定的艺术性。企业为吸引眼球,充分宣传其产品,往往在样本资料的外观设计和内容组织上花很大的工夫进行设计创作。有的样本资料设计美观、装帧精美、内容组织条理清晰,是难得的样本资料设计时的参考范本,对广告设计、美术设计等从业人员具有很高的参考价值。

产品样本是一种相当重要的商品信息源。商品信息通常是指有关商品生产及商品流通的信息,而其核心则是商品的生产和供应信息,如商品的生产及供应来源,商品的数量与质量、性能、规格、型号等。产品样本正是提供这种有关商品的生产与流通信息的最佳信息源,诸如企业概况、企业发展史、在本行业中的地位、技术实力、商品开发水平、产品销售能力等,都可以从产品样本中获得。

产品样本信息资源具有三个明显的特点,一是数据分散且数量庞大,行业覆盖广泛,分布零散,涉及生产生活的各个层面,而且企业面向各自的目标群体发送,没有统一的发行渠道,样本数据采集相当难;二是数据不规范,形式多样,载体丰富,有纸本、光盘、网络等多种载体,有图片、说明书、CAD工程设计图、三维模型图、音/视频资料等多种形式,因此样本数据标引加工相当难;三是非连续出版物,只是企业根据市场需要而不定期制作的样本资料,具有很大的随意性,样本数据更新难。

思 考 题

1. 如何检索图书文献?
2. 古籍有哪些种类?
3. 简述参考工具书的不同类型与特点。
4. 期刊信息检索总的趋势是什么?其含义如何?
5. 什么是核心期刊?我国五大核心期刊系统是哪些?
6. 如何检索传统期刊论文?如何检索电子化的期刊论文?
7. 什么是特种文献?特种文献的类型有哪些?
8. 什么是专利?专利文献检索常用哪些工具?

第6章 数据库信息源的检索

数据库是按照数据结构来组织、存储和管理数据的仓库,产生于60多年前。随着信息技术和市场的发展,特别是20世纪90年代以后,数据管理不再仅仅是存储和管理数据,而转变成用户所需要的各种数据管理的方式。数据库有很多种类型,从最简单的存储有各种数据的表格,到能够进行海量数据存储的大型数据库系统,都在各个方面得到广泛的应用。计算机信息检索伴随着计算机技术的产生而出现,从最早的联机情报检索系统到今天大规模应用的大型综合资源存储与检索平台,海量数据库一直是这些信息检索系统的主角。数据库也是当前文献信息检索的主要工具,有各种各样的数据库,如期刊全文、电子图书、产品资料库、公司名录、标准法规等。本章将从宏观上对专业与商用数据库的类型、特点、功能、学习使用方法进行比较与介绍,侧重其共性,尽量不涉及某一具体数据库的操作。

6.1 数据库概述

数据库可以被视为能够进行自动查询和修改的数据与信息的集合,一般都由数据库商提供,通常限定在一定的范围内使用。我们通常可以在图书馆等机构网站上看到有使用权的大量数据库。

6.1.1 数据库的产生与早期的检索系统

1) 计算机情报检索

计算机情报检索工作开始于20世纪50年代初期。1954年,美国海军兵器中心图书馆利用IBM-701电子计算机建立了世界上第一个计算机情报检索系统;1959年,美国H. P. 卢恩利用IBM-650电子计算机进行计算机定题情报检索服务。到60年代,在图书情报工作中已广泛利用计算机脱机批处理系统进行情报检索。1962年,美国M. M. 凯塞尔利用IBM-7094电子计算机及其多道控制台进行了世界上最早的联机情报检索试验;1964年,美国系统发展公司(SDC)研制成功ORBIT(Online Retrieval of Bibliographic Information Time-shared)联机情报检索软件。70年代以来,联机情报检索有了进一步的发展,并向计算机网络过渡。联机情报检索系统除了上述的ORBIT之外,还有美国国家医学图书馆的MEDLINE系统、美国洛克希德公司的DIALOG系统。与此同时,法国、英国、日本、加拿大也先后建立了联机情报检索系统,如欧洲空间组织情报检索中心的ESA-IRS系统。

我国从1963年开始进行机械情报检索的研究工作,并在1965年进行了机械情报检索试验。70年代以来开始研究计算机情报检索,在1975年进行了首次计算机情报检索试验,在 1977 年进行了计算机联机检索试验。1983 年在中国科学技术情报研究所建立了连接美国及欧洲主要国家的数据库联机检索系统,这个系统通过意大利的 ITALCABLE 分组交换中心连接到欧洲空间组织的 ESA-IRS 系统,并由数据交换网转接到美国的 DIALOG、ORBIT 系统,这样在北京就可以利用通信卫星检索到欧美 200 多个数据库中的几千万篇文献。与此同时,不少单位建立了各种汉字文献库,有的单位还在研究自动标引和自动文摘等问题。

伴随着计算机检索系统的出现,数据库作为主要存储形式也产生了,最初主要表现为四大国际商业联机数据库 DIALOG、STN、ORBIT、BRS 与终端服务形式。我国自建数据库包括中国科技信息所、北京文献服务处、化工部情报所等建设的数据库检索系统,最初通过 E-mail 提供服务,1993 正式联入因特网,并开始建设四大骨干网。

2) 四大国际联机数据库检索系统

(1) DIALOG 系统

DIALOG 是世界最受推崇、最权威的商务和科技信息资源,也是世界上最大的数据库检索系统,其信息量是 Internet 的 50 倍。该系统拥有 600 个大型数据库,内容涉及 40 多个语种和占世界发行总量 60% 的 6 万多种期刊,覆盖自然科学、工程技术、社会科学和人文科学等领域。其中最著名的数据库有科学引文索引(SCI)、美国工程索引(EI)、英国科学文摘(INSPEC)、美国医学文摘(MEDLINE)、英联邦农业文摘(CAB)、生物学文摘(BA)。数据库年增长率在 20% 以上,且半数以上的数据库是源数据库,记录总量超 3 亿条。

DIALOG 通过远程登录方式提供检索服务。除常规服务外,还有一些特色服务,如商务信息、邮件服务、快件服务、原文订购服务。而命令方式的服务又扩充了一些功能,如多文档服务、数据库索引、最新数据、最相关数据库、最相关记录排序、图像、WPI(世界专利索引)以及各国公司名录和 7 000 多种重要的期刊全文等。

2008 年 6 月,ProGuest(美国剑桥信息集团成员)收购了 DIALOG 系列产品。ProGuest 对 DIALOG 系统进行了"改造使用平台、开发新产品"的系列升级,以满足当今信息情报专家对系统的需要。

(2) ORBIT 与 BRS 系统

ORBIT 系统是美国系统发展公司于 1965 年建立的一个国际大型联机检索系统,而 ORBIT 是该系统检索软件名称的缩写,中心设在美国弗吉尼亚州的 Mclean,1973 年投入商业性运营。1986 年 ORBIT 与 BRS 一起被兼并,开始为 Maxwell Online 公司服务,现为 QUESTEL-ORBIT。

QUESTEL 系统和 ORBIT 系统都是世界上较大的联机检索系统,合并后通过两个功能强大系统的集成,带来数据库资源的融合和系统软件的发展,使该系统成为世界上最具权威性的知识产权信息供应商之一。近年来其竞争策略有所改变,致力于提供一些 DIALOG 没有的数据库,如在专利方面,它常年为用户提供 WPI 和 U. S. Patent 等,又将美国专利数据库 USPA 和 USPB 合并成一个数据库 USPM,使用户避免了跨文档检索,内容包括专利、科技信息、商标和因特网域名,尤以专利和商标为特色。目前该系统与世界上近百个著名信息机构有合作关系,拥有 6 000 多万篇专利数据、4 000 多万条可检索专利族信息、2 000 多万张图片、21个本国语言的全文数据库。

QUESTEL-ORBIT 系统约有 120 个数据库,数据库类型有书目数据库、指南数据库和词典数据库,内容涉及自然科学、工程技术、社会科学、商业和经济等领域,有许多文档与 DIALOG 系统中的重复,但也有一些数据库拥有独家经营权。该系统对汽车工程、化工、石油、医学、环境科学、安全科学及运动科学方面的文献收录较全。其服务方式有联机检索、联机订购原文、定题检索、回溯检索等,提供全天候服务。

在 QUESTEL-ORBIT 网站除提供数据库检索外,还有一些其他的服务。进入该系统的主页,在 Our Web Services 栏目下显示了该网站提供的服务内容,包括 QUESTEL-ORBIT 的 Web 式检索、美国和欧洲专利检索、专利与贸易、专利文献订购、贸易信息检索等。如果要检索 QUESTEL-ORBIT 的数据库,则点击"QWEB"进入数据库检索主界面,再在该页面上点击"Login"进入登录页面,输入事先注册的密码和帐号后便可检索。

ORBIT 系统有如下主要的特色数据库:

① AQUALINE(1969 年至今):水与废水技术和环境保护,月更新;

② CRDS(1944 年至今):合成有机化学,双月更新;

③ COMPAT(1942 年至今):数字数据处理系统美国专利,月更新;

④ CRECORD(1981 年至今):美国国会会议录与官方会议期刊,周更新;

⑤ CORROSION:600 多种试剂对工程材料的作用,半年更新;

⑥ JAPIO(1976 年至今):日本未审专利申请,月更新;

⑦ ORBCHEM,ORPPAT:检索化学、专利数据库的交叉辅助文档;

⑧ TSCA,PLUS(1976 年至今):毒性物质控制条例中公布的化学品;

⑨ WSCA(1976 年至今):世界表面涂层文摘,月更新;

⑩ SAE:汽车、飞机等交通工具;

⑪ TULSA:石油、天然气开采与勘探。

(3) STN 系统

STN(The Scientific & Technical Information Network-International)是著名的国际科学技术信息系统,始建于 1983 年,1986 年全面对外服务,主要提供科技信息在线检索服务。

STN 系统由美国化学文摘社(CAS)、德国 FIZ-Karlsruhe 信息中心和日本国际科技信息中心(JICST)三家共同开发建设,三个服务中心分设在美国的哥伦布、德国的卡尔斯鲁厄和日本东京。用户只要与其中一个服务中心的主机联机,就可实现对三家主机的同时访问。

STN 系统拥有 200 多个数据库,内容涉及化学化工、生命科学、生物技术、医药、农业、食品科技、工程技术、材料科学、地质学、能源、数学、物理、建筑、电子技术、民用工程、环境科学、人文科学等几乎所有学科领域,其中化学化工信息、材料特性信息以及日本和德国的科技文献、专利信息等是该系统的特色。该系统数据库类型多样,有书目库、数值库、名录库、全文库等。它支持多文档检索,全天 24 小时提供服务。

STN 系统的很多数据库为用户提供免费服务,可以利用 STN Yellow sheets (http://stnweb.fiz-karlsruhe.de 或 http://stnweb.cas.org)、联机版的 STN Guide 数据库(免费)了解该系统各数据库的详细情况。

为方便用户检索使用,20世纪90年代中期STN推出了多个Web网站提供网络检索,如STN Easy、STN Express with Discover、STN on the Web、SciFinder、STN International等。这些网络检索都是将STN命令与浏览器的功能相结合,检索的界面简单、方便、易用。利用STN on the Web还可以进行化学物质结构图形的检索,这也是该系统的特色之一。

3) 我国早期联机服务系统与数据库

① ISTIC-EISS(中国科技信息所联机检索系统):该数据库基本被后来的万方数据资源系统中的科技信息子系统全盘收录。

② BDS信息检索系统:北京文献服务处(BDS)是由中国国防科技信息中心和北京市科协共同策划组建,以联机检索国防科技信息为主,所有收费数据库均按检索次数记价。

③ CHOICE:由原化工部情报所提供的联机情报检索系统。

6.1.2 网络化数据库

在进入21世纪后,随着互联网的扩展和升级,网络数据库有了迅猛发展。国内外的数据库建设均进入一个调整与转型阶段,由联机或光盘形式转型为网络数据库。网络数据库发展呈现了以下几个特点。

1) 数据量大,增长迅速,更新速度快

在国外,数据库生产已形成规模并走向产业化和商业化,而国内也出现了综合性的中国期刊网、重庆维普、万方数据资源系统等通过Web形式提供服务的大型网络化数据库,使得网络数据库的整体发展呈现出以下两个特点。

(1) 数据库规模大、数据量多,增长迅速。如号称世界上最大学术电子出版物供应商的Elsevier Science,通过ScienceDirtect可在线提供多个数据库产品服务,包括一个综合性的学术期刊全文数据库、多个专题数据库、12种参考工具书及15个书目数据库,可检索、浏览的信息资源包括1 500多种全文学术期刊、5 900多万条文摘记录、200多万篇学术期刊论文。ISI的Web of Knowledge信息平台上目前可提供服务的数据库有ISI三大引文索引数据库(Science Citation Index Expanded、Social Sciences Citation Index及Arts & Humanities Citation Index)、期刊目次库(Current Contents Connect)、多个专业文献信息及事实数据库、会议录及专利信息数据库,数据容量为核心期刊8 600多种、学术会议录论文记录200多万条、专利信息2 000多万条、化学反应60多万个、化合物100多万个,每年要增加20多万条会议录论文记录,收入的期刊数量则以2.3%的速度递增。

(2) 数据更新速度快、周期短。如SCI、ISTP、BA、EI等著名文摘索引的印刷版、光盘版一般为每季度或每月更新,而相应的网络版数据库及国内CNKI、重庆维普通常是每周更新;电子期刊数据库的更新通常早于相应的印刷版,为每周或每日更新;而电子报纸的更新速度则以小时、分秒计算。

2) 品种多元,内容丰富

网络数据库品种繁多,内容丰富。从文献的加工程度看,既有目录、索引、文摘等二次文献数据库,如ISI的三大引文索引、Biosis Preview、EI Village等,又有期刊论文、会议论文等一次文献数据库,如 Elsevier Science 的全文期刊数据库、IEEE/IEE Electronic Library 等;从文献类型看,既有电子期刊、电子报纸、电子图书,如 Science、Nature Publishing Group、Springer-Link、netLibrary 等,又有学位论文、会议录、专利、标准等数据库,如 ProQuest 的 Digital Dissertations、ISI Proceedings、IEEE/IEE Electronic Library、Derwent Innovations Index 等;从学科范围看,既有单学科的,又有多学科综合性的,如 RSC(化学)、IOPP(物理学)、Lexis.com(法律、法学)、ABI、Business Source Premier(商业与经济管理)、Elsevier Science 全文电子期刊数据库(综合性)、Springer-Link(人文社会科学、自然科学与医学);从数据库的开发与供应看,既有书刊代理商,如 EBSCO、Blackwell,又有出版商,如 Elsevier Science、Springer、John Wiley、World Scientific 等,还有研究所、学会、协会等,如 ISI、Royas Society of Chemistry 及 Institute of Physics 等。

3) 使用便捷,无时空限制

网络数据库借助互联网出版发行,除极少数外,绝大多数是连续作业,每天 24 小时不停机,通过互联网为世界各地授权终端用户提供服务,且同一数据库可同时为多人取用。这就为人们检索、利用数据库提供了极大便利,克服了图书馆传统服务受时空限制的缺陷。网络数据库的用户界面设计通常直观清晰、图文并茂,如不同的文献类型用不同的图形符号表示,生动直观;数据库往往设有专门的功能帮助键,且帮助信息详略适当、清晰、便于查阅;对信息资源的查找利用具有选择与限定的自由,比如可在不同的数据库或文档、不同检索方式之间自由切换与选择,可对文献类型、出版时间、出版形式、可检字段等进行限定与选择,用户只需点击鼠标,即可完成选择与链接操作。这些是其他形式出版物无法比拟的。

4) 数据标准、规范、多元

网络数据库的生产标准、规范,如采用超文本、多媒体等先进成熟的信息处理技术,遵循 Z39.50 等通用的标准、协议与规范,使用 Internet Explorer 等通用、标准浏览器,以及 PDF 格式文档标准阅读器 Acrobat Reader 等,既便于用户的操作使用,又便于数据的交换与系统的扩展整合,也为数据库的稳定、畅通使用提供了保证。数据档案格式多元,可包含更多传统纸本媒体无法提供的文档格式。目前,网络数据库数据文档常用的格式 PDF、ASCII(TEXT)及 HTML 可满足不同的需要,此外 Word、PostScript 格式文档亦常有所见,在计算机科学领域,有时可发现许多电子期刊全文内还附上了计算机执行档供使用者取用执行。图书馆及其网络终端用户只需熟悉常见、通用计算机解读软件的使用,无需特别加以培训,即可充分利用网络数据库检索、浏览、下载、打印所需信息资源。

5) 数据库的检索功能强大

网络数据库的检索功能往往较为强大,这就使得网络数据库在信息检索的检全率、检准率以及检索的灵活性、方便性等方面较之其他形式的出版物更突出、更具优势。主要表现如下:

(1) 除提供基本或简易检索模块供初学者及一般用户使用外,还可提供各种形式的高级检索模块以方便用户进行限定字段检索,或使用逻辑算符(AND、OR 和 NOT)、括号、位置算符、截词符和词根符等构造检索式进行组配检索,使得检索更为灵活,更为准确。

(2) 除提供关键词、题名、著者、刊名及字顺等多种检索途径外,类似 INSPEC、Web of Science 等检索途径(入口)多而广的数据库越来越多。前者的字段检索(Search Fields)提供有 40 个字段列表,每个字段都可作为检索入口;后者则提供有分子式等特殊多样的检索入口。

(3) 除使用逻辑算符、括号、位置算符、截词符和词根符等符号进行扩、缩检外,还可对不同的数据库、文档、可检字段(包括关键词、题名、著者、文摘、全文及所有字段、出版年代、文献类型(包括图书、期刊、报纸、文章等))等进行选择与限定。

6) 检索结果的显示与输出灵活、多样

(1) 检索结果的显示方式灵活、多样,主要表现在三个方面:一是每屏显示的记录数的限定;二是排序方式的多样化,可按相关度、出版时间、文献标题、著者、来源、语言、出版国等多种方式升序或降序排列,如 INSPEC 数据库检索结果的排序方式多达 10 种;三是显示格式的多样化,可提供题录(Citation)、题录＋文摘(Citation＋Abstract)、全记录(Complete Field)或选择字段(Select Field)等多种格式显示。

(2) 检索结果的输出方式多元化,不仅可提供存盘、打印方式下载数据,还可利用电子邮件发送检索结果,或将检索结果直接输出到文献信息管理软件,如 ProCite、Reference Manager、EndNote 等中,亦可直接在网上订购文献全文。

6.1.3 网络数据资源平台的发展态势

网络数据库日益发展成为整合的数据资源服务平台。作为一种主要的电子资源,其独特的优势在网络环境下日益突显。在新时期,数据库服务与平台建设主要表现在以下几个方面。

1) 学术电子期刊迅速增长

在数据库发展初期,由于品种与数量有限,选择范围小,图书馆及其用户对数据库的要求不可能也无法太高太多。随着图书馆电子资源建设与电子信息服务的深入发展,对电子资源的需求不断增加,要求亦越来越高,因而更加注重数据库的内容。书目、索引、文摘等二次文献数据库及普通期刊全文数据库已不再能满足图书馆尤其是学术图书馆及其用户的需求,人们迫切需要高品质的学术电子期刊。

如今,Springer-Verlag、John Wiley、World Scientific、Science、Nature Publishing Group 等著名出版商以及英国皇家化学学会(RSC)、英国物理学会(IOP)、美国计算机学会(ACM)等正在将其纸本期刊电子化,或者直接创办新的电子版期刊。现在,在万维网上已经可以看到所有重要的自然科学、工程技术与医学学术期刊,学术图书馆的电子期刊与纸本期刊的结构比例正发生变化。

2) 电子图书后来居上

继电子期刊后,电子图书潜在的巨大市场也引发出版社、数据库开发商及其代理商的竞争与合作,结果必然是电子图书迅猛发展。OCLC 的 NetLibrary 已获得 10 余家大学及其他出版社电子图书的发行权,现有电子图书 60 000 多种。Springer 现有电子图书 1 300 余种,并且已成功将 *The Series Lecture Notes in Computer Science*(LNCS)、*Lecture Notes in Mathematics*、*Lecture Notes in Physics* 等 20 套丛书中的 1 000 余种书电子化,其他图书的电子化工作将持续进行。John Wiley 继提供参考书在线服务后,又推出在线图书 Online Books,现有电子图书(手册、专著等)180 多种,内容涉及化学、生命科学与医学、电子工程及通信等多个学科领域。ProQuest 的 Safari Tech Books Online 则把电子图书的重点放在 IT 领域,号称可提供 50% 以上已出版的 IT 图书,且通常情况下新电子图书的提供先于印刷版,并还具有较强的扩展与整合功能。如今的电子图书不仅在数量、品种和范围上有较大的增长,且在结构、功能上有所发展,其购买模式也更加灵活多样。

3) 文献全文取用及时方便

为了满足图书馆及其用户快速方便地获取所需原始文献,实现信息检索、原文获取的一体化,数据库开发商与集成商日益重视数据库原始文献的提供,以强化数据库原文取用的即时性与方便性。其实现途径主要有以下四种:

(1) 不断开发新的电子期刊全文数据库

在 21 世纪前 10 年,电子期刊尤其是高品质的学术期刊迅速增加,此外学术期刊过刊数据库回溯建设也丰富了全文电子期刊的品种与数量。例如,Elsevier Science 于 2001 年 1 月启动过刊数据库项目(Backfiles Program),用 3 年时间即完成所收录的 1 500 余种期刊中 1995 年以前出版的 300 多万篇期刊论文的回溯建库;透过 Science Direct 可检索、浏览的期刊论文全文多达 800 万篇,约 4 000 万页。

(2) 增加现有数据库中全文期刊的品种与数量

如 Bell & Howell 公司(原 UMI 公司)的学术期刊图书馆(Proquest Research Library),1999 年收录的报刊为 2 308 种,其中全文刊 1 472 种;2000 年报刊达 2 345 种,全文刊增至 1 533 种;2002 年全文刊增至 1 700 多种。EBSCO 的学术全文数据库(Academic Search Elite),1999 年收录期刊 3 215 种,其中全文期刊 996 种;2002 年其升级版 Academic Search Premier 收录的期刊达 4 425 种,其中全文期刊增至 3 467 种。Elsevier Science 的 Science Direct 期刊数据库 2000 年收录期刊 1 100 多种,2002 年初增加到 1 200 多种,2002 年 5 月成功收购 IDEAL,将包括 Academic Press、Mosby、Churchill Livingstone、W. B. Saunders 等出版商在内的 335 种全文期刊纳入其系统,使期刊总数增至 1 500 多种,后又通过各种方法使期刊总数增至 2 200 余种,成为目前世界上最大的全文期刊数据库。

(3) 提供原始文献链接

提供原始文献链接的方式主要有 4 种。一是链接到出版商的电子期刊全文,例如,ISI 与 Cambridge University Press、OCLC、Project Muse 等机构建立友好的合作关系,其合作伙伴达 20 个,可进行全文电子期刊链接的出版商多达 2 300 家,最终目标是力争与其收录的 8 000 多种期刊中的所有电子版全文进行链接;二是链接到相应的全文数据库;三是链接到互联网上的文献全文;四是链接到图书馆的纸本馆藏期刊。

(4) 电商平台的发展,使直接在网上订购文献全文成为可能

4) 数据库结构优化与功能增强

数据库开发商与集成商将更加重视数据库结构的优化和功能的增强与完善。一方面,改进与完善数据库的原有结构与功能,如增加互动式词表索引、浏览式索引、检索途径、定题

追踪、线上使用统计报告等功能。为此,数据库开发商根据需要适时升级数据库系统信息平台,给图书馆及其用户带来新的功能与服务。但升级过于频繁也会带来不便,馆员需及时做好宣传与培训工作,读者也需不断学习、了解并熟悉新功能与新服务。此外,新功能与新服务的使用一般需要另付费用。另一方面,是针对学科主题与文献类型的特点设计、开发数据库,这些数据库在结构与功能上将更具个性与特色,更易满足用户的检索需求。施引文献与被引文献的检索已不再是 Web of Science 等少数数据库的专利,如 CNKI 逐步推出引文方面的检索。如今,具有独特检索机制和强大跨库交叉检索功能的数据库日益增多,使得信息检索的方便性、广度和深度进一步提高、扩展和加深。

5) 数据库系统开放集成

任何数据库都不可能包罗万象,满足读者的各种需要。因而,网络环境下开放集成的数据库系统就显得尤为重要。开放集成的数据库系统可将多个资源与多种服务整合成动态的体系,改变了书目、索引、文摘等二次文献数据库纯粹作为信息(线索)检索工具的性质,使之成为沟通不同信息资源的网关,成为读者检索、获取相关信息与原始文献的门户。

系统的集成开放是数据库开发商与集成商提高数据库质量与竞争力的有效手段,不具备信息资源整合功能的数据库,尤其是二次文献数据库极易被淘汰。"一站式"服务的设计理念已被数据库开发商广为采用,基于互联网所建立、与 ISI 的 Web of Knowledge 相类似的新一代学术信息整合体系越来越多,如中文三大综合性电子资源平台均发展成为整合的多资源服务体系。数据库更具开放性、扩展性、动态性与整合性,数据库系统的扩展整合方式更为灵活多样,扩展整合技术更为先进,扩展整合的资源与服务的范围更大更广,在数据库与纸质资源、数据库与网站资源、二次文献与一次文献、同一开发商的不同数据库、不同开发商的不同数据库以及图书馆的不同信息服务(数据库检索、馆际互借、原文订购等)之间实现无缝链接前所未有地易如反掌。用户透过同一平台即可迅速检索、获取各种不同的信息资源,享用图书馆的各种信息服务。

6) 数据库服务智能化与个性化

(1) 用户服务的智能化与个性化

利用现代通信网络与信息技术,新一代的智能化、个性化代理服务可按照用户的不同需要进行定制、细分。如最新目次报道服务、文献被引追踪服务等,又如按需定制、自动传送、与全文链接等;而网页定制服务可依个人兴趣爱好,选择特定的学科主题定制网页,或者选择特定的出版物,建立自己最喜欢阅读的期刊列表,创建目次服务,并且提供网页定制服务的系统平台可自动识别读者。

(2) 图书馆服务的主动化与个性化

数据库供应商现都有意识地为图书馆提供更多的个性化主动服务,如为图书馆设计定制用户界面、添加单位标识、用户指南链接等,又如为图书馆提供数据库所收期刊的 MARC 数据,或加载纸本馆藏数据。例如读秀知识搜索就建立了本地化馆藏链接功能,与图书馆的实体馆藏之间有效挂钩。数据库商还根据图书馆的要求提供培训,包括馆员培训和用户培训。

7) 数据库管理实时在线

利用网络环境的便利,提供在线管理是新时期网络数据库的又一显著特征。在线管理可通过使用统计报告的提供、事项通知、在线服务热线等实现。使用记录统计报表可包括检索次数、每次检索平均摘要笔数、摘要浏览篇数、全文浏览篇数、全文浏览页数以及使用电子邮件传送文件(摘要或全文)的次数等。使用统计报告可由数据库供应商提供,亦可交由用户,即图书馆管理人员(用账号或密码进入)自行操作。在线管理服务可帮助图书馆及时了解、掌握数据库的使用状况,调整工作重点,比如对使用率低的数据库加强宣传与用户培训。使用统计数据还是图书馆进行馆藏分析、评价的重要依据,如期刊使用统计记录报表不仅是数据库续订的重要依据,也是图书馆增删、续订纸本期刊的重要依据。各种在线统计数据亦是数据库开发商或供应商监测、了解其数据库产品与服务情况的有效方法,而检索平台升级、新到期刊卷期报告等事项通知可帮助图书馆及时了解并利用数据库的新资源与新功能,在线服务热线则可帮助图书馆及时解决数据库使用中遇到的问题。

6.1.4 数据库的类型与构成

1) 数据库类型

一般将数据库分为文献型数据库(其中,一次文献数据库又称全文数据库,二次文献数据库又称书目数据库)、非文献型数据库(数值型数据库和事实型数据库)。书目数据库是指存储某个领域的二次文献(如文摘、题录、目录等)书目数据的一类数据库,属于参考数据库中的一种,其数据主要来源于期刊论文、会议论文、研究报告、学位论文、专利文献、报纸等各种不同的一次文献信息源;全文数据库是一种源数据库,通常存储有文献的全文或其中的主要部分;数值型数据库是专门提供以数值方式表示数据(包括其统计处理表示法)的一种源数据库;事实型数据库则汇集各类客观事实,例如各种统计数据库、术语数据库、财务数据库、科学技术数据库、指南数据库等。与文献数据库相比,数值型与事实型数据库是人们对信息进行深度加工的产物,可以直接提供解决问题时所需要的数据与事实,是进行各种统计分析、定量研究、管理决策等的重要工具。

按引用渊源可将数据库分为引文数据库与非引文数据库。文献的引证关系比较深刻地反映了科学文献之间的内在联系。引文索引思想最早在1955年由美国学者加菲尔德提出,主要是从文献之间的引证关系着手去揭示科学文献之间(包括学科之间)的内在联系,找到一系列内容相关的文献以及某一学术观点的发展脉络。这样不但可以看出某一学科的研究动态、研究情况,而且可以看出这一学科的核心作者群,还可以根据某一名词、某一方法、某一概念、某一理论的出现时间、出现频次、衰减情况等,分析出学科研究的走向和规律。

另外,数据库按不同建设者可分为商用数据库、各馆藏单位(图书馆、档案馆、情报研究所)自建特色馆藏数据库、行业协会及数字图书馆联盟成员间合作建设的各类数据库。

2) 文献数据库的构成

计算机检索系统中数据库主要由文档、记录、字段三个层次构成。

(1) 文档:若干个逻辑记录构成的信息集合称为文档(或称文献数据库),它是组成文献检索系统的基本单元。有些文档因规模庞大被分成若干个文档,用户可以根据自己的需要选择一个或多个文档(或数据库)进行检索。

第6章 数据库信息源的检索

一个数据库至少包含一个顺排文档和多个倒排文档。顺排文档是将数据库的全部记录按照记录号的大小排列而成的,它是数据库的主体内容,类似印刷型的正文部分;倒排文档是将记录中一切可检索字段(如著者、主题词、叙词等)抽取出来,按其在文档中的位置和所在文档的序号重新加以组织,这样可以按不同字段组成不同的倒排文档(如著者倒排文档、主题词倒排文档等),也可以组成一个不同字段的混合倒排文档,加快检索速度。

(2) 记录:是文档的基本单元,一个记录相当于一篇文献。在全文数据库中,记录是一篇完整的文章;而在二次文献型数据库中,记录则是一条文摘或题录。

(3) 字段:是记录的基本单元,每条记录由若干字段组成。字段一般对应信息的著录项,可分为基本字段和辅助字段两种。基本字段是用来表达文献内容特征的字段,如题名字段、文摘字段、叙词字段等;辅助字段用来表达文献外表特征的字段,如作者字段、出版年份字段等(见表6.1和表6.2)。

表6.1 数据库中常见字段和缩写

基本字段			辅助字段		
字段名称	英文全称	缩写	字段名称	英文全称	缩写
题目	Title	TI	记录号	Document Number	DN
文摘	Abstract	AB	作者	Author	AU
叙词	Descriptor	DE	作者单位	Corporate Source	CS
标题词	Identifier	ID	期刊名称	Journal	JN
			出版年份	Publishing Year	PY
			出版国	Country	CO
			文献类型	Document Type	DT
			处理码	Treatment Code	TC
			语种	Language	LA

表6.2 中文数据库检索常见的字段缩写

字段缩写	字段缩写	字段缩写
① SU=主题	⑦ FI=第一责任人	⑬ FU=基金
② TI=题名	⑧ AF=机构	⑭ CLC=中图分类号
③ KY=关键词	⑨ JN=文献来源	⑮ SN=ISSN
④ AB=摘要	⑩ RF=参考文献	⑯ CN=统一刊号
⑤ FT=全文	⑪ PT=发表时间	⑰ IB=ISBN
⑥ AU=作者	⑫ YE=年	⑱ CF=被引频次

计算机情报检索系统由硬件、软件和数据库组成。通常包括六个主要子系统:① 文献选择子系统;② 标引子系统;③ 词表子系统;④ 检索子系统;⑤ 用户与系统之间的交互子系统(用户/系统接口);⑥ 匹配子系统,即实际对文献著录和提问著录进行匹配的子系统。

影响计算机检索效率主要是数据库因素和检索服务因素。数据库因素称为输入因素,主要有三种:① 收录的文献是否齐全、稳定而连续;② 在标引工作中是否全面且准确地揭示和描写这些文献的主题内容;③ 用于描写这些文献主题内容的词表是否合适。检索服务因素称为输出因素,主要也有三种:① 情报检索中心的工作人员理解用户情报需求的水平(用户/系统交互);② 他们将这些需求转换成检索策略的水平;③ 描写用户提问主题所用的系统词表是否合适。

6.2 数据库学习使用的一般方法

数据库是一种格式化档案,由于其构建方式、数据字段设定及数据储存有独特的规律性,输出方式也具有相似性,因此在我们平时学习使用数据库过程中有其共性规律可循。本节拟对这些规律作讨论。

6.2.1 了解数据库

我们在学习与研究中要获取所需图书、期刊及各类特种文献,除传统文献信息源外,主要方式已经完全依赖网络数据库。因此需要考虑这样几个问题:要查询哪些数据库;它的收录范围、更新频次、文种类型、文献形式、数据量如何;如何获得这些数据库使用权;如何检索。如果已经熟悉某种数据库的使用,还需要了解数据库是否有程序更新与数据更新,与原操作界面及数据收集范围相比有哪些变化。要解决这些问题,就必须对数据库有一个基本的了解。而数据库的基本情况介绍可以通过以下几个途径获得。

1) 检索课程学习与培训

高等院校普遍开设了"信息检索与利用"相关课程,其中数据库已经成为一个重要的课程内容,教师往往要向学生花大力气讲授与辅导实验操作。通过该课程的学习就可以了解以上我们所需的内容,更主要的可以熟悉某种数据库具体的检索方式与特点,从而掌握数据库的基本情况,并能独立进行实验检索,为将来的学习与研究打下基础。此外,数据库商往往会联合图书馆做产品用户培训,通常以讲座的形式,但时间地点不固定,需要用户及时关注。通过这种方式,用户可以了解产品最新动态,以及检索使用方法方面的变化与更新。

2) 数据库自带的简介或帮助页

如果没有条件参加系统培训,亦可进入数据库首页,通过查找帮助文档或直接浏览数据库简介页面的方式进行数据库基本情况的学习。一般通过网络形式对外服务的数据库都会有详细的帮助文档或用户培训教程。

3) 网络搜索获得相应的学习课件或文档

某些专业数据库可能未提供详细的帮助文档和培训教程,这时候可通过搜索引擎搜索网上一些免费的教程。可通过百度"filetype"语法搜索相应的"DOC"或"PPT"文档,获得某一数据库的使用教程。例如想搜索 CNKI 数据库使用方法的免费教程,可直接在百度搜索框中键入"CNKI filetype:PPT"即可获得一批结果,然后择其最新最近的下载阅读即可。各大图书馆及信息检索教学培训机构均会有一些共享课件或共享文档放置于网络,供用户搜索使用。

6.2.2 数据库检索的一般方式

数据库检索通常有固定的方式,随着谷歌、百度等极简界面的搜索引擎出现,以用户为中心的理念深入人心,较多数据库检索界面已经逐步由原先的繁琐选择过渡到单一简明的一框式搜索,将资源组织完全放置于后台。

通过检索词进行检索的方式均需通过四部分实现,即学科范围、检索项、检索词、检索控制,完整的操作步骤为选择检索方式→选择学科范围→选择检索项→输入检索词→词频→扩展→起止年→更新→范围→匹配→排序→每页。

各类数据库提供的功能从简单到复杂一般会以下四种方式呈现。

1) 浏览

数据库浏览方式通过字顺方式编排,一般有刊名、论文题目、著者、分类等途径的字顺浏览方式,以维普、Elsevier、Springer LINK(Kluwer)、IEL 为典型。如 IEL,它提供由主题类目或刊名浏览直接进入数据库期刊,可按数据库收录的期刊论文、会议录、标准、电子图书等几个途径进行字顺浏览,同时提供简单搜索框,用于主题搜索(见图 6.1)。

图 6.1　IEL 期刊浏览

2) 一般(初级)检索方式

几乎所有数据库均提供一般检索方式,通常为系统默认的检索界面。基本检索中默认的检索字段是关键词,在检索框中可输入检索词或者检索表达式。检索结果默认按出版日期顺序从最近期次开始排列,也可以在"排序依据"中选择"相关性"进行检索结果的排列。如果在输入框中输入的是检索表达式,可以使用布尔逻辑检索、截词检索、字段限制检索、位置算符检索等检索技术来构造检索表达式。初级检索是一种简单检索,系统所设初级检索一般具有多种功能,如简单检索、多项单词逻辑组合检索、词频控制、最近词、词扩展。

以中国知网(CNKI)为例,只需输入检索词,然后点击检索按钮,则系统将在默认的"全文"或"主题"(题名、关键词、摘要)项内进行检索,任一项中与检索条件匹配者均为命中记录。通常在进行初级检索前,先须选择查询的学科范围;再选择检索项,有 16 个检索字段,即主题、篇名、关键词、摘要、作者、第一责任人、单位、刊名、参考文献、全文、年、期、基金、中图分类号、ISSN、统一刊号;然后输入检索词,初级检索中一个检索项只能输入一个检索词;

接着进行检索词控制,通常在输入检索词后可根据需要选择下列检索词控制条件:词频、最近词、扩展、关系;最后选择检索记录控制,检索记录控制包括起止年份、更新、范围、匹配、排序、每页等(见图6.2)。

图 6.2　CNKI 一般检索

3) 高级检索方式

高级检索是一种比初级检索要复杂一些的检索方式,但也可以利用进行简单检索。它是运用逻辑组配关系,查找同时满足几个检索条件的数据库记录。

以维普期刊资源整合服务平台为例,高级检索提供两种方式供读者选择使用,即向导式检索、直接输入检索式检索(见图6.3)。

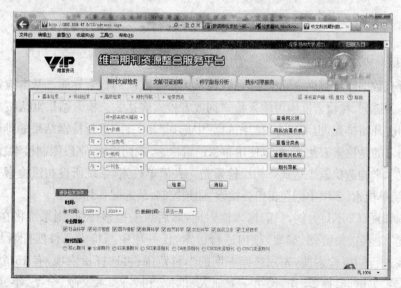

图 6.3　维普期刊资源整合服务平台高级检索

(1) 向导式检索

向导式检索为读者提供分栏式检索词输入方法,除可选择逻辑运算、检索项、匹配度外,还可以进行相应字段扩展信息的限定,最大程度地提高了查准率。

① 扩展功能:查看同义词、查看同名/合著作者、查看分类表、查看相关机构、期刊导航。

② 扩展检索条件:可以根据需要对时间条件、专业、期刊范围作进一步的限制,以减小检索范围。

③ 检索顺序:向导式检索的检索操作严格按照由上到下的顺序进行,先检索第一行并把检索结果跟第二行检索结果进行逻辑组配,逻辑组配得到的结果再跟第三行检索结果进行逻辑组配,这样一直组配下去,直至完成所有检索条件。

(2) 直接输入检索式检索

读者可在检索框中直接输入逻辑运算符、字段标识等,然后点击"扩展检索条件"并对相关检索条件进行限制后再点击"检索"按钮即可。

① 逻辑运算符:"×"、"+"、"-";

② 字段代码:U(任意字段)、M(题名或关键词)、K(关键词)、J(刊名)、A(作者)、F(第一作者)、S(机构)、T(题名)、R(文摘)、C(分类号)、Z(作者简介)、I(基金资助)、L(栏目信息);

③ 关于检索优先级:无括号时逻辑与"×"优先,有括号时先括号内后括号外。

4) 专业(家)检索

专业检索(有些系统称专家检索)比高级检索功能更强大,但需要检索人员根据系统的检索语法编制检索式进行检索,因此适用于熟练掌握检索技术的专业检索人员。

专业检索可使用某一数据库的所有检索项构造检索式。专业检索表达式中可用检索项名称可参见检索框上方的"可检索字段",构造检索式时采用"( )"前的检索项名称,而不要用"( )"括起来的名称。"( )"内的名称是在初级检索、高级检索的下拉检索框中出现的检索项名称。例如要检索唐磊所写的有关搜索引擎方面的文章,其检索表达式为"作者=唐磊 and 关键词=搜索引擎"。以 Elsevier 为例,专家检索界面与高级检索相似,只不过由检索者自己输入检索表达式,这种检索方式使检索结果更加精确。例如,title=(information system) and abstract=(hospital) and keyword=(management),条件限定与高级检索相同(见图 6.4)。

数据库检索的限定通常有时间限定、语种限定、学科限定、匹配方式、排序方式等。

6.2.3 数据库原文文献的获取

数据库原文文献的获取方式是数据库检索必须要考虑的一个方面。对全文数据库而言,主要是文档格式问题;对二次文献数据库而言,主要考虑全文文献的出处。

1) 全文数据库

中国知网、维普、万方、Elsevier、Spinger LINK 等数据库,只有正常登录的正式权限用户才可以下载保存和浏览文献全文。以中国知网为例,系统提供两种途径下载浏览全文:一是从检索结果页面(概览页),点击题名前的下载 PDF 或 CAJ 格式全文;二是从数据库细览

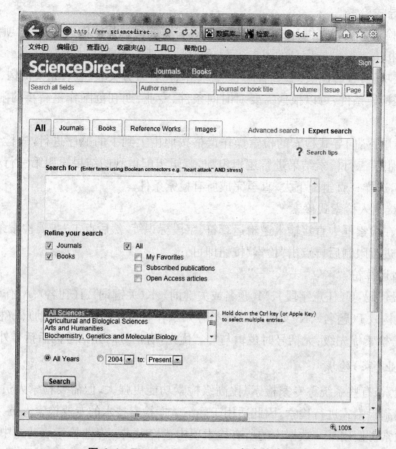

图 6.4 Elsevier ScienceDirect 专家检索界面

页,点击 CAJ 下载或 PDF 下载,可分别下载 CAJ 格式或 PDF 格式全文。全文数据 CAJ 为图像文件,需要通过全文浏览器 CAJViewer 打开,PDF 则需用 Adobe Reader 来打开。浏览器能对图像文件进行各种处理,特别是可以对图像文件进行文本和图像剪贴处理。

  PDF 文档是一种便携的跨平台文件格式,是由 Adobe 公司所开发。PDF 文件以 PostScript 语言图像模型为基础,无论在哪种打印机上都可保证精确的颜色和准确的打印效果,即 PDF 会忠实地再现原稿的每一个字符、颜色以及图像。这种文件格式与操作系统平台无关,也就是说,PDF 文件不管是在 Windows、Unix 还是在苹果公司的 Mac OS 操作系统中都是通用的。这一特点使它成为在 Internet 上进行电子文档发行和数字化信息传播的理想文档格式。越来越多的电子图书、产品说明、公司文告、网络资料、电子邮件开始使用 PDF 格式文件。Adobe 公司于 2009 年 7 月 13 日宣布,作为电子文档长期保存格式的 PDF/Archive(PDF/A)经中国国家标准化管理委员会批准已成为正式的中国国家标准,并已于 2009 年 9 月 1 日起正式实施。数据库产品与服务提供商一般均采用 PDF 格式的全文文档作为基本格式,而 PDF 格式文件已成为数字化信息事实上的一个通用标准。

  2) 二次文献数据库

  二次文献数据库检索出文献线索,需要通过各种途径来获取原文文献。如果已知文献的确切出处,可以通过 Citation Linker 查找电子版原文。"出版物名"可以输入期刊、会议录等连续出版物名称。如果没有查到需要的电子版原文,可根据文献出处(如期刊名或会议论文集名等),通过主页上的"联机公共书目查询"检索本单位图书馆是否收藏有刊登该文献的印刷本期刊和会议录(如果本馆有收藏,则可直接到相应阅览室阅览全文)。还可通过主页"中文电子期刊导航"或"西文电子期刊导航"查询电子版期刊,并无缝链接浏览电子版原文。对于本单位图书馆未收藏的文献,可与图书馆的馆际互借部门或信息咨询部联系,通过馆际互借能够通过国内外各种途径找到所需要的原文。任何馆藏单位的数据库资源都是有限的,需要充分发挥资源共享、互惠互助的精神,多帮助别人也学会向别人求助。

也可以在 Google 学术里搜索一下,使用 intitle:"文章题目"命令,定位会很精确。但我们经常会去查文献引用的参考文献,由于格式的原因,往往只有作者、期刊、卷数、期、页码等信息,这时可以使用 JournalSeek 功能,只需输入期刊的缩写或者全称很快就能得到期刊所在的数据库,再根据卷、期、页等即可精确定位一篇文章,然后通过有使用权的电子资源库进行搜索。

还有的数据库提供原始文献链接。除此之外,获取原文献的方式还有使用文献代理、EZ、VPN、E-mail 作者直接索取、使用联合参考咨询网、论坛求助等;也可试试访问 Science 网上杂志,访问 High Wire Press、Free Medical Journals 等网站查找全文。这些均是免费的方式。

3) 结果输出方式

目前,数据库检索结果的输出方式呈多元化,不仅提供存盘、打印方式下载数据,还可以利用电子邮件发送检索结果,或将检索结果直接输出到文献信息管理软件,如 ProCite、Reference Manager、EndNote 等中。

6.2.4 数据库检索语法、常用符号及参数比较

关于数据库的检索语法与常用符号,本书第 4.2.3 小节中已经作了详细介绍,此处不再赘述。不同数据库的检索语法与常用符号原理上基本一致,但也有一些细微的差别。这里以 CNKI、维普、万方、EBSCO、EI 等几种常用数据库为例,讨论它们的异同。

以上几种数据库检索语法与符号的相同点在于都使用布尔逻辑连接符,不同点主要体现如下:

① CNKI:可单库检索,也可多库检索;分初级、高级、专业检索三种检索方式;检索项有题名、作者、关键词等十一种。

② 维普中文科技期刊数据库:只能单库检索;分快速检索、传统检索、高级检索、分类检索和期刊导航五种检索方式;检索项有题名或关键词、作者、第一作者等十二种。

③ 万方数据:进入后要先选择标准镜像站点;有初级、高级、专业检索三种检索方式;论文检索项有全部字段、作者、关键词等十种。

④ EBSCO:进入后首先选库再进入;有基本检索、高级检索、视觉搜索三种检索方式;可选择出版物类型、文献类型;检索项有 text、author、title 等八种。

⑤ EI:有 tag search、easy search、quick search、expert search、thesaurus、ask an expert、 help 等七种服务方式;检索项有 author、title、all fields 等十五种。

在分类体系方面,CNKI 按照《中国图书资料分类法》对每篇文章进行分类,将文献按所涉及的内容进行聚类后按学科进行编辑,共分为 9 大系列,126 个专题;重庆维普按照《中国图书馆分类法》进行分类,所有文献被分为 7 个专辑,即自然科学、工程技术、农业科学、医药卫生、经济管理、教育科学和图书情报,每专辑又细分为 27 个专题;万方则按期刊的主题分为 5 大类,77 个小类。

三大中文全文数据库收录范围如下:CNKI 收录了 9 000 多种期刊,其中大多数是全文期刊(约 664 万篇全文),学科分为理工 A(数理科学)、理工 B(化学、化工、能源与材料)、理工 C(工业技术)、农业、医药卫生、文史哲、经济政治与法律、教育和社会科学、电子技术与信息科学;重庆维普 1989 年至 1999 年收录期刊达 7 000 余,2000 年以来达到 12 000 余种,学科分为自然科学、工程技术、农业、医药卫生、经济、教育和图书情报等,刊载的全文约 500 余万篇;万方 1998 年以来共收录期刊 6 500 余种,约 30 余万篇全文,学科分为基础科学、农业科学、人文科学、医药卫生、工业技术(见表 6.3、表 6.4 和表 6.5)。

表 6.3　收录范围比较

	中国知网	维普	万方
学科收录特点	文理兼收,侧重文科	文理兼收,侧重理科	理科特色,学报特色
公开期刊	9 000 多种	12 000 余种	6 500 余种
核心期刊	1 700 余种	1 400 余种	1 300 余种
独有期刊	1 438 种	1 712 种	358 种
收录时限	题录 1979— 全文 1994—	全文 1989—	全文 1998—

表 6.4　检索途径比较

	中国知网	维普	万方
检索方式	导航检索/简单检索/复合检索	导航检索/简单检索/复合检索	导航检索/简单检索/复合检索
检索入口	题名、作者、关键词、机构、中文摘要、引文、基金、全文、中文刊名、年、期	关键词、作者、第一作者、机构、题名、文摘、分类号、任意字段等	期刊:刊名、中国刊号、国际刊号;论文:标题、刊名、作者、年度、摘要、关键词、分类号等;引文:被引标题、被引作者、被引出处
逻辑检索	与、或、非	与、或、非	与、或、非
限定检索	学科范围、年限	学科范围、年限、期刊、同义词库、同名作者库	主题、地区、语种、年限、期刊类型

表 6.5 检索结果输出比较

	中国知网	维普	万方
输出题录格式	编号、题名、中文刊名、年、期(每屏十条)	序号、题名、作者、刊名、出版年	期刊、序号、刊物名称、刊期、英文刊名
浏览方式	CAJViewer/PDF	VIPbrower/PDF	Acrobat Reader
检索结果输出	显示、打印、存盘	显示、打印、存盘	显示、打印、存盘
结果排序方式	主题相关度、更新日期	更新日期	无明显排序规则
超链接	全文、刊名	全文、刊名	全文
在线帮助	有	有	无

而外文数据库如 Elsevier、EI、Wiley 的区别在于:

① EI:工程索引,主要收录工程类学科文献,并提供期刊、论文、会议录、专利文献、专著的查找。它的特色是提供了在编文献的查找,即使文献正在编辑出版过程中也可以查到,还提供了文献语言的选择。

② Elsevier:收录学科专业较为广泛,包括农业和生物科学、化学和化工、临床医学、生命科学、计算机科学、地球科学、工程、能源和技术、环境科学、材料科学、航空航天、天文学、物理、数学、经济、商业、管理、社会科学、艺术和人文科学类的学术图书和期刊。其特色是除了期刊和图书外,还提供图像检索以及参考工具书和专著的检索。

③ Wiley:是出版图书和期刊的出版商,提供化学化工、生命科学、医学、高分子与材料、工程学、数学统计学、物理天文学、地球环境科学、计算机科学、工商管理、法律、教育学、心理学、社会学等 14 个学科的学术出版物的查找,主要是期刊和图书的检索。

6.3 常用数据库举要

6.3.1 综合性中文资源库

1) 中国知网全文数据库

(1) CNKI 系列数据库:包括《中国期刊全文数据库》、《中国优秀博硕士学位论文全文数据库》、《中国重要会议论文全文数据库》、《中国重要报纸全文数据库》、《中国年鉴全文数据库》、《中国工具书网络出版总库》、《中国引文数据库》等。

(2) CNKI 对用户有二种控制方式,一是账号/密码方式,另一种是 IP 地址控制方式。根据访问权限登录总站 http://www.cnki.net 或本地镜像站。

(3) CNKI 系列数据库同时提供 CAJ(含 KDH 格式)和 PDF 二种文件格式,分别使用 CAJViewer 和 Adobe Reader 浏览器。

(4)《中国知网全文数据库》提供的检索方式有初级检索、高级检索、专业检索、分类检索和期刊导航等,系统默认的检索界面为初级检索。

(5) 通过检索词进行检索的方式均需通过四部分实现,即学科范围、检索项、检索词、检索控制,完整的操作步骤为选择检索方式→选择学科范围→选择检索项→输入检索词→词频→扩展→起止年→更新→范围→匹配→排序→每页。

(6) 初级检索:简单检索、多项单词逻辑组合检索、词频控制、最近词、词扩展。

① 选择查询的学科范围。

② 选择检索项:有 16 个检索字段,即主题、篇名、关键词、摘要、作者、第一责任人、单位、刊名、参考文献、全文、年、期、基金、中图分类号、ISSN、统一刊号。

③ 输入检索词:初级检索中一个检索项只能输入一个检索词,高级检索中一个检索项可输入二个检索词。通过点击"+"能增加一逻辑检索行,最多可至 5 个逻辑检索行;点击"—"则减少一逻辑检索行。

④ 检索词控制:输入检索词后,可根据需要选择下列检索词控制条件,即词频、最近词、扩展、关系。

⑤ 检索记录控制:检索记录控制包括起止年份、更新、范围、匹配、排序、每页等。

(7) 高级检索:多项双词逻辑组合检索、双词频控制。

(8) 二次检索:是指在前一次检索结果的基础上的再次检索。在初级检索、高级检索、专业检索中都可以进行二次检索,只需"在结果中检索"框中点击,并且选择不同的逻辑关系(并且、或者、不包含),然后重新选择检索项,输入相关检索词或直接输入检索式,再单击"检索"按钮,便可得到新的检索结果。二次检索可以多次使用,从而实现复杂的检索。

(9) 全文下载及浏览:只有正常登录的正式用户才可以下载保存和浏览文献全文。系统提供两种途径下载浏览全文,一是从检索结果页面(概览页),点击题名前的下载 CAJ 格式全文;二是从知网节(细览页),点击 CAJ 下载或 PDF 下载,可分别下载 CAJ 格式或 PDF 格式全文。

(10) 浏览器功能:该数据库的全文数据为图像文件,需要通过全文浏览器 CAJViewer 或 Adobe Reader 来打开。浏览器能对图像文件进行各种处理,特别是可以对图像文件进行文本和图像剪贴处理。

2) 重庆维普《中文科技期刊数据库》

(1) 重庆维普资讯有限公司是一家大型的专业化数据公司,该公司现有《中文科技期刊数据库》(全文版)、《中文科技期刊数据库》(文摘版)、《中文科技期刊数据库》(引文版)、《中国科技经济新闻数据库》、《外文科技期刊数据库》、《VIPexam考试学习资源数据库》等数据库产品。

(2)《中文科技期刊数据库》提供 PDF 文件格式,使用 Adobe Reader 浏览器。

(3)《中文科技期刊数据库》提供五种检索方式,即快速检索、传统检索、高级检索、分类检索、期刊导航,系统默认的检索界面为快速检索。

(4) 快速检索:在首页的检索框中直接输入检索词(或通过布尔逻辑组配的多个检索词)进行检索的方式即为快速检索。首页的"快速检索"默认在"题名或关键词"字段进行检索,在检索结果页面上提供更多的条件限制功能。

① 检索入口选择:提供题名、关键词、题名或关键词、作者、第一作者、刊名、作者机构、文摘、分类号、任意字段、作者简介、基金资助、栏目信息等检索字段。

② 检索范围选择:在检索结果页面可进行期刊范围的选择(全部期刊、重要期刊、核心

期刊),并可进行出版年限的限制。

③ 二次检索功能:在已经进行了检索操作的基础上,可进行重新检索或二次检索(在结果中检索、在结果中添加、在结果中去除)。

a) 在结果中检索:检索结果中必须出现所有的检索词,相当于使用"逻辑与";

b) 在结果中添加:检索结果至少出现任一检索词,相当于使用"逻辑或";

c) 在结果中去除:检索结果中不应该出现包含某一检索词的文章,相当于使用"逻辑非"。

(5) 传统检索:改版前的检索模式,点击"传统检索"按钮即进入传统检索界面,其提供以下检索功能。

① 选择检索字段:从题名、关键词、文摘、刊名、作者、机构等常用字段中选择一个。

② 限定检索范围:提供专辑导航、分类导航、数据年限限制和期刊范围限制。

a) 专辑导航:点某一专题名称,可查看该专题包含的所有数据;

b) 分类导航:以《中国图书馆分类法》(第四版)为依据,每一个学科分类都可以按树形结构展开,利用导航缩小检索范围,进而提高查准率和查询速度;

c) 数据年限限制:数据收录年限从 1989 年至今,检索时可进行年限选择限制(如选择从 1989 年到 2009 年);

d) 期刊范围限制:数据库的期刊范围包括全部期刊、重要期刊、核心期刊,用户可以根据检索需要来设定适合的范围以获得更加精准的数据。

③ 输入检索词或直接输入检索式。

④ 辅助检索功能

a) 同义词:选择题名或关键词字段,再勾选页面左上角的"同义词",然后输入相应检索词,可查看到该检索词的同义词。检索中使用同义词功能可提高检全率。

b) 同名作者:勾选页面左上角的"同名作者",选择检索入口为作者(或第一作者),然后输入检索词"张三",点击"检索"按钮,即可找到作者名为"张三"的作者单位列表,再选择具体的作者单位以做进一步检索。

(6) 高级检索:是运用逻辑组配关系,查找同时满足几个检索条件的数据库论文。高级检索提供两种方式供读者选择使用,即向导式检索、直接输入检索式检索。

① 向导式检索:为读者提供分栏式检索词输入方法,可选择逻辑运算、检索项、匹配度外,还可以进行相应字段扩展信息的限定,最大程度地提高了查准率。

a) 扩展功能:查看同义词、查看同名/合著作者、查看分类表、查看相关机构、期刊导航;

b) 扩展检索条件:可以根据需要对时间条件、专业、期刊范围作进一步的限制,以减小检索范围;

c) 检索顺序:向导式检索的检索操作严格按照由上到下的顺序进行,先检索第一行并把检索结果跟第二行检索结果进行逻辑组配,逻辑组配得到的结果再跟第三行检索结果进行逻辑组配,这样一直组配下去,直至完成所有检索条件。

② 直接输入检索式检索:读者可在检索框中直接输入逻辑运算符、字段标识等,点击"扩展检索条件"并对相关检索条件进行限制后点击"检索"按钮即可。

a) 逻辑运算符:"×"、"+"、"—";

b) 字段代码：U(任意字段)、M(题名或关键词)、K(关键词)、J(刊名)、A(作者)、F(第一作者)、S(机构)、T(题名)、R(文摘)、C(分类号)、Z(作者简介)、I(基金资助)、L(栏目信息)；

c) 关于检索优先级：无括号时逻辑与"×"优先，有括号时先括号内后括号外。

(7) 期刊导航：根据期刊名称首字母或期刊所属学科对期刊进行导航，或通过刊名、ISSN查找某一特定期刊，并可按期查看该刊收录的论文，同时实现题录文摘或全文的下载功能。

6.3.2 综合性外文数据资源库

目前国外的期刊论文数据库比较多，既有一些著名出版社如 Elsevier、Springer 等出版的电子期刊，也有一些数据库厂商如 EBSCO、LexisNexis 等通过搜集其他出版社的纸质期刊论文制成的数据库。

1) Elsevier Science 出版社的电子期刊

Elsevier Science(译为"爱思唯尔")出版社是一家经营科技、医学信息产品及出版服务的世界一流出版集团。它拥有 2 200 多种优秀学术期刊(世界上公认的高质量学术期刊)，其中 1 400 多种期刊被 SCI 收录。1997 年 Elsevier 推出了名为 ScienceDirect 的电子期刊计划，将该公司的全部印刷版期刊转换为电子版，并使用基于浏览器开发的检索系统 Science Server，检索平台为 ScienceDirect Online(简称 SD 或 SDOL)。

该数据库提供浏览和检索二种方式。在 Elsevier 主页上点击"Browse"进入浏览界面，提供按字母和按学科两种浏览方式；在 Elsevier 主页上点击"Search"进入检索界面，提供快速检索(Quick Search)、高级检索(Advanced Search)和专业检索(Expert Search)三种检索功能。ScienceDirect Online 的检索结果可以显示、标记、下载和打印。ScienceDirect 电子期刊的文件全部采用 PDF 和 HTML 文件格式，可以存盘、打印。

Elsevier 电子期刊还提供了个性化服务功能，包括最新期刊目次报道服务、E-mail 提示功能、建立个人图书馆等，并支持 CrossRef 引文链接。Elsevier 服务系统目前已经与 SCI、EI 建立了从二次文献直接到 Elsevier 全文的链接。

2) Springer 出版社的电子期刊

Springer 出版社(www.springer.com)于 1842 年在德国柏林创立，是目前自然科学、工程技术和医学领域全球最大的图书出版社和第二大学术期刊出版社。整个集团每年出版超过 1 700 种期刊和 5 500 种新书。Springer 在电子出版方面占有领先地位，拥有全球最大的 STM 电子图书系列出版物。SpringerLink 于 1996 年正式推出，是全球首个电子期刊全文数据库，其检索系统名称为 Link，涵盖 Springer 出版的所有在线资源，包括电子图书、电子期刊、电子丛书、大型电子工具书和实验室指南等。该数据库提供浏览和检索两种功能，可按内容类型(Content Type)、特色数据库(Featured Library)、学科(Subject)三种方式浏览，检索包括关键词全文检索、构建检索表达式对话框和高级检索三种检索方式。

3) World Scientific Publishing 的电子期刊

世界科学出版社是当今亚太地区规模最大的英文科技出版公司，成立于 1981 年，总部位于新加坡。每年，世界科技出版公司出版 400 多套图书和 100 多种在各个领域的期刊，并且许多出版物获得例如麻省理工学院、哈佛大学、普林斯顿大学、加州理工学院等著名院校的推荐。其电子期刊的学科覆盖物理、化学、数学、环境科学、材料科学、计算机科学、经济与管理科学、医学与生命科学、工程及混沌与非线性科学等12种学科,共100余种期刊,其中35种期刊被SCI收录,其检索系统名称为WorldSciNet(简称WSN)。WorldSciNet电子期刊提供浏览和检索两种功能,可按主题(Subject)、期刊名(Journal)和作者(Author)三种途径浏览,检索包括基本检索、高级检索和期刊检索三种检索方式。

4) EBSCOhost系统全文数据库

EBSCO是世界上最大的提供期刊、文献订购及出版服务的专业公司之一,EBSCOhost系统目前可以提供100多种全文数据库和二次文献数据库,这些数据库包括近10 000种期刊全文,覆盖自然科学、社会科学、人文和艺术科学等各类学科领域,是世界上收录学科比较齐全的全文期刊联机数据库。EBSCOhost系统最主要的两个全文库是ASP和BSP。

EBSCOhost的检索方式包括基本检索、高级检索、视觉搜索三种,在检索界面上方的工具栏中还提供"出版物"、"科目术语"(主题)、"参考文献"、"图像"、"索引"等多种检索途径。

(1) 基本检索:系统默认检索方式为基本检索。基本检索中默认的检索字段是关键词,在检索框中可输入检索词或者检索表达式。检索结果默认按出版日期顺序从最近期次开始排列,也可以在"排序依据"中选择"相关性"进行检索结果的排列。如果在输入框中输入的是检索表达式,可以使用布尔逻辑检索、截词检索、字段限制检索、位置算符检索等检索技术来构造检索表达式。

(2) 检索选项的设定:基本检索界面下方的"检索选项"可以进行"限制结果"或"扩展条件"的设定。检索模式默认选择"布尔运算符/词组";勾选"应用相关字词"可实现同义词或单复数一同检索,如检索有关"猪流感"方面的文献时,键入"Swine influenza",系统同时会检索到"Swine influenza"和"Swine flu";勾选"全文"后,检索结果都是提供全文;勾选"学术(同行评审)"表明限定在同行评审期刊中检索。

(3) 检索技术:字检索与词检索的精确匹配、布尔逻辑检索、截词检索、字段检索、位置检索。

(4) 检索结果:"结果列表"屏幕有三列,即"缩写结果方式"、"所有结果"和"限制结果"。

(5) 高级检索:提供三个关键词输入框,可输入三组关键词或检索式,可为每组关键词限定检索字段,还可指定各组关键词之间的逻辑运算关系。

(6) 其他检索选项:还提供Subject Terms(科目术语)、Publications(出版物)、Images(图像)、Video(视觉)、Company Profiles(公司概况)(仅限于BSP数据库)、Cited References(参考文献)、Indexes(索引)等检索选项。

(7) 个性化服务功能——我的EBSCOhost。

6.3.3 引文及专业文献数据库

1) 科学引文索引(SCI)

《科学引文索引》(*Science Citation Index*,简称SCI)创刊于1961年,是由美国科学情报研究所(Institute for Scientific Information,简称ISI)编辑出版的大型综合性引文检索工具,收录报道并标引了 6 400 多种自然科学、工程技术、生物医学范畴所有领域的领先期刊,历来被公认为世界范围最权威的科学技术文献的索引工具,能够提供科学技术领域所有重要的研究成果。SCI 引文检索的体系更是独一无二,不仅可以从文献引证的角度评估文章的学术价值,还可以迅速方便地组建研究课题的参考文献网络。发表的学术论文被 SCI 收录或引用的数量,已被世界上许多大学作为评价学术水平的一个重要标准。

ISI Web of Science 是 ISI 在 1997 年推出的引文索引数据库的 Web 版,由《科学引文索引》网络版(Science Citation Index Expanded,简称 SCIE)、《社会科学引文索引》(Social Sciences Citation Index,简称 SSCI)、《艺术与人文科学引文索引》(Arts & Humanities Citation Index,简称 A&HCI)和两个化学类数据库(CCR、IC)组成。其中,三个引文数据库既可以分别独立进行检索,也可以同时检索。

ISI 多元化的数据库收录了 16 000 多种国际期刊、书籍和会议录,横跨自然科学、社会科学和艺术及人文科学各领域,内容包括文献编目信息、参考文献(引文)、作者摘要等一系列关键性的参考信息,从而构成了研究信息领域内最全面综合的多学科文献资料数据库。这些数据库产品和服务包括现刊题录数据、引文索引、可定制的快讯服务、化学信息产品以及文献计量学方面的资料,版本包括书本型、CD-ROM 光盘、磁盘,也可以通过互联网检索,同时还提供了相应的全文服务。

2)工程索引(EI)

《工程索引》(The Eingineering Index,简称 EI),在 1884 年由美国工程信息公司(Engineering Information Inc.)创办,是一个主要收录工程技术期刊文献和会议文献的大型国际权威检索系统。EI 名为索引,实际是一种文摘性检索工具,其报道的文献涵盖工程和应用科学领域的各学科,涉及核技术、生物工程、交通运输、化学和工艺工程、照明和光学技术、农业工程和食品技术、计算机和数据处理、应用物理、电子通信、控制工程、土木工程、机械工程、材料工程、石油、宇航、汽车工程以及这些领域的子学科与其他主要工程领域。EI 收录的文献经过精心挑选,只报道价值较大的工程技术论文,凡属纯基础理论或者专利文献则不作报道。

3)化学文摘(CA)

《化学文摘》(Chemical Abstracts,简称 CA)创刊于 1907 年,是由美国化学会化学文摘服务社(Chemical Abstract Service,简称 CAS)编辑出版的大型文献检索工具,收录报道了 150 多个国家和地区用 60 多种文字出版的 16 000 多种期刊及 30 多个国家和地区及 2 个国际组织的专利文献,内容涉及化学及相关学科领域的所有学科分支,如生物、医学、药学、食品、农药、材料科学、冶金、物理、计算机等。到目前为止,CA 已收文献量占全世界化学化工总文献量的 98%,是世界上最大也是最权威的化学化工专业信息检索工具。

4)Scopus

Scopus 是由全球著名学术出版商 Elsevier 公司与全球 21 家研究机构的 300 多名科研人员设计而成的文摘索引数据库,是一个新的导航工具,涵盖了世界上最广泛的科技和医学文献的文摘、参考文献及索引。Scopus 是全世界最大的摘要和引文数据库,收录了来自 4 000 多个出版商的 15 000 多种期刊、750 多种会议记录以及 600 多种商业出版物。Scopus

数据库由 2 700 多万条文摘、2.4 亿多条参考文献(回溯至 1996 年,附录在每一条文摘后面)、4 亿多各科学网页的搜索结果和来自 4 个专利局的 1.2 亿多条专利记录组成。Scopus 提供强大的链接功能,能使读者在一个平台上获取最广泛的科技文献信息。Scopus 数据库主要特点如下:① 使用简单,结果精确;② 涵盖更多的科学、技术和医学文献;③ 可以检索论文被其他文献引用的情况;④ 整合了 Scirus 网络检索,便于查找网络上的科技信息和专利;⑤ 无缝链接至全文文献和其他的图书馆资源;⑥ 对检索结果提供整体的概观和精细的限定,以获取最相关的结果;⑦ 提供提示服务,帮助研究人员追踪最新的研究课题。

5) IEEE/IEE Electronic Library

IEEE/IEE Electronic Library(IEL)数据库提供美国电气电子工程师学会(IEEE)和英国电气工程师学会(IEE)出版的 200 多种期刊、7 000 多种会议录、1 500 多种标准的全文信息。IEEE 学会下属的 13 个技术学会的 18 种出版物可以浏览全文,且数据回溯的年限也比较长;其他出版物一般只提供 1988 年以后的全文检索。部分期刊还可以看到预印本全文。

IEL 提供 IEEE 和 IEE 的在线数据资源,收录了当今世界在电气工程、通信工程和计算机科学领域中近三分之一的文献,在电气电子工程、计算机科学、人工智能、机器人、自动化控制、遥感和核工程领域的期刊影响因子和被引用量都名列前茅。

6) 全国报刊索引数据库

《全国报刊索引》编辑部隶属于上海图书馆上海科学技术情报研究所,创刊于 1955 年,是国内最早出版发行的综合性题录型中文报刊文献检索工具。50 多年来,它由最初的《全国报刊索引》月刊发展成为集印刷版、电子版以及网站为一体的综合信息服务产品。《全国报刊索引数据库》目前已建成时间跨度从 1833 年至今约二个世纪、报道数据量超过 2 500 万条、揭示报刊数量达 15 000 余种的特大型二次文献数据库,每年更新数据达 350 万条。目前主要有目次库、篇名库、会议库、西文库等四个子库。

7) 中国高校人文社会科学文献中心(CASHL)

中国高校人文社会科学文献中心(China Academic Social Sciences and Humanities Library,简称 CASHL)是在教育部的统一领导下,本着"共建、共知、共享"的原则和"整体建设、分布服务"的方针,组织若干所具有学科优势、文献资源优势和服务条件优势的高等学校图书馆,有计划、有系统地引进和收藏国外人文社会科学文献资源,采用集中式门户平台和分布式服务结合的方式,借助现代化的网络服务体系,为全国高校、哲学社会科学研究机构和工作者提供综合性文献信息服务的文献服务平台。CASHL 于 2004 年 3 月 15 日正式启动并开始提供服务,目前已收藏有 11 000 多种国外人文社会科学领域的重要期刊、1 300 多种电子期刊、20 多万种电子图书,并建有"高校人文社科外文期刊目次库"、"高校人文社科外文图书联合目录"等数据库,提供数据库检索和浏览、书刊馆际互借与原文传递、相关咨询服务等。

8) 综合检索平台

(1) 国家科技图书文献中心检索平台(NSTL)

国家科技图书文献中心(National Science and Technology Library,简称 NSTL)收藏有

中外文期刊、图书、会议文献、科技报告、学位论文等各种类型、各种载体的科技信息资源,其主要任务是面向全国提供馆藏文献的阅览、复印、查询、检索,以及文献检索与原文提供、全文浏览、期刊分类目次浏览、联机公共目录查询、文献题录数据库检索等服务。

(2) 中文社会科学引文索引(CSSCI)

中文社会科学引文索引(Chinese Social Sciences Citation Index,简称 CSSCI)是由南京大学中国社会科学研究评价中心开发研制的数据库,用来检索中文社会科学领域的论文收录和文献被引用情况。CSSCI 遵循文献计量学规律,采取定量与定性评价相结合的方法从全国 2 700 余种中文人文社会科学学术性期刊中精选出学术性强、编辑规范的期刊作为来源期刊。作为我国人文社会科学主要文献信息查询与评价的重要工具,CSSCI 提供多种信息检索途径。

思 考 题

1. 什么是数据库?早期的数据库检索系统有哪些?
2. 分析文献数据库的结构。
3. 分析新世纪文献数据库的发展趋势。
4. 为什么说大型数据资源平台是各类信息源的发展方向?
5. 数据库检索一般方法有哪些?
6. 如何通过自学迅速掌握某一数据库的检索?
7. 大型综合性数据资源平台有哪些?它的前身是什么?
8. 简述数据库信息源的特点。

第7章 网络信息源的检索

在网络信息环境下,网络信息源是我们学习、工作、生活中利用率最高的信息资源之一。对网络信息源和网络的利用是终身学习的需要,也是个人信息素养训练的重要内容。相对于传统文献信息源和数据库信息源的检索利用,其对人的影响更为深远。本章将从以网络作为载体的信息源角度,阐述 Web 通用信息、网络学术信息资源及教学资源的获取与利用。

7.1 网络信息源与网络信息源检索

随着 Internet 的迅速发展,网络信息以惊人的速度增长,但这些信息大多分散无序,缺乏有效组织。人们虽知身陷信息的汪洋大海,但却处于一种无法获取自己所需信息的尴尬局面,反而造成信息使用率的不断下降。奈斯比特认为:失去控制和无组织的信息在信息社会不再构成资源,相反,它成为信息工作者的敌人。而了解网络信息源与网络信息检索将有助于我们深刻认识日常生活大数据海洋中的重要信息源,提高信息利用率。

7.1.1 网络信息源

1) 网络信息源概念

网络信息源目前没有一个统一的定义,一般理解为通过网络可以利用的各种信息资源的总称。网络信息源作为一种新型的信息资源,发挥着越来越重要的作用,其内容几乎无所不包,涉及政治、经济、文化、科学、娱乐等各个方面;其媒体形式多种多样,包括文本、图形、图像、声音、视频等;其范围覆盖社会科学、自然科学、人文科学和工程技术等各个领域。

现通常认为,网络信息源是指信息资源以电子数据的形式存放在非印刷型的介质中,并通过网络通信手段在计算机等终端上再现的信息的总和。

网络信息源是和传统信息源相并列存在的,有时候是传统信息资源的网络化和数字化,但并不仅仅是传统信息资源的简单复制。随着网络化、信息化在各个领域的深入发展,仅仅以网络信息进行传播的网络信息资源越来越多。与传统信息资源相比,网络信息源作为一种新的信息资源类型,既继承了一些传统的信息组织方式,又在网络技术的支撑下出现了许多与传统信息资源显著不同的独特之处。总之,网络信息源的一些特点,使得网络信息源逐渐成为人们获取信息的首选。

2) 网络信息源类型

网络信息资源类型非常复杂,可按照多种标准进行划分。

(1) 按信息内容的表现形式和内容划分

① 全文型信息：指直接在网上发行的电子期刊、网上报纸、印刷型期刊的电子版、网络学院的各类教材、政府出版物、标准全文等；

② 事实型信息：天气预报、节目预告、火车车次、飞机航班、城市或景点介绍、工程实况、IP 地址等；

③ 数值型信息：主要是指各种统计数据、实验数据；

④ 数据库类信息：如 DIALOG、万方等，是传统数据库的网络化；

⑤ 微内容（Web 2.0 特征）：如博客、播客、BBS、聊天、邮件讨论组、网络新闻组等；

⑥ 其他类型：如投资行情和分析、图形图像、影视广告等。

(2) 按信息传播采用的网络传输协议划分

① 仍广泛使用的协议

a) WWW 网络资源：又称 Web 信息资源，是指通过超文本传输协议（HTTP）在 WWW 网络上进行传输的信息资源。这类信息资源是因特网信息资源的主流，使用简单，功能强大，能方便迅速地浏览和传递分布于网络各处的文字、图像、声音和多媒体超文本信息。新时期，结合 XML 协议，又产生了由 Ajax 技术构建的若干 Web 2.0 等应用，以及由 Mashup 技术构建的移动互联网新应用。

b) FTP 信息资源：指在因特网上通过文件传输协议（FTP）所能利用的信息资源。FTP 相当于在网络上两个主机之间复制文件，目前仍是发布、共享、传递软件和长文件的主要方法。通过 FTP 使用网络信息资源的形式一般在组织或机构内部比较常见。对 FTP 信息资源的利用一般通过 FTP 搜索引擎搜索匿名 FTP 服务器上的信息资源。

c) Telnet 信息资源：是指基于 Telnet 远程登录协议所能利用的信息资源。Telnet 信息资源包括硬件资源和软件资源。许多机构都提供远程登录的信息系统，如图书馆的公共目录系统、信息服务机构的综合信息系统等。通过 Telnet 形式使用信息资源只在特殊的情况下应用，如服务器的维护和管理。

② 较少使用或基本不再使用的协议

a) 用户服务组信息资源：用户服务组指由一组对某一主题有共同兴趣的网络用户组成的新闻组、电子邮件组、电子论坛、邮件列表等，它们之间的信息交流产生大量的信息资源。这些电子通信组形式所传递和交流的信息资源是网络上最自由、最具有开放性的资源，但是这类信息资源并不常见。

b) 广域信息服务器 WAIS：是一种网络数据库文本检索系统，它为用户提供几百个数据库（包括许多图书馆联机目录）的入口信息，并对用户选择的数据进行检索。这类信息资源不常见。

c) Gopher 信息资源：Gopher 服务器中的所有信息都以目录或文件的形式表达，并基于菜单提供服务。如同需要网络浏览器（如 IE）利用 WWW 信息资源一样，Gopher 信息资源的利用也需要通过 Gopher 客户端与 Gopher 进行交互。这类信息资源现在已很罕见。

(3) 按信息资源内容划分

按信息资源内容划分，有学术研究类信息资源、政府信息资源、教育类信息资源、商业类信息资源、生活娱乐类信息资源、广告信息资源。

此外还可以按存取方式划分、按出版物类型划分(见第 3 章),以及按信息资源加工程度划分可分为一次信息、二次信息和三次信息等。

3) 网络信息源的特点

网络信息源主要通过数据库或超文本等方式进行组织,与其他类型信息源相比,它具有以下特点:

① 网络信息源具有大数量、多类型、多媒体、非规范、跨时间、跨地域、跨行业、多语种等复杂特点。

② 在很大程度上网络的扩张和信息资源的动态快速增加是由用户驱动的,但缺乏有效的统一管理机制,信息安全和信息质量存在不均衡性。

③ 信息分布和构成缺乏结构和组织,信息源不仅分散无序,而且其更迭和消亡也往往无法预测,因此增大了信息资源管理和利用的难度。

④ 信息发布具有很大的自由性和任意性,隐私型信息进入了公共信息传播渠道;由于缺乏必要的过滤、质量控制和管理机制,使得学术信息、商业信息、政府信息、个人信息、不合适(反动、黄色)的信息混为一体,质量良莠不齐,增加了信息识别和利用的难度。

⑤ 正式出版物和非正式信息交流交织在一起,使传统的人类信息交流链的格局被打破,各方在网络上既可以是信息的生产者、发布者,也可以是传播者和使用者,对学术交流环境和信息利用产生了深刻的影响。

⑥ 网络营造了"地球村",既极大地促进了人类信息资源的共享,又带来了一些意想不到的问题,如文化冲突、信息侵略、信息威慑等。

⑦ 网络信息源是信息资源的宝库,它还具有使用成本低、共享程度高等特性。

4) 网络信息源的评价与选择

网络信息源的评价是信息资源选取的前提,评价主要是针对信息源,评价的过程涉及诸多因素,主要考虑以下几个方面。

(1) 内容因素

内容是评价与选择的核心和重点,从中可以反映网络信息资源的本质。评价网络信息资源的内容因素主要有权威性、规范性、稳定性、可获得性等。

① 权威性:在本学科领域具有一定的影响、具有较高的学术水平、具有较高的知名度;谷歌网页级别评价作为重要的指标,非独特性资源网页级别需 3/10 以上。主要关注如下问题:所采集的网站(页)的主办者是否为有声誉的大学、学会/协会、实验室;网站是否通过权威评价机构评价过;所选的站点是否被多个 Internet 站点链接;网站是由某公司、机构还是某领域的著名的权威或专家赞助;信息提供者的教育背景和职业背景及其研究方向;责任者有知名的出版物吗;信息是否经过过滤;信息是否经同行评议过;资源是否由相关的权威推荐;是否有与权威机构的页面的共同链接;出版社是否知名和有声望;出版社是否是公认的出版界的权威;出版社是否是大学的出版社;是否有任何原创作品;选择的资源与其他作品有相关性吗。

② 规范性:信息资源需严肃正规、准确无误、完整规范,一方面是内容的准确性,另一方面是格式和链接的准确性,对资源的导航需能正常访问。主要考虑如下问题:所选网站(页)提供的信息是否准确;是否提供了信息的来源和出处以备用户进一步核查;网页引证的书目或提供的参考能否证实信息的准确性;页面的句法和拼写是否准确,有否排印错误;提供的信息是否完整规范。

③ 稳定性:信息资源需有较长的稳定期或有稳定运行的保障机制。主要看所选网站(页)提供信息的时间、更新频率、最近的修改日期、链接速度、断线率等,是否能持续提供给用户使用。

④ 可获得性:信息资源揭示信息的层次中,至少有一个能无障碍地获得。主要考虑如下问题:是题名信息还是文摘信息或全文信息;是否有对信息结论的阐述标准;是否给出了表明信息内容的关键词或主题词;希望在该网页上找到何种信息;主题的涵盖面是否全;索引或目次页是否隐含了综合性的内容;是否免费;是否注册;是否有国际流量;是否符合标准;是否有其他格式或镜像;某种类型的信息有使用期限制吗;访问资源的方式是否依赖用户使用的设备;是否需要专门软件(如浏览器);是否有方便的导航;是否容易链接所需的信息;是否有清晰的链接标签;是否能分别打印页面和文献的某一部分;是否能发送到电子邮箱;是否提供多种检索方式;检索信息的效率如何。

(2) 形式因素

形式因素反映了外部特征以及操作使用等方面,是为提示内容服务的,主要包括美观性、条理性、查检性、帮助性、快捷性、低耗性等。

(3) 定量的评价

定量因素主要包括以下几种方式:

① 谷歌网页级别:网页级别即 PageRank(PR),又称网页排名。PR 值是网站评价的重要参考依据(下文将详细介绍)。

② Alexa 排名:Alexa 是第三方网站流量统计机构。Alexa 流量由 Alexa 排名、每百万到访人数和平均页面浏览数等指标组成,但是 Alexa 的排名只能对安装了软件工具条的客户端进行统计,这使得这种排名具有局限性,但是作为统计,Alexa 工具条全球范围内覆盖是最广的,因而具用相当重要的参考意义。

③ 搜索引擎排序:搜索引擎的一大特点是搜索结果数非常多,在大量的搜索结果中,搜索引擎会根据一些算法将与搜索请求最为相符的结果排在最前面,方便用户浏览和选择。

④ 人工评价:在一些信息资源系统中,如学科信息门户、学科导航中,对网站会有一个人工的评价,根据添加者或发布者对网站的内容等方面进行的综合评价,给出多少颗星。有人推荐或有人对信息资源进行评价的,这些都可以作为自己对信息源评价的参考。

7.1.2 网络信息源检索

1) 概述

网络信息源检索也称网络信息搜索,是指互联网用户在网络终端,通过特定的网络搜索工具或是通过浏览的方式,运用一定的网络信息检索技术与策略,从有序的网络信息资源集合中查找并获取所需信息的过程。网络信息源检索是随着万维网信息资源的发展而发展的,是一种集各种新型检索技术于一体的,能够对各种类型、各种媒体的信息进行跨时间、跨地理检索的大系统。

2) 特点

网络信息源检索借助网络通信、信息处理等技术的发展而发展,与传统信息检索相比,其具有如下特点:

(1) 检索范围、领域涵盖广。网络信息源检索的信息来源范围通常涵盖全球,而信息源类型、学科(主题)领域也几乎无限制。

(2) 传统检索技术与网络检索技术相结合。传统的信息检索核心检索技术如布尔逻辑检索、截词检索、限定检索等在网络源信息检索中被沿用,但网络信息源检索技术借助网络信息技术的发展,一些新的检索技术也融入到网络信息检索中,如人工智能、数据挖掘、自然语言处理、多媒体检索技术、多语言检索技术等,一些搜索引擎还能将搜索结果进行自动分类。

(3) 用户界面友好,容易上手。网络信息源检索所借助的网络信息检索工具均以面对非专业信息检索的广大网民为主,通过各种交换和智能技术,使得一般检索基本能解决大部分问题,不需要专门的检索技术和知识。不过,高级搜索就相对难一些。

(4) 信息检索效率低。由于网络信息源浩如烟海以及信息源良莠不齐等特点,信息检索结果数量虽多,但是查准率较低,尽管一些新的技术如数据挖掘技术、自然语言理解技术等的不断发展和应用,但网络信息源检索效率低的状况短时间内还无法改观。

3) 发展

1969年,最早出于军事目的构建ARPANET是第一个计算机网络;之后,随着信息技术和社会的发展,计算机网络也得到了发展,世界上最大、历史最悠久的联机检索系统——DIALOG联机检索于1972年正式开始提供商用联机服务,但这还不是现在意义上的"网络信息检索"。直到20世纪90年代初美国政府宣布实施"国家信息基础设施"(即"信息高速公路"计划,旨在为所有的美国人方便地共享海量的信息资源),掀起了现代互联网的发展高潮。在现代互联网络发展初期(20世纪90年代初),无论是网络条件("高速公路")、上网计算机("车")、还是信息量("货物")都还是处于发展初期,物理网络的构建依赖同轴电缆、卫星通信等,而上网还是极少数研究者和精英们的事情,网络信息资源就更加贫乏,上网费用极其昂贵。在那种条件下由于普通网络信息资源少,可用的检索工具还在萌芽阶段(如搜索引擎还刚刚开始),网络信息组织基本上靠人工来完成,所以那个时期用到的都是网络信息查询的概念,甚至直到今天,人们还用网络信息查询,上网靠记网络地址和登录网络导航的门户网站,著名的开放目录DMOZ也是在那个时期兴起的。总之,网络资源的贫乏和用户量的稀少使得还没有进行"网络信息检索"的必要。

互联网作为世界上发展最快的领域,当今可用日新月异来形容。随着社会和信息技术的不断发展,使得主干网络基础建设速度加快,网络用户数每天都在激增,用户带宽不断增长。而网络上的信息资源从贫乏到海量,被形容为信息资源的爆炸性增长,网络信息量每8

个月就翻一番。海量的信息量也带来了信息组织的难度,基于自动化、智能化组织信息的搜索引擎成为网络信息检索的重要工具。网络发展到今天,不仅信息资源的数量庞大,信息资源的类型越来越丰富,网络信息服务的形式和功能也越来越多,尽管有了搜索引擎,但要在浩如烟海的信息中获取所需信息依然不是一件容易的事情。

在现代网络信息环境下,利用搜索引擎等各种工具进行网络信息检索成为我们日常工作、生活、学习中不可缺的内容。而了解网络的发展概况,熟悉网络信息资源的特点和评价,掌握网络信息资源的检索工具,是现代人必备的知识和技能,也是具备高信息素质的重要体现。

4) 网络信息检索工具

网络信息检索工具主要包含通用信息搜索工具,如搜索引擎、网络资源目录、信息门户网站、搜索软件等,此外还有搜索网络学术信息、网络教学资源的相关工具。

7.2 Web通用信息搜索

Web通用信息搜索主要是指以Web为平台所进行的的信息检索、过滤和推荐。随着网络技术的发展和普及,Web搜索技术也变得越来越重要。

7.2.1 搜索引擎

本书第6章介绍了数据库信息源,从某种意义上讲,搜索引擎其实也是一个数据库,内容以网页信息资源为主,也包括文档、图片和多媒体。搜索引擎与文献数据库相比,其中一个重要的不同是通过计算机自动完成信息资源的发现、标引和入库。搜索引擎的搜索技术继承了传统文献信息检索技术的精髓,在搜索引擎中很多信息检索技术依然适用。

1) 概述

搜索引擎(Search Engine)是指根据一定的策略,运用特定的计算机程序搜集互联网上的信息,在对信息进行组织和处理后将信息显示给用户,是一个为用户提供检索服务的系统。搜索引擎运行于因特网上,以因特网上各种信息资源为对象,以信息检索的方式提供用户所需信息,是一种数据库服务系统(即检索工具)。搜索引擎所处理的信息资源主要包括WWW服务器上的信息资源,另外还包括邮件列表和新闻组(BBS)等信息。

因特网发展的初期,用户一般通过浏览的方式来寻找自己需要的信息,一些专业网站也会有专门的栏目或在页面用下拉菜单等形式列出一些相关的网站提供导航服务。也有网站专门进行网络信息资源的发现和人工整理,如学科信息门户、开放目录等。随着网络信息资源的爆炸性增长,网站越来越多,用户对信息需求的信息粒度越来越细、领域越来越宽,这种人工整理网络信息资源的模式已不能适应网络信息资源的快速增长。信息技术的发展使得基于计算机技术的网络信息检索工具应运而生,使得用户可以快速检索和获取因特网上的海量信息资源。

搜索引擎系统包括三个功能模块,即网页获取或搜集引擎、数据存储(索引)引擎和检索引擎。网页搜集引擎用来在因特网上收集网页,而网络蜘蛛(或称为网络机器人)就是指网页搜集引擎;索引引擎用来对收集到的网页建立索引;检索引擎提供用户访问的查询界面服务。从搜索引擎的组成部分看,其基本原理是首先通过网络蜘蛛根据一定的规则在网上"爬行",收集网页信息;然后通过索引引擎对收集的网页进行自动标引,建立索引,形成网页索引数据库;用户再通过检索引擎进行信息的检索(见图7.1)。搜索引擎大量应用了文本信息检索技术,并根据网络超文本的特点,引入了更多的信息。

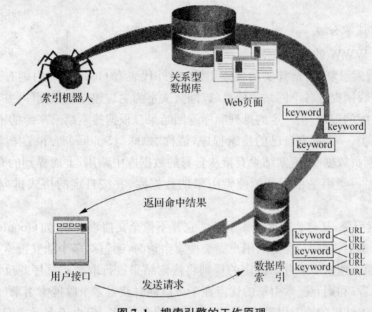

图 7.1 搜索引擎的工作原理

搜索引擎的优劣评判除了索引的网页数量外,另外一个重要方面就是搜索结果的输出(结果的相关性)。搜索引擎本质是一个索引数据库,一般没有自己的信息资源,信息的可获得性与搜索引擎无关。不过搜索引擎有时也会在数据库中存储某些信息的内容(网页快照)。

2) Google 的 PageRank 技术

PageRank 作为组织管理工具,其中文的涵义为"网页级别",利用的是互联网独特的民主特性及其巨大的链接结构。实质上,当从网页 A 链接到网页 B 时,Google 就认为"网页 A 投了网页 B 一票",再根据网页的得票数评定其重要性。然而,除了考虑网页得票数(即链接)的纯数量之外,Google 还要分析为其投票的网页。"重要"网页所投之票自然分量较重,有助于增强其他网页的"重要性"。

重要的、高质量的网页可获得较高的网页级别,从而在搜索结果中可获较高的排位。当然,这代表了该网页本身的特性,是由 Google 根据网络数据,采用评定链接结构的综合运算法则进行分析的结果。

我们假设网页 A 有网页 $T_1, T_2, \cdots, T_n$ 的链接指向它,则 PageRank 算法计算如下:
$$PR(A) = (1-d) + d(PR(T_1)/C(T_1) + \cdots + PR(T_n)/C(T_n))$$

在此，$PR(A)$ 是网页 A 的网页级别（PageRank）；T_1 是链点指向网页 A 的网页；$PR(T_1)$ 是网页 T_1 的网页级别（PageRank）；$C(T_1)$ 是指网页 T_1 的外向链接的数量；d 是权重因子，且 $0<d<1$，通常取 $d=0.85$。

对于整个互联网来说，假定有 100 亿个网页，在初始状态时每个网页的 PageRank 均为 1，对于某一网页 A 而言，若指向它的链接越多，则其网页级别越高。Google 通过计算网页级别来确定各网页的重要性，然后在输出检索结果时给予反映，网页级别越高者排列越靠前。

3）搜索引擎分类

（1）基于 WWW 的搜索引擎

① 全文搜索引擎：名副其实的搜索引擎，国外代表有 Google，国内则有著名的百度搜索。它们从互联网提取各个网站的信息（以网页文字为主），建立起数据库，并能检索与用户查询条件相匹配的记录，按一定的排列顺序返回结果。根据搜索结果来源的不同，全文搜索引擎可分为两类，一类拥有自己的检索程序，俗称"蜘蛛"（Spider）程序或"机器人"（Robot）程序，能自建网页数据库，搜索结果直接从自身的数据库中调用，上面提到的 Google 和百度就属于此类；另一类则是租用其他搜索引擎的数据库，并按自定的格式排列搜索结果，如 Lycos 搜索引擎。

② 元搜索引擎：又称为多元搜索引擎。它并不像全文搜索引擎（如 Google 搜索引擎）那样拥有自己的索引数据库，而是当用户提交搜索申请时，通过对多个独立搜索引擎的整合和调用，然后按照元搜索引擎自己设定的规则将搜索结果进行取舍和排序并反馈给用户。从用户的角度来看，利用元搜索引擎的优点在于可以同时获得多个源搜索引擎（即被元搜索引擎用来获取搜索结果的搜索引擎）的结果，能扩大搜索范围。但由于多元搜索引擎在信息来源和技术方面都存在一定的限制，因此搜索结果实际上并不理想。目前尽管有数以百计的多元搜索引擎，但还没有一个能像 Google 搜索引擎等独立搜索引擎那样受到用户的广泛认可。著名的元搜索引擎有 InfoSpace、Dogpile、Vivisimo 等，而中文元搜索引擎中最具代表性的是搜星搜索引擎。在搜索结果排列方面，有的直接按来源排列搜索结果，如 Dogpile；有的则按自定的规则将结果重新排列组合，如 Vivisimo。

③ 集成搜索引擎：又称为集合式搜索引擎，即是在一个浏览界面上同时链接了多个搜索引擎，用户检索时可以选择其中的部分或者全部，一次输入关键词可以获得多个搜索引擎的检索结果。因此这种形式实际上并不是独立的搜索引擎，应该说是对现有搜索引擎的一种应用方式，是为用户获得尽可能多的搜索结果提供方便。与元搜索引擎一样，集成搜索引擎同样没有自己的索引数据库，甚至不能对搜索结果进行筛选和重新排序。如 HotBot 在 2002 年底推出的搜索引擎。

④ 购物搜索引擎：又称为比价购物搜索引擎、比较购物搜索引擎、购物搜索。购物搜索引擎的检索结果来自于被收录的网上购物网站，一般来说，购物搜索引擎本身并不出售这些商品。当用户检索某个商品时，所有销售该商品的网站上的产品记录都会被检索出来，用户可以根据产品价格、对网站的信任和偏好等因素进入所选择的网上购物网站购买产品。购物搜索引擎与一般的网页搜索引擎相比的主要区别在于，除了搜索产品、了解商品说明等基

本信息之外,购物搜索引擎对搜索出来的商品的价格、商家、服务承诺、商品图片甚至用户点评等进行比较或列示,方便用户了解行情,辅助用户在大量的商品中进行搜索查找和比较挑选。电子商务的发展,使得购物搜索如雨后春笋般不断涌现,但我们并不需要掌握如此多的购物搜索引擎,可以根据自己的喜好选择若干个进行利用即可。实践上,我们不仅仅可以通过购物搜索进行网购,还可以为我们在实体商店中购物提供价格参考,为逛街讨价还价提供依据。如国内的有道购物搜索、丫丫比较购物搜索、大拿网中文比较购物搜索引擎、智购网,国外的 Yahoo! Shopping、Google Product Search 等。

⑤ 知识问答搜索引擎:是基于搜索的互动式问答平台,也称为问答式检索系统或问答系统。如同 Web 2.0 环境下的 BBS,用户通过开放注册提问和回答问题,随着时间的推移,这些问题形成大量的知识库,通过搜索可实现知识的分享。知识问答搜索引擎支持用户通过以自然语言形式提问(如"什么是 3G")。与基于网页的搜索引擎不同的是,知识问答搜索引擎给出的是问题的答案而不是链接,而且其本身也是一种服务。

最早的知识问答搜索引擎是韩国的搜索引擎 DBDIC 于 2000 年 10 月建立的知识问答平台,被称为该模式的始祖。该平台将问答平台产生的答案进一步沉淀为知识,并作为搜索结果提供给搜索引擎使用者。2004 年 7 月,我国第一个知识问答搜索引擎"爱问知识人"正式上线并命名为"请问我",2005 年 5 月 30 日正式改名为"爱问知识人"。2005 年 6 月"百度知道"诞生(测试版),11 月 1 日正式上线,成为国内又一个知识问答搜索引擎。

知识问答搜索引擎是基于开放的、借助网络人力资源的、有悬赏机制(荣誉积分)的互动式问答平台。知识问答搜索引擎是充分利用网络人力资源来解决问题的成功体现,在互联网上每个人都可能是某一个方面的"专家",而由这些"专家"来解答其擅长的问题显然是再适合不过的。但严格来说,知识问答搜索引擎不是真正的搜索引擎,之所以被称为搜索引擎,主要是由于这些系统一般基于母体搜索引擎强大的用户群从而得到很好的发展,问答知识作为 Web 页面内容被众多搜索引擎大量索引,并被用户利用。

典型的知识问答搜索引擎原理通常由提问处理模块、检索模块和答案抽取模块三部分组成。其中,提问处理模块负责对用户的提问进行处理,生成查询关键词(提问关键词、扩展关键词等),以及确定提问答案类型、提问的句法和语义表示等等;检索模块根据提问处理模块生成的查询关键词,使用传统检索方式检索出和提问相关的信息,返回的信息可以是段落,也可以是句群或者句子;答案抽取模块则从检索模块检索出的相关段落、或句群、或句子中抽取出和提问答案类型一致的实体,根据某种原则对候选答案进行打分,把概率最大的候选答案返回给用户。

知识问答搜索引擎对信息源进行重构,从而在一定程度上解决了搜索引擎对自然语言解析不够准确的问题,弥补了搜索引擎搜索结果的直接性和针对性相对不高的缺陷,降低了获得信息的成本;知识问答平台本身的搜索服务,可以提供高质量信息满足体验,并从整体上提高搜索引擎的信息服务质量;知识问答平台还可以有效地将存在于人脑中的隐性知识转化为显性知识。

同知识问答搜索引擎类似的提供知识搜索服务的还有基于知识买卖的威客、由图书馆提供的基于文献服务方面的网络联合参考咨询、基于文献内容的 CNKI 知识搜索、基于知识编撰的维基百科。

⑥ 学术搜索引擎：在学术领域也出现了功能强大的、学术性的、专业性的以检索网络学术信息资源为对象的学术搜索引擎，这些学术搜索引擎一般以数字学术文献为搜索对象，在涵盖学科领域上以综合性的为主，也出现了少量的涵盖某个学科领域为主的专门性学术搜索引擎。需要注意的是，学术搜索引擎仅仅提供学术信息资源的发现服务，往往只能够查找到这些学术资料的线索，如全文下载地址、报告、摘要及引用内容而已，全文的获得与之无关。随着开放获取信息资源越来越多，这类搜索引擎在学术研究中也有非常大的作用，不仅为我们了解相关领域的研究概况提供信息，而且越来越多的学术资料能直接下载全文。在不同的信息环境中使用学术搜索引擎其所获得的服务和全文获得性也会有不同。如不同的学校由于购买相关在线数据库的不同，其全文链接也有不同，这一点在谷歌学术搜索中表现得非常明显。目前网络上著名的学术搜索引擎有谷歌学术搜索、微软学术搜索、Scirus、Scopus、BASE、Scitopia、Athenus、Alseek、CiteSeerX、getCITED、INFOMINE、FindArticles、OJOSE、WorldCat等。其中谷歌学术搜索服务是为各领域、各层次的研究人员（包括学生、教师和科研人员）提供一种广泛搜索学术文献的简便方法，使用谷歌学术搜索服务，可以从众多的学术资源（如著作、论文和报告等）以及众多的学术组织（如学术内容出版社、专业团体和图书馆等）中搜索到相关性最强、信息量最大的学术信息，如学术论文图书、技术报告、摘要等。

⑦ 多媒体搜索引擎：是指提供多媒体内容搜索的搜索引擎。如今图形、图像、视频、音频、动画、影视等多媒体信息资源在WWW上越来越丰富，因此用户对多媒体信息资源的检索需求也越来越多。多媒体搜索引擎所依赖的多媒体检索技术主要包括图形图像编码压缩技术、音频压缩技术、动画视频压缩技术、流式媒体技术、多媒体数据库技术等。其主要有以下两个类型。

a) 基于文本描述的多媒体搜索引擎：当前信息检索技术还是以文本信息检索为主，基于多媒体特征的检索技术没有取得根本性的突破，因而目前的多媒体搜索引擎主要还是基于文本描述的多媒体搜索引擎。这种搜索引擎主要是对含有多媒体信息的网站和网页进行分析，对多媒体信息的物理特征和内容特征进行著录和标引，把它们转换成文本信息或者添加文本说明，建立数据库，检索时主要在此数据库中进行文本匹配。可检索的内容主要有文件类型、标题、内容描述、人工标引的信息（如物体、背景、构成、颜色特征、分类以及文本描述）。

b) 基于内容特征的多媒体搜索引擎：是多媒体搜索引擎的发展趋势，但目前这种搜索引擎还不多见。当前也有一些多媒体搜索引擎积极进行这方面的实践，初步展示出了这种多媒体检索技术的魅力。基于内容特征的多媒体搜索引擎是直接对媒体内容特征和上下文语义环境进行的检索。基于这种方法的搜索引擎一般由两部分组成，即数据库生成系统和查询子系统，具体而言，就是多媒体信息标引系统和检索系统。标引系统首先完成对多媒体的预处理和提取特征等，建立起多媒体信息数据库系统。这个系统包括信息库、特征库和知识库，其中，信息库储存数字化的多媒体信息，特征库储存多媒体内容特征和客观特征，知识库储存专业性和综合性知识，这有利于查询优化和快速匹配。检索系统则先对用户输入的多媒体信息进行特征提取,然后在多媒体特征库中进行检索,将与用户要求最相似的信息输出。

基于内容特征的多媒体搜索引擎和基于文本描述的多媒体搜索引擎的一个重要区别,就是以相似匹配来代替精确匹配,因为相同内容的多媒体信息的表现形式可能不同。用户在进行检索时,只需先将所需信息的大致特征描述出来,就可以找出与检索提问具有相近特征的多媒体信息,然后可以在给出的结果中作进一步的查询,直至获得符合要求的结果。

基于内容特征的多媒体搜索引擎可以检索的内容主要有图像的颜色、纹理、形状等;声音的音频、响度、频度、音色;影像的视频特征、运动特征等。

基于文本描述的多媒体搜索引擎比较典型的有专业多媒体搜索引擎 PlayAudioVideo,以及综合搜索引擎的多媒体搜索如百度的图片、视频、MP3,搜狗的音乐、图片、视频,有道的图片、音乐、视频,爱问的音乐、图片,搜搜的图片、视频、音乐,Google 的图片、视频,必应的图片、视频,Lycos 的图片、视频;基于内容特征的如 WebSEEK。

⑧ 地图搜索引擎:又称地图搜索服务、电子地图服务,是专门用于获取地图信息服务的搜索引擎。通过地图搜索引擎可获得的服务有地图、地址搜索、周边搜索、商业搜索(如黄页)、行车路线、公交路线、卫星图片、风景图片、定位与导航等。各地图服务均提供基本的平面地图搜索服务。提供卫星地图的如谷歌地图、搜狗地图;提供三维地图仿真的如 E 都市、都市圈;提供三维实景的如城市吧、谷歌地图、必应地图;提供地形图的如谷歌地图。

⑨ 人物搜索引擎:是指专门用于搜索人物相关信息的搜索引擎。这些信息包括姓名、电话号码、电子邮件、简介、照片、简历、人际关系等,有些搜索引擎还提供拓展信息的展示,比如相关网页、相关新闻等内容。人物搜索引擎是人物信息检索的重要工具之一,它不是人肉搜索。如人人网、同学录等类型的网站。

⑩ RSS 搜索引擎:是指专门搜索 RSS 信息源的搜索引擎,主要用于搜索博客、新闻网站等动态信息和微信息。相对于大型的综合搜索引擎而言,这些微信息很容易被淹没在大量网页信息中,而且大型搜索引擎其索引数据库的更新频率也较长。RSS 搜索引擎除了提供内容搜索外,一般还提供关键词订阅、RSS feeds 提交等服务。如看天下、周博通等。

(2) 基于 FTP 的搜索引擎

FTP 搜索引擎是指专门用于搜索网络上匿名 FTP 服务器上各类文件的搜索引擎,相对 WWW 搜索引擎来说,并不提供摘要,一般仅提供文件的名称、类型、大小、URL 等信息。典型的 FTP 搜索引擎如北大天网。

FTP 搜索引擎是各类搜索引擎中最"古老"的搜索引擎。在互联网之初,WWW 出现之前,互联网上就已经存在许多旨在让人们共享的匿名 FTP 信息资源,最早的搜索引擎也是基于 FTP 文件的搜索引擎。当时 FTP 搜索引擎是基于文本显示的 Archie,实际上是一个大型的数据库,再加上与这个大型数据库相关联的一套检索方法。该数据库中包括大量可通过 FTP 下载的文件资源的有关信息。随着 WWW 的迅猛发展,WWW 搜索引擎已成为搜索引擎中的主流,FTP 搜索引擎无论数量还是 FTP 资源都越来越少了。

7.2.2 重要的搜索引擎——谷歌与百度

1) 谷歌

(1) 简介

谷歌,英文名称 Google。Google 源于 googol(是数学术语,含义是 1 后面加 100 个 0),以此来反映出公司的任务——组织网络上无穷无尽的资讯。"Google"现在也可以用作动词,表示用 Google 搜索什么内容。中文名称"谷歌"在 2006 年正式启用。

Google 由当时在斯坦福大学攻读博士学位的拉里·佩奇和谢尔盖·布卢姆共同创建,因此两人也被称为"Google Guys"。1998 年 9 月 4 日,Google 以私营公司的形式创立,设计并管理一个互联网搜索引擎"Google 搜索",Google 网站则于 1999 年下半年启用。Google 的使命是整合全球信息,使人人皆可访问并从中受益。Google 是第一个被公认为全球最大的搜索引擎(英语搜索引擎),在全球范围内拥有无数的用户(包括中国)。

(2) Google 搜索技术

Google 搜索技术所依托的软件可以同时进行一系列的运算,且只需片刻即可完成所有运算。而传统的搜索引擎在很大程度上取决于文字在网页上出现的频率。Google 使用 PageRank 技术检查整个网络链接结构,并确定哪些网页重要性最高,然后进行超文本匹配分析,以确定哪些网页与正在执行的特定搜索相关。在综合考虑整体重要性以及与特定查询的相关性之后,Google 可以将最相关、最可靠的搜索结果放在首位。

① PageRank 技术:通过对由超过 5 亿个变量和 20 亿个词汇组成的方程进行计算,PageRank 能够对网页的重要性做出客观的评价。PageRank 并不计算直接链接的数量,而是将从网页 A 指向网页 B 的链接解释为由网页 A 对网页 B 所投的一票。这样,PageRank 会根据网页 B 所收到的投票数量来评估该页的重要性。此外,PageRank 还会评估每个投票网页的重要性,因为某些网页的投票被认为具有较高的价值,这样它所链接的网页就也应具有较高的价值。重要网页获得的 PageRank 较高,从而显示在搜索结果的顶部。Google 技术使用网上反馈的综合信息来确定某个网页的重要性,搜索结果没有人工干预或操纵,这也是为什么 Google 会成为一个广受用户信赖、不受付费排名影响且公正客观的信息来源。

② 超文本匹配分析:Google 的搜索引擎同时也分析网页内容。然而,Google 的技术并不采用单纯扫描基于网页的文本(网站发布商可以通过元标记控制这类文本)的方式,而是分析网页的全部内容以及字体、分区及每个文字精确位置等因素。Google 同时还会分析相邻网页的内容,以确保返回与用户查询最相关的结果。

(3) Google 的重要产品

① 搜索引擎:Google 搜索引擎主要的搜索服务有网页、图片、音乐、视频、地图、新闻、问答。Google 已将大量先前的测试服务整合为搜索功能的一部分(如 Google 计算器)。

② 图书搜索(Book Search):2004 年 8 月,Google 开始提供一项名为 Google Print 的新服务。该工具可以在搜索页面提供由内容出版商提供的书本内容的搜索结果,提供购买书本的网页链接以及内容相关广告,并限制可查阅书本的页数。2004 年 12 月,Google 扩展了 Google Print 的功能。书本内容提供商包括了一些著名大学和一些公共图书馆,如密歇根大

学图书馆、哈佛大学的 Widener 图书馆、斯坦福大学的格林图书馆、牛津大学图书馆以及纽约公共图书馆。根据这些大学图书馆和图书的出版状况,Google 计划十年内将有约 1 500 万本位于公共领域的书上线。2005 年 11 月 17 日,Google 将此服务更名为 Google Book Search。

③ Google 眼镜(Google Glass):是由 Google 公司于 2012 年 4 月在 2012 年 I/O 大会上发布的一款"拓展现实"眼镜,它具有和智能手机一样的功能,可以通过声音控制拍照、视频通话和辨明方向以及上网冲浪、处理文字信息和电子邮件等。

④ Gmail 电子信箱:2004 年 4 月 1 日,Google 宣布推出 1GB 空间的电子邮件服务 Gmail,次年 4 月 1 日更是增加为 2 GB 以上,并增加了多语言入口以及富文本编辑功能。这个邮箱会利用广告词服务扫描邮件内容以显示特定的广告来营利。2007 年 2 月 14 日,Google 结束了 Gmail 测试期,正式向公众开放注册。

⑤ 博客(Blogger):Blogger 是全球最大、最多人使用的博客系统。2003 年,Google 接管了 Pyra 实验室及其 Blogger 服务,使得先前需要收费的一些功能对用户免费。Blogger 工具及服务使得发布 Weblog 变得更加简单,用户不需要书写任何代码或是安装任何软件和脚本,而且用户可以自由的改变 Blog 的设计方案。

⑥ 浏览器:Google Chrome,中文名为谷歌(或酷容)浏览器,是一个由 Google 公司开发的开放源代码网页浏览器。软件的代码是基于其他开放源代码软件所撰写,包括 WebKit 和 Mozilla,目标是提升稳定性、速度和安全性,并创造出简单且有效率的使用者界面。软件的名称是来自于又称作"Chrome"的网络浏览器图形使用者界面(GUI)。软件的 Beta 测试版本在 2008 年 9 月 2 日推出,提供 43 种语言版本,仅适用于 Microsoft Windows 的 XP、Vista 以及 Windows 7 平台。OSX 和 Linux 版本也已推出。截止到 2012 年 7 月,Google Chrome 全球市场份额达到 33.8%,位居市场第一。

⑦ Google Earth:是一款 Google 公司开发的虚拟地球仪软件,它把卫星照片、航空照相和 GIS 布置在一个地球的三维模型上。Google Earth 于 2005 年向全球推出,使用了公共领域的图片、受许可的航空照相图片、KeyHole 间谍卫星的图片和很多其他卫星所拍摄的城镇照片,甚至连 Google Maps 没有提供的图片都有,并分免费版与专业版两种。2013 年 4 月,Google Earth 推出最新版(谷歌地球 7),新功能是以 3D 形式遨游大都市上空,俯瞰全景,全新的游览指南可向用户介绍各地著名的地标和自然景观。

⑧ Android:基于 Linux 开放性内核的操作系统,是 Google 公司在 2007 年 11 月 5 日公布的手机操作系统。早期由原名为"Android"的公司开发,Google 在 2005 年收购后,继续对 Android 系统开发运营。Android 一词的本义指"机器人",同时也是 Google 于 2007 年 11 月 5 日宣布的基于 Linux 平台的开源手机操作系统的名称,该平台由操作系统、中间件、用户界面和应用软件组成,号称是首个为移动终端打造的真正开放和完整的移动软件。现最新版本为 Android L。Android 系统由于其开源性受到很多开发者及厂商的支持,国内及国外相应地涌现了一批基于 Android 二次开发的厂商及产品,其中较知名的有国外的 CyanogenMod 以及国内的创新工场点心公司推出的点心 OS、小米科技公司推出的 MIUI 等。Android 成就了三星、HTC、小米等亚洲手机企业,成功将老牌手机企业 Nokia、

Motorola 等赶下了神坛。

2) 百度

(1) 简介

百度,全球最大的中文搜索引擎以及最大的中文网站,而"百度"一词来自宋词《青玉案·元夕》中"众里寻他千百度"。

1999年底,身在美国硅谷的李彦宏看到中国互联网及中文搜索引擎服务的巨大发展潜力,携搜索引擎专利技术,于2000年1月1日在中关村创建了百度公司。从最初的不足10人发展到今天员工人数超过18 000人,如今的百度,已成为中国最受欢迎、影响力最大的中文网站。百度的存在,也使中国成为美国、俄罗斯和韩国之外全球仅有的四个拥有搜索引擎核心技术的国家之一。

百度将"让人们最平等、便捷地获取信息,找到所求"作为使命,致力于为用户提供"简单,可依赖"的互联网搜索产品及服务,其中包括:以网络搜索为主的功能性搜索,以贴吧为主的社区搜索,针对各区域、行业所需的垂直搜索,Mp3搜索,以及门户频道、IM等,全面覆盖中文网络世界所有的搜索需求。根据第三方权威数据,百度在中国的搜索份额超过80%。

2005年,百度在美国纳斯达克上市,并成为首家进入纳斯达克成分股的中国公司。2009年,百度推出全新的框计算技术概念,并基于此理念推出百度开放平台,帮助更多优秀的第三方开发者利用互联网平台自主创新、自主创业。2012年9月,百度面向开发者全面开放包括云存储、大数据智能和云计算在内的核心云能力。随着中国互联网从PC端向移动端转型,百度也在积极围绕核心战略加大对移动和云领域的投入和布局,不断把PC领域的优势向移动领域扩展。

百度已经成为中国最具价值的品牌之一,英国《金融时报》将百度列为"中国十大世界级品牌",百度是这个榜单中最年轻的一家公司,也是唯一一家互联网公司。在国内,人们将百度与阿里、腾讯并称为中国互联网的ABT三巨头。

(2) 产品介绍

① 网页搜索:用户通过百度主页,可以瞬间找到相关的搜索结果,这些结果来自于百度超过数百亿的中文网页数据库。

② 垂直搜索:除网页搜索外,百度还提供MP3、图片、视频、地图等多样化的搜索服务,给用户提供更加完善的搜索体验,满足多样化的搜索需求。

③ 百度快照:全新的浏览方式,解决了因网络问题、网页服务器问题及病毒问题所导致无法浏览的问题,其原理就是只加载网上的文字、图片和超链接,而快速版的百度快照则不加载图片,因此正常网页、标准快照和快速版快照所显示出来的效果会略有不同。

④ 社区产品:信息获取的最快捷方式是人与人直接交流,为了让那些对同一个话题感兴趣的人们聚集在一起,方便地展开交流和互相帮助,百度贴吧、知道、百科、空间等围绕关键词服务的社区化产品也应运而生,而百度Hi的推出,更是将百度所有社区产品进行了串联,为人们提供一个表达和交流思想的自由网络空间。

⑤ 框计算:是由百度董事长兼首席执行官李彦宏在2009年8月18日"百度技术创新大会"上提出的全新技术概念。用户只要在"框"中输入服务需求,系统就能明确识别这种需

求,并将该需求分配给最优的内容资源或应用提供商处理,最终精准高效地返回给用户相匹配的结果。这种高度智能的互联网需求交互模式,以及"最简单可依赖"的信息交互实现机制与过程,称之为"框计算"。

⑥ 百度云:是百度公司在开放自身的核心云能力(包括云存储、云计算和大数据智能)的基础上,为广大开发者和最终用户提供的一系列云服务和产品,其服务的对象包括开发者和个人用户两大群体。在 2012 年 3 月份的百度开发者大会上,百度正式发布百度云战略,推出百度开发者中心网站,并建立开发服务、运营服务、渠道推广以及变现四大服务体系,为开发者构建平等、开放、共赢的生态系统。2012 年 8 月,百度云计算(阳泉)中心在山西省阳泉市奠基。在 2012 年 9 月份的百度世界大会上,百度发布了面向开发者的"七种武器",即个人云存储 PCS、多屏幕 Screen X 技术、云应用生成服务 Site App、LBS·云、移动云测试 MTC、百度应用引擎 BAE 和浏览内核 Engine。2012 年 10 月,百度宣布推出仅两个月的百度云个人用户量已突破 1 000 万。2012 年 11 月,百度宣布将与美国高通公司合作,实现并推广针对由高通骁龙处理器支持的 Android 终端的百度云服务。

⑦ 百度移动:面对互联网从 PC 端向移动端转型的浪潮,百度逐步将 PC 领域的优势向移动领域扩展。百度移动搜索提供了多入口化的搜索方式,包括网页版移动搜索、百度移动搜索 APP 以及内嵌于手机浏览器、WAP 站等各处的移动搜索框,因此能够快速、全面、精准地提供搜索服务。而根据 CNNIC《2012 中国网民搜索行为研究报告》数据显示,百度搜索在手机用户中的渗透率达到 96.9%,用户首选率已经达到 88.5%。2012 年 10 月,百度正式成立了 LBS(基于位置的服务)事业部,负责包括百度地图、百度身边及百度路况等移动互联网项目,从产业链条上打通上下游,实现数据的互通,共享用户和信息市场,帮助服务合作伙伴应对营销个性化、定制化、时效化的挑战,帮助用户发现周围的优惠,帮助商户捕捉潜在的客户,实现供需无缝对接。

7.2.3 谷歌与百度搜索语法

谷歌网页搜索技术大部分在百度等搜索引擎中也适用。同样,这些搜索技术来源于传统数据库检索技术,因而对这部分的学习,与前一章的数据库信息源检索一脉相承,并能获得更直观的认识。这里以谷歌和百度语法为主,并结合应用实例,以加深信息检索对解决实际问题、提高搜索效率的认知。

本节中一些实例"【 】"中的内容可直接在谷歌搜索框中复制输入,这样既能看到输入的检索策略,也能直接看到搜索效果。

1) 搜索语法与高级搜索说明

首先需要注意的是,所有的搜索语法和搜索符号必须是半角状态(即英文输入模式)。很多搜索语法可以通过谷歌网页搜索之高级搜索来实现,在谷歌首页点击"高级"即可进入高级搜索界面(见图 7.2)。

图 7.2 谷歌网页搜索之高级搜索

2) 一般搜索语法与实例

(1) 默认模糊搜索,自动拆分短语

同许多搜索引擎一样,当直接在搜索框中输入搜索词时,谷歌默认进行模糊搜索,并能对长短语或语句进行自动拆分成小的词进行搜索。

实例:【市场研究报告】,自动拆分为"市场研究"、"市场"、"研究"等。

(2) 短语精确搜索

给关键词加上半角引号实现精确搜索。

实例:【"企业文化建设思路"】(见图 7.3)。

(3) 通配符

谷歌的通配符是星号"＊",必须在精确搜索符双引号内部使用。用通配符可代替关键词或短语中无法确定的字词。实例:

① 搜索市场调查研究报告、市场年度研究报告等内容时:【"市场 ＊ 研究报告"】;

② 搜索歌词:【"I be ＊ waiting for you"】;

③ 搜索诗句:【"解落 ＊ 秋叶"】;

④ 搜索另类说法,如"轻轻的我走了,正如我轻轻的来"的另类说法:【" ＊ 的我走了,正如我 ＊ 的来"】;

⑤ 搜索英文的多种形态,如 comput、computing 等:【"comput ＊ "】。

(4) 点号匹配任意字符

与通配符星号"＊"不一样的是,点号"."匹配的是字符。保留的字符有"〔"、"("、"_"等。

第 7 章 网络信息源的检索

图 7.3 短语精确搜索

实例：搜索有关中国的各种大全，即【"中国.大全"】，或者不要精确搜索的双引号，即【中国.大全】。

（5）布尔逻辑（见图 7.4）

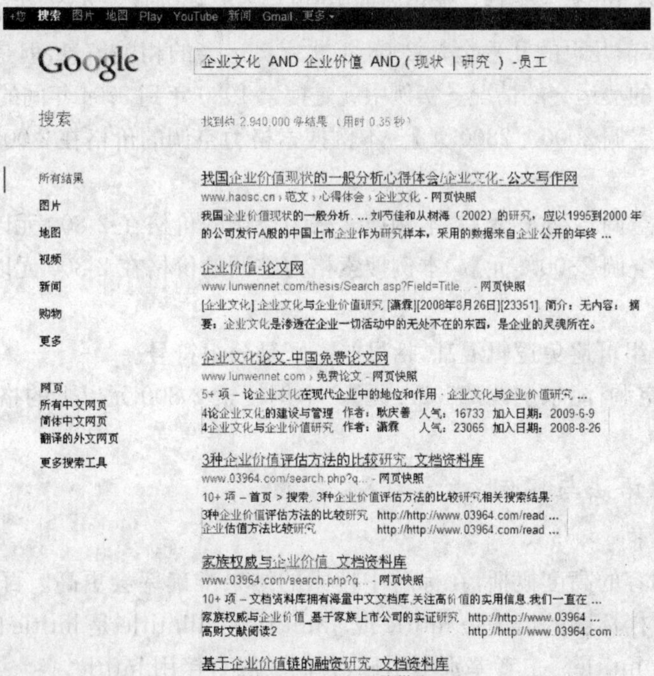

图 7.4 布尔逻辑

布尔逻辑是许多检索系统的基本检索技术,在搜索引擎中也一样适用。在谷歌网页搜索中需要注意的是,谷歌和许多搜索引擎一样,多个词间的逻辑关系默认的是逻辑与(空格)。当用逻辑算符的时候,词与逻辑算符之间需要用空格分隔,包括后面讲的各种语法,均要有空格。逻辑非是特例,即减号必须与对应的词连在一起。对于复杂的逻辑关系,可用括号分组。

逻辑与:【企业文化 AND 企业价值】,用空格和 AND 以及小写搜索结果差别不大。此例是搜索企业文化与企业价值方面的资料。

逻辑或:【企业文化 AND 企业价值 AND (现状|研究)】。此例是搜索企业文化与企业价值现状或研究方面的资料。

逻辑非:【企业文化 AND 企业价值 AND (现状|研究)－员工】。此例是搜索企业文化与企业价值现状或研究方面的资料,但不要涉及员工的。

(6) 约束条件

加号"＋"用于强制搜索,即必须包含加号后的内容,且一般与精确搜索符一起应用。

实例:【研究报告＋"学术信息资源开放目录"】。

(7) 同义词

仅限于英文搜索。一般来说,加"～"符号会比不加搜索结果多一些。

实例:【～PC】,能搜索出 Computer、Windows 等内容。

(8) 数字范围

用两个点号".."表示一个数字范围。一般应用于日期、货币、尺寸、重量、高度等范围的搜索,用作范围时最好给一定的含义。

实例1:【奥运会 1980..2004】。当我们搜索"奥运会",特别是在 2008 年的时候搜索这个词时,出现在搜索结果前几页的几乎全是 2008 年北京奥运会的相关信息,但是有人想了解近几届在其他地方主办的奥运会的情况。实例中就是搜索 1980 年到 2004 年间的奥运会信息。

实例2:【格力空调 2000..2800 元】。本例搜索格力空调的价格在 2 000 元到 2 800 元之间的信息。

实例3:【格力空调..2800 元】。本例搜索格力空调的价格在 2 800 元以下的信息。

实例4:【格力空调 2800..元】。本例搜索格力空调的价格在 2 800 元以上的信息。

(9) 括号分组

逻辑组配时分组可避免逻辑混乱,括号"( )"是分组符号。

实例:【(格力空调|海尔空调)2800..元】。本例搜索 2 800 元以上的格力空调或者海尔空调的信息。

3) 高级搜索语法与实例

(1) 标题中搜索

通常标题是内容的高度概括,在标题中搜索的结果准确率会更高。百度(谷歌)搜索中限定搜索网页或文档标题的语法是 intitle 或 allintitle。allintitle 是 intitle 的变体,相当于在各个搜索词前加上 intitle。二者差别不明显,我们一般直接用 intitle。

实例:【intitle:企业价值标准】,即在标题中搜索"企业价值标准"(见图 7.5)。

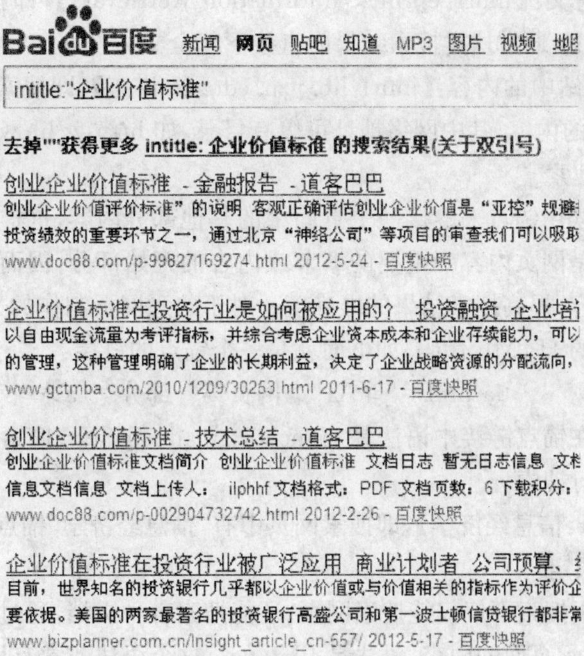

第7章 网络信息源的检索

图7.5 标题中检索

(2) 正文中搜索

正文中搜索即仅仅在网页或文档的正文部分搜索。谷歌搜索中限定搜索网页或文档正文的语法是 intext 或 allintext。

实例:【intext:企业价值标准】,即在正文中搜索"企业价值标准"。可以与在标题中搜索的结果(搜索结果条数、准确度)进行对比。

(3) 网址中搜索

谷歌搜索中限定搜索网址的语法是 inurl。这是 In-系指令中最强大的一个,换句话说,这个高级指令能够直接从网站的 URL 入手挖掘信息,只要略微了解普通网站的 URL 格式,就可以极具针对性地找到你所需要的资源,甚至是隐藏内容。网站构建者通常将某一类信息集中在一个网站的目录中,所以搜索 URL 中的词本身就是对某一方面内容的一个限定。如果再加上一定的词进行组配,搜索结果将更贴近需求。

① 搜索图片:【inurl:photo】,即搜索所有网络地址中包含"photo"关键词的页面。如果说 Google 图像搜索侧重于展示图片,inurl 搜索则让用户在看到图片之前了解到页面大致的文字内容,更方便判断。利用这一指令,往往能够找到关键词的组图内容(指令中的 photo 也可以替代为 picture、image 等)。

② 搜索音乐:【inurl:mp3 毕业生】,即在所有网络地址中包含"mp3"的页面中搜索"毕业生"。这个时候返回的"毕业生"肯定是音乐,而不是关于"毕业生"的其他话题。Google 中搜索音乐的另一有效方式是 mp3 可以替换为 wma、rm 等。

③ 搜索软件:【inurl:download qq】,即直接查找 QQ 软件的下载页面。

④ 搜索电子论文:【inurl:eprint "Information Retrieval"】,即搜索有关 Information Retrieval 的电子论文(通常这类搜索结果能直接下载全文)。

⑤ 搜索特定网站中的内容:【inurl:lib.yzu.edu.cn 讲座】,即搜索 http://lib.yzu.edu.cn 网站中有"讲座"的内容,其中网络地址可以有目录,如 http://lib.yzu.edu.cn/szdc/。

(4) 锚点链接搜索

在网站中有时候用锚点来链接一个页面中的其他部分内容,这样方便浏览和定位。锚点链接的内容通常是网页内容中重要的章节或内容的开始部分,因而对它们的搜索也更能反映网页的主题内容,提高搜索结果的准确度。对于熟悉网页制作的人来说,可以从网页源代码中查看有锚点的 HTML 代码,如下面就是一个锚点的链接:

<a href="♯A1">网页第一部分</a>

谷歌网页搜索在锚点链接中语法是 inanchor 或 allinanchor,搜索范围限制在页面的链接锚点描述文本进行搜索。

实例:【inanchor:信息经济学】,即搜索网页中有"信息经济学"锚点链接的网页。

(5) 文档类型限定

百度(谷歌)网页搜索不仅仅能搜索网页,还能搜索各种文档,通过文档类型限定只对文档进行搜索,可不显示页面的内容,语法是 filetype。这个语法非常有用,我们在网上要找一些范文或参考资料的时候常用这个语法。filetype 是根据文件后缀搜索特定文件类型,支持的文档有 pdf、ppt、doc、xls 等,网页文件有 htm、asp、php 等。

实例:【企业文化建设 filetype:PPT】,即搜索有关企业文化建设的 PPT 文档(见图 7.6)。

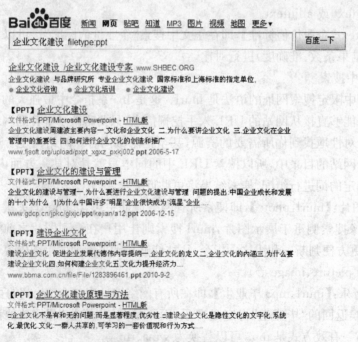

图 7.6 文档类型限定

（6）定义搜索

谷歌网页搜索中定义搜索的语法是 define，用于搜索定义或解释。在阅读、学习、研究或撰写论文中遇到陌生的词或缩写，可以用该语法得到确切的定义或解释，而且可以了解多种语言的定义情况。

实例：【define：文献】，可得到关于文献的多个定义来源。

（7）网页相关信息搜索

谷歌提供的网页相关信息搜索的语法是 info，通过这个语法能将网页的快照信息、网页链接情况、被链接情况和类似网页的信息供选择浏览。info 语法是以下几个语法的集合：

① cache：搜索谷歌缓存的页面（快照信息）

实例：【cache：lib. yzu. edu. cn】。当前 cache 语法不支持谷歌中文，本处给的链接实例是在谷歌英文中搜索的结果。用 cache 语法的一般情况，一是当一个链接无法访问时（或信息被屏蔽时）；二是当信息已经被修改，想看以前的信息时。

② related：搜索与特定网页相关的网站

实例：【related：google. cn】，其搜索的结果就是更多的搜索引擎。related 语法对于发现某一类信息非常有用，比如用 related 搜索一个图书馆网址的时候会出来大量图书馆的网站，如【related：lib. yzu. edu. cn】；当搜索某期刊网址的时候，能搜索出大量该学科领域的相关期刊，如【related：www. lis. ac. cn】。

③ link：搜索所有链接到某个特定 URL 上的页面

实例：【link：lib. yzu. edu. cn】，即搜索链接到扬州大学图书馆的页面。网站建设者可知道是哪些网页链接了该网站，也可用于发现某一个页面（新闻、信息等）被什么网页引用（如博客中）或收藏。其实，最好的搜索策略应该是这样：【link：lib. yzu. edu. cn-site：lib. yzu. edu. cn】，即删除自己链接自己的页面。

④ site：搜索范围限制在某网站或顶级域名中

实例1：【医药 site：edu. cn】。本例搜索我国教育科研网中关于"医药"的信息，比如医药院校或专业的信息等，这样能排除很多医药领域的公司信息。

实例2：【site：lib. yzu. edu. cn】。本例查看扬州大学图书馆的网页被谷歌收录（索引）的数量，可比较不同图书馆（网站）在网络上的"大小"。

实例3：【服务 site：lib. yzu. edu. cn】。本例搜索扬州大学图书馆网站上的所有关于"服务"的页面。

（8）混合使用搜索技术

在搜索实践中，往往是多种搜索技术混合使用以满足特定的信息需求，这在前面的一些实例中就有体现。但是，混合使用的时候也要注意一些问题。下面举几个混合搜索实例。

① 查找产业报告类的全文资料。可以直接用【产业报告】搜索；如果已经掌握了一定的搜索语法知识，也可以这样搜索：【产业报告 filetype：doc】，能搜索到 Word 格式的许多行业的产业报告文档。你还可以进一步进行限定，搜索仅 2005 年以来的相关内容：【产业报告 filetype：doc 2005..】。这样搜索到的信息资源并不逊色于专门的数据库。

② 查找市场调查报告范文：【intitle：市场调查报告 filetype：doc】。与上例不同的是，这

里用到了 intitle 进行限定,从而得到相对精确的搜索结果。

③ 搜索非教育科研网上关于 Web 2.0 的会议:【Web 2.0 会议－inurl:edu.cn】。

④ 搜索"轻轻的我走了,正如我轻轻的来"的另类说法:【"*的我走了,正如我*的来"－轻轻】。既然是另类说法,当然就不能包含"轻轻"。

⑤ 混合使用 intitle 和 site:【intitle:医药 site:edu.cn】。

⑥ inurl 限定:限定搜索特定类别的信息,如【"我和你" inurl:mp3】。

⑦ 搜索特定网站内的文档:【filetype:ppt site:lib.yzu.edu.cn】。

(9) 不混合使用情况

① 不混合使用有抵消的搜索:【药品说明书 site:net.cn－inurl:net】。

② 不要重复使用同一语法结构:【药品说明书 site:cn site:com】,但是可以写成【药品说明书(site:cn|site:com)】。

在混合使用语法时不要用别名,如 allintitle;也不要使用过多的语法将结果限制得特别狭窄,应采取逐步增加限制的方法,一般不要一步到位。

7.3 网络学术信息源检索

网络学术信息源是指网络资源中进入学科领域,并具有学术价值的那部分资源。由于信息来源广泛,所以网络学术资源信息量大,这也导致了其内容庞杂、质量不一。网络学术资源是对商业数据库的有效补充,也是我们学习书本外知识的重要来源。其内容大致可以分为网络资源指南、预印本文献、开放获取资源(含开放获取期刊、开放获取仓储等)、专业博客、专业门户等。

7.3.1 网络资源目录与信息门户

1) 概念

网络目录(Web Directory),也称为网络资源目录或网络分类目录,是目录型网络检索工具(Subject Directory Catalogue)。最早的网络目录是由人工采集网络上的网站(或网页),然后按照一定分类标准(如学科类型、主题等)建立网站分类目录,并将筛选后的信息分门别类放入各类目中供用户进行浏览,并辅助一定的检索。这种网络目录也称为人工网络目录。随着搜索引擎技术的发展,后来出现计算机和人工协同工作完成的网络资源目录,直至发展到今天的完全由计算机自动完成的搜索引擎分类目录。

网络目录是一种既可以供检索也可以供浏览的等级结构式目录。与搜索引擎不同的是,用户可以不必进行搜索,仅仅通过逐层浏览目录即可找到相关信息。同时,用户也可以在某一层级的目录中检索该目录中的信息。

网络目录的优点在于:① 信息组织的专题性较强,满足族性检索要求;② 使用简单,只要选择相关类目,依照页面之间的超链接指引很快就能找到目的信息,适于检索不熟悉的领域或不熟悉网络的用户使用。缺点在于:① 人工采集信息的收录范围小,更新慢;② 受主观因素影响,类目设置不够科学,缺少规范。

第7章 网络信息源的检索

2）分类

网络目录主要分为基于搜索服务的分类目录、基于志愿者开放构建的开放目录和基于学科网络资源发现的学科信息门户。

（1）搜索引擎分类目录

最有影响的搜索引擎分类目录是由"Yahoo!"建立的网络目录。搜索引擎的分类目录发展到今天已经成为搜索引擎的副产品，而且大多都由搜索引擎自动生成，人工干预极少。

① 中文搜索引擎分类目录

a）新浪分类目录：http://dir.iask.com/；

b）谷歌网页目录中文：http://dir.google.com/；

c）台湾雅虎分类目录：http://tw.dir.yahoo.com/；

d）香港雅虎分类目录：http://hk.dir.yahoo.com/。

② 外文搜索引擎分类目录

谷歌网页目录英文：http://dir.google.com/dirhp? hl=en。

（2）开放目录

开放目录是基于志愿者建立的网络信息资源目录，一般带有公益性的色彩。其中最有影响力的、最具代表性的是 DMOZ，它是由网景公司所主持的一项大型公共网页目录——开放目录专案（ODP）。从收录范围来说，DMOZ 是一个综合性的开放目录。

（3）学科信息门户

学科信息门户通常由图书馆、研究机构或政府组织构建，具有明确的服务对象，是网络信息资源发现的重要工具。

3）发展历史

（1）Galaxy 网络目录

1994 年 1 月，美国德克萨斯大学推出的第一个可供检索的网络分类目录——Galaxy（http://www.galaxy.com/），最终由一个研究项目演变为商业实体，到现在 Galaxy 以成为一个以分类目录搜索而著名的网络目录搜索引擎。

（2）雅虎网络目录

1994 年 4 月，美国斯坦福大学的两名博士生 David Filo 和杨致远（Gerry Yang）共同创办了"Yahoo!"门户网站。

4）网络目录的利用

网络目录是网络信息检索的重要工具，其作用是搜索引擎无法替代的。一般在以下情况下利用网络目录：① 只是想了解某类、某领域的信息但不知道如何下手时——网络目录的各分类主题能层层展开，并提供各主题目录间的关联信息，启发思维；② 仅仅只是想上网溜达时——有时候面对电脑，当常上的几个网站都看腻时，不妨到网络目录中去溜达溜达，也许会有新的发现；③ 当搜索范围涵盖太广时——搜索引擎的一大特点是搜索结果太多，特别是当搜索的词的范围太广的时候，可以到网络目录中某一主题中搜索，以缩小搜索的范围，从而剔除无关的信息。

7.3.2 开放获取信息资源及其利用

在大学和科研机构,一直以来都是通过图书馆购买数字信息资源(商业数据库),然后集中提供使用。这种模式的使用必然会受到地域(如校园内 IP 地址限制)、使用方式(如口令限制)、时间(购买使用权期限)或场所的局限。那么,有没有不受限制,就像访问普通网站一样可以使用的数字资源呢? 最近 10 年来,由于互联网应用的普及和网络信息资源的不断丰富,改变和发展了我们的信息环境。随着新的信息出版与网络传播方式的发展,出现了新的信息资源获取模式——开放获取(Open Access,简称 OA,也有翻译为开放存取、开放共用等)。开放获取是基于大量的开放获取信息资源,这类信息资源有非常大的利用价值。

开放获取可以表述为把同行评议过的科学论文或学术文献放到互联网上,使用户可以免费获得,而不需考虑版权或注册的限制。开放获取是国际学术界、出版界、图书情报界为了推动科研成果利用互联网自由传播而采取的运动,其目的是促进科学及人文信息利用互联网进行交流与出版,提升科学研究的公共利用程度,保障科学信息的长期保存,提高科学研究的效率。开放获取数字资源是网络上重要的共享学术信息资源,提供期刊论文全文的免费阅读,是获取学术信息的一种新模式。国外的一些研究表明,在很多学科领域,开放获取的文章比非开放获取的文章具有更大的研究影响力。

信息资源开放获取有四个途径:

(1) 开放获取仓储(Open Access Repository)

① 对于有版权,但是出版社允许进行自存储的作品,作者可以放到信息开放存取仓库中,例如论文、专著等;

② 对于没有版权的作品,作者可以直接放到信息开放存取仓储中,例如讲义、PPT 等。

(2) 开放获取期刊(Open Access Journals)

① 出版提供信息开放获取的杂志,或者将原有杂志改造为信息开放获取的杂志;

② 主办者筹集全部资金负责期刊运行,杂志对作者和读者都是免费的。

(3) 个人网页

① 对于有版权,但是出版社允许进行自存储的作品,作者可以放到个人网页上;

② 对于没有版权的作品,作者可以直接放到个人网页上。

(4) 公共信息开放使用

开放获取的信息源类型有开放获取期刊、预印本文献、开放获取仓储、数字图书,这些均为常规资源;还有学位论文/研究报告、学术会议信息、学术动态、专利/标准等,这些为特种信息资源。此外还有机构库这类综合的开放获取资源。

1) 开放获取期刊

开放获取期刊又称开放存取期刊,主要包括新创办的开放获取期刊和由原有期刊改造转变而来的开放获取期刊,是一种论文经过同行评审的、网络化的免费期刊,全世界的所有读者从此类期刊上获取学术信息将没有费用及权限的限制,编辑评审、出版及资源维护的费用不是由用户,而是由作者本人或其他机构承担。与传统期刊一样,开放获取期刊对提交的学术论文实行严格的同行审议以确保学术论文的质量。作为重要的开放获取信息资源之一,开放获取期刊的发展势头良好,在数量上不断增加,所覆盖的学术范围也不断扩大,而且开放获取期刊的被引用率和影响因子也在不断提高。

开放获取期刊根据期刊的开放程度划分如下:

① 完全开放获取期刊:是指期刊在出版的同时即全部免费获取。

② 延时开放获取期刊:是指期刊在出版一段时间后再通过互联网为用户提供免费服务,时滞短则一个月,长则两三年。

③ 部分开放获取期刊:是指在同一期期刊中,只有部分文章为用户提供免费服务。正是因为一些非完全开放获取期刊的存在,我们在利用开放获取期刊的时候会遇到少量开放获取期刊文章的全文不能下载的情况。

提供开放获取期刊的部分系统如下:

(1) cnpLINKer(中图链接服务)(http://cnplinker.cnpeak.com)

cnpLINKer 是由中国图书进出口(集团)总公司开发并提供国外期刊网络检索的系统,于 2002 年底开通运行。目前该系统共收录了国外 1 000 多家出版社的 18 000 多种期刊的目次和文摘数据,并保持时时更新,其中包括 7 000 多种开放获取期刊供用户免费下载全文。除为用户提供快捷灵活的查询检索功能外,电子全文链接及期刊国内馆藏查询功能也为用户迅速获取国外期刊的全文内容提供了便利。

(2) Socolar(http://www.socolar.com/)

Socolar 是由中国教育图书进出口公司构建的 OA 资源的一站式服务平台。对于完全 OA 期刊,一律予以收录;对于延时 OA 期刊,通常予以收录;对于部分 OA 期刊,如果每期保持为用户提供数篇(一般在 3 篇或 3 篇以上)学术论文的免费服务,这样的期刊通常予以收录。对于需要注册访问的期刊,如果免费注册后全文也免费的。

(3) Directory of Open Access Journals(http://www.doaj.org/)

Directory of Open Access Journals(DOAJ)是由瑞典伦德大学图书馆整理的一份开放期刊目录,该项服务涵盖了免费的、可获取全文的、高质量的科学和学术期刊。他们的目标是涵盖所有学科和语言的开放期刊,目前共有 6 000 多种开放期刊被收录到了该目录中,其中近 3 000 种可以进行文章检索。

(4) HighWire Press(http://www.highwire.org/lists/freeart.dtl)

HighWire Press 是全球最大的提供免费全文的学术文献出版商,于 1995 年由美国斯坦福大学图书馆创立。目前已收录电子期刊 710 多种,文章总数已达 658 万多篇,其中 200 多万篇文章可免费获得全文,且这些数据仍在不断增加。通过该界面还可以检索 Medline 收录的 4 500 种期刊中的 1 200 多万篇文章,可看到文摘题录。HighWire Press 收录的期刊覆盖生命科学、医学、物理学、社会科学等学科,部分全文可免费访问,但并不是全部。

(5) Open J-Gate 开放获取期刊门户(http://www.openj-gate.com/)

Open J-Gate 开放获取期刊门户提供基于开放获取的近 4 000 种期刊的免费检索和全文链接,包含学校、研究机构和行业期刊,其中超过 1 500 种学术期刊经过同行评议(Peer-Reviewed)。

2) 电子印本服务

电子印本(ePrint)指以电子方式复制学术文献,而广义的电子印本包括所有的电子出版物,即电子印刷。我们在网上常常会看到 ePrint、Preprint(预订本)、Postprint(后印本),关于它们之间的关系,奇迹文库的说法是 ePrint 是学术论文的数字形式,大多以 PDF 格式或 PS 格式存在,如果是处于审稿前的状态,则称为 Preprints,如果是处于审稿后的状态,则称为 Postprints。总之,我们认为预印本(Preprints)和后印本(Postprints)是电子印本(ePrint)的两种形式。因为目前电子文档的主要形式是预印本,而且预印本相对后印本来说更吸引用户的关注和有更高的利用率,所以国内一般将这些资源统称为电子预印本。

预印本指已完成,但尚未正式发表的学术论文,包括未投稿的文献、未采用的文献和已经被采用但尚未发表的学术文献。为了尽快传播学术成果,科学家倾向于在论文完成后立刻与同行交流,因此在互联网出现前预印本就已经很流行了,甚至大的研究机构每年都要花费不菲的经费自己印刷预印本,但当时仅仅是在小范围内通过邮件的方式进行交流与传播。随着互联网的出现和普及,预印本通过互联网传播的成本降到最低,纸本预印本已被电子预印本取代,从而出现了专门收集、整理和提供上传、下载预印本资料的网络数据库服务系统——电子预印本系统。1991 年,金斯帕(Paul Ginsparg)在 LANL(美国洛斯阿拉莫斯国家实验室)建立了第一个通过互联网提供的预印本服务器,即 xxx.lanl.gov,这就是后来著名的 arxiv.org。与预印本概念相对应的则是后印本,指学术论文出版后,将单独一篇论文抽出少量复制供作者赠送给同行交流的论文副本,也形象地被叫作抽印本。在电子预印本网站 arxiv.org 上也有为数不少的后印本存在。研究者究竟愿意以预印本还是后印本的形式公开,涉及不同研究领域的文化和传统。比如在理论物理领域,特别是高能物理,普遍流行预印本;而对于实验物理学家,乃至生命科学家,则更习惯使用后印本。随着电子预印本在学术研究领域的重要性越来越大,一些大型数据库商和出版机构合作也开始提供电子预印本(待刊论文)服务,如 Blackwell、SpringLink 等数据库,只不过它们不是开放获取的,需要购买数据库使用权。

电子印本系统中的信息资源类型以学术论文为主,同时包含书籍中的部分章节、会议文献、学位论文、技术报告和研究手稿等。目前,主要有三种类型的电子印本系统:① 电子印本资源搜索系统,有大量的电子印本文献索引,类似搜索引擎;② 电子印本资源导航,收集整理了大量的电子印本资源系统的信息,类似学科信息门户;③ 电子印本资源系统,提供电子印本的存取服务,是真正的电子印本资源所在。电子印本系统的创建者多为研究性组织和公益机构(如大学、研究所、图书馆等),他们是学术成果的主要生产者和传播者,此外一些政府和商业机构也积极参与创建。目前电子印本的学科范围以理工科最多,文史哲最少。

电子印本具有如下特点:

① 作者自愿提交:作者按照一定的格式将论文进行排版后,通过网络、E-mail 等方式,按学科类别上传至相应的目录或数据库中;

② 文责自负:送入预印本库中的论文是不经过任何审核的,也没有任何先决条件决定某一论文能否送入库中,只要作者所投论文遵守国家相关法律,有一定学术水平,符合系统的基本投稿要求(若涉及具体期刊的预印本相对严格一些);

③ 共享性:任何人在尊重作者版权的基础上都可合理利用;
④ 交互性:有些系统允许对论文进行评论和交流;
⑤ 多载体性:作者可发表到正式的刊物或其他载体形式上。

(1) 中国科技论文在线(http://www.paper.edu.cn/)

中国科技论文在线是经教育部批准,由教育部科技发展中心创建的科技论文网站,每日更新。可为在本网站发表论文的作者提供该论文发表时间的证明,并允许作者同时向其他专业学术刊物投稿,以使科研人员新颖的学术观点、创新思想和技术成果能够尽快对外发布,并保护原创作者的知识产权。目前已经有纸本期刊出版,文章的来源从网站中选择。

(2) 奇迹文库预印本(http://www.qiji.cn/eprint/)

奇迹文库预印本是由一群中国年轻的科学、教育与技术工作者创办,为非盈利性质的网络服务项目,其目的是为中国研究者提供免费、方便、稳定的 ePrint 平台,并宣传提倡开放获取的理念。可使用分类浏览的方法或用关键词查询的方法查找所需资料。

(3) 中国预印本服务系统(http://prep.istic.ac.cn)

中国预印本服务系统是由中国科学技术信息研究所与国家科技图书文献中心联合建设的以提供预印本文献资源服务为主要目的的实时学术交流系统,是国家科学技术部科技条件基础平台面上项目的研究成果。该系统由国内预印本服务子系统和国外预印本门户(SINDAP)子系统构成,其中国内预印本服务子系统主要收藏的是国内科技工作者自由提交的预印本文章,可以实现二次文献检索、浏览全文、发表评论等功能。

(4) e-Print arXiv 预印本文献库

e-Print arXiv 是由美国国家科学基金会和美国能源部资助,在美国洛斯阿拉莫斯国家实验室建立的电子预印本文献库,始建于 1991 年 8 月,2001 年后转由 Cornell University 进行维护和管理。该预印本资料库由 Dr. Ginsparg 发起,旨在促进科学研究成果的交流与共享,目前包含物理学、数学、非线性科学、计算机科学 4 个学科共计 28 万篇预印本文献。该站点的全文文献有多种格式(例如 PS、PDF、DVI 等),需要安装相应的全文浏览器才能阅读。中科院理论物理所镜像站点网址为 http://cn.arxiv.org/,美国主站点网址为 http://arxiv.org/。

3) 开放获取仓储门户

网络上开放获取仓储数量非常多,而且在不断增长中。能比较全面地提供全球的开放获取仓储的网站有开放获取仓储登记系统(Registry of Open Access Repositories,简称 ROAR)和开放获取仓储目录(Directory of Open Access Repositories,简称 OpenDOAR),这两个网站收录的开放获取仓储的数量都超过了 1 000 多个,利用它们能比较方便地找到特定的开放获取仓储网站。

(1) ROAR(http://roar.eprints.org/)

ROAR 由英国南安普顿大学创立,除不收录 DOAJ 范围的信息源外,收录所有开放获取的信息资源。通过该网站能即时了解新注册的开放获取信息源以及单个开放获取信息源的信息量增长情况。可根据国家(地区)、软件平台类型、内容类型以及多种排序进行组合选择浏览,也可以通过页面上部的检索框检索。每一个开放资源列有信息资源数量、页面截图、每日信息增长曲线图(未提供 OAI 接口的系统没有)、系统构建的软件平台、注册日期、开放政策等信息。点击页面截图能进入对应的开放获取仓储。

(2) OpenDOAR(http://www.opendoar.org/)

OpenDOAR 是由英国的诺丁汉大学和瑞典的伦德大学图书馆于 2005 年 2 月共同创建的开放获取仓储检索系统,提供全球高品质开放获取信息资源库清单。用户可以通过机构名称、国别、学科主题、资料类型等途径检索和使用这些仓储。OpenDOAR 和 ROAR、DOAJ 一道构成当前网络开放获取学术信息资源(期刊论文、会议论文、学位论文、技术报告、专利、学习对象、多媒体、数据集、研究手稿、预印本等)检索的主要平台。OpenDOAR 有助于资源库广泛取用与利用,且每一资源库均由 OpenDOAR 人员进行检视,非以自动化分析方式处理资讯,以确保提供的资讯拥有高品质及一致性。

7.3.3 教学信息资源的开放获取

学习是一种生活习惯和生活方式。本书第 2 章中曾介绍了在知识经济和人际网络时代大规模兴起的 MOOC 与移动学习方式,可见学习已经成为人们日常活动中不可分割的一部分,是贯穿生命全过程的自觉意识和习惯。我们已经进入这样的时代——各种免费的学术信息资源可以从网上获取,连最优秀的教育信息资源我们也可以在线享受。这就是开放课程。

1) 开放课程概述

开放获取的思想和理念是为了促进学术信息资源的无障碍交流,打破学术研究的人为壁垒。这种思想被越来越多的机构和人员接受。反映到教学领域,开放共享的课程建设理念也逐渐被人们接受,在全球高等教育界已呈现优质课程、优质教与学资源开放、共享的趋势。

为了迎接以互联网为代表的信息技术给高等教育带来的挑战与变革,麻省理工学院的威尔士博士于 2001 年 4 月提出开放课程(OCW)的概念,同年,该校便发起开放课程运动,即向社会公布其从本科生到研究生教育的全部课程(约 1 800 门),供全世界免费使用。此举在全世界引起巨大反响,日本、法国、英国等各国高校、国际教育组织纷纷效仿,以各种形式在教育资源开放与共享方面展开实践探索。2003 年我国教育部也启动了"高等学校教学质量和教学改革工程",其中的"精品课程建设工程"计划在 2003—2007 年建设 1 500 门国家级精品课程,利用现代化的教育信息技术手段将精品课程上网并免费向社会开放,以实现优质教学资源共享。

开放课程是指在遵守知识共享许可协议(创作共用)的前提下,通过网络向社会免费开放某门学科的教学内容及实施的教学活动总和的数字化教育资源。其中,至少包括课程大纲、课程日历、讲授笔记或类似内容等一套完整的课堂教学中使用的课程资源,也可扩展提供作业习题、视频、考试试卷、学习指南、范例或学习工具、参考资料等其他类型的资源。

开放课程一般为世界性的、高水准的课程,因此全球有大量的人在利用开放课程学习。开放课程为教师的教学提供参考,降低重复的工作,提高教学水平;为学生自主学习和拓展学习提供课程资料。

开放课程不是学位、学历教育,只属于教学信息资源共享的范畴,不会颁发任何学习证明或证书,也不提供教师辅导。不过有些开放课程计划中融入了 Web 2.0 的思想,开办了例如"学习沙龙"之类的互动平台。对于一些高水平国外大学的课程,可能还会存在语言障碍。

本书第2章所介绍的各种新兴的学习方式,如 MOOC 与翻转课堂、社交化与移动化学习、微课等,均有开放课程的技术与人文背景。

2) MIT 开放课程

MIT 开放课程是由麻省理工学院在2002年制订的一项计划,它的目标是在2007年底以前让所有大学生和研究生课程能够在线上自由的被任何人从任何地点取用,因此也可以被视为一项庞大的、网络出版的 MIT 教材。现 MIT 开放课程由 William and Flora Hewlett Foundation、Andrew W. Mellon Foundation、麻省理工学院共同主持。2007年11月份,已经有超过1 800个课程上线,其中只有少数是书单和讨论主题,大多数会提供课后问题、考试(通常附有解答)以及演讲笔记;某些课程甚至提供交互式的示范程式、MIT 教授写的教科书、串流影音格式的演讲影片。

中国国家精品课程资源网也有 MIT 开放课程的相关链接。

MIT 开放课程的网络地址如下:

① http://www.cocw.net/(简体中文);

② http://www.core.org.cn/OcwWeb/(英文-简体中文翻译站);

③ http://www.twocw.net/(繁体中文);

④ http://www.myoops.org/cocw/(开放式课程计划中文化网站);

⑤ http://ocw.mit.edu/index.html(原始英文)。

3) 中国开放教育资源协会(http://www.core.org.cn/)

中国开放教育资源协会(China Open Resources for Education,简称 CORE)为非营利机构,是中国大学的联合体,参与合作的国外高校有麻省理工学院、约翰霍普金斯大学、耶鲁大学、塔夫茨大学、犹他州立大学、莱斯大学、斯坦福大学、蒙特利技术教育学院等。该协会致力于为中国高校获取免费、便捷的全球开放式教育资源拓宽渠道,开展对国外教育资源的翻译和教学应用,并提供国内开放教育资源的导航与部分教育资源的英文化(英译课程)。CORE 为中国(尤其是高校)的广大教育者及全社会的求知者提供方便,可零距离接触世界一流高校课题。CORE 组织国内会员学校和自愿者参与课程的翻译(汉化课程);除提供国外合作单位的开放课程外,还提供中国精品课程的导航。

中国开放教育资源协会网站首页(见图7.7),导航条"精选资源"栏目提供耶鲁大学视频课程、企业管理课程以及一些教育资源网站导航。首页面左侧快捷菜单栏有对开放课程的多种浏览模式。其中,国外开放课程栏目以 MIT 课程为主,可按学科、学校、语种等模式浏览。课程名称前面的图标,如"已译完"、"翻译中"、"校对中"等表示翻译状态。对于没有翻译的课程直接链接到对应网站(如 MIT OCW 的中国镜像站:http://www.ocw.cn)的外文课程页面;已翻译完成的将有中文课程名称和外文课程名称,分别链接到对应的语种界面。只有翻译完成的课程才能看到中文的内容,翻译成中文的课程被存放在 CORE 的网站上。开放课程页面提供的内容有课程基本情况介绍、教学大纲、教学时程(可下载 PDF、DOC、PPT、视频等多种格式资料)、相关阅读资料、作业、测验、研习资料等。

人际网络环境下的信息检索

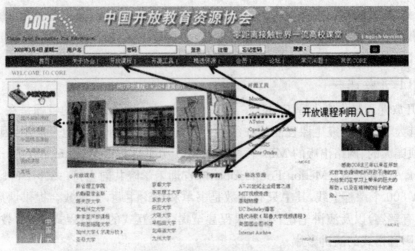

图 7.7　中国开放教育资源协会(CORE)首页

中国精品课程栏目的浏览比国外开放课程多一种按照课程首字母的浏览方式,此外还可以按照课程级别(国家级、省级)方式浏览。视频课程栏目是将提供视频的课程单独列出。网站的论坛提供学习者、志愿者交流的空间,以及进行一些教育资源和软件的收集与介绍。

4) 国家精品课程资源网(http://www.jingpinke.com/)

国家精品课程资源网是由教育部高教司主办的精品课程网站,由国家精品课程资源中心负责运营。国家精品课程资源网旨在弥补精品课程建设"重评审,轻共享"、"重建设,轻服务"的情况,使广大教师和学生能够方便、快捷地享用优质教育资源,促进高等教育教学质量不断提高。网站集中展示了 4 000 多门国家级精品课程和 2 400 门国外开放课程,具备信息发布、课程展示、课程检索、课程评价等基本功能,是广大教师和学生网络教学应用的坚强后盾。

国家精品课程资源网的"课程中心"栏目,提供本科课程、高职高专课程、网络教育层次的国家级、省级、校级和学校推荐课程的相关信息检索(见图 7.8)和导航(少量课程直接提供相关内容,大多数课程只提供链接,如图 7.9 所示)。

图 7.8　"课程中心"栏目的课程检索界面

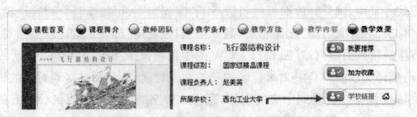

图 7.9　进入真正课程页面的链接入口

浏览检索结果页面时,点击网页右侧的"学校链接"可进入相关课程页面。需要注意的是,注册(免费)登录后才会有链接,否则链接为空。

"课程中心"栏目下的"开放课程"子栏目整合了国际上重点大学的开放课程,通过检索或浏览能够链接到相关课程页面。

相比较而言,中国开放教育资源协会(CORE)合作栏目——中国精品课程的导航和利用更简洁、方便。

思 考 题

1. 简述网络信息源概念、类型与特征。
2. 如何评价网络信息源?
3. Web 通用信息检索的主要工具是什么?简述其原理。
4. 简述搜索引擎的发展趋势。
5. 如何在网上查找学术信息资源?
6. 网络信息源对信息检索的意义是什么?

第 8 章 机构信息源与机构库

一切产生、生产、存贮、加工、传播信息的源泉都可以看作是信息源,而信息处理与服务专业机构正是产生这样一种信息源的场所。机构信息源通常为一种综合性的信息源,它包含前述传统文献信息源、数据库信息源与网络信息源,可以是政府、行业协会、公益信息服务部门、媒体、信息内容服务商、中介咨询机构、居民个人等。机构信息源是获取专业资源的富矿,对其进行合理利用可充分保障终身学习的需要,有利于信息用户高效获得信息,促进个人信息素养。机构库则是指收集并保存单个或数个大学类科研共同体知识资源的机构,是机构信息源中内容最为丰富的个案。本章将对机构信息源与机构库进行探讨与描述,以深入把握信息源分布情况。

8.1 机构信息源举要

除信息本身外,信息源还包括与其紧密相关的信息设备、信息人员、信息系统、信息网络等,涉及信息的生产、分配、交换(流通)、消费等过程。机构信息源主要从信息的生产使用者角度来划分,此外亦可以从信息的行业属性检索,包括专业学会、行业协会、管理机构等。一般机构信息源中往往会汇集全面的信息收藏与传播工具,如提供学术论文的专业期刊出版商,提供公开、免费信息的商用搜索引擎,提供科技、商业信息的数据库提供商,提供特种文献的学会、行业协会、政府专业管理机构等。本节所列相关机构纯为叙述方便,与重要性无关。

8.1.1 机构信息源的概念与特点

1) 机构信息源的概念

机构信息源是指产生、传递(传播)、存储与加工文献信息的机构,人们可以从这些机构中获得信息来源。组织是社会有机体中充满生命活力的细胞,作为一个开放的社会子系统,组织机构要与外界环境不断地交换物质流、能量流和信息流。各级各类组织机构主要是通过内外信息交换来发挥其控制功能,实现组织目标的,因此组织机构既是社会信息的大规模集散地,也是发布各种专业信息的主要源泉,如政府部门、各类社会组织和学术团体、科研院所和高等学校、出版社、编辑部、各类图书馆及信息服务机构等。

2) 机构信息源的特点

(1) 权威性:各种组织机构或从事研究开发,或从事生产经营,或从事监督管理,往往是专门开展某一方面的业务工作,因此它们所产生发布的信息相对集中有序,也比较准确、可靠,具有一定的权威性,值得高度重视。

(2) 垄断性:有些组织机构由于保守或者竞争等方面的原因,常常把本部门所拥有的信息资源看成是自己的私有财产而不愿对外公开。如果没有完善的信息公开制度作保证,就很难进行信息采集工作。

8.1.2 非政府国际组织

1) 联合国教科文组织(UNESCO)

联合国教育、科学及文化组织(United Nations Educational, Scientific and Cultural Organization)是联合国(UN)旗下专门机构之一,简称联合国教科文组织(UNESCO)。该组织于1946年11月6日成立,总部设在法国巴黎,其宗旨是促进教育、科学及文化方面的国际合作,以利于各国人民之间的相互了解,维护世界和平。2011年11月23日,联合国教科文组织正式接纳巴勒斯坦,成为第195个成员。北京时间2013年11月5日22时30分,中国教育部副部长、中国联合国教科文组织全国委员会主任郝平作为大会唯一候选人正式当选联合国教科文组织第37届大会主席,任期两年。这是联合国教科文组织成立68年来,中国代表首次当选"掌门人"。

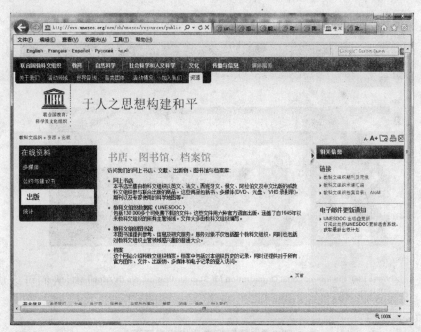

图 8.1 联合国教科文组织资源页

联合国教科文组织是各国政府间讨论关于教育、科学和文化问题的国际组织,设置了五大职能。① 前瞻性研究:明天的世界需要什么样的教育、科学、文化和传播;② 知识的发展、传播与交流:主要依靠研究、培训和教学;③ 制订准则:起草和通过国际文件和法律建议;④ 知识和技术:以"技术合作"的形式提供给会员国用于制定发展政策和发展计划;⑤ 专门化信息的交流。

UNESCO 出版物如下：《教科文组织信使》（月刊）、《教育展望》（季刊）、《国际教育杂志》、《自然与资源》（季刊）、《国际社会科学杂志》（季刊）、《博物馆》（季刊）、《版权公约》（季刊）、《教科文组织统计年鉴》（年刊）、《出国留学》（年刊）、《世界教育报告》（双年刊，已出四期）、《世界科学报告》（双年刊，已出三期）、《世界文化报告》（不定期）、《世界传播报告》（不定期，已出三期）。每种出版物均有不同文种的若干版本。

通过 UNESCO，可以获取该组织在全民教育、扫盲、高等教育、遗产保护以及生物多样性、海洋、水文、地质等领域的权威文档、统计资料及法律文件，其中世界遗产是其热点栏目。可在其数据库、图书馆、档案馆内寻找相应资源（见图 8.1）。

2）国际标准化组织（ISO）

国际标准化组织成立于 1947 年 2 月 23 日，总部设于瑞士日内瓦，目前共有 163 个会员国。该组织自我定义为非政府组织，官方语言是英语、法语和俄语，参加者包括各会员国的国家标准机构和主要公司。它是世界上最大的非政府性标准化专门机构，是国际标准化领域中一个十分重要的组织。其宗旨是在世界范围内促进标准化工作地发展，以利于国际物资交流和互助，并扩大知识、科学、技术和经济方面的合作；其主要任务是制定国际标准，协调世界范围内的标准化工作，与其他国际性组织合作研究有关标准化问题。

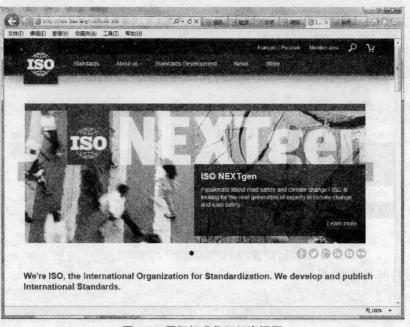

图 8.2 国际标准化组织资源页

标准的内容涉及广泛，从基础的紧固件、轴承各种原材料到半成品和成品，其技术领域涉及信息技术、交通运输、农业、保健和环境等。ISO 的主要功能是为人们制订国际标准达成一致意见提供一种机制，其主要机构及运作规则都在一份名为 ISO/IEC 技术工作导则的文件中予以规定。ISO 已经发布了 17 000 多个国际标准，如 ISO 公制螺纹、ISO 的 A4 纸张尺寸、ISO 的集装箱系列（世界上 95% 的海运集装箱都符合 ISO 标准）、ISO 的胶片速度代码、ISO 的开放系统互联（OS2）系列（广泛用于信息技术领域）和有名的 ISO 9000 质量管理系列标准。可以通过该机构资源库搜索国际标准及相关内容(见图8.2)。

此外,ISO还与450个国际和区域的组织在标准方面有联络关系,特别与国际电信联盟(ITU)有密切联系。在ISO/IEC系统之外的国际标准机构共有28个,这些机构也在某一领域制订一些国际标准。ISO/IEC制订了85%的国际标准,剩下的15%由这28个其他国际标准机构制订。

3) 国际货币基金组织(IMF)

国际货币基金组织(International Monetary Fund,简称IMF)是根据1944年7月在布雷顿森林会议签订的《国际货币基金协定》,于1945年12月27日在美国华盛顿成立的(见图8.3)。该组织与世界银行同时成立,并列为世界两大金融机构之一,职责是监察货币汇率和各国贸易情况,提供技术和资金协助,确保全球金融制度运作正常。我们常听到的"特别提款权"就是该组织于1969年创设的。

图8.3　国际货币基金组织中文首页

IMF发行的刊物有《世界经济展望》、《国际金融统计》(月刊)、《国际货币基金概览》(周刊)、《国际收支统计》(月刊)、《政府财政统计年鉴》等。

4) 国际电信联盟(ITU)

国际电信联盟简称"国际电联"、"电联"或"ITU",是联合国的一个专门机构,也是联合国机构中历史最长的一个国际组织,主管信息通信技术事务。国际电联总部设于瑞士日内瓦,由190多个成员国和700多个部门成员及部门准成员所构成。每年的5月17日是世界电信日(World Telecommunication Day)。

ITU的宗旨,按其"基本法",可定义如下:① 保持和发展国际合作,促进各种电信业务的研发和合理使用;② 促使电信设施的更新和最有效的利用,提高电信服务的效率,增加利用率和尽可能达到大众化、普遍化；③ 协调各国工作，达到共同目的。这些工作可分为电信标准化、无线电通信规范和电信发展三个部分，每个部分的常设职能部门是"局"，其中包括电信标准局（TSB）、无线通信局（RB）和电信发展局（BDT）。标准制定是国际电联最早开始从事的工作，并享有盛名。身处全球发展最为迅猛的行业，电信标准化部门坚持走不断发展的道路，简化工作方法，采用更为灵活的协作方式来满足日趋复杂的市场需求。来自世界各地的行业、公共部门和研发实体的专家定期会面，共同制定错综复杂的技术规范，以确保各类通信系统可与构成当今繁复的ICT网络与业务的多种网元实现无缝的互操作。可过ITU网站搜索电信相关标准及统计数据（见图8.4）。

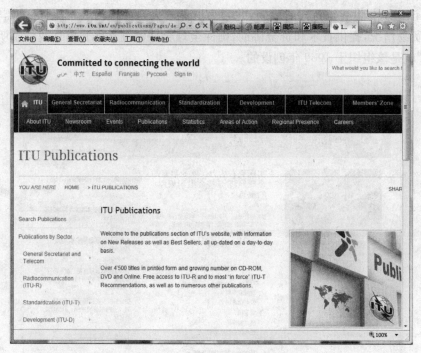

图8.4　国际电信联盟出版物

8.1.3　政府网站

1）中国政府相关部门网站

（1）中华人民共和国中央人民政府门户网站（http://www.gov.cn/）：是国务院和国务院各部门，以及各省、自治区、直辖市人民政府在国际互联网上发布政府信息和提供在线服务的综合平台（见图8.5）。

第8章 机构信息源与机构库

图 8.5 中国政府门户网站

(2) 新华通讯社(http://www.xinhuanet.com)：是中国共产党的官方通讯社，在世界各地有 100 多个分社，在中国内地的每个省、直辖市、自治区也都设有分社，有的地区还设有支社。新华社是中文媒体的主要新闻来源之一，同时使用英文、法文、西班牙文、俄文、阿拉伯文和葡萄牙文发稿(见图 8.6)。

图 8.6 新华社网站

(3) 法律法规类机构：主要包含立法机关、司法机关、检察机关，主要是提供相应的法律法规资源。如全国人民代表大会(http://www.npc.gov.cn/，见图 8.7)、最高人民法院(http://www.court.gov.cn/)、最高人民检察院(http://www.spp.gov.cn/)。

人际网络环境下的信息检索

图8.7　全国人民代表大会门户网站

（4）国家发展和改革委员会——中国经济信息网(http://www.cei.gov.cn/)：提供统计数据、法律法规、行业报告、权威经济论文、产业经济、世界经济等相关资源的检索（见图8.8）。

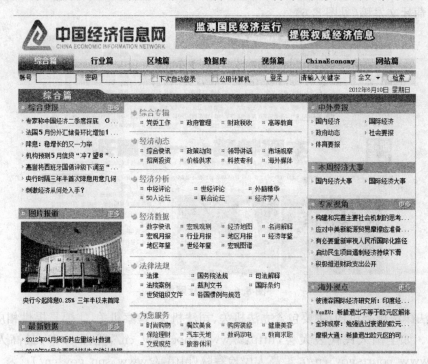

图8.8　中国经济信息网

（5）国家知识产权局网站(http://www.sipo.gov.cn/)：主要提供专利类文献相关检索（见图8.9）。

第8章 机构信息源与机构库

图8.9 国家知识产权局官网

(6) 国家工商行政管理总局商标局网站(http://sbj.saic.gov.cn/)：主要提供商标类相关知识产权信息(见图8.10)。

图8.10 国家工商行政管理总局商标局官网

(7) 国家统计局网站(http://www.stats.gov.cn/)：可检索统计数据与经济金融信息(见图8.11)。

人际网络环境下的信息检索

图 8.11　国家统计局官网

(8) 科研信息相关政府网站：主要可查询基金项目申报及科技发展报告等方面的资源。

① 国家自然科学基金委员会网站(http://www.nsfc.gov.cn/，见图 8.12)

图 8.12　国家自然科学基金委员会官网

② 国家高技术研究发展计划网站(http://www.863.org.cn，见图8.13)

图8.13　国家高技术研究发展计划官网

③ 全国哲学社会科学规划办公室网站(http://www.npopss-cn.gov.cn/，见图8.14)

图8.14　全国哲学社会科学规划办公室官网

2）外国政府相关网站

(1) 美国国务院网站（http://www.state.gov/，见图 8.15）

图 8.15　美国国务院官网

(2) 日本政府网站（http://nettv.gov-online.go.jp/，见图 8.16）

图 8.16　日本政府官网

8.1.4 学会、研究会及行业协会

学会、研究会通常是由研究某一学科或某个学术领域的人组成的群众性学术团体,属于社会团体,可以登记为面向全社会的法人社团组织,也可以不通过登记,仅为系统内部活动的团体,如教育学会、语言学会、物理学会等。行业协会是指介于政府、企业之间,商品生产业与经营者之间,并为其服务、咨询、沟通、监督、公正、自律、协调的社会中介组织。行业协会是一种民间性组织,它不属于政府的管理机构序列,是政府与企业之间的桥梁和纽带。学会是了解学科研究动态、技术标准、学会出版物的重要信息源;行业协会经常会公布行业资料、竞争企业的产品目录、样本、产品说明,这些资料及公开的宣传资料、行业涉及的标准与规范等,是我们了解特定行业的最佳信息源。

1) 美国电气和电子工程师协会(IEEE)

美国电气和电子工程师协会(IEEE)是一个国际性的电子技术与信息科学工程师的协会,也是目前全球最大的非营利性专业技术学会,其会员人数超过40万人,遍布160多个国家和地区。IEEE致力于电气、电子、计算机工程和其他与科学有关的领域的开发和研究,在太空、计算机、电信、生物医学、电力及消费性电子产品等领域已制定了900多个行业标准,现已发展成为具有较大影响力的国际学术组织。目前,国内已有北京、上海、西安、郑州等地的28所高校成立IEEE学生分会。IEEE的收藏主要通过IEL数据库进行检索(见图8.17)。

图 8.17　IEEE 首页

2) 国际图书馆协会联合会(IFLA)

国际图书馆协会联合会(International Federation of Library Associations and Institutions,简称IFLA)的中文简称为"国际图联",其成立于1927年,是联合各国图书馆协会、学会共同组成的一个机构,是世界图书馆界最具权威、最有影响的非政府的专业性国际组织,

也是联合国教科文组织"A级"顾问机构、国际科学联合会理事会准会员、世界知识产权组织观察员,协会总部设在荷兰海牙。国际图联的主要目标是促进国际图书馆界、信息界的相互了解、合作、交流、研究和发展,其最高机构是理事会,即全体大会,主要机构是执行委员会和专业委员会。

3) 美国物理学会(APS)

美国物理学会(American Physical Society,简称APS)成立于1899年,是世界第二大物理学组织,每年举办20多项科学会议,有4万多会员。其发行的刊物有《物理评论快报》(*Physics Review Letters*)、《物理评论》(*Physics Review*)、《现代物理评论》(*Review of Modern Physics*)等,其收藏集成于美国物理学会数据库AIP。

4) 美国图书馆协会(ALA)

美国图书馆协会(American Library Association,简称ALA)成立于1876年,总部设在芝加哥。它为世界上最悠久与规模最大的图书馆专业协会之一(见图8.18)。

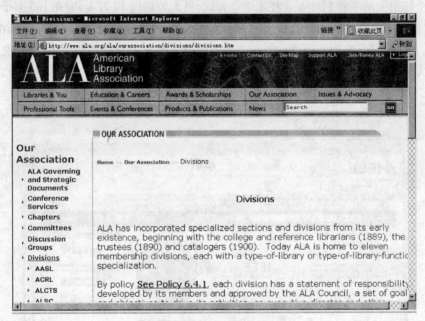

图8.18　ALA各专业学会

5) 中国图书馆学会

中国图书馆学会的前身是中华图书馆协会,成立于1925年,1927年成为国际图书馆协会联合会(IFLA)的发起单位之一。1979年7月9日—16日,中国图书馆学会成立大会暨第一次会员代表大会在山西太原召开,同年8月加入中国科学技术协会。1981年5月,中国图书馆学会恢复了在国际图联(IFLA)的合法席位。为更好地开展学术活动,中国图书馆学会成立了学术研究委员会、编译出版委员会和图书馆交流与合作委员会。

6) 中国电子学会

中国电子学会(The Chinese Institute of Electronics)是由电子信息界的科技工作者和

有关企事业单位自愿结成、依法登记的学术性、非营利性的全国性法人社团,1962年在北京成立,是中国科学技术协会的组成部分,挂靠在工业与信息化部。中国电子学会现在拥有个人会员10万余人,团体会员600多个,专业分会44个,工作委员会8个,以及一个近百人的办事机构。

7) 中国计算机学会

中国计算机学会(CCF)成立于1962年,是全国一级学会,独立社团法人,中国科学技术协会成员。中国计算机学会是中国计算机及相关领域的学术团体,宗旨是为本领域专业人士的学术和职业发展提供服务,推动学术进步和技术成果的应用,进行学术评价,引领学术方向,以及对在学术和技术方面有突出成就的个人和单位给予认可和表彰。学会的业务范围包括学术会议、优秀成果及人物评奖、学术刊物出版、科学普及、计算机专业工程教育认证、计算机术语审定等。有影响的系列性活动有CCF中国计算机大会、CCF王选奖、CCF海外杰出贡献奖、CCF优秀博士学位论文奖、CCF青年计算机科技论坛(CCF YOCSEF)、CCF全国青少年信息学奥林匹克竞赛(CCF NOI)等。学会下设11个工作委员会,有分布在不同计算机学术领域的专业委员会32个。学会编辑出版的刊物有《中国计算机学会通讯》(学术性月刊),与其他单位合作编辑出版的会刊有13种。学会还与IEEE—计算机学会、ACM等国际学术组织有着密切的联系或合作。

8.1.5 大学与研究机构

大学与研究机构历来是最重要的机构信息源,科学研究、人才培养、社会服务与文明传承等职能,使得大学每时每刻都在产生各种知识与信息。大学内各项活动通过各自的触角传递着大学系统内的各种信息,沟通大学与社会的各种联系,从而为大学职能内涵的丰富和更新提供动力和源泉。20世纪以来,大学特别是高层次大学的职能内涵的不断丰富和整合发展,大学结构变化开始越来越多地产生于大学内设的底层组织。这是因为底层组织处在知识创新、信息传播、应用的前沿,与外界保持着密切的联系,通过它们的点滴调整,大学结构变化逐步实现量变到质变的跃迁、局部到整体的变革。我国若干重点高校提教学和研究两个中心、本科教育和研究生教育并重,美国研究型大学则以教学、研究和服务相结合、重在研究,本科教育与研究生教育相结合、重在研究生教育为特色。大学与研究机构的职能既有明显区别,也有发展思路上的整合与趋同,如中国科学院在原有研究生院基础之上创办了中科院大学,承担人才培养的任务。

大学与研究机构信息源主要是学科信息整合资源,包含各类型文献,如图书、期刊、专利、标准、研究报告、学位论文等,通常通过其内设的各教学资源中心或研究资源中心、图书馆、博物馆、档案馆来获得相关资源,优势资源的数量和质量与其拥有的优势学科质与量呈现正相关。

1) 麻省理工学院(MIT)

麻省理工学院(Massachusetts Institute of Technology,简称MIT)是美国一所研究型私立大学,位于马萨诸塞州(麻省)的剑桥市。麻省理工学院无论是在美国还是全世界都有非常重要的影响力，培养了众多对世界产生影响的人士，是全球高科技和高等研究的先驱领导大学。其物理科学及工程学在世界上享有极佳的声誉，管理学、经济学、哲学、政治学、语言学也同样优秀。另外，麻省理工还研发高科技武器，并且拥有美国最高机密的林肯实验室、领先世界一流的计算机科学及人工智能实验室、世界尖端的媒体实验室。

2）牛津大学

牛津大学(University of Oxford)是一所位于英国牛津市的公立大学，建校于1167年，为英语世界中最古老的大学，也是世界上现存第二古老的高等教育机构。牛津大学是英国研究型大学罗素大学集团、欧洲顶尖大学科英布拉集团、欧洲研究型大学联盟以及Europaeum中的核心成员。截至2013年底，牛津大学只有16个学部，即人类学和地理学学部，生物科学学部，临床医学学部，英语和文学学部，法学学部，经典、哲学和古代历史学部，数学学部，中世纪和现代语言学部，现代历史学部，音乐学部，东方学学部，物理科学学部，生理科学学部，心理学学部，社会学学部，神学学部。文科学部下一般不再分系，理科学部下又分成30多个系。有的学部还设一些中心和研究所，但也有研究所（如教育研究所，招收有研究生）不隶属于上述各学部，而直属于大学。

3）中国科学院

中国科学院(Chinese Academy of Sciences)是我国最高学术机构及自然科学与高新技术的综合研究与发展中心。中国科学院服务于国家战略需求和经济社会发展，产生了许多科技成果，奠定了新中国的主要学科基础，自主发展了一系列战略高技术领域，形成了具有中国特色的科研体系，并带动和支持了中国工业技术体系、国防科技体系和区域创新体系建设。中国科学院与中国工程院在中国并称"两院"。中国科学院有6个学部（数学物理学部、化学部、生命科学和医学学部、地学部、信息技术科学部、技术科学部），12个分院（沈阳、长春、上海、南京、武汉、广州、成都、昆明、西安、兰州、新疆、重庆），104家直属研究机构，4个国家实验室、85个国家重点实验室、153个中国科学院重点实验室、19个国家工程技术研究中心、10个国家工程实验室以及212个野外观测台站，2所高等学校，4个文献情报中心，3个技术支撑机构和2家新闻出版单位，全院科研人员达5万余人，分布在全国20多个省（市）。中国科学院还投资兴办了430余家科技型企业（含转制单位），涉及11个行业，其中包括8家上市公司。

4）北京大学

北京大学创办于1898年，初名京师大学堂，是中国第一所国立综合性大学，也是当时中国最高教育行政机关，1912年改为现名。新中国成立后，全国高校于1952年进行院系调整，北京大学成为一所以文理基础教学和研究为主的综合性大学，为国家培养了大批人才。据不完全统计，北京大学的校友和教师中有400多位两院院士，我国人文社科界有影响的人士相当多也出自北京大学。2000年4月3日，北京大学与原北京医科大学合并组建了新的北京大学。在"211工程"和"985工程"的支持下，北京大学进入了一个新的历史发展阶段，在学科建设、人才培养、师资队伍建设、教学科研等各方面都取得了显著成绩，为将北大建设成为世界一流大学奠定了坚实的基础。今天的北京大学已经成为国家培养高素质、创造性人才的摇篮,科学研究的前沿,知识创新的重要基地,以及与国际交流的重要桥梁和窗口。

5) 清华大学

清华大学是我国著名高等学府,高层次人才培养和科学技术研究的重要基地。清华大学的前身是清华学堂,成立于 1911 年,当初是清政府建立的留美预备学校,1928 年更名为"国立清华大学"。1952 年全国高校院系调整后,清华大学成为一所多科性工业大学,重点为国家培养工程技术人才,被誉为"红色工程师的摇篮"。1978 年以来,清华大学进入了一个蓬勃发展的新时期,逐步恢复了理科、经济、管理和文科类学科,并成立了研究生院和继续教育学院。1999 年,原中央工艺美术学院并入,成立清华大学美术学院。2012 年,中国人民银行研究生部并入,成立清华大学五道口金融学院。经过"211 工程"建设和"985 工程"的实施,清华大学在学科建设、人才培养、师资队伍、科学研究、文化传承与创新、国际合作、社会服务以及整体办学条件等方面均跃上了一个新的台阶。目前,清华大学设有 19 个学院,55 个系,已成为一所具有理学、工学、文学、艺术学、历史学、哲学、经济学、管理学、法学、教育学和医学等学科的综合性、研究型、开放式大学。

6) 南京大学

南京大学坐落于古都南京,是一所历史悠久、声誉卓著的百年名校。其前身是创建于 1902 年的三江师范学堂,此后历经两江师范学堂、南京高等师范学校、国立东南大学、第四中山大学、国立中央大学、国立南京大学等历史时期,于 1950 年更名为南京大学。1952 年在全国高校院系调整中,南京大学调整出工学、农学、师范等部分院系后与创办于 1888 年的金陵大学文、理学院等合并,仍名南京大学,校址从四牌楼迁至鼓楼金陵大学原址。1994 年,南京大学被确定为国家"211 工程"重点支持的大学;1999 年,南京大学进入国家"985 工程"首批重点建设的高水平大学行列。现拥有中国科学院院士 28 人,中国工程院院士 3 人,中国科学院外籍院士 1 人,第三世界科学院院士 4 人,俄罗斯科学院院士 1 人,加拿大皇家科学院院士 1 人。自建校以来,南京大学一直是开展国际交流与合作最活跃的中国大学之一,与世界上众多一流大学和高水平科研机构建立着紧密协作关系。

7) 新加坡国立大学

新加坡国立大学(National University of Singapore)是新加坡最高学府,在教学、研究以及创业方面于世界上都具有卓越的领先优势。根据 2014 年 QS 全球大学排名,新加坡国立大学是亚洲排名第一的大学。它拥有来自全世界 100 多个国家和地区超过 30 000 名学生,学生的多元化背景和都市化的环境造就了其三个校园丰富的学习与生活氛围。作为一所综合性的大学,新加坡国立大学提供既有广度又有深度的课程,鼓励学生选修交叉学科和跨院系的通识课程,其 14 个学院提供从文理到工商、从建筑到医学和音乐等多样化的专业课程。它同时还与 14 所国家级、18 所大学级以及超过 80 所学院级的研究机构和研究中心在教学与研究方面进行密切合作。新加坡国立大学的研究活动以扎实并具备战略性为特征,与其他机构合作无间的协作文化形成了该校研究教学的活力泉源。现新加坡国立大学活跃于环太平洋大学协会(APRU)和国际研究型大学联盟(IARU)等国际学术组织机构,在技术、生物医药以及社会科学等学科享有国际盛誉。

8) 香港大学

香港大学,简称港大(The University of Hong Kong,缩写为HKU),是一所公立研究型大学。学校于1911年创立,并在翌年正式办学,是香港第一所高等教育机构。香港大学是Universitas 21(大学的国际性协会)的创建成员之一,其创校以来一直采用英语教学,以法律学、心理学、人文政治及生物医学等学术领域的研究与教育见长。香港大学学术气氛浓郁,在国际上享有很高的声誉,为世界一流大学,也是亚洲规模最大、历史最悠久的高等学府之一。

8.1.6 图书馆联盟及图书情报机构

1) 联机计算机图书馆中心(OCLC)

联机计算机图书馆中心(Online Computer Library Center,简称 OCLC),总部设在美国的俄亥俄州,是世界上最大的提供文献信息服务的机构之一。它是一个非营利的组织,以推动更多的人检索世界上的信息、实现资源共享并减少使用信息的费用为主要目的。OCLC又是一个世界性的图书馆联盟,联系有110多个国家和地区的55 000多个机构。OCLC有一个称作"OCLC Online Union Catalog"的资料库,该库保存有3 000多万条书目记录,涉及5亿多册(件)馆藏资源,这些资源除图书、期刊外,还包括各种手稿、地图、乐谱、视听资料等多种信息载体。该资料库每年约增加200万条记录数据,涉及各种主题和语种,其中绝大部分数据来自世界55 000多个成员馆,它们通过联机编目实现了与OCLC的书目交换与共享(见图8.19)。

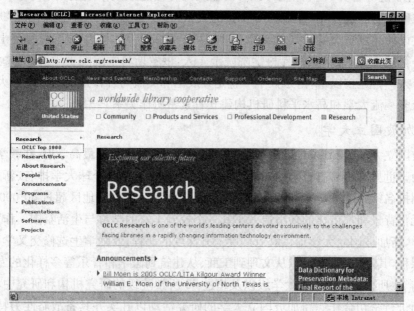

图 8.19 OCLC 研究

OCLC提供的服务有如下特点:① 面向最终用户。② 提供一体化服务。OCLC的一体化服务分为三个层次,第一层是对用户提出的问题进行相关文献的检索;第二层是查找文献所在地;第三层是提供一次文献,提供方式可能是 OCLC 的动态更新的联机全文库,也可能是通过所在图书馆的馆际互借服务,也可能是第三方的文献服务机构。③ 收费低。④ 信息量大,可检索主题范畴非常广泛的 70 多个数据库。⑤ 信息更新快,每天都有新的信息增加到数据库中。此外,还有其他许多特点,例如操作简便、网络支持服务环境好等。

2) 中国高等教育文献保障系统(CALIS)

中国高等教育文献保障系统(China Academic Library & Information System,简称 CALIS),是经国务院批准的我国高等教育"211 工程"及"九五"、"十五"总体规划中三个公共服务体系之一。CALIS 的宗旨是把国家投资、现代图书馆理念、先进技术手段、高校丰富文献资源和人力资源整合起来,建设以中国高等教育数字图书馆为核心的教育文献联合保障体系,实现信息资源共建、共知、共享,以发挥最大的社会效益和经济效益,为中国的高等教育服务。CALIS 管理中心设在北京大学,下设了文理、工程、农学、医学四个全国文献信息服务中心,华东北、华东南、华中、华南、西北、西南、东北七个地区文献信息服务中心和一个东北地区国防文献信息服务中心。从 1998 年开始建设以来,CALIS 管理中心引进和共建了一系列国内外文献数据库,包括大量的二次文献库和全文数据库;采用独立开发与引用消化相结合的道路,主持开发了联机合作编目系统、文献传递与馆际互借系统、统一检索平台、资源注册与调度系统,形成了较为完整的 CALIS 文献信息服务网络。迄今参加 CALIS 项目建设和获取 CALIS 服务的成员馆已超过 500 家。

3) 江苏省高等学校文献信息保障系统(JALIS)

1997 年 9 月 26 日,江苏教育主管部门正式成立"江苏省高等学校文献信息保障系统领导小组",并举行了第一次工作会议。会议宣布全面启动"江苏省高等学校文献信息保障系统"(JiangSu Academic Library & Information System,简称 JALIS)建设,在南京大学设立"项目建设管理中心",负责项目的具体实施。JALIS 是一个区域性的图书馆联盟,其建设目标如下:① JALIS 的建设是 CALIS 建设的一个组成部分,在 CALIS 管理中心的统一领导和组织下,积极开展项目的实施;② 通过 JALIS 的建设,使江苏高校图书馆系统初步形成为结构优化、布局合理、配置精当的文献收藏系统,建成江苏省高校联合目录数据库和一批具有特色的专题文献数据库,并与引进国内外网络数据库相结合,初步建成全省较为完整的、多层次服务的体系框架,为进一步的发展打下良好的基础;③ 依托 CERNET(中国教育科研计算机网)、JSERNET(江苏教育科研计算机网),采用现代信息技术和手段,开发新一代的、面向网络化、面向未来信息社会的图书馆自动化管理软件,为提高江苏省高校图书馆信息管理工作的现代化水平,为实现文献资源的共知、共建、共享提供基础的技术平台;④ 初步建设若干个文献和地区中心,以各个中心为依托辐射周边地区和相关的院校,并以此为骨干,实现文献资源的共知、共建、共享;⑤ 借助于虚拟馆藏,获得世界范围内的最新信息,初步形成江苏高等教育文献信息的保障网络,从而保证江苏省高等教育现代化建设目标的顺利实现,并为江苏省的经济发展和社会进步做出积极的贡献。经过三期建设,JALIS 基本实现了上述目标,成功开发出一款高水平的图书馆自动化软件,引进与联合建设了一批电子资源,将服务触角延伸至省内各类型高校,并往数字图书馆联盟方向转型,在原文传递、对等开放、联合目录建设、书目共享、特色资源库建设方面成绩斐然。

4）美国国会图书馆（LC）

美国国会图书馆建于1800年，距今已有200余年的历史，是美国的四个官方国家图书馆之一，也是全球最重要的图书馆之一。美国国会图书馆是在美国国会的支持下，通过公众基金、美国国会的适当资助、私营企业的捐助及致力于图书馆工作的全体职员共同努力建成的，是美国历史最悠久的联邦文化机构，已经成为世界上最大的知识宝库，是美国知识与民主的重要象征，在美国文化中占有重要地位。它保存各类收藏近1.2亿项，超过三分之二的书籍是以多媒体形式存放的，其中包括很多稀有图书及特色收藏（如世界上最大的地图、电影胶片和电视片等）。

5）日本国立情报学研究所（NII）

1986年4月成立的日本学术情报中心，是日本大学乃至全日本学术信息收集、加工、提供以及学术信息系统相关研究开发的中枢，在日本情报学界享有较高的声誉。2000年4月，以学术情报中心为主体建立了日本信息学科领域的综合研究机构——国立情报学研究所（National Institute of Informatics，简称NII）。日本国立情报学研究CiNii（学术内容导航）是由日本国立情报学研究所创建的信息资源服务平台，信息资源有学会刊物、大学研究报告、学术文章等，其中包含了日本国会图书馆日文期刊索引数据库内容。

6）中国国家图书馆

中国国家图书馆旧称北京图书馆，一般简称为"国图"，是中国的最大的图书馆。中国国家图书馆是国家总书库、国家书目中心、国家古籍保护中心和国家典籍博物馆，履行国内外图书文献收藏和保护的职责，指导协调全国文献保护工作；为中央和国家领导机关、社会各界及公众提供文献信息和参考咨询服务；开展图书馆学理论与图书馆事业发展研究，指导全国图书馆业务工作；对外履行有关文化交流职能，参加国际图联及相关国际组织，开展与国内外图书馆的交流与合作。

7）中国科学院文献情报中心（国家科学图书馆）

中国科学院文献情报中心立足科学院，面向全国，主要为自然科学、边缘交叉科学和高技术领域的科技自主创新提供文献信息保障、战略情报研究服务、公共信息服务平台支撑和科学交流与传播服务，同时通过国家科技文献平台和开展共建共享为国家创新体系其他领域的科研机构提供信息服务。现中心馆藏图书1 100余万册（件）。近年来中国科学院文献情报中心大力加强网络化、数字化文献资源建设，启动了国家科学数字图书馆建设项目，已逐步完成了从传统图书馆向数字图书馆的模式转变，而且开始走上知识情报研究与知识服务中心的发展道路。该中心还是图书馆学和情报学两个学科的硕士学位和博士学位授予单位，现有在读研究生近100人，并常年接收高级访问学者和组织专业继续教育，2012年获批图书馆学、情报学博士后科研流动站。中国科学院文献情报中心是国际图书馆协会联合会（IFLA）的重要成员。近年来，该中心积极组织、参与高层次专门化国际学术交流活动，目前已经与美国、德国、韩国、俄罗斯等多个国家的文献情报机构建立了稳定的合作关系。

8) 上海科学技术情报研究所/图书馆

上海图书馆成立于1952年，上海科学技术情报研究所成立于1958年。1995年10月，上海图书馆与上海科学技术情报研究所合并，成为综合性研究型公共图书馆和行业情报中心，同时也是全国文化信息资源共享工程上海市分中心、上海市中心图书馆总馆、上海市古籍保护中心和上海市软科学研究基地"前沿技术发展研究中心"。上海图书馆现藏中外文献5 300余万册(件)，其中古籍善本、碑帖尺牍、名人手稿、家谱方志、西文珍本、唱片乐谱、近代报刊及专利标准尤具特色。上海图书馆内设上海科学技术文献出版社有限公司，编辑出版有《全国报刊索引》《上海文化年鉴》《图书馆杂志》等学术期刊，并坚持正确导向，注重两个效益，为广大读者提供优质的科学文化。

8.1.7 出版与商用数据库平台

传统的出版平台及商用数据库平台在近年纷纷往整合数据资源平台方向发展，借助于网络的发展，这种整合优势发挥得越来越明显。在这种背景下，传统学术电子期刊、电子图书、电子特种文献纷纷向对方的传统领域渗透，使得一个平台上涵盖了多种类型电子资源，或提供文献计量、引文分析、查证查重等服务，或提供尽可能多的原文文献等，逐步成为一种多元化综合服务平台，如 Lecture Notes、ISI、Elsevier Science、Springer-Verlag、John Wiley、World Scientific、UMI、Science、Nature Publishing Group 等著名出版商，以及英国皇家化学学会(RSC)资源、英国物理学会(IOP)资源，美国计算机学会(ACM)资源等，国内的中国知网、维普、万方等平台均成功实现转型。从某种意义上讲，这类转型成功的平台同样是一种重要的机构信息源。因本书前面三章对这类资源及平台已经叙述较多，本章不再赘述。

8.1.8 其他机构

1) 新闻机构

(1) 美国有线电视新闻网(CNN)

CNN 是美国有线电视新闻网(Cable News Network)的英文缩写，由特纳广播公司(TBS)董事长特德·特纳于1980年6月创办，通过卫星向有线电视网和卫星电视用户提供全天候的新闻节目，总部设在美国佐治亚州的亚特兰大。CNN 国际新闻网为全球最先进的新闻组织，提供每周7天，每天24小时的全球直播新闻报道。全球超过210个国家及地区均转播 CNN 的新闻。CNN 在亚洲的香港、东京、北京、汉城、雅加达、新德里及曼谷分别设有分社。其中，CNN 香港制作中心制作了《亚洲世界新闻》(*World News Asia*)、《亚洲新闻》(*Asia This Day*)及《亚洲透视》(*Inside Asia*)等节目报导亚洲地区及世界各地的新闻。

(2) 英国广播公司(BBC)

英国广播公司(BBC)成立于1922年，是英国最大的新闻广播机构，也是世界最大的新闻广播机构之一。在相当长的一段时间内 BBC 一直垄断着英国的电视、电台。在1955年独立电视台和1973年独立电台成立之前，BBC 一直是全英国唯一的电视、电台广播公司。BBC 最早成立时的宗旨是为英国大众提供高质量的电台广播服务，如今电台节目依然是

BBC产品重要的一部分。BBC最早的两个电台是国内服务（Home Service）和全球服务（World Service），后来又提供软性节目（Light Programme）。现BBC拥有10个电台频道，针对不同的听众和不同的地区，BBC也有不同的节目选择。BBC全球服务则对全球广播，此外BBC的一些短波频道也可以在英国以外地区收听到。这些频道大多以新闻为主，一部分经费来自英国外交部。如今BBC所有的电台节目都可以从互联网上免费下载。BBC ONE是世界上第一个电视台，它在1936年11月2日就开始提供电视节目，当时叫作"BBC电视服务"。BBC Worldwide是BBC音像、书籍等产品的国际销售商，它向世界各国或是直接出售关于BBC的各种商品，或是同相关国家就BBC音像、书籍等制品的使用版权进行交易。BBCi（即BBC互动）包括所有BBC的互动服务，包括数字电视和互联网。

（3）中国中央电视台（CCTV）

中国中央电视台（China Central Television，简称CCTV）是中国国家电视台，成立于1958年5月1日，当年9月2日正式播出。其初名为北京电视台，1978年5月1日更名为中央电视台。中央电视台是中国重要的新闻舆论机构，是当今中国最具竞争力的主流媒体之一，具有传播新闻、社会教育、文化娱乐、信息服务等多种功能，是全国公众获取信息的主要渠道，也是中国了解世界、世界了解中国的重要窗口。中央电视台也是全球唯一一个每天用6种联合国工作语言不间断对外传播的电视媒体，目前已在约170个国家和地区落地，拥有超3.14亿海外用户。其网络媒体是中国网络电视台，简称CNTV。

（4）人民日报

1948年6月15日，由《晋察冀日报》和晋冀鲁豫《人民日报》合并而成的华北中央局机关报——《人民日报》在河北省平山县创刊，同时担负党中央机关报职能。毛泽东同志亲笔为《人民日报》题写报名。1949年3月15日，《人民日报》社随中央机关迁入北平。同年8月1日，中共中央决定《人民日报》为中国共产党中央委员会机关报，并沿用1948年6月15日的期号。《人民日报》是中国第一大报，1992年被联合国教科文组织评为世界十大报纸之一。

2）网络内容服务提供商

现主要有搜狐、腾讯、新浪、网易四大中文商业综合网站。

3）电子商务网站

目前国内著名的电子商务网站有阿里巴巴、淘宝网、当当网、亚马逊等。

4）搜索引擎

主要为谷歌及百度类的搜索引擎（详见本书第7章）。

5）咨询与中介服务机构

（1）会计师事务所（Accounting Firms）：是指依法独立承担注册会计师业务的中介服务机构，是由有一定会计专业水平、经考核取得证书的会计师（如中国的注册会计师、美国的执业会计师、英国的特许会计师、日本的公认会计士等）组成的、受当事人委托承办有关审计、会计、咨询、税务等方面业务的组织。我国对从事证券相关业务的会计师事务所和注册会计师实行许可证管理制度。目前世界四大会计师事务所是普华永道会计师事务所、毕马威会计师事务所、安永会计师事务所、德勤会计师事务所。

(2) 律师事务所：是律师执行职务进行业务活动的工作机构，其在组织上受司法行政机关和律师协会的监督和管理。

8.2 机构库

机构库(Institutional Repository)作为一种特殊的机构信息源，至今没有统一的定义，甚至没有统一的"称谓"，在我国台湾地区统称其为"机构典藏"，而大陆地区的机构库呈现形式可以说是千姿百态，比如高校文库、学位论文数据库(本校)以及若干以高校本身的研究产出为数据来源的特色数据库等等。2004年以来，许多高校图书馆对机构库都或关注、或实践探索、或先兴后废，但除厦门大学外，还未有比较突出案例出现，我们认为这与对机构库的定位有关。

8.2.1 机构库概述

1) 机构库的起源

如果以2002年Dspace的问世作为机构库起源的标志，其历史也就10多年时间，但其思想、理念却由来已久。早在20世纪80年代，随着知识重要性的逐渐增强，如何搜集、整理学术机构的知识资源就引起了相关学者的关注，Peter Drucker在1988年出版的《即将到来的新组织》一书中预言："对一个组织来说，最重要的是该组织所拥有的知识资源，对其加以有效管理是组织成功的最关键因素。"进入20世纪90年代，对机构库影响深远的开放存取运动(Open Access Movement)由美国开始，并迅速在全球范围内引起重视。1991年美国洛斯阿拉莫斯国家实验室的物理学家启动arXir.org，促使物理学、计算机科学等相关学科领域的科研论文通过网络免费获取，此后开放理念逐渐深入人心。于是，以学术机构为轴心，基于开放理念的机构库的产生就成为必然趋势。

2000年，惠普公司斥资1 800万美元与麻省理工学院(MIT)合作开发DSpace；2001年，俄亥俄州立大学的高级行政官员和该校图书馆馆长布兰宁在探讨开发远程教育体系时，提出建立俄亥俄州立大学知识库，以保存该校师生员工的数字知识资源，这也成为机构库最初的雏形。

2002年11月，DSpace正式面世。同年，在"第六届欧洲数字图书馆先进技术研讨会"上，MacKenzie Smith做了《DSpace：来自图书馆和惠普实验室的机构库》的学术报告，详细介绍了机构库的构建原理、运行情况及在开放学术交流和数字资源长期保存中的重要作用，从而拉开了全球范围内大规模建设机构库的序幕。DSpace则迅速发展成剑桥大学、康奈尔大学、俄亥俄州立大学、罗彻斯特大学、多伦多大学和华盛顿大学等所著名大学直接参与的联合机构库。

与此同时，美国研究图书馆协会(ARL)、学术出版与资源联合会(SPARC)和网络信息联盟(CNI)于2002年成立机构库研讨会，专门从事机构库的理论与实践研究，并于2004年11月在华盛顿召开名为"Institutional Repositories：The Next Stage"的学术会议，讨论与机构库有关的技术、政策及市场策略等问题。同年，加州技术大学和香港科技大学联合召开了有关机构库的国际学术研讨会,英国 Eprints UK 项目也分别在牛津、曼彻斯特、爱丁堡、巴斯和诺丁汉郡等五个地方成立研讨会,以促进英国机构库建设的顺利开展。机构库正在以不可思议的速度在全球范围内扩展,并朝着全球知识共享的目标迈进。

2) 机构库的概念

关于机构库,至今尚未有一个确切的定义,CNI 的常务董事 Clifford Lynch 提出机构库是指大学为方便其共同体组织、整理、存储和利用师生员工相关的数字知识资源而提供的一系列服务;加拿大研究图书馆协会(CARL)则认为,所谓机构库是指搜集、存储学术机构成员的知识资源,并提供检索的数字知识库,同时认为机构库可以作为一个全球知识库的子库,为世界范围内的网络用户服务。我国吴建中教授持与 CARL 类似的观点,认为机构库是指收集并保存单个或数个大学共同体知识资源的知识库,在学术交流体系改革的诸要素中扮演着关键的角色。

尽管不同机构、学者对机构库下的定义不完全相同,但概括起来机构库应该包括以下几个特点:① 构建的主体是机构,这与基于学科和专题的数据库存在着本质的区别;② 内容大部分都是学术性的知识资源,如预印本、学位论文、工作报告、多媒体数据、会议论文、教学资料、实验结果等;③ 机构库中的知识资源是动态增加并长期保存的;④ 具有开放性,即机构库既要保证与其他机构库之间的互操作,还需保证将其中绝大部分内容向世界范围内的所有用户开放。

3) 机构库的类型

(1) 个人型:等同或类似于个人网站,是以个人知识为主体进行构建的。如 Dr. Carol Tenopir 的个人网站 http://web.utk.edu/-tenopir/,E-Prints(电子印本)栏目提供个人学术论文全文下载,Publications(著作)栏目提供个人著作情况浏览,Speeches(演讲)栏目提供演讲或讲座的幻灯片下载,Teaching(教学)栏目提供其教授的几门课程的课程提纲浏览与下载,此外 Research(研究)栏目还提供个人研究领域与研究情况。

(2) 机构型:机构型开放获取仓储又称为机构仓储,是以单位内部知识为主体进行构建的,如麻省理工学院的 DSpace(http://dspace.mit.edu/)。机构型开放获取仓储在整个开放获取仓储中所占比例比较大,一般由学术机构如大学、研究所、图书馆等单位构建,其内容可能包括电子文档和其他尚未正式出版的文章、同行评审文章、专著、教学素材、数据集和其他辅助研究资料、会议论文、电子学位论文以及灰色文献等,此外学生个人电子信息、教学课件、机构年度报告、视音频资料、计算机程序、数据集、照片以及艺术作品等也都成为其存储对象。

(3) 学科型:是以学科知识为主体进行构建的,用于收集、存储若干学科的学术文献信息,如 Cogprints(http://cogprints.org/)。这类开放获取仓储由于学科针对性强,内容丰富,因此利用率比较高,影响也比较大。

(4) 国家地区型:是由国家(地区)政府部门发起或国家(地区)内部多个单位联合构建的开放获取仓储,如澳大利亚的 ARROW(http://www.arrow.edu.au/)。这类开放获取仓储发展成熟,内容丰富,利用率比较高,影响也比较大。

(5) 国际型：是由多个国家或国际组织构建的开放获取仓储，如欧洲的 OAF（http://www.oaforum.org/）。这类开放获取仓储目前还比较少，发展比较缓慢。

4) 机构库软件系统

目前已经出现了许多建立和维护开放存取仓储的开放源代码软件，例如，麻省理工学院与美国惠普公司联合开发的 DSpace、英国南安普敦大学开发的 Eprints、美国康奈尔大学开发的 FEDORA、美国加州大学开发的 eScholarship、欧洲核子研究中心（CERN）文献服务中心开发的 CDSWare、荷兰国家图书馆开发的 DARE 等。现在使用最广泛的是 Eprints 和 DSpace。

(1) Eprints(http://www.eprints.org)

Eprints 是一个遵循 OAI 协议的开放源代码软件，现在主要用于机构仓储，也可以用来创建学科仓储。Eprints 可存储多种文档格式，可兼容各种元数据模式，提交论文的界面功能强大，数据的完整性检查由系统自动完成，有论文提交缓冲器，软件还提供模块可以增加新工具。到目前为止，世界上共有 100 多个著名的开放存取仓储在运行 Eprints 软件。

(2) DSpace(http://www.dspace.org)

DSpace 同样也是一个遵循 OAI 协议的开放源代码软件，它支持多种数字格式和内容类型，允许提交者对所提交的内容进行访问控制，允许使用 DublinCore 元数据描述作品，将结果存储到关系库中，通过搜索引擎利用关系库检索条目。麻省理工学院利用该软件建立了自己的机构仓储 DSpace，用来获取、传播和保存该校教师和研究人员的知识成果，并使用户通过一个界面来访问整个机构的数字化知识成果。

5) 机构库的影响

(1) 机构库对学术机构的影响

机构库以学术机构为轴心而建立和运行，因此机构库的建设对学术机构有着重要意义，具体体现在以下几个方面：

① 保存学术机构的知识产品。在网络技术高速发展的今天，学术机构成员所创造的知识产品逐渐转为以数字化形式为主。当他们将这些数字知识产品提交给机构库，并经过审批、归档后就作为机构库的组成部分被长期保存起来。这样，机构库就承担起了长期保存学术机构各类型知识产品的任务，从而为反映本机构科学研究的发展历程、机构综合实力等奠定基础。

② 促进学术机构教学、科研的开展。机构库中存储了大量本机构成员的学术资料，不仅可以为其成员查找资料提供便利，还可据此了解各成员的研究方向及重点，有利于各成员之间相互沟通，取长补短；同时，由于作者的创作成果可能被更多的人阅读、利用，也会在一定程度上激发作者创作的积极性和动力，促进科学研究的开展；此外，机构库还可帮助学术机构分析自身教学、科研的优势与不足，衡量现有的研究水平并明确今后的发展方向。

③ 提高学术机构的知名度和影响力。在传统的学术交流体系中，学术机构成员的各种知识产品分散在成千上万的期刊、数据库及网站中，由于多方面的原因，学术机构不可能全部存取这些分散的智力产品，这就削弱了学术机构实力的显示度。而机构库则不同，它尽可

能地将原来分散的知识产品汇聚起来,反映其科研的整体实力,彰显学术机构在促进科学研究、社会发展等多方面的价值,从而提高学术机构的知名度和影响力,为其良性循环创造条件。

(2) 机构库对传统出版模式及学术交流体系的影响

随着出版商对出版市场的垄断,出版的目的逐渐转为以提高学术出版的收入和利润,实现出版商的商业利益为主,因此可以说,传统的出版模式已经在一定程度上阻碍了科学的交流与发展。而机构库则希望通过开放学术资源,达到提高资源的吸收、利用和影响,实现资源传递最大价值的目的。因此,机构库会不可避免地对传统的出版模式产生冲击。随着机构库规模效应逐渐形成,并通过标准化的元数据描述机制将自身融入各种搜索引擎、检索工具之中,将会有越来越多的用户通过开放、规范和可持续发展的机构库等机制方便快捷地传递信息、保存知识,从而削减出版商的垄断性。美国国家科学基金会(NSF)的报告表明,在科研人员获取最新信息的途径中,期刊论文已经让位给 Web、预印本与会议论文,各大出版商的期刊发行量也以每年 3%~5%的速率下降。

在传统的出版模式中,论文须经过"同行评审"程序,而评审通过的论文还需要等待一段时间才能刊出,因此耗时太过漫长,一些前沿的研究成果,等到刊登之时可能已成明日黄花。而在机构库中,作者将学术资源提交后经过快速的审批即可供用户检索、利用,大大缩短论文从完成到出版的时滞,并且机构库没有种族、地域、身份的歧视和限制,任何人都可以通过网络公平地访问、了解前人的研究成果,这既利于本领域学者之间的学术交流,也利于其他学科研究者跨学科获取知识与信息,更重要的是它打破了国家界限,特别有助于发展中国家的科学研究者及时追踪世界著名学府研究的最新发展,缩小发展中国家与发达国家之间的知识鸿沟。

此外,随着科研速度的加快,各种科研的副产品日益增多,如工作报告、工作总结、实验数据、工作中的经验教训等,多媒体技术的发展也产生了诸如视频会议资料等多媒体资料。这些信息资源对科学研究具有重要的作用,但其中很大一部分都无法正式出版,成为用户难以获取的灰色资源。但机构库为用户获取这些灰色资源创造了条件,它对科研过程中生产的资源进行全面收集、有效组织、深入揭示,促使灰色文献及时、有效地融入学术交流的过程之中。

(3) 机构库对图书馆的影响

近年来,图书馆面临着严重的"期刊危机"——期刊价格增长速度大大超过了图书馆预算经费的增长速度。据 ARL 统计,在 1986—2000 年之间,科学、技术和医学方面的学术期刊价格增长了 226%,同期商品零售价格指数增长幅度仅为 57%,而在此期间,图书馆购买期刊的经费增长了 192%,但购买的期刊品种却缩减了 7%。期刊的高价格迫使学者很少自己订购期刊,主要依靠图书馆等信息机构获取所需文献,这进一步加剧了图书馆的信息服务能力与用户信息服务需求之间的矛盾。机构库的出现则给图书馆带来了难得的机遇。机构库的建设不仅有利于减少期刊出版商的垄断,在一定程度上可遏制期刊价格上涨的势头,缓解图书馆经费短缺的压力,还能增强图书馆的自主能力,减轻对传统出版模式的依赖性,拓宽图书馆的发展空间。同时,机构库中还包含大量传统期刊所没有的学术资源,图书馆若能将机构库与传统学术体系相结合,不仅有利于扩大馆藏的覆盖范围,还能促进图书馆服务水平的提升,最大限度地满足读者的各类知识需求。

当然,机构库在带给图书馆机遇的同时也提出了挑战。一方面是机构库基于开放的理念,利用各种现代信息技术以及 OpenURL、OAI-PHM 等一系列开放标准,在短时间内迅速形成相当规模,并朝着全球共享的知识库的方向发展;另一方面是图书馆由于多方面的原因一直在变革的问题上犹豫不决、徘徊不前,随之而来的问题便是机构库的发展给图书馆在信息服务、学术交流中的地位带来了强有力的挑战,一旦图书馆再不思变革,找准自己的位置,发挥自己的优势,在受到出版商、信息服务商冲击的情况下,将极有可能再次遭受打击,这并非危言耸听。

8.2.2 国内外机构库项目

目前,国内外比较有影响的机构库项目主要有以下几种。

1) DSpace@MIT

DSpace 是一个收录 MIT 成员的研究报告、数据库、音频和视频文件以及其他格式的 MIT 认为确实重要的文件的机构库,不过它并不收录 MIT 学生的研究资料、机构记录以及非 MIT 教师的研究成果等。DSpace 提供一系列遵循开放档案信息系统参考模式的上载、管理、传播数字信息的工具,并使用 DC、OpenURL 与 OAI-PHM 等一系列开放标准,因而成为其他机构开发机构库的首选软件。

2) DARE

DARE 是由荷兰所有大学、荷兰国家图书馆、荷兰皇家艺术和科学院、荷兰科技研究所等多所机构共同发起的一个合作先导计划,旨在将荷兰全国大学的各种数字化科研成果向全球的网络用户免费开放。目前 DARE 已得到荷兰政府从 2003—2006 年 200 万欧元的资金资助。DARE 要求每个成员机构库都采用统一的国际通用标准,以确保与其他机构库的互操作性和资源的国际通用性。

3) FEDORA

FEDORA(Flexible Extensible Digital Object and Repository Archiecture)系统由美国 Andraw. W. Mellon 基金会资助,并由 Virginia 和 Cornell 大学联合开发,遵守开放源代码 Mozilla 协议,目前最新版本为 2.0 版。FEDORA 由管理与访问接口层、内部服务层和存储子系统组成。其中,管理与访问接口层定义了系统的公共视图,构建于 Web Service 之上,而存储子系统则负责读写数字对象和数字对象元素。

4) eScholarship

eScholarship 是由美国加利福尼亚数字图书馆于 2002 年开始建设,主要收集加利福尼亚大学成员的期刊论文、工作报告、实验数据等数字化的 Eprint。eScholarship 使用 OAI 元数据收割协议来保证系统与其他机构库的互操作性,用户可以通过 eScholarship 基于 Web 的 Bepress 系统提交 Doc、RTF、PDF 等格式的数字资源,系统自动将其全部转换成 PDF 格式为用户服务。

5) Scholarly Information Repository(SIR)

香港中文大学利用 DSpace 的开放源代码于 2004 年推出学术信息库(SIR),旨在推进印刷文献数字化进程,加强图书馆的电子导航功能。SIR 收录的文献种类包括学校出版物、各院系及教师出版物、教师工作文档、期刊论文、报纸、书籍、书籍篇章、学位论文、会议论文、技术报告以及专利信息,除提供引文和简单著录信息之外,还尽可能地提供全文链接。

6) 清华大学机构知识库

清华大学机构知识库是清华大学图书馆创建的,旨在提供一个有效收集、全面覆盖该校师生在教学和科研活动中产出学术成果的平台。在为广大师生提供本校学术成果的检索获取和有效交流的同时,也集中展示清华大学的学术生产力,扩大机构成果的广泛影响。清华大学机构知识库目前收集了 2005 年以来清华师生在国内外主要学术刊物上发表的成果,主要是期刊和会议的学术论文,约 11 万条数据。这些学术成果被收录和发表在 SCI/SSCI/AHCI、INSPEC、EI、NTIS、IEEE/IET、中国知网等资源数据库中,其中大约 70% 的记录可以浏览全文(限校内 IP 范围)。

7) 中国科学院文献情报中心机构知识库

中国科学院文献情报中心机构知识库(NSL OpenIR)以发展机构知识能力和知识管理能力为目标,快速实现对本机构知识资产的收集、长期保存、合理传播利用,积极建设对知识内容进行捕获、转化、传播、利用和审计的能力,逐步建设包括知识内容分析、关系分析和能力审计在内的知识服务能力,开展综合知识管理。

8) 厦门大学学术典藏库

厦门大学学术典藏库(Xiamen University Institutional Repository,简称 XMUIR)是一个用来长期存储和展示厦门大学师生具有较高学术价值的学术著作、期刊论文、工作文稿、会议论文、科研数据资料,以及重要学术活动的演示文稿等的学术信息交流平台。通过此平台,一是免费提供了长期保存厦门大学师生学术资料的场所;二是展示厦门大学师生学术成果,加快学术传播,促进知识共享等;三是方便校内外及国内外同行之间的学术交流,提高学术声誉;四是推进知识开放获取(Open Access)运动。

思 考 题

1. 简述机构信息源的概念与特点。
2. 联系前几章内容,简述一下机构信息源与传统文献信息源、数据库信息源及网络信息源的关系。
3. 简述检索机构信息源的途径。
4. 什么是机构库?机构库对信息检索的意义有哪些?
5. 试列举目前国内外较有影响的机构库项目。

第 9 章 网络人际交流与移动互联网

从各类信息源角度探讨检索对象,是检索主体依托关键词系统开展的一种主动的行为实践。而我们所讨论的四大信息源虽有种种差别,却是一种确定的存在。而许多口头的、非正式的、音频视频等多媒体的信息源却活跃于人际交流网络中。移动互联网的勃兴,助长了基于社交网络的传播方式,进一步将知识与信息导向碎片化、随时随地化。Web 2.0 还主要是基于 PC 的人际网络,移动互联网必将开启 Web 3.0 时代。本章除一般性介绍各种 Web 2.0、社交网络、移动互联网的形式外,重点是介绍如何利用这些信息资源和工具丰富学习和生活、获取信息,并能根据学习、生活和工作的实际需求利用 Web 2.0 与社交网络,目的是提高自身信息素养,适应网络社会的发展。作为大学生,学习本章特别强调基于网络的学术信息交流模式和学习模式。

9.1 Web 2.0 概述

从知识生产的角度看,Web 1.0 的任务是将以前没有放在网上的人类知识,通过商业的力量放到网上去;Web 2.0 的任务是通过每个用户浏览求知的力量,协同工作,把知识有机的组织起来,这个过程中知识将被深化,并产生新的思想火花。从内容产生者角度看,Web 1.0 是商业公司为主体把内容往网上搬;而 Web 2.0 则是以用户为主,以简便随意方式,通过 Blog/Podcasting 方式把新内容往网上搬。从交互性看,Web 1.0 是网站对用户为主;Web 2.0 是以 P2P 为主。从技术上看,Web 客户端化使得工作效率越来越高。互联网下一步是要让所有的人都忙起来,全民织网,然后用技术的力量使这些信息更容易被需要的人找到和浏览。如果说 Web 1.0 是以数据为核心的网,那么 Web 2.0 是以人为出发点的互联网。

9.1.1 Web 2.0 概念

Web 2.0 的概念是针对传统以数据为中心的互联网(Web 1.0)而提出的,它是以人为中心的互联网。显而易见,从字面上可以理解为 Web 2.0 是 Web 1.0 的后一个"版本"。在人们热衷于讨论和实践 Web 2.0 时,近几年来,随着移动互联网的兴起,微软提出 Web 3.0 概念,并且已经申请多项专利。互联网永远在急速地创新和发展,近年来 Web 4.0 也开始有人讨论了。

"Web 2.0"一词由 O'Reilly 公司副总裁 Dale Dougherty 和 Media Live 公司的 Craig Cline 在一次头脑风暴会议中提出的概念。关于 Web 2.0 的定义也是众说纷纭。在研究者眼里,Web 2.0 是高度社区互动,强调用户参与;在程序员的眼中,Web 2.0 是 Ajax、WebService 等新兴的技术;在设计师的眼中,Web 2.0 是用户体验和 Web 标准;在草根用户的眼中,Web 2.0 是以博客为代表的自我表达空间;在精英的眼中,Web 2.0 是社交平台,是时尚的生活方式。

1) 定义

(1) Tim O'Reilly 的定义

在 Tim O'Reilly 的文章《什么是 Web 2.0》中,从互联网平台、数据、软件开发与发布、轻量编程模型、用户体验等方面对 Web 2.0 做了较详细的描述,但最终没有给出明确的定义。但文章中对其做了总结,描述为 Web 2.0 的经验是有效利用消费者的自助服务和算法上的数据管理,以便能够将触角延伸至整个互联网,延伸至各个边缘而不仅仅是中心,延伸至长尾而不仅仅是头部。Web 2.0 的一个关键原则是用户越多,服务越好。

(2) 中国互联网协会的定义

互联网 2.0(Web 2.0)是互联网的一次理念和思想体系的升级换代,由原来的自上而下的由少数资源控制者集中控制主导的互联网体系转变为自下而上的由广大用户集体智慧和力量主导的互联网体系。互联网 2.0 内在的动力来源是将互联网的主导权交还个人,从而充分发掘了个人的积极性参与到体系中来,广大个人所贡献的影响与智慧和个人联系形成的社群的影响就替代了原来少数人所控制和制造的影响,从而极大解放了个人的创作和贡献的潜能,使得互联网的创造力上升到了新的量级。

(3) 列举式定义

Web 2.0 是包括博客(Blog)、维基(Wiki)、RSS(Really Simple Syndication)、社会性书签(Social Bookmark)、Tag(大众分类或 Folksonomy)、SNS(Social Networking Service)、Ajax 等一系列技术及其应用。

(4) 特征式定义

Wiki Pedia 关于 Web 2.0 定义如下:网站不能是封闭的,它必须可以很方便地被其他系统获取或写入数据;用户应该在网站上拥有他们自己的数据;完全地基于 Web,大多数成功的 Web 2.0 网站可以几乎完全通过浏览器来使用。

(5) 互联网实验室观点

Web 2.0 不单纯是技术或者解决方案,也是一套可执行的理念体系,实践着网络社会化和个性化的理想,使个人成为真正意义的主体,实现互联网生产方式的变革从而解放生产力。这个理念体系在不断发展完善中,并且会越来越清晰。实践 Web 2.0 的成型的应用元素包括博客(Blog,包含文字、声音、图像、视频,让个人成为主体)以及 RSS(简易聚合)、Web Service(Web 服务)、开放式 API's(开放式应用程序接口)、Wiki(维基)、Tags(分类分众标签)、Bookmark(社会性书签)、SNS(社交网络)、Ajax(异步传输)等等,底层是 XML 和接口协议,而这些应用又都是在一些 Web 2.0 体系下的理论和思想指导下形成的,包括六度分隔理论、长尾理论、Copyleft、微内容等。

2) 理念

(1) 以个人为中心或去中心化

Web 2.0 发挥的是个人的力量,个人深度参与到互联网中,而不是作为被动的个体。一般的网站是分频道、分栏目,但在博客里是按照个人来组织,一个人一个页面,每个人可以组织自己的内容。一个人就成为一个站了,这有点类似于过去的个人网站。Web 2.0 的绝大部分服务基本上都存在一个个标识明确的页面,用户也是消息源,门户对消息的控制将被削弱,消息传播的渠道因而发生改变。当然,上述的个人不是孤立的个人,而是彼此相连的。

(2) 自组织

Web 2.0 发挥的是自组织的力量。个人与个人之间、个体创造的内容与内容之间、个人汇聚的群体与群体之间都是以不同的自组织方式架构起来。以自组织的方式让人、内容和应用等充分"活动"起来,力量才能最大程度的爆发。而要达到自组织的目的,就必须有参与、互动和分享。

(3) 参与、互动和分享

Web 2.0 应用的基本特征就是参与、互动和分享。参与是指网站的内容由大家提供,但大家愿意提供内容的基础是大家有收藏这些内容的需要。互动是指网站会员之间的互动、会员与公众的互动,其基本形式是朋友圈、文章评注等。互联网最初也有互动性,如 BBS 上的交流,但由于技术限制,这种互动性不够强。现在,人们通过 Web 2.0 技术做自己的博客,阅读自己想读的内容。分享是指大家收藏的内容进行各种形式的输出、交换,使内容的价值最大化。

(4) 草根性

草根性就是从精英到草根。以前记者要有相关背景才能写东西,现在普通的大众都可以写文章介绍自己的经验和技术。草根也可以成为精英的一部分,即精英草根化或草根精英化。

(5) 真实化

在 Web 1.0 时期,网络上都是虚拟社区、虚拟个体,但 Web 2.0 的基本原则是真实,其社区将推广实名制,即使每个人的名字不算真实,但个人资料起码是可信的,这在 SNS(社会网络软件)中体现得更加明显。

(6) 相关性

每个用户以自身辐射出一个私有的可信赖的交际网络,无论是一度还是二度,都与每个用户相关。Web 2.0 的核心理念也可以归结为它所包含的三大文化,即自由、开放和共享。自由是个人化的前提,开放是自组织的基础,共享是信息化的核心。

3) 应用原则

相对于 Web 1.0 来说,Web 2.0 应用具备一些关键原则和模式。

① 群众智慧(Collective Intelligence):建立一个参与架构,借助网络效应和算法,使得软件随着使用的人越来越多而变得越来越好。

② 数据,下一个"Intel Inside":利用独特、难以复制的数据源,成为这个时代的"Intel Inside",其中数据变得与功能一样重要,成为核心竞争能力。

③ "复合"创新:建立一个平台,通过数据和服务的组合来创造新的机会和市场。

④ 丰富用户体验:超越传统的 Web 页面模式,让在线应用拥有桌面应用一样的丰富用户体验。

⑤ 支持多种设备：支持各种连接到因特网的设备，为用户提供无所不在、无缝的在线体验。

⑥ 软件即服务(SaaS)和永久试验版(Perpetual Beta)：改变了传统软件开发和使用的模式，转向永久在线、持续更新、软件即服务的模式。

⑦ 利用长尾：借助因特网带来的接触大规模客户能力和极低成本的营销方式，获得"利基"(Niche)市场的利润。

⑧ 轻量级模型和低成本优势的可扩充能力：利用轻量级的商业模型和软件开发模式，来快速、廉价地构造产品和服务。

4) Web 1.0、Web 2.0、Web 3.0辨析(参看表9.1和表9.2)

表9.1 概念对比一

	逻辑架构	信息流向	交互方式
Web 1.0	传统媒体的网络化	单向发布信息	浏览和下载
Web 2.0	网站与人的关系：用户的参与性，以用户为中心	自由地接受信息和共享知识	参与和交互
Web 3.0	网站与网站的关系：用户的依赖性	机器要思考了：直接提供基于特定需求或任务的解决方案或信息服务	个性和智能

表9.2 概念对比二

	Web 1.0	Web 2.0	Web 3.0
网络环境	只读内容为主	以可读、可写、互动为主，主要是桌面网络环境	移动的、便携式的网络环境，主要用于移动互联网
目标用户	全球百万网络用户	全球上亿网络用户	通过各种终端上网的个人
诉求对象	寻求数字化的公司企业	寻求认同促发行动的社会团体	个人
网络媒体	个人主页、静态网站、在线的大英百科全书	博客、XML、RSS、维基百科	Life Stream(生活流)、语义网
内容形态	私有形态的内容	分享形态的内容	串联整合的动态内容
互动应用	Web表单	网络应用程序	小工具(Widget)与可拖拉的糅合(Mashup)应用
信息组织	传统文献内容的分类法	分众分类	用户行为

9.1.2 Web 2.0工具与技术

1) 工具

(1) 博客(Blog)

博客是由英文单词Blog音译(不是翻译)而来，其意思是网络日志、部落格(或部落阁)等，是一种通常由个人管理、不定期张贴新文章的网站。博客是社会媒体网络的一部分，它上面的文章通常根据张贴时间，以倒序方式由新到旧排列。一个典型的博客结合了文字、图像、其他博客或网站的链接及其他与主题相关的媒体，并能够让读者以互动的方式留下意见。大部分的博客内容以文字为主，也有一些博客专注于艺术、摄影、视频、音乐、播客等各种主题。

和博客容易混淆的概念是"空间"。空间除了具备博客的功能外，还附加了照片管理、音乐、游戏、互动等功能。近年来,博客的另一种形式——微博越来越热。微博,即微型博客,是目前非常受欢迎的博客形式,博客作者不需要撰写很复杂的文章,而只需要抒写140字内的心情文字即可(如推特、新浪微博)。

博客是 Web 2.0 的重要内容,产生大量的、质量相对较高的微内容。其对个人的作用和对 Web 2.0 的贡献在于:① 个人自由表达和出版,网络用户不再是网络信息的旁观者,而是建设者;② 知识的过滤与积累,智慧和思想的沉淀,无论是学习还是思考,写下感悟和思想上的灵动,既是与网友的交流与分享,也是与自己的对话;③ 分享知识、见解、经验和生活感悟,是深度交流沟通的网络新方式。

有以下常见的博客服务网站:
① 新浪博客:新浪门户网站提供的博客,以名人博客为特色;
② 网易博客:网易门户网站提供的博客;
③ QQ 空间:由腾讯依托其即时通讯工具建立的用户个人博客空间;
④ 百度空间:百度提供的博客个人相册集合;
⑤ 搜狐博客:搜狐门户网站提供的博客;
⑥ 博客大巴:中国第一家博客托管服务商。

(2) RSS

RSS(Really Simple Syndication,也有称为 RDF Site Summary),即简易信息集合,是一种基于 XML 的网站内容交换和聚合标准,一般用于发布网站信息更新。作为一个 XML 的应用标准,其遵照 W3C 的 RDF 标准。RSS 0.9 版(2000 年推出 1.0 版)在 1999 年由 Netscape 提出,作为 My Netscape Network(MNN)门户站点的频道框架和内容采集的机制。RSS 技术最核心的一个概念就是聚合,当时称为"推"技术。

RSS 被广泛应用于博客、新闻、网站动态更新,如学术信息资源开放目录网站中可以通过 RSS 订阅任意一个目录的更新信息。此外,在一些图书馆和数据库中,RSS 也用来提供信息推送和信息定制服务,如厦门大学信息资源港的信息订阅服务,ScienceDirect 数据库中也可以利用 RSS 订阅数据库中期刊论文的更新信息。

RSS 文档是一个 XML 文件,它很容易被其他程序所使用,技术门栏相对较低,所以有着广泛的应用领域和宽广的应用前景。

RSS 是信息推送和信息聚合的有效手段,对于网站,它能将信息即时推送到用户桌面;对于用户,可以同时预定很多 RSS 站点,不用到每个网站去浏览就能将各个预定网站的信息聚合到桌面,而且信息能自动即时更新。

RSS 是网站与其他网站之间共享内容(也叫聚合内容)的一种简易方式。国内外许多大型门户网站和网志均使用 RSS 技术,所以有着广泛的用户群体。虽然网站提供的 RSS 内容多是概要信息(或信息的线索),详细信息一般链接到发布 RSS 内容的网站,这不但没有减少网站的流量,降低其影响力,相反却吸引了更多的用户,扩大了信息的传播,提高了信息资源利用率。因此越来越多的网站提供 RSS 资源,如 Feedster 搜索引擎专门搜索 RSS(以及 ATOM)格式的聚合内容。而丰富的 RSS 资源和有效的聚合手段将会吸引越来越多的用户使用 RSS。

使用 RSS 有如下优点:① 没有广告或者图片来影响标题或者文章概要的阅读;② RSS 阅读器自动更新定制的网站内容,能与网站保持同步;③ 用户可以加入多个定制的 RSS 数据源,从多个来源搜集整合到单个数据流中;④ 获取信息无须任何帐号和密码,人人平等;⑤ 比电子邮件定制更加方便快捷。

(3) Wiki(维基)

维基(又名维客),是一种在网络上开放、协同写作的超文本系统。这种超文本系统任何人都可以创建、编辑内容页面(维基通过版本控制和恢复技术来防止恶意破坏),同时也包括一组支持这种写作的辅助工具。维基之父沃德·坎宁安(Ward Cunningham)将维基定义为"一种允许一群用户通过简单的标记语言来创建和连接一组网页的社会计算系统"。

维基这一词译自英文 Wiki,而 WikiWiki 一词来源于夏威夷语的"wee kee wee kee",原意为"快点快点"。维基的概念始于 1995 年,沃德·坎宁安为了方便社群的交流而创建了全世界第一个 Wiki 系统——WikiWikiWeb,并用它建立了波特兰模式知识库(Portland Pattern Repository)。从 1996 年至 2000 年间,波特兰模式知识库围绕着面向社群的协作式写作,不断发展出一些支持这种写作的辅助工具,从而使 Wiki 的概念不断得到丰富。同时 Wiki 的概念也得到了流传,出现了许多类似的网站和软件系统,其中最有名的就是维基百科(Wikipedia)。

维基既是多人协作的写作工具,同时也是一种思想(开放、参与、协同)和网聚人力的模式;既是名词,指的是一些维基项目,又是动词,指的是参与写作,贡献知识。维基体现开放、合作、平等、共享的网络文化。Web 2.0 理念的兴起,使得维基成为 Web 2.0 的重要内容,也使维基本身也成为一个网络研究的对象。

无论是维基概念本身,还是相关软件系统的特性,都还在热烈的讨论中,所以怎样的一个网站才能称得上是一个维基系统还是有争议的。需要注意的是,当人们说"维基"或"Wiki"的时候通常指的是维基这一类的网站或基于维基模式的技术,而当说"维基百科"的时候,仅仅指维基百科这一个项目的网站。

维基有这样一些特点:

① 使用方便:一是维护快速,可快速创建、更改网站各个页面内容;二是格式简单,基础内容通过文本编辑方式就可以完成,使用少量简单的控制符还可以加强文章显示效果;三是链接方便,通过简单的"条目名称"就可以直接产生内部链接,而外部链接的引用也很方便。

② 自组织:同页面的内容一样,整个超文本的相互关联关系也可以不断修改、优化。

③ 可汇聚:系统内多个内容重复的页面可以被汇聚于其中的某个页面,相应的链接结构也随之改变。

④ 可增长:页面的链接目标可以尚未存在,通过点选链接,我们可以创建这些页面,使系统得以增长。

⑤ 开放性:社群内的成员可以任意创建、修改或删除页面。

⑥ 可观察:来访者可清楚观察到系统内页面的变动情况。

以当今快节奏的商业工作为例,远距离的人员之间良好的交流沟通和想法共享(Idea-Sharing)将是企业的竞争优势。访问维基的要求只是因特网连接和一个 Web 浏览器,比其他一些协作应用程序和组件容易部署和使用。通过让人们在维基上共享信息页还可以减轻收件箱的负荷,减少协同工作人员之间的电子邮件发送数量。

维基系统的页面均有"编辑"的链接(除非页面锁定或没有登陆),允许访问者对页面做出修改。这个链接的存在是维基区别于博客(网志)的地方,后者仅允许读者发表针对性的评论来提供反馈信息,但是除了编辑自己发表的内容,不能修改其他任何东西。博客可以用来建立具有共同兴趣爱好的人们组成的社区,而维基在这个基础上更向前迈了一步,可以构建共识(Consensus-Building)。想象一下:一组人坐在一块白板面前,任何人都可以在上面添加想法,做出修改,甚至擦掉一点东西,你就可以对维基有了个大致的印象。

由于维基百科的成功,关于维基的讨论也越来越多,而这种媒体具有的集体性的潜力还远远没有被开发出来。毫无疑问,维基可以用于公司的内部和外部应用中。对于一些在企业内部网络中信息更新存在问题的公司来说,维基使得雇员和客户能自己来做更新。维基也能帮助调整内部的开发项目,在这一领域中维基已经开始有所作为了。维基也能被用来构建网上客户社区,用以提供建议和支持。有的公司在"对公众开放公司站点"上也许还感到有些害怕,但是随着客户忠诚度和满意度的不断提升,作为回报,他们对公司的信任程度也将不断扩大。

理论上来说,没有人能控制维基,同时每个人都可以控制维基。每个读者对维基上的内容都拥有修改、添加和删除的权利,只要他感觉合适。而对一些组织来说,接受这种缺少集中控制的状态需要在观念上有比较大的改变。维基看起来像是一个进入无政府世界的邀请——对网上恶意破坏的人来说他们可以随意地修改,甚至删除一些重要的内容。但是在现实中,这种情况几乎不会发生。即使如此,对维基的使用设定一些基本的规则还是必要的。为了防止重要信息被修改或删除,系统管理员可以对某些特定的页面进行"保护",使其不可修改。事实上,即使一个重要的页面已被删除或修改了也不用担心,因为维基是一个网上信息数据库,每次对其进行的修改都会被记录下来,并且是可恢复的。

主要中文维基网站如下所示:

① 维基百科(http://zh.wikipedia.org/);
② 百度百科(http://baike.baidu.com/);
③ 中华百科(http://www.wikichina.com/);
④ 互动百科(http://www.baike.com/)。

(4) 标签(Tag)

标签就是一篇文章的关键词。添加标签的文章会被直链接到网站相应标签的页面,这样浏览者在访问相关标签时就有可能访问到相应文章,增加了该文章被访问的机会;也可以很方便地查找到使用了同样标签的文章,延伸文章的视野;还能方便地查找到使用了同样标签的作者,作为志同道合的朋友,可以将他们加为好友或友情博客,扩大自己的朋友圈。增加标签的方式完全由用户自主决定,不受任何的限制,不用受网站系统分类和自己原有日志分类的限制,便于信息的整理、记忆和查找。

例如,某博客作者写了一篇到北京旅游的文章,按照文章提到的内容,可以给这篇文章加上"北京旅游"、"天安门"、"长城"、"故宫"等几个标签,当浏览者想搜索关于长城的文章时,浏览者会点击标签"长城",从而看到所有关于长城的文章,方便了浏览者查找日志,同时作者也可用此方法找到和自己同样喜欢的人,以便一起相互交流等等。

标签应该要能够体现出自己的特色,并且是大家经常采用的熟悉的词语。用词要尽量简单精炼,词语字数不要太长,两三个字就可以了,并要是有意义的词汇,不要使用一些只作为装饰的符号,如"*"等,也不要使用一些语义比较弱的词汇,如"我的家"、"图片"等。

2) 技术

(1) Ajax(阿贾克斯)

这个术语源自描述从基于网页的 Web 应用到基于数据的应用转换。国内通常的读音为"阿贾克斯",和阿贾克斯足球队读音一样。该项技术在 1998 年前后得到应用。2005 年初,Google 在它著名的交互应用程序中使用了异步通讯,如 Google 讨论组、Google 地图、Google 搜索建议、Gmail 等,使 Ajax 技术为大众所关注。

Ajax 技术主要用于 Web 应用的交互,如在 Flickr、Backpack 和 Google 中,Ajax 都有着出神入化的表现。在基于数据的应用中,用户需求的数据(如联系人列表)可以独立地从服务端取得,不受制于实际网页,并可以被动态地写入网页;也可用于给缓慢的 Web 应用体验着色,使之像桌面应用一样。Ajax 前景非常乐观,可以提高系统性能,优化用户界面。

Ajax 开发模式及背景技术来源于现有的技术与知识,而随着技术的成熟还会有许多地方需改进,如用户接口部分的易用性。Ajax 的最大机遇在于用户体验。在使应用更快响应和更好创新的过程中,Web 应用的规则正在被重写,因此开发人员必须更注重用户。现在用户已经逐渐习惯了如何使用 Web 应用,例如用户习惯了每次按钮点击而导致的几秒延迟和屏幕刷新,但 Ajax 正在打破这种长时间的状况,因此用户按钮点击的响应时间需要重新体验。Ajax 令人激动的特性是可用性,已经产生了几种新颖的技术。其中最引人注目的是一种称为"黄色隐出"的技术,它在数据更新之前时将用户界面变为黄色,更新完成后立刻恢复原来的颜色。

使用 Ajax 的最大优点,就是能在不更新整个页面的前提下维护数据。这使得 Web 应用程序更为迅捷地回应用户动作,并避免了在网络上发送那些没有改变过的信息。此外,Ajax 不需要任何浏览器插件,但需要用户允许 JavaScript 在浏览器上执行。

对应用 Ajax 最主要的批评就是,它可能破坏浏览器后退按钮的正常行为,在动态更新页面的情况下,用户无法回到前一个页面状态;还有人认为,使用动态页面更新使得用户难于将某个特定的状态保存到收藏夹中;此外,一些手持设备(如手机、PDA 等)还不能很好的支持 Ajax;Ajax 无法刷新重载,由于页面的变化没有刷新重载那么明显,所以容易给用户带来困扰;对串流媒体的支持也没有 Flash、Java Applet 好。

(2) Mashup(糅合)

随着 Web 2.0 概念的日益流行,用户参与的交互式互联网应用越来越受到人们的青睐,其中 Mashup 就是 Web 2.0 时代一种崭新的应用模式。Mashup 被称为糅合,是当今网络上新出现的一种网络现象,是指将两种以上使用公共或者私有数据库的 Web 应用加在一起形成一个整合应用。Mashup 正成为轻应用的一个标志技术,在移动互联网中表现出色。

Mashup 本意是从不同的流行歌曲中抽取不同的片断混合而构成一首新歌,给人带来新的体验。与音乐中的 Mashup 定义类似,互联网 Mashup 也是对内容的一种聚合,从多个分散的站点获取信息源,组合成新网络应用的一种应用模式,从而打破信息相互独立的现状。而基于移动网络的 Mashup 应用可以把运营商、设备商、互联网应用提供商等各方联合在一起,通过共同打造移动 Mashup 应用的生态系统,为用户提供更加优质的服务,提升用户体验,提供新的商务模式,并可以解决移动网络中新应用难以丰富的问题,在为用户提供更多创新的融合的应用的同时,也为包括运营商、设备提供商、内容/服务提供商(CP/SP)、互联网应用提供商在内的相关参与各方带来收益。

① 体系结构

从体系结构的角度,Mashup 从功能上分主要包括三个部分,即应用编程接口/内容提供者、Mashup 服务器和客户端 Web 浏览器。Mashup 功能基于客户端和服务器端。

a) 客户端 Web 浏览器:以图形化的方式呈现应用程序,通过浏览器用户可发起移动互联网交互。这种客户端在移动互联网时代更多是在移动终端上运行的轻应用的 APP。

b) API/内容提供者:应用编程接口(API)/内容提供者提供融合内容和应用。为便于检索,提供者通常会将自己的内容通过 Web 协议对外提供(如 REST、Web 服务或 RSS/ATOM 等)。

c) Mashup 服务器:Mashup 服务器端动态聚合生成内容并转发给用户。另外聚合内容可直接在客户端浏览器中通过脚本(如 JavaScript 等)生成。

② 典型应用

a) 地图 Mashup:在这个阶段的信息技术中,人们搜集大量有关事物和行为的数据,二者都常常具有位置注释信息。所有这些包含位置数据的不同数据集均可利用地图通过令人惊奇的图形化方式呈现出来。Mashup 蓬勃发展的一种主要动力就是 Google 公开了自己的 Google Maps API。这仿佛打开了一道大门,让 Web 开发人员(包括爱好者、修补程序开发人员和其他一些人)可以在地图中包含所有类型的数据。为了不落于人后,Microsoft(Virtual Earth)、Yahoo(Yahoo Maps)和 AOL(MapQuest)也很快相继公开了自己的 API。

b) 视频和图像 Mashup:图像主机和社交网络站点(例如 Flickr 使用自己的 API 来共享图像)的兴起导致出现了很多有趣的 Mashup。由于内容提供者拥有与其保存的图像相关的元数据(例如谁拍的照片、照片的内容是什么、在何时何地拍摄的等等),Mashup 的设计者可以将这些照片和其他与元数据相关的信息放到一起。例如,Mashup 可以对图片进行分析,从而将相关照片拼接在一起,或者基于相同的照片元数据(标题、时间戳或其他元数据)显示社交网络图。另外一个例子可能以一个 Web 站点(例如 CNN 之类的新闻站点)作为输入,并在新闻中通过照片匹配而将照片中的内容以文字的形式呈现出来。

c) 搜索和购物 Mashup:搜索和购物 Mashup 在 Mashup 这个术语出现之前就已经存在很长时间了。在 Web API 出现之前,有相当多的购物工具,例如 BizRate、PriceGrabber、MySimon 和 Google 的 Froogle,都使用了 B2B 技术或屏幕抓取的方式来累计相关的价格数据。为了促进 Mashup 和其他有趣的 Web 应用程序的发展,诸如 eBay 和 Amazon 之类的消费网站已经为通过编程访问自己的内容而发布了自己的 API。

d) 新闻 Mashup:新闻源(例如纽约时报、BBC 或路透社)从 2002 年起就开始使用 RSS

和 Atom 之类的联合技术来发布各个主题的新闻提要。以联合技术为基础的 Mashup 可以聚集一名用户的要求,并将其通过 Web 呈现出来,创建个性化的报纸,从而满足读者独特的兴趣。

e) 微博 Mashup:将多个微博在一个平台上进行聚合显示,即在一个平台上同时绑定多个微博(如腾讯微博、新浪微博、搜狐微博、网易微博、天涯微博等),从而可以满足用户同步多个平台的要求,并提供了微博信息汇总表,让用户方便查看自己所有平台的粉丝、关注度和微博数,轻松实现在不同微博间自由切换,还提供了多微博评论列表读取、跨平台分享、聚合收藏等功能,使用户可在同一屏幕中同步收发信息,实现了真正意义上的社交网站双向聚合。

③ 不足

JSONP 是构建 Mashup 的强大技术,但不幸的是,它并不是所有跨域通信需求的万灵药。它有一些缺陷,在提交开发资源之前必须认真考虑这些缺陷。第一,也是最重要的一点,没有关于 JSONP 调用的错误处理,如果动态脚本插入有效,就执行调用,如果无效,就静默失败,对失败是没有任何提示的;第二是被不信任的服务使用时会很危险,这是因为 JSONP 服务返回打包在函数调用中的 JSON 响应,而函数调用是由浏览器执行的,这使宿主 Web 应用程序更容易受到各类攻击,如果打算使用 JSONP 服务,了解它所造成的威胁非常重要。

9.2 Web 2.0 主要理论

9.2.1 长尾理论

1) 概述

长尾理论(Long Tail)也称为长尾效应,即由网络科技带动,使过去一向不被重视、少量多样、在统计图上像尾巴一样的小众商品创造出比一般最受重视的畅销商品更大的商机。该词最早由美国 *Wired Magazine* 杂志总编辑 Chris Anderson 于 2004 年 10 月发表的 *The Long Tail* 一文中提出,用来描述诸如亚马逊之类网站的商业和经济模式。

网络是"长尾效应"的主要动力,它大幅降低了"渠道"及"广告"的成本,使得销售对象遍及全球,并提供了各种特殊品味小众商品的买卖撮合机会。Web 2.0 进一步催化了"长尾效应"。由于开放及互动式参与,使得更多不同的买方及卖方加入,也提供了更多样化的商品交易,使长尾不断增长,其市场规模也相应扩大。

2) 长尾理论与二八定律

"长尾理论"和"二八定律"表示的是同一曲线的前后两个不同部分(见图 9.1)。"二八定律"认为企业界 80%的业绩来自 20%的产品,就此看法,商业经营看重的是销售曲线左端的少数畅销商品,而曲线

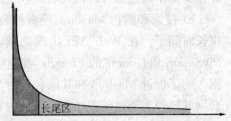

图 9.1 "长尾理论"示意图

右端的多数冷门商品,被该定律定义为不具销售力且无法获利的区块。但"长尾理论"却认为,互联网的崛起已打破这项铁律,广泛的销售层面让99％的产品都有机会销售,而这些具有长尾特性商品将具有增长企业营利空间的价值。不但如此,长尾商品的规模还大得惊人,其商品的总值甚至可与畅销商品抗衡。

如音乐CD销售,由于卖场空间有限,只有最畅销的CD才有上架展售的机会,其他CD因无销售渠道而难有市场商机。现在通过网络,则情况大不相同。例如亚马逊网络书店因不受卖场限制,有80万种CD在卖。虽然每种CD销售数量不多,但几乎都有人喜欢。这个种类繁多的小众市场就像一条很细很长的尾巴,它的交易总和往往比热卖商品还大。

3) 启示

要注重经营个性化的"非热点流行服务",通过更具有个性的非标准化的"定制产品"来获取效益。在信息利用中,适合自己的才是最好的,流行的不一定是最好的。在关注20％的产品带来80％的收益时,也要好好经营另外80％的产品,聚沙成塔。同时,长尾的累积效应对信息产品的生产、传播与管理也有重要借鉴意义。

9.2.2 六度分隔

1) 概述

六度分隔(Six Degrees of Separation),即六度分隔理论,也称六度分离、六度分割、小世界现象、小世界效应,是假设世界上所有互不相识的人只需要很少中间人就能建立起联系。

六度分隔理论来自一个数学领域的猜想,即 Six Degrees of Separation。1967年,哈佛大学的心理学教授斯坦利·米尔格拉姆根据这一概念做过一次连锁信实验,尝试证明平均只需六个人就可以联系任何两个互不相识的美国人。这种现象并不是说任何人与人之间都必须要通过六个层次才会产生联系,而是表达了这样一个重要的概念:任何两位素不相识的人之间,通过一定的联系方式总能够产生必然联系或关系。当然,根据联系方式和联系能力的不同,实现个人期望的机遇是有明显区别的。可是,仍然有学者对六度分隔理论提出质疑,对这个理论所谓的人际联系网(例如上述的"世界上所有人")仍然有所争议。

2) 应用

① 社交网络服务(SNS)。
② 人物搜索引擎。
③ 保险等行业:在香港,一般保险经纪在完成交易之后都会要求客户提供一个至少五人的新名单;另外,早在20世纪80年代初期,《读者文摘》就已利用这理论鼓励订户向公司推荐其他潜在订户。

3) 不足

① 关系的强弱——权值问题;
② 到达和建立联系的区别——目的和结果问题;
③ 传递的成本和激励——阻尼问题。

随着社会性网络的探讨逐渐走向成熟和实用化,很多网络大潮的前沿人士已经开始实践六度分割理论的现实化和实体化。相信随着人们继续的研究和开发,人与人之间的关系会更加亲切并且紧密。

9.2.3　150法则

1) 概念

150法则(Rule Of 150)指"150是一个统计出来的人际关系网络数目极限"。该概念最早发源于欧洲的"赫特兄弟会",这是一个自给自足的农民自发组织,该组织在维持民风上发挥了重要作用。他们有一个不成文的严格规定:每当聚居人数超过150人的规模,就一分为二,再各自发展。他们觉得把人群控制在150人以下似乎是管理人群的一个最佳和最有效的方式。Malcom Glaweld 在 *The Tipping Point* 中把150法则形象地定义如下:在一次不期而遇的聚会上,你不会感到尴尬的人数最大值。

2) 六度分割与150法则

六度分割理论出现后使人们对自身的人际关系网的威力有了更深的认识,但"六度分割理论"为何只需"六度"则需要从人际关系网络的小世界性质另一特征"150法则"方面来解释。如果每个人的日常密切联系的人际网络是150人左右的话,通过6个人的人际关系网络可达人数便是

$$150 的六次方 = 150 \times 150 \times 150 \times 150 \times 150 \times 150 = 11\,390\,625\,000\,000$$

这个数字远超过人类历史人数之和,因此通过六个人可以与世界上任一个人建立联系也就不难理解了。

3) 应用

微软 MSN Messenger 帮助中指明了150法则的应用,它写道"最多可将150位联系人添加到您的名单中",150也就成为我们普遍公认的"我们可以与之保持社交关系的人数的最大值"。无论你曾经认识多少人,或者通过一种社会性网络服务与多少人建立了弱链接,那些强链接仍然在此时此刻符合150法则。这也符合"二八法则",即80%的社会活动可能被150个强链接所占有。

9.2.4　弱连带

1) 概念

弱连带,也称弱纽带,即弱连带关系、弱连带优势理论。美国斯坦福大学教授格拉诺沃特(Mark S. Granovetter)在20世纪70年代在他以个人求职行为为主题完成的具有深远影响的博士论文《找到工作》中,提出了弱连带优势理论(The Strength of Weak Ties)。这篇论文向人们揭示了一个有趣的现象:一个人在寻找工作时,对他找到新工作最有帮助的信息往往不是来自与他关系最密切的亲戚或朋友(强连带关系),而经常会来自与他关系一般的亲戚朋友或者熟人(弱连带关系),即人脉。因为根据社会交往理论,一个人往往只与那些在各方面与自己具有较强相似性的人建立比较紧密的关系,但这些人掌握的信息与他(她)掌握的信息差别不大;相反,与此人关系较疏远的那些人则由于与此人具有较显著的差异性,也

就更有可能掌握此人没有机会得到的、对他(她)有帮助的信息。

因此,人与人之间的弱连带关系是个体融入社会或社区的必不可少的因素,它能给人们带来意外的信息和机会,还具备联系不同社交圈子的能力,并且具有较低的可传递性(即熟人的熟人之间很可能不是熟人)。

2)应用

信息技术使得人们对弱连带关系的拓展变得异常容易,例如一个论坛、一个邮件列表、一个消息群等等,这些都是典型的弱连带关系网。直觉上如果一个信息是从亲近的人那里获得,那么可信度是最高的。但实际情况是,人们往往对来自弱连带关系的信息也是很容易信任的。例如,电视里的名人广告会让很多人相信产品的真实性,而热心网友(不排除枪手)对某个产品的评价会直接影响到该产品的销量,这些无不是利用了弱连带的优势。

9.2.5 并行生产

并行生产(Peer Production)的概念是由耶鲁大学法学教授本科勒(Yochai Benkler)在2001年第29届通讯政策研究会议(TPRC)上首先提出的,它的意思是通过汇集分散的投入和努力来有效地完成特定任务。并行生产在信息收集与处理方面显现出极大的优势,因为它可以大大降低信息产业中的人力成本。

Web 2.0模式中的Wiki是并行生产的典型体现,它利用众多用户分散的投入和努力来完成一个知识库的建立。此外,亚马逊公司的协同过滤图书推荐机制也是并行生产的体现,这一机制记录用户所有浏览和购买图书的行为,这个数据将用来为亚马逊公司的其他顾客推荐图书。在亚马逊网站上察看图书的读者会注意到类似于"对这本书有兴趣的读者还对以下图书有兴趣"或者"购买了本图书的读者还可能购买以下图书"的信息,做出这些推荐的正式协同过虑程序。

"并行生产的特点之一就是没有阶级制的组织机构来协调生产,更没有严格的制度来控制生产,并行生产的参与者可以完全独立地开展工作,通过相互间的交流来达到协调一致……此外,在并行生产模式下,生产者参与生产完全是自觉自愿的,因此,可以焕发出更大的劳动积极性,同时,劳动获得的成果首先可以满足自己的需要,然后又可以回馈社会,获得社会承认并得到享受社会回馈的权利……因此,在并行生产模式下,生产和消费的界限变得比较模糊,人们不再是单纯的生产者和消费者,而成为了产消者(Prosumer)或者用户(User)。"如二十几位草根图书馆学网民联合编写的《图书馆2.0:升级你的服务》一书,就是典型的并行生产。

9.3 社交网络

社交网络即社交网络服务,源自英文Social Network Service(SNS)的翻译。社交网络含义包括硬件、软件、服务及应用。

9.3.1 社交网络概述

SNS 这一名词是 1954 年由英国社会人类学家巴内思(J. A. Barnes)在 *Human Relations* 一书中首先使用的。一个社交网络的大小最大约为 150 人,平均大小约为 124 人。

社交网络源自网络社交,网络社交的起点是电子邮件。互联网本质上就是计算机之间的联网,早期的 E-mail 解决了远程的邮件传输的问题,至今它还是互联网上最普及的应用。BBS 则更进了一步,把"群发"和"转发"常态化,理论上实现了向所有人发布信息并讨论话题的功能(疆界是 BBS 的访问者数量)。即时通信(IM)和博客(Blog)更像是前面两个社交工具的升级版本,前者提高了即时效果(传输速度)和同时交流能力(并行处理);后者则开始体现社会学和心理学的理论:信息发布节点开始体现越来越强的个体意识,因为在时间维度上的分散信息开始可以被聚合,进而成为信息发布节点的"形象"和"性格"。

随着网络社交的悄悄演进,特定的人在网络上的形象更加趋于完整,这时候社交网络出现了。交友只是社交网络的一个开端,就像 Google 的开端只是每个网页的 Backlinks 那么普通一样,社交网络的开端只是获取个人资料和好友列表。社交网络大体经历了这样一个发展过程:

① 早期概念化阶段:SixDegrees 代表的六度分隔理论;
② 结交陌生人阶段:Friendster 帮用户建立弱关系从而带来更高社会资本的理论;
③ 娱乐化阶段:MySpace 创造的丰富的多媒体个性化空间吸引注意力的理论;
④ 社交图阶段:Facebook 复制线下真实人际网络来到线上低成本管理的理论;
⑤ 云社交阶段:著云台分布式网际社交理论。

整个 SNS 发展的过程是循着人们逐渐将线下生活的更完整的信息流转移到线上进行低成本管理,这让虚拟社交越来越与现实世界的社交出现交叉。

人类历史上,大凡重要的技术革命都伴随媒介革命,人类任何活动本质上都是信息活动,信息流的传递介质、管理方式的不同将决定人们接受信息的不同,而所有有关信息流媒介的变革一定是底层的变革,网络社交也是如此。从网络社交的演进历史来看,它一直在遵循"低成本替代"原则。网络社交一直在降低人们社交的时间和物质成本,或者说是降低管理和传递信息的成本。

与此同时,网络社交一直在努力通过不断丰富的手段和工具来替代传统社交来满足人类这种社会性动物的交流需求,并且正在按照从"增量性的娱乐"到"常量性的生活"这条轨迹不断接近基本需求。

如果说在网络社交的起点——电子邮件时代,网络仅仅可以满足人们 5% 的社交需求,那么今天丰富的社交网络已经可以把这个数字至少提升 10 倍,除了"接触型"的社交行为,或者说是"接触型"信息的收集和发布之外,网络社交已经开始承担大部分传统社交的作用。实际上,"非接触型"的社交原本就占据了人类社交的 80% 以上,这意味着网络社交对传统世界必然会带来巨大的影响。

说到底,网络社交不仅仅是一些新潮的商业模式,从历史维度来看,它更是一个推动互联网向现实世界无限靠近的关键力量。社交网络涵盖以人类社交为核心的所有网络服务形式,而互联网是一个能够相互交流、相互沟通、相互参与的互动平台,它的发展早已超越了当初 ARPANET 的军事和技术目的,社交网络使得互联网从研究部门、学校、政府、商业应用平台扩展成一个人类社会交流的工具。

如今网络社交更是把其范围拓展到移动手机平台领域,借助手机的普遍性和无线网络的应用,利用各种交友、即时通讯、邮件收发器等软件,使手机成为新的社交网络的载体。

必须注意的是,人与人之间的信息沟通,只有 7% 的信息是通过语言传递的(文字更少),而语气、情感、态度、肢体语言等占了 93%。除非网络社交的发展逼近传统接触型社交效果,否则只能是有益的补充,真正认识了解一个人还是需要在现实中接触才行,也许我们在有意无意夸大了网络虚拟社交的作用。不过,认识这一点也为网络社交指明了未来发展方向,也许是远程全息的"面对面"交流。

9.3.2 社交网络工具及发展

1) 电子邮件

1971 年,人类第一封电子邮件诞生,其缘起就是为了方便阿帕网(ARPANET)项目的科学家们互相之间分享研究成果。20 世纪 70 年代末 80 年代初,我国科学家也尝试通过电子邮件与外界进行沟通。随着互联网大规模进入社会生活,电子邮件至今还是我们最普遍使用的一种服务。通过网络电子邮件系统,用户能以非常低廉的价格(不管发送到哪里,都只需负担网费)、非常快速的方式(几秒钟之内可以发送到世界上任何指定的目的地),与世界上任何一个角落的网络用户联系。

电子邮件可以是文字、图像、声音等多种形式。通过电子邮件,用户还可以得到大量免费的新闻、专题邮件,并实现轻松的信息搜索。电子邮件的存在极大地方便了人与人之间的沟通与交流,促进了社会的发展。

2) 电子公告板(BBS)与论坛(Forum)

20 世纪 80 年代中叶,在因特网的发展初期就开始出现基于调制解调器(Modem)和电话线通信的拨号 BBS 及其相互连接而成的 BBS 网络。当时 BBS 站点间所使用的网络协议主要是 UUCP,内容也全都是文字或由文字所组成的图形。此外,还有 Telnet 协议。拨接式的 BBS 一经流行,相应站台如雨后春笋般出现。此类 BBS 的主要服务多为档案/共享软件下载、各类讨论区转信。在当时,较为常见的服务器端程序有 SuperBBS(SBBS)、ProBoard、RemoteAccess(RA)、MAXIMUS、FireBirdBBS 等,同时也有一些知名的站际转信网络,国外的有 FidoNet,我国台湾地区则有 90 网。而客户端所使用的拨接程序,则有 Telix、Kermit、ProComm。后来随着因特网的普及与基于 HTTP 协议而发展起来的多媒体网页盛行,传统纯文字式的拨号 BBS 和 BBS 网络已经日渐凋零,所剩无几。由于代之而起的是更多彩多姿的 Web 式讨论环境,因此在大多数国家或地区,BBS 一词所指称的讨论环境多半已非传统的纯文字式接口,字义已相同或近似于"论坛(Forum)"。

3) 万维网(WWW)

1991 年,伯纳斯·李经过多年的实践和改进,创办了以"超链接"为特征的万维网

(WWW)。WWW 可以让 Web 客户端（常用浏览器）访问浏览 Web 服务器上的页面，是一个由许多互相链接的超文本组成的系统，通过互联网访问。在这个系统中，每个有用的事物称为一种"资源"，并且由一个全局"统一资源标识符"（URL）标识，且这些资源通过超文本传输协议（Hypertext Transfer Protocol）传送给用户，而后者通过点击链接来获得资源。万维网使得全世界的人们以史无前例的巨大规模相互交流。相距遥远的人们，甚至是不同年代的人们都可以通过网络来发展亲密的关系或者使彼此思想境界得到升华，甚至改变他们对待事情的态度以及精神。情感经历、政治观点、文化习惯、表达方式、商业建议、艺术、摄影、文学都能以人类历史上从来没有过的低投入实现数据共享。

4）个人网站或博客

1994 年，斯沃斯莫尔学院（Swarthmore College）学生贾斯汀·霍尔（Justin Hall）建立了自己的个人站点"Justin's Links from the Underground"并与外部网络开始互联。这个站点更新了 11 年，被称为"个人博客元勋"。1997 年，一位名为焦·巴格尔（Jorn Barger）的先锋博客作者创造了"Weblog"一词。1999 年，博客工具 Blogger 和 Live Journal 出现；2003 年，Blogger 被 Google 收购。2007 年，轻博客平台 Tumblr 成立，在 2013 年 5 月被雅虎收购前，该平台上有超 1 亿个博客。2010 年，Google 围绕最成功的产品 Gmail 推出微博客 Google Buzz，但这是一个失败的产品；2011 年 Google Buzz 的继承者 Google＋上线，仅仅过了一年 Google＋就拥有 4 亿注册用户和每月 1 亿活跃用户。

5）即时通讯工具

1996 年，三个以色列人维斯格、瓦迪和高德芬格聚在一起，决定开发一种使人与人在互联网上能够快速直接交流的软件。他们为这款即时通讯软件取名 ICQ，即"I SEEK YOU（我找你）"的意思。它支持在 Internet 上聊天、发送消息和文件等。1997 年，美国在线实时交流工具 AIM 上线。1999 年 2 月，腾讯正式推出第一个即时通信软件——腾讯 QQ，现 QQ 在线用户由 1999 年的两人（马化腾和张志东）发展到数亿人，在线人数超过 1 亿，成为中国最大的即时通讯与社交网络平台。微信是腾讯公司于 2011 年 1 月 21 日推出的一个为智能手机提供即时通讯服务的免费应用程序，微信支持跨通信运营商、跨操作系统平台通过网络快速发送免费（需消耗少量网络流量）语音短信、视频、图片和文字，同时也可以使用通过共享流媒体内容的资料和基于位置的社交插件"摇一摇"、"漂流瓶"、"朋友圈"、"公众平台"、"语音记事本"等。

6）人际互动交流网站

1995 年，Classmates.com 成立，旨在帮助曾经的幼儿园同学、小学同学、初中同学、高中同学、大学同学重新取得联系；同时期在我国出现了"Chinaren（中国人）"、"5460"等类似的同学录网站。2003 年，面向青少年和青年群体的 MySpace 上线，它再一次刷新了社交网络的成长速度——一个月注册量突破 100 万，但因后来管理不善，以致难以扩大用户，最终被出售。不久以后，面向中国青少年的人人网、开心网也相继创立。

7）维基百科

2001 年，吉米·威尔士和拉里·桑格共同创立 Wikipedia，这是全球首个开源、在线、协作而成的百科全书,完全不同于《大英百科全书》的编撰方式。Wiki 的用户在第一年就贡献了 20 000 个在线词条。目前维基百科仍然坚持募捐的方式筹措运营资金,2011 年底他们募集了 2 000 万美元来维持 2012 年的运营。

8) 图片视频社区

2004 年,图片社区 Facebook 正式在哈佛大学寝室上线,目前每月有超 10 亿活跃用户。2004 年同年创立的还有 Flickr,现在它依然是非常活跃的图片社区,只不过东家已经变成了雅虎。2005 年,视频社区 YouTube 成立,它在成立后迅速被 Google 相中,2006 年从 Google 那里得到的收购价是 16.5 亿美元。而此时我国国内也出现了土豆、优酷等类似社区。2012 年 Pinterest 呈现爆发式增长(很大一部分原因是它在 2011 年底被 TechCrunch 评为"年度最佳创业公司"),它是目前网站史上最快达到 1 000 万独立访客的网站。Pinterest 堪称图片版的 Twitter,网民可以将感兴趣的图片在 Pinterest 保存,其他网友可以关注,也可以转发该图片。索尼等许多公司也在 Pinterest 建立了主页,用图片营销旗下的产品和服务。

9) 自媒体平台

2006 年 Twitter 成立,由于它将内容限制在 140 字以内,因此迅速成为方便的交流工具和强大的自媒体平台。国内同期也出现了新浪微博、腾讯微博等自媒体平台,并势成席卷社会生活的潮流。

10) 购物与团购

较早来到我国的国际购物网站是 e-bay,但其旗下的易趣却未在我国产生较大影响;而亚马逊(Amazon)则是以图书为主要商品的购物网站。2008 年,Groupon 上线,它是国际上最大的团购网站。阿里巴巴集团旗下的淘宝网(taobao.com)创立于 2003 年 5 月 10 日,现在已经成为世界范围的电子商务交易平台之一,目前拥有近 5 亿的注册用户数,每天有超过 6 000 万的固定访客,同时每天的在线商品数已经超过了 8 亿件,平均每分钟售出 4.8 万件商品。随着淘宝网规模的扩大和用户数量的增加,淘宝也从单一的 C2C 网络集市变成了包括 C2C、团购、分销、拍卖等多种电子商务模式在内的综合性零售商圈。2013 年 6 月,淘宝网推出余额宝服务,进入金融领域。2014 年 9 月 19 日,阿里巴巴在美国纽约证券交易所成功上市。国内团购方面的糯米团、拉手网、美团网、聚划算等网站也通过互联网及移动互联网同时发力。

9.3.3 中国社交网络发展概况

1) 社交网络市场发展现状

近年来,中国社交网络的发展引人注目。报告显示,2005—2011 年上半年,已经披露的中国社会网络行业的投资事件为 106 起,其中已经披露投资金额的投资案例为 74 起,披露的投资金额总额为 10.98 亿美金,平均投资金额为 1 484 万美金。与互联网及移动互联网相关行业的细分领域如网络游戏、电子商务相比,VC/PE 对中国社交网络的关注度稍弱,但是相对于其他互联网/移动互联网应用/服务而言,社交网络的投资情况引人注目。2011 年,我国社交网络投资创历年新高。

从已经披露的单笔投资金额来看，55.41%的投资案例集中在500万美金之下。相比其他行业而言，我国社交网络的投资金额相比较小，主要原因是我国社交网络行业企业普遍规模较小，融资阶段一般均处于企业发展前期。不过，涉及人人网、58同城、豆瓣网等行业领先且较具规模企业的投资案例金额已经达到5 000万美金之上。

分析认为，随着社交网络用户的不断增加，投资者、广告商、程序开发商等利益相关者也越来越多的将目光投向社交网站。国内社交网络的热潮正风起云涌，不仅构筑了一个庞大的网络社会，还为投资商们带来无限商机，其盈利模式逐渐形成，盈利能力也渐入佳境。

据统计，目前国内的社交网站已有千余家，有以下几种比较大的类型：① 校园生活型，用户以学生为主，最为典型的代表是人人网；② 职业商务型，如开心网，用户以白领为主；③ 交友婚恋型，如世纪佳缘等网站。社交网站及用户数量在2008年下半年到2009年上半年出现了急速增长的现象，但是相对于国外社交网络的发展状况，可以说目前中国的社交网络发展仍处于初级阶段。其主要特征就是产品应用相对单一，还处于一个不断丰富化的阶段，但是相信社交网络在中国的应用也将逐步走向成熟。

2）用户使用现状

据CNNIC的数据统计，截止到2014年1月，国内的社交网民数量已经超过1亿，覆盖度接近30%。从尼尔森统计的数据来看，社交网络的用户属性呈现出以下特征：① 女性用户比例略高于男性，分别为52.1%和47.9%；② 用户以18~29岁之间的年轻人为主，占总体用户的80%以上；③ 用户的学历较高，大专以上学历的用户占总体用户的45%；④ 用户家庭收入较高，年收入超过5万元的用户超过20%。

用户在使用社交网络时，同时呈现的特点是多数用户在社交网站参与深度不高。从用户的使用现状的细分来看，大多数用户在注册后基本不用；其次是观察者的比例相对较多，即他们只是偶尔登录网站了解一下，但并不做太多的活动；而评论者的比例也不多，即只有一些用户会在别人的空间进行回复，参与一些讨论；比例相对最少的是创建者，即只有极少的用户主动发起话题，制作视频或相册上传，写一些小日记等。

3）中国社交网络市场发展趋势

无论是开心网还是人人网，大多社交网站都留有模仿和抄袭国外社交网站的痕迹。但是如今中国的社交网站已经开始逐步发展进行服务细分，开始出现针对特定人群的社交网络。具体的发展趋势可以归纳为以下几方面：

（1）社交网络市场细分化趋势显著

产业专业化分工、市场细分是任何产业的必然，社交网络市场也如此，必将出现定位更精确、竞争能力更强的细分主体。社交网站目前处于同质化竞争的阶段，而差异化竞争将是未来获胜的关键，市场的进一步细分将成为差异化竞争的有效途径。

（2）社交网络社区成为用户重要的媒体接触点

在互联网时代，购买行为是消费的开始而非结束，网络社区成为购买行为后分享购买心得与体验的重要途径。这种分享一方面是对所购买产品或服务的肯定与认知的加强，另一方面是影响其他人的购买行为的开始。网络社区营销是对这种分享加以影响，并产生正面口碑导向的重要方法,亦是对消费者产品或服务认知途径加以影响的重要方法。尤其不能忽视垂直类社区的口碑传播。对于品牌广告主,为了更好地提高受众对活动或对品牌的体验度,可与专业垂直社区网站甚至是定位更精准的网站合作,能更加有效地提高受众的卷入度,更好地促进品牌的口碑传播。

(3) 各类社交网络社区营销方式呈多样化发展趋势

传统的社区论坛网站还以传统的网站广告形式为主,但已开始探索口碑营销等广告模式;综合门户社区广告依然以传统网络广告为主,在口碑营销等方面还比较滞后;新型交友社区还处在发展期,盈利模式还不清晰,各种广告模式都在探索,但基于群组关系及真实用户资料的精准营销、口碑营销等将是其重要的发展方向。

(4) 社交网络的成熟将带来网络营销的变革

社交网络正在催化中国网络营销变革。传统的网络广告模式是由广告主发起广告,用户与广告产生交互,形成的是曝光与点击等指标。SNS 的营销方式则是把用户与广告主有关的内容用对话或交流的方式吸引用户去访问广告主有关的 Minisite,或在用户之间用口口相传的方式来传播与品牌有关的内容,形成的是用户与用户以及与品牌内涵的联结。因此,社交网络营销的变革在于营销方式从广告到对话的变革、营销结果从曝光到联结的变革。采用社交网络的营销方式,将会形成一环扣一环的、一个小群体到另外一个小群体、用户与用户以及与品牌主张的深度联结。

社交网络在我国仍处于发展的初级阶段,广告应用也是起步不久,而且我国大部分的社交网站更多的是依靠网页游戏等组件来吸引人气,真正的人际社交网络的线上应用服务还未真正形成。但随着社交网络在我国的逐步成熟与细分,3G、4G 时代带来的社交网络的移动化及其应用内容的不断丰富,社交网络正在成为网络营销的一个重要平台。

9.3.4 社交网络对社会的影响

2008 年后,社交网络的发展非常引人注目。截至 2014 年 1 月,超一半以上的中国网民通过社交网络沟通交流、分享信息,社交网络已成为覆盖用户最广、传播影响最大、商业价值最高的 Web 2.0 业务。社交网络巨大的发展潜力更是一度被国内外各大风投机构与公司看好,纷纷注资。

社交网络在人们的生活中扮演着重要的角色,它已成为人们生活的一部分,并对人们的信息获得、思考和生活产生不可低估的影响。社交网络成为人们获取信息、展现自我、营销推广的窗口,但与此同时,社交网络也存在着一些弊端,包括个人信息的泄露等等。尤其是青少年,他们处在社交网络的前端,但同时也是受影响最深的。

联盾护航 360 调查发现,未成年人借助社交网络建立了虚拟的人际信任关系。74.8%的未成年人觉得网络社交不会暴露自己的真实身份,70.0%的未成年人觉得网上聊天比面对面交谈让自己更加轻松自在,69%的未成年人强调网络社交能结交到志同道合的朋友。网络社交在未成年人眼中有着独特的魅力。

同样对青少年来说,超过 22%的青少年的在线行为最终导致他们与某个人的友谊结束;25%的青少年在社交网络上的行为最终导致了面对面的争吵或对抗;13%的青少年在社交网络上有对抗之后,第二天去学校会感觉紧张,同样百分比的青少年因此与父母产生了问题;8%的青少年因为社交网络上的事情最终产生了身体对抗,6%的人因此在学校遇到了麻烦。

9.4 移动互联网

移动互联网(Mobile Internet,简称 MI),就是将移动通信和互联网二者结合起来,成为一体。4G 时代的开启以及移动终端设备日新月异的更新发展,必将为移动互联网的发展注入巨大的能量,使移动互联网产业产生前所未有的飞跃。

9.4.1 移动互联网概述

移动互联网是指互联网的技术、平台、商业模式和应用与移动通信技术结合并实践的活动的总称。

在我国互联网的发展过程中,PC 互联网已日趋饱和,移动互联网却呈现井喷式发展。由人民网研究院发布的《中国移动互联网发展报告(2014)》数据显示,截至 2014 年 1 月,我国移动互联网用户总数达 8.38 亿户,在移动电话用户中的渗透率达 67.8%;手机保持第一大上网终端地位,手机网民规模达 5 亿,占总网民数的八成多。我国移动互联网发展进入全民时代。在美国,智能手机用户数量已经是计算机用户数量的 4 倍。例如苹果公司在 2011 年总共卖出了 4 800 万部移动设备,而同期苹果卖出的笔记本以及 Mac 机的数量则仅为 490 万台。统计表明,有大约七分之一的搜索是通过手机完成的,但目前只有 20%的企业专门建立了针对移动设备的网站。

1) 移动互联网的概念和现状

移动互联网是一种通过智能移动终端,采用移动无线通信方式获取业务和服务的新兴业务,包含终端、软件和应用三个层面。终端层包括智能手机、平板电脑、电子书、MID 等;软件包括操作系统、中间件、数据库和安全软件等;应用层包括休闲娱乐类、工具媒体类、商务财经类等不同应用与服务。随着技术和产业的发展,未来 LTE(长期演进,4G 通信技术标准之一)和 NFC(近场通信,移动支付的支撑技术)等网络传输层关键技术也将被纳入移动互联网的范畴。

随着宽带无线接入技术和移动终端技术的飞速发展,人们迫切希望能够随时随地乃至在移动过程中都能方便地从互联网获取信息和服务,移动互联网应运而生并迅猛发展。然而,移动互联网在移动终端、接入网络、应用服务、安全与隐私保护等方面还面临着一系列的挑战。其基础理论与关键技术的研究,对于国家信息产业整体发展具有重要的现实意义。

用户市场及用户需求是衡量创新价值的主要标准,国家的创新能力应是这个国家所掌握的创新技术在市场竞争中的表现,而企业应当是国家创新能力的主要体现者。互联网曾经创造了经济神话,推而广之,如果在几亿手机用户这样一个消费群体上建立一个平台,使之广泛应用到企业、商业和农业之中,是否可以创造更惊天动地的奇迹?

以安卓开放平台为主的移动市场已经形成了一条完整严密的产业链,并急速膨胀扩张。这也使其中的一些严峻问题凸显出来,开发者、广告商、SP(指移动互联网服务内容、应用服务的直接提供者,负责根据用户的要求开发和提供适合手机用户使用的服务)等厂商肆意利用权限收集用户隐私、恶意扣费的现象屡禁不绝,甚至有部分开发者、厂商、第三方平台相互勾结,进行恶意扣费、贩卖个人信息等不法行为,对消费者和行业环境带来了不良影响。而这样的乱象中,仅靠从业者的自律想要肃清整个行业显然是杯水车薪。要解决上述问题,就必须有一个规范的体系和相应的管理办法。在移动互联网平台的大概念下,要解决其中存在的复杂问题还得多管齐下,综合治理,从技术、法规、监督各个方面给整个行业和市场带来"正能量"。

2) 移动互联网的结构

从层次上看,移动互联网可分为终端/设备层、接入/网络层和应用/业务层,其最显著的特征是多样性。应用或业务的种类是多种多样的,对应的通信模式和服务质量要求也各不相同;接入层支持多种无线接入模式,但在网络层以 IP 协议为主;终端也是种类繁多,注重个性化和智能化,且一个终端上通常会同时运行多种应用。

世界无线研究论坛(WWRF)认为移动互联网是自适应的、个性化的、能够感知周围环境的服务,并给出了移动互联网的参考模型(见图 9.2)。各种应用通过开放的应用程序接口(API)获得用户交互支持或移动中间件支持,而移动中间件层由多个通用服务元素构成,包括建模服务、存在服务、移动数据管理、配置管理、服务发现、事件通知和环境监测等;互联网协议簇主要有 IP 服务协议、传输协议、机制协议、联网协议、控制与管理协议等,同时还负责网络层到链路层的适配功能;操作系统完成上层协议与下层硬件资源之间的交互;硬件/固件则指组成终端和设备的器件单元。

图 9.2 移动互联网参考模型

移动互联网支持多种无线接入方式,根据覆盖范围的不同,可分个人域网(WPAN)接入、无线局域网(WLAN)接入、无线城域网(WMAN)接入、无线广域网(WWAN)接入。各种技术客观上存在部分功能重叠的现象,但更多的是相互补充、相互促进的关系,具有不同的市场定位。

3) 移动互联网的特点

手机是移动互联网时代的主要终端载体,根据手机及手机应用的特点,移动互联网主要有以下特征:

① 随时随地:手机是随身携带的物品,因而移动互联网具备随时随地的特性。这种集定位、搜索和精确数据库功能的服务最具杀伤性,必定将手机提升到改变世界的境界。

② 私人化、私密性:每个手机都归属到一个个人,包括手机号码、手机终端的应用,基本上都是私人来使用的,相对于 PC 用户,更具有个人化、私密性的特点。

③ 地理位置:不管是通过基站定位、GPS 定位还是混合定位,手机终端可以获取使用者的位置,可以根据不同的位置提供个性化的服务。

④ 真实关系:手机上的通讯录用户关系是最真实的社会关系,随着手机应用从娱乐化

转向实用化,基于通讯录的各种应用也将成为移动互联网应用新的发展方向,在确保各种隐私得到保护之后的联网,将会产生更多的创新型应用。

⑤ 屏幕小,处理器弱:目前主流手机屏幕尺寸为 4.5 英寸,CPU 频率为 1.2 GHz,在硬件上远落后于 PC,这个特点决定运行在终端上的程序只能是轻应用。

⑥ 终端多样化:众多的手机操作系统、屏幕分辨率、处理器造就了形形色色的终端,一个优秀的产品要想覆盖更多的用户,就需要更多考虑终端兼容。

⑦ 网络速度慢,数据流量资费偏高:虽然 3G、4G 手机已经逐步在市场上推广,但是目前来看,大部分手机还没有换代,包括一些新出的 3G、4G 手机在上网速度上还不能令人恭维,同时各个运营商的数据流量资费偏贵,也使很多手机应用在推广上面临很多的挑战。

移动互联网的这些特性是其区别于传统互联网的关键所在,也是移动互联网产生新产品、新应用、新商业模式的源泉。它的每个特征都可以延伸出新的应用,也可能有新的机会。总之,移动互联网继承了桌面互联网的开放协作的特征,又继承了移动网的实时性、隐私性、便携性、准确性、可定位的特点。

4)移动互联网在我国的发展

2000 年 9 月,中国移动和国内百家 ICP(互联网内容提供商)首次坐在了一起,探讨商业合作模式。2001 年 11 月 10 日,中国移动通信的"移动梦网"正式开通,当时官方的宣传称手机用户可通过"移动梦网"享受到移动游戏、信息点播、掌上理财、旅行服务、移动办公等服务。2004 年 3 月,移动 3G 门户开创,随后出现了一批搜索、音乐、阅读、游戏等领域的无线企业。2008 年 10 月,雷军正式出任 Ucweb 董事长,其目标非常明确,就在移动互联网领域中让 Ucweb 成为下一个 Google 和 Baidu。2008 年 12 月 31 日,国务院常务会议明确要求工信部按程序做好发放 3G 牌照工作,随后工信部确认国内 3G 牌照发放给三家运营商,即中国移动、中国电信和中国联通。2009 年我国正式进入第三代移动通信时代,包括移动运营商、资本市场、创业者等各方急速杀入中国移动互联网领域。

根据《2013—2017 年中国移动互联网行业市场前瞻与投资战略规划分析报告》数据统计,截至 2012 年 6 月底,我国手机网民达到 3.88 亿,网民中用手机接入互联网的用户占比由 2011 年底的 69.3%提升至 72.2%。手机网民的数量首次超越台式电脑网民的数量,也意味着移动互联网迎来了它高速发展的时期。事实也正好证明了这一点,2006 年至 2012 年,我国的移动互联网市场以 84.2%的速度增长。

现在我国已进入 4G 时代,所谓 4G 是第四代移动通信技术的简称,目前三大运营商均已取得 4G 牌照。由我国主导的 4G 网络标准技术成熟,具有信号稳定、干扰少等优势,将助推移动互联网在我国的更快发展。

9.4.2 移动互联网的关键技术

1)Mashup 技术

在本章第 9.1.2 小节我们已经深入讨论了 Mashup 技术的体系结构、应用场景及不足,此处不再赘述。

基于移动网络的 Mashup 应用可以把运营商、设备商、互联网应用及增值应用提供商等各方联合在一起,通过共同打造移动 Mashup 应用的生态系统,为用户提供更加优质的服务,提升用户体验,提供新的商务模式,并可以解决移动网络中新应用难以丰富的问题,在为用户提供更多创新的、融合的应用的同时也为包括运营商、设备提供商、内容/服务提供商(CP/SP)、互联网应用提供商在内的相关参与各方带来收益。

2) 移动 Widgets

Widgets 是利用 Web 技术,通过可扩展标记语言(XML)和 JavaScript 等来实现的小应用。Widgets 可以分为桌面 Widgets 和 Web Widgets,随着移动互联网和嵌入式设备的发展,Widgets 逐步开始应用在手机和其他终端上,衍生出移动 Widgets、TV Widgets 等表现形式。

移动 Widgets 具有小巧轻便、开发成本低、潜在开发者众多、与操作系统耦合度低和功能完整的特点,此外,由于运行在移动终端上,因此还有一些其他特性。首先,可以通过移动 Widgets 实现个性化的用户界面,轻而易举地让每部手机都变得独一无二;第二,移动 Widgets 可以实现很多适合移动场景的应用,如与环境相关、与位置相关的网络应用;第三,移动 Widgets 特定的服务和内容使得用户更加容易获得有用信息,减少流量,避免冗余的数据传输带来的额外流量;最后,移动 Widgets 也是发布手机广告的很好途径。总之,移动 Widgets 的易开发、易部署、个性化、交互式、消耗流量少等特性使它非常适合移动互联网,成为移动互联网构建的一个非常重要的因素。

移动 Widgets 依赖的技术有 Ajax、HTML、XML、JavaScript 等 Web 2.0 技术,以及压缩、数字签名、编码等信息技术。

在移动 Widgets 的开发部署中要集中考虑安全问题,即如何保证设备安全、个人数据安全和网络数据安全,以及防止不必要的信息和手段对用户产生骚扰等。

9.4.3 移动搜索

1) 移动搜索产生的背景

随着搜索技术越来越流行,搜索也逐渐成为一个很有商业前景的产业。例如,搜索引擎供应商可通过在返回的结果中附带付费广告的方式来盈利。这在搜索服务供应商特别是 Google、Yahoo 间建起了一个竞争舞台,以研究更新的技术、提供更新的服务来吸引更多的用户和获取更多的广告收入。现在,这个竞争已经转向无线领域,互联网搜索供应商们正在宣传一些新型移动服务,包括传统的信息检索、邻近商店和物品的本地信息检索,甚至是背景图像的检索。

移动搜索是一个全新的由实际应用需求催生的研究课题,目前处于起步的阶段,还没有形成明确的体系,但具有巨大的研究和应用的潜力。移动搜索在搜索领域是一个将来可以创造可观价值的方向,而逐渐形成的移动搜索的体系将改变人们寻找及购买日常商品、移动内容以及本地信息服务的方式,同时移动设备上的搜索的发展还将伴随着无线产业技术突破。

移动检索能为引擎供应商获取利益,他们可以通过直接向用户提供搜索服务的方式来获取利益,也可以通过在结果中显示广告的方式获利;无线网络服务供应商则可以通过计时或根据所发送的文本来收费;而用户可以在手头没有 PC 机的情况下获得比如邻近餐馆名、附近商场等信息,使得本地企业也会获得更多的商业机会。巨大的商业前景正在不断催生着移动搜索领域内新技术发展。

但是,移动搜索的使用还面临着一些困难,包括移动设备的小屏幕、较慢且不可靠的网络服务和目前的使用还不太普遍。这些问题都需要新技术的发展来解决。

2) 移动搜索的技术动力

移动设备用户,包括想要尝试新服务的用户数量的在不断增长,更先进的技术以及移动商务的吸引力都内在驱动对移动检索的需求。

(1) 宽带移动网络的逐渐成熟

随着无线传输媒介从第二代技术转向更高性能的 3G 和 3.5G 通道,移动互联网的传输速度也越来越快,能提供高达每秒 14.4Mb 的传输速率。现传输媒介正在向着 4G 前进,这会使每秒的流速达到 100Mb 甚至更高的速率。更好的性能使得网络能适应更先进的和更高数据密度的服务,如搜索服务。同时这种快速的网络也推动了用户来使用移动搜索,因为他们将会花费更少的时间和费用来等待查询结果。

(2) 对小屏幕更好的利用

移动设备的小屏幕使得结果的显示相对困难。因此,人们不得不在移动设备上的微型浏览器使用基于易读的文本信息的检索服务,而不是基于台式的浏览器那种以图像为主的显示方法。

随着能够使用互联网手机数量的增多,越来越多的组织正在设计适合移动设备显示的网页。对于较小的显示屏幕、较差的计算性能和较小带宽的移动设备及网络,网页内容普遍以滚动条的格式书写,包括可扩展的 HTML(XHTML)移动缩略图,它比 XHTML 提供更少的代表元素和特征参量,或无线标注语言(Wireless Markup Language,简称 WML),这种格式不会显示图像。

另外,移动搜索服务通常只能比传统搜索服务返回更少的结果,毕竟在小屏幕上阅读几十或者数百条结果太困难了。这就需要移动搜索引擎能够提供尽可能准确的信息,并对返回的信息进行必要的处理以适应小屏幕的显示。

(3) 电子商务

经营者把移动搜索看成一种驱动电子商务的方式,因为它能够使用户在没有 PC 机的情况下也能方便地查询在线商务和产品。反过来,更多的电子商务的事务也促进了移动搜索的发展。甚至有人认为,移动检索可能会在乡村特别有效,因为那里的人很难接触到互联网和电话信息服务,或者没有足够的收入购买 PC 机,这种情况下手机更有可能成为一种处理平台。

3) 移动信息搜索和自适应显示发展现状

早期的移动搜索服务仅由 SMS(短消息服务)构成,所以只能简单地提供一些关于天气、航班、股票报价等基于文本的信息;而使用 MMS(多媒体消息服务)则根据请求,可以提供铃声、壁纸、动画以及小视频。

目前移动搜索已经向在线搜索的方向发展,移动在线搜索可以分为专门针对移动 Web 的搜索和基于整个 Web(互联网)的搜索。

移动 Web 由那些专门设计针对移动设备上显示的网页组成。针对移动 Web 的搜索也是从大量的数据库数据和索引项搜集结果,这些数据库和索引是由 Spider 程序通过访问并取回移动 Web 所生成的。针对移动 Web 的搜索只返回 WAP 页面。虽然在日本和欧洲一些国家已经建立了不错的移动 Web 的索引,在世界范围内来说,WAP 站点页面仍很缺乏。大部分 WAP 网站设计简单,被利用的也不多,而且它们的内容和服务也还很有限。虽然有一些 WAP 搜索引擎可以索引移动 Web,但是大部分 WAP 搜索引擎性能不佳,这是因为当前移动网络不稳定的特性——有大量过时链接和死链接。同时大部分的针对 WAP 网站的抓取技术还不够,几乎所有的索引移动 Web 的搜索引擎还都依赖于手工建立数据库。

而基于互联网的移动搜索在手机和其他移动设备上的应用在过去的几年中获得了长足的发展。基于它们庞大的互联网网页数据库,搜索引擎 Google 和 Yahoo 已经针对手机用户定制了搜索接口。目前,主要有四种在手机和其他移动设备上的互联网搜索和信息检索类型。

(1) 面向 WAP 浏览器:在 WAP 浏览器上 HTML 网页被转化为 xHTML 或 WML 网页。Google 正在提供这样的服务,其他像 AOL 和 SearchGuy 等公司也正在对这种服务进行试验。

(2) 面向 HTML 浏览器:服务提供者特别定制针对不同移动设备的交互界面(和结果列表),但并不为 WAP 浏览器转化 HTML 网站,Yahoo 针对移动设备的 Web 搜索就是这样的例子。并且只有安装 HTML 浏览器或 HTML 兼容浏览器(主要是 PDA 和高端手机)才可以使用。

(3) 搜索引擎的本地搜索索引:搜索引擎利用已有的大量预先存储的 HTML 网页生成针对特定目的的数据库,并为 WAP 浏览器提供搜索结果。Google 和 Yahoo 的本地搜索引擎就是这类服务的例子。

(4) HTML 兼容移动浏览器:其工作起来几乎和台式电脑的浏览器一样,可以访问 HTML 搜索页面并像在台式电脑上的浏览器中那样搜索。

对于移动设备的多媒体信息访问来说,低带宽的网络连接和小面积的显示屏幕仍然是它们所受的两个关键限制。随着第 2.5、第 3 代乃至第 4 代移动通讯以及 WiFi 等无线接入技术的发展,这些小型移动设备的网络连接带宽将得到极大的改善。但是由于移动性的要求,它们显示屏幕的面积不易改变,仍需保持较小的尺寸,而且对于图像和视频的自适应显示问题还没有得到很好的解决。

在早期的应用中,人们研究的重点主要是如何为窄带宽的网络连接的用户(例如拨号上网和无线接入等)提供更快下载的页面。大多数的研究人员只是通过减小嵌入的图像文件的尺寸、降低图像质量的方法来加快下载;有些也支持通过文本的压缩来减小页面的传输时间。例如 Intel 公司对外的 QuickWeb 服务只能做图像的压缩;Spectrum Information

Technologies 的 FastLane 使用了两个模块，一个是完成图像压缩的网络代理服务器，另一个是在客户端的通用网络浏览器上加入的具有文本压缩功能的插件。

此后，TranSend，Digestor 和 Mowgli 等人的研究都涉及了根据不同的条件对页面显示格式进行改写的方法。一些公司，例如 ProxyNet（基于 TranSend 技术）、SpyGlass 和 lineAnywhere 都提供了基于启发式规则和包含为特殊站点设计的用于从页面中提取重要内容的特定内容过滤器的代理服务器，用来调整页面以适应小型设备的屏幕；欧洲电讯标准协会正在研究全球移动通信系统可以提供移动网络的自适应内容服务，例如基于设备物理位置信息的 CityGuide，以及基于通过客户端/网络环境及用户最大等待时间决定是否进行内容的自适应转换的在线网络访问自适应过滤器；另外，RealNetworks 的数据流软件可以根据用户网络连接的特性，传输多媒体内容数据流；Apple 的 Quicktime 数据流技术已经可以通过客户端与服务器端的协商，自动选择有效的起始带宽；Han R. 等人设计了一个自适应图像传输编码的方案，在具有时间延迟约束的情况下可以提供最好的图像质量，或者在规定图像质量的情况下可以提供最小的时间延迟。

Ma W. Y. 等人将上述的思想扩展得更加全面，提出了一个更加全面系统化的自适应内容传输的框架；为了研究同时对多种媒体内容进行自适应传输时它们之间的关系，Li C. S. 等人提出了一个 InfoPyramid 模型；Jones M. 等人做了一些关于网络内容针对小屏幕的版面设计的初步工作；Gilbert J. 等人提出了一种基于用户交互作用的图像内容传输的方法；最近 IBM 提出了他们的 WebSphere Transcoding Publisher，除了包括类似于 ProxyNet 和 SpyGlass 的特性外，还增加了对 XML 的支持，并且它的自适应转换主要是通过选择为不同环境设计的 XML 实现的。

W3C 组织（World Wide Web Consortium）已经开始研究使网络内容具有适应多平台能力和更容易理解的标准；除了对 HTML 规范使用的建议，正在被推广的 XML 和 XHTML 还可以提供更严格和更灵活的网络内容的组织方式；网络内容访问指导说明了如何使网络内容能被有生理残疾的用户访问；HTML 4.0 对无线接入的指导为相关人建立适合移动设备的网络内容提供了建议。这些都对网络内容的自适应传输都有很大的帮助。

9.4.4 移动互联网的应用场景与未来趋势

最近几年，移动通信和互联网成为当今世界发展最快、市场潜力最大、前景最诱人的两大业务，它们的增长速度都是任何预测家未曾预料到的。这一历史上从来没有过的高速增长现象反映了随着时代与技术的进步，人类对移动性和信息的需求急剧上升。越来越多的人希望在移动的过程中高速地接入互联网，获取急需的信息，完成想做的事情。移动互联网正逐渐渗透到人们生活、工作的各个领域，短信、铃图下载、移动音乐、手机游戏、视频应用、手机支付、位置服务等丰富多彩的移动互联网应用迅猛发展，正在深刻改变信息时代的社会生活。经过几年的曲折前行，移动互联网终于迎来了新的发展高潮。

1）移动互联网的十大应用场景

（1）移动社交将成客户数字化生存的平台：在移动网络虚拟世界里面，服务社区化将成为焦点。社区可以延伸出不同的用户体验，提高用户对企业的黏性。

(2) 移动广告将是移动互联网的主要盈利来源:手机广告是一项具有前瞻性的业务形态,可能成为下一代移动互联网繁荣发展的动力因素。

(3) 手机游戏将成为娱乐化先锋:随着产业技术的进步,移动设备终端上会发生一些革命性的质变,带来用户体验的跳跃。可以预见,手机游戏而作为移动互联网的杀手级盈利模式,无疑将掀起移动互联网商业模式的全新变革。

(4) 手机电视将成为时尚人士新宠:手持电视用户主要集中在积极尝试新事物、个性化需求较高的年轻群体,这样的群体在未来将逐渐扩大。

(5) 移动电子阅读填补狭缝时间:因为手机功能扩展、屏幕更大更清晰、容量提升、用户身份易于确认、付款方便等诸多优势,移动电子阅读正在成为一种流行并迅速传播开来。

(6) 移动定位服务提供个性化信息:随着随身电子产品日益普及,人们的移动性在日益增强,对位置信息的需求也日益高涨,市场对移动定位服务需求将快速增加。

(7) 手机搜索将成为移动互联网发展的助推器:手机搜索引擎整合搜索概念、智能搜索、语义互联网等概念,综合了多种搜索方法,可以提供范围更宽广的垂直和水平搜索体验,并更加注重提升用户的使用体验。

(8) 手机内容共享服务将成为客户的黏合剂:手机图片、音频、视频共享被认为是未来3G手机业务的重要应用。

(9) 移动支付蕴藏巨大商机:支付手段的电子化和移动化是社会发展的必然趋势,移动支付业务的发展预示着移动行业与金融行业融合的深入。

(10) 移动电子商务的春天即将到来:移动电子商务可以为用户随时随地提供所需的服务、应用、信息和娱乐,并能利用手机终端方便快捷地选择及购买商品和服务。移动支付平台不仅支持各种银行卡通过网上进行支付,而且还支持手机、电话等多种终端操作,符合网上消费者个性化、多样化的需求。

2) 发展趋势

(1) 未来智能手持终端占比将大大提高:据艾瑞咨询统计的报告显示,中国智能手机市场占有率仅有20%,远低于智能手机市场占有率高于50%的欧美国家,相比之下有很大的发展空间。同时,智能终端的普及使得台式机、笔记本电脑与移动终端的界限越来越模糊,许多以前只能在台式机或笔记本实现的功能已经越来越多可以在智能移动终端上实现了。

(2) 搜索仍将是移动互联网的主要应用:与传统互联网模式相比,移动互联网同样对搜索的需求量非常大,移动信息搜索将依然是移动互联网的主要应用。

(3) 移动与桌面互补:移动与桌面的优势将互补,实现移动和互联网的互补效应。比如说,周末移动互联网的使用率更高,而台式机主要在工作日使用,当用户更多的使用移动终端接入互联网时将为应用厂商带来巨大商机。

(4) LBS将是未来移动互联网的发展趋势:未来基于位置的服务(LBS)将是移动互联网中一个非常大的突破性应用。移动互联网和固网的最大区别就是移动是非常本地化的,在位置服务和位置信息提供上有非常大的优势,厂商可以把用户在其位置的信息进行更好地服务和整合。而当你在某个陌生的地方,打开你的移动终端,就能方便地找到附近的酒店、餐馆以及娱乐场所了。

(5) 新的消费模式:移动互联网将带来新型消费模式。移动互联网的消费模式与台式机和笔记本电脑有很大不同,用户希望有更多的个性化服务。所以未来如何捕捉移动互联网的用户,为其提供全新的广告信息和服务消费信息成为业界关注的焦点。

(6)云计算改变移动互联网:未来移动互联网将更多基于云的应用和云计算上,当终端、应用、平台、技术以及网络在技术和速度提升之后,将有更多具有创意和实用性的应用出现。

移动互联网的发展空间还很大,基于移动互联网的市场还有很多尚待挖掘。伴随着移动互联网时代的到来,智能终端普及以及云计算的大规模普及,很多过去想象的应用都将成为可能。同时,移动互联网也是开放的世界,在移动互联网时代,包括上传、下载和浏览都是用户自己决定的,无论平台、应用以及终端都应当遵守开放、自由、公平的原则,让用户真正得到最好的应用,才能获得用户的欢迎。

思 考 题

1. 简述 Web 2.0 的概念与主要理论。
2. 对比 Web 1.0、Web 2.0、Web 3.0 的区别与联系。
3. 什么是社交网络?它是如何发展起来的?
4. 简述社交网络的主要工具。
5. 联系第 2 章,简述社交网络对学习方式的影响。
6. 简述移动互联网的概念及发展趋势。
7. Web 2.0 与移动互联网分别采用什么技术?它们之间有什么联系?
8. 简述移动搜索的技术动力。

结束语 人际网络环境下的信息检索

作为信息检索课程的学习者与教育者,我们需要即时跟踪技术发展与时代变化,了解我们面临的信息环境的新特点,对人际网络环境下的新热点保持高度敏感性。人际网络又称社会网络,本书第9章将之直接称为社交网络。根据包昌火教授对人际网络的定义,所谓人际网络,即为达到特定目的,人与人之间进行信息交流的关系网。它基本上是由结点和联系两部分构成,其中结点是网络中的人或机构,联系则是交流的方式和内容。人际网络即为人际关系构成的网,是为达到目的所编制的人际网。

随着技术发展,原有的互联网资源的组织方式从 Web 1.0 向 Web 2.0 转变,单纯的资源网络正向多层次的人际网络发展,原由社会机构或商业公司为主体进行资源的组织正转向由网民群体所为,一个全民织网的时代,一个越来越接近于真实人际社会的图景越来越清晰地展现。而所有这种依靠群众智慧进行的资源组织都依托于社交网络这个平台,在这个平台上,无论是传统的 WWW、FTP,还是即时通讯、自媒体工具、图片社区都成为资源组织与推送的有效工具,使全体网民都成为生产者,人人拥有麦克风。移动互联网的发展,移动应用的兴起,助推了社交网络的发展,这是由移动终端的个人化与真实化特点所决定,人们不满足于限于 PC 桌面这样单一的使用环境,不满足于互联网信息服务的固定单一的发布方式,对多样性、异构化的网络环境提出了普适访问的要求,要求在任何地点、通过任何网络连接、用任意一种客户端设备访问所需信息。人们利用移动设备不仅仅是传统意义的通话,逐步将它看着日常信息获取的重要工具。同时,移动网络应用需求也越来越贴近现实生活场景,移动电子商务更助推了用户的多样化、个性化需求,而移动终端又将信息组织与获取导向碎片化与随时随地化。

人际网络环境下,社交网络与移动互联网的功能与作用将相互交织。用户在信息检索心理与行为方面将表现出如下几个特征:

(1) 搜索变得无处不在

许多人通过互联网了解了基于关键字的检索功能,不少人也尝试过在 MS Windows 上进行文件检索或在一个字处理程序中进行文本检索。将来,很多人也会熟悉移动设备上的搜索功能。移动设备上的搜索功能与一般在 PC 机上的互联网搜索功能有着很多的不同之处。一般的互联网搜索服务都在尽可能地扩展其能够搜索的范围,如从学术论文到商品价格信息。而对于移动搜索,从目前设计的服务或者用户使用的情况来看,都更加专门,用户使用移动搜索更倾向于获得答案和直接可用的结果而不是更多搜索的链接。在人际网络环境下,移动搜索不是信息检索的移动化,而是基于移动场景的检索需求。这些需求通常都是碎片化的节点应用,不强调在移动端上实现完整的流程,而是根据场景存在的节点应用,而且应用针对性极强,操作也应极为简单。比如,信息检索主体可能只是想了解某文献的收藏状态,不一定需要原文,或是想了解某一数据库的特点及收录范围,或是查询某一文献的作者及相关信息等等,这些都是碎片化的应用,而且这些应用彼此之间是没有上下文关系的。移动应用的主角是手机,但并不是说只有手机上的应用才是移动应用,不同的场景下需要不同的移动终端。手机作为通用型消费品在企业级应用上存在许多缺陷,比如电池续航能力,一、二维条码读取、RFID 识别、IC 卡读写、三防(防水、防尘、防震)耐用等方面。因此,平板电脑、PDA、存储式 IC 卡识读器、条码枪等都可作为特殊场景下的移动应用设备。移动应用将会使搜索变得随时随地化,移动终端将使移动搜索、基于位置的信息服务(LBS)变得生动活泼。

(2) 相对于水平(综合性)搜索引擎,垂直搜索因其专业性将异军突起

水平搜索因其全面的索引能力,使其在 PC 搜索时代独具风光,在内容类型与领域充分表现它的综合性。而垂直搜索引擎更强调专业性,不求全,只针对专门信息,可以在地图、购物、多媒体、专业知识或学术资源组织方面做得更好。在移动互联网时代人际网络环境下,主要的搜索工具将全面转向手机,受制于终端的处理能力、显示特征与容量,用户更倾向于直接找到信息而少走弯路。手机移动搜索应整合搜索概念、智能搜索、语义互联网等概念,综合多种搜索方法,提供目标更精准、范围更宽广的垂直搜索功能,有效提升用户的体验。

(3) 智能感知技术与推技术紧密结合

基于智能感知技术的位置搜索,可以通过手机等终端搜索附近的地理位置信息,如商店、加油站或餐馆。基于位置的搜索包括基于邻近对象的实时检索、对用户可能经过的对象的预定义检索。第一种情况典型的使用场景是到一个陌生的地方,想找一个 ATM 机或餐馆;第二种情况更有意思,典型场景可能是寻找出售自己购物清单上商品的商家,比如用户想买某品牌的相机,只需通过手机输入该相机的名称等条目,那么他路过出售这款相机的商店时,他会获得产品的价格信息。方位搜索将可能与实体或虚拟资源定位结合,产生更激动人心的信息检索结果呈现方式。可以想象,这种基于位置的服务完全可以移植至图书馆等信息资源收藏单位,用户通过移动搜索,在物理接近相关馆藏单位的时候,就可自动获得馆藏信息。智能搜索与推技术结合,是根据用户点击及搜索关键词智能分析出用户的消费偏好与最近关注,再从索引库中自动选择相应内容推送给用户,在用户的个性页面上呈现与用户偏好相关的商品及知识。

(4) 用户体验至上

在人际网络环境下,用户主要利用碎片化的时间进行搜索、阅读及娱乐,因此精准的信息定位与快速而不繁琐的信息呈现显得尤其重要。任何一款产品能否成功打入市场,被用户所接受,好的用户体验是关键。用户体验是一种纯主观的,在用户使用产品过程中建立起来的一种感受,这种感受会直接影响到用户的产品的信赖程度。因此,开发产品时要把用户体验放在产品开发的首要位置。苹果公司仅凭借几款产品就成为全球市值最高的 IT 企业,iPhone 系列一度成为全球最热销的终端。为什么用户那么喜爱苹果的产品?苹果有什么魔力能够吸引着全球用户的眼球?到底是什么造就了苹果公司今天的辉煌呢?这一切都可以从苹果公司的产品战略上找到答案,用户体验至上是苹果产品战略的本质。不管技术如何

变化,时代如何变迁,始终不变的就是满足用户的体验需求,在用户需求不断提升的同时,坚持推出能更好满足用户体验的产品。任何一款成功的应用都离不开对用户需求的满足,离不开用户体验的满足,因此也可以说用户体验至上是开发一款成功产品的基石。

(5) 口碑式传播方式方兴未艾

口碑是什么？口碑即顾客推荐,来源于传播学。美国密歇根大学的尤金·安德森认为:口碑传播是个体之间关于产品和服务看法的非正式传播,包括正面的观点和负面的观点,但不同于向公司提出正式的抱怨或赞赏。总之,它是关于某一组织的信用和可信赖度、经营方法、产品、服务等方面的信息,它可以从一个群体传播到另一个群体,从一个顾客传播到另一个顾客。它不能产生于某一次购买或服务,是企业长期努力的结果。良好的口碑是企业长期获得客户的根本保证。"口碑"从本质上来说是一种免费广告,但与商业广告相比,它具有与众不同的亲和力和感染力。口碑的传播内容已经被赋予了使用过后的感受,而商业广告仅仅是商家对产品的一种宣传;口碑的宣传不以营利为目的,而广告的宣传是以营利为目的。所以口碑更成促成消费者的购买和使用行为。人们经常会让别人(朋友、亲戚等)推荐医生、酒店、电影,如果我们相信提出建议的人,常常就会按照建议去做。这样,一些幸运的商家不用花一分钱广告费就得到了顾客,这就是口碑的魅力。在Web 2.0以前,口碑传播的常见形式是演讲、口头传播(包括当面交谈、电话交谈)、书面传播(书信、媒体上发表的文章)、大小字报传播、电子邮件传播、聊天工具传播、个人网站、论坛发帖,而在Web 2.0时代,人际网络更可以成为口碑传播的良好载体,通过各种社交网络工具形成一类传播模式。

在人际网络环境下,信息检索作为一门已经有了较多知识积淀的成熟课程,将会适应变化,对一些方法与思路做重新调整,整体呈现变与不变的两个方面。正如本书前述各章节所讨论的,信息资源组织与存储的基本方法、信息检索基本理论与技术将不会改变(第4章),信息素养的论点及训练方法(第2章)也不会因技术与时代变化而改变;但学习方式与信息环境将出现较大改变(第1、2章),同时信息源(第3章)也有较大规模的拓展,检索工具、方法与手段也有新的变化;信息检索的具体过程不会出现变化,但有新的改进,信息检索效果评价的方式方法总体不变,但局部会有调整。

信息检索可能呈现如下变化:

(1) 人们在学习工作生活中还主要通过传统方式来进行信息检索

移动搜索绝不是将互联网搜索照搬到手机等移动终端上,尽管移动终端具有可随身携带、随时使用、随时在线、随时与他人保持联系、信息查询时用户获取信息的目的性更强等特点,但它的屏幕容量小、容纳图像能力差、输入方式相对困难、标准性差,同时还受制于WiFi或3G、4G网络信号质量。因此在目前情况下,前述传统文献信息源、数据库信息源、网络信息源及机构信息源的检索方式还将长期存在,移动搜索输出方式与通过PC、虚拟桌面、瘦客户机搜索的输出方式相比,还缺乏丰富的图像信息、大容量的文本信息。

(2) 移动搜索将以牺牲查全率的前提下保证精确的查准率的要求

受制于移动终端的种种弱点,移动搜索的信息表达必须更简洁紧凑,区别结果的优先顺序,尽可能地给出结果的概要信息。如果不能满足大容量信息的显示需要,至少要保证查询结果的精准性,这对查全率提出了更高的要求。同时,快照技术在移动搜索的概要显示中将发挥重要作用。

(3) 基于位置信息的本地信息检索呈现出强大的应用前景

正如前文所述,这种位置搜索可以通过手机等终端搜索附近的地理信息,如商店、服务区、饭馆等,用户可以在没有 PC 机的情况下取得确定信息;同时,这种搜索也给本地企业带来更多商业机会。基于位置的搜索包括基于邻近对象的实时检索、对用户可能经过的对象的预定义检索。

(4) 移动搜索的迫切影响主要体现在对网络信息源的检索,但未来不可限量

由于手机等移动终端的屏幕小、容量有限、带宽受限及操作不便,现阶段移动搜索将主要对网络信息源产生一定影响,主要表现为在移动媒体上使用 Web 通用信息搜索、在 WAP 环境下构建移动搜索引擎等等。移动搜索对海量的传统文献信息源、数据库信息源方面暂时还不会产生明显影响。但技术进步总是伴随人类的需求,只要存在随时随地信息检索需要,在移动终端上实现海量数据检索及输出也不是遥不可及、不可想象的事。随着便携的移动终端技术、云处理技术的进步,移动搜索改变信息检索方式与模式的一天或许很快就会到来。

在移动应用时代,作为教育者(高校教师),必须领会这种技术手段给传统资源组织方式、推送方式造成的影响,了解人际网络信息环境下教育对象的特点,从而有的放矢地开展教育教学工作;学习者(本科生、研究生),要敏锐把握新技术发展的动向,积极从传统的学习方式转向无处不在的学习方式,树立终身学习的观念,提高终身学习的本领。

参考文献

1. 李爱国.工程信息检索[M].南京:东南大学出版社,2005
2. 孙建军,成颖.信息检索技术[M].北京:科学出版社,2004
3. 柯平.信息素养与信息检索概论[M].天津:南开大学出版社,2005
4. 严大香.社会科学信息检索[M].南京:东南大学出版社,2006
5. 戴维民.信息组织[M].北京:高等教育出版社,2009
6. 潘燕桃.信息检索通用教程[M].北京:高等教育出版社,2009
7. 袁曦临.信息检索——从学习到研究[M].第5版.南京:东南大学出版社,2011
8. 陈庄,刘加伶,成卫.信息资源组织与管理[M].第2版.北京:清华大学出版社,2011
9. 刘霞,李漠.网络信息检索[M].北京:清华大学出版社,2010
10. 秦殿启.文献检索与信息素养教育[M].南京:南京大学出版社,2008
11. 赵静.现代信息查询与利用[M].第2版.北京:科学出版社,2008
12. 夏立新,金燕,方志.信息检索原理与技术[M].北京:科学出版社,2003
13. 刘二稳,阎维兰.信息检索[M].第2版.北京:北京邮电大学出版社,2007
14. 李国辉,汤大权,武德峰.信息组织与检索[M].北京:科学出版社,2003
15. 马文峰.信息检索教程[M].北京:国家图书馆出版社,2009
16. 龚斌,宋茜.信息检索[M].天津:天津大学出版社,2010
17. 沈固朝.信息检索(多媒体)教程[M].北京:高等教育出版社,2002
18. 沈固朝.竞争情报的理论与实践[M].北京:科学出版社,2008
19. 花芳.文献检索与利用[M].北京:清华大学出版社,2009
20. 王立诚.社会科学文献检索与利用[M].第2版.南京:东南大学出版社,2007
21. 王立诚.科技文献检索与利用[M].第4版.南京:东南大学出版社,2010
22. 周毅华.网络信息资源检索与利用[M].南京:南京大学出版社,2011
23. 张树忠,黄继东.信息检索与利用[M].南京:东南大学出版社,2012
24. 谢德体,于淑惠,陈蔚杰,等.信息检索与分析利用[M].北京:清华大学出版社,2009
25. 赵乃瑄.实用信息检索方法与利用[M].北京:化学工业出版社,2008
26. 沙振江,张晓阳.人文社科信息检索与利用教程[M].镇江:江苏大学出版社,2007
27. 黄秀子,房宪鹏.经济法律文献信息检索与论文写作[M].北京:经济管理出版社,2011
28. 王胜利,袁锡宏.经济信息检索与利用[M].北京:海洋出版社,2008

29. 包平. 农业信息检索[M]. 南京：东南大学出版社，2003

30. 林美惠，薛华. 农林信息检索利用[M]. 北京：人民出版社，2011

31. 查先进. 信息分析与预测[M]. 武汉：武汉大学出版社，2000

32. 司有和. 竞争情报理论与方法[M]. 北京：清华大学出版社，2009

33. 王知津. 竞争情报[M]. 北京：科学技术文献出版社，2005

34. 孙振誉. 信息分析导论[M]. 北京：清华大学出版社，2007

35. 隋丽萍. 网络信息检索与利用[M]. 北京：清华大学出版社，2008

36. 曹志梅，范亚芳，蒲筱哥. 信息检索问题集萃与实用案例[M]. 北京：北京图书馆出版社，2008

37. 赵玉东. 信息资源检索与利用[M]. 广州：中山大学出版社，2009

38. 余致力. 医药信息检索技术与资源应用[M]. 南京：南京大学出版社，2009

39. 孟连生. 科技文献信息溯源——科技文献信息检索教程与学科资源实用指南[M]. 北京：高等教育出版社，2006

40. 刘英华，赵哨军，汪琼. 信息资源检索与利用[M]. 北京：化学工业出版社，2007

41. 刘阿多. 科技网络信息资源检索与利用[M]. 南京：东南大学出版社，2005

42. 杜伟. 信息检索[M]. 北京：科学出版社，2009

43. 黄亚男. 信息检索与利用[M]. 长沙：中南大学出版社，2009

44. 李四福，叶玖. 信息存储与检索[M]. 北京：机械工业出版社，2007

45. 袁润，刘宏光. 理工科信息检索与利用教程[M]. 镇江：江苏大学出版社，2008

46. 杜慰纯，宋爽. 信息获取与利用[M]. 北京：清华大学出版社，2009

47. 赵丹群. 现代信息检索[M]. 北京：北京大学出版社，2008

48. 杨帆. 基于Wiki的企业知识管理研究[D]. 武汉：武汉大学，2006.19

49. 彭冬莲. 网络信息资源组织研究[D]. 湘潭：湘潭大学，2003.13～17

50. 卢雪琴. 网络教育环境下个性化教学模型的研究[D]. 杭州：浙江工业大学，2012.13～17

51. 邱燕燕. 2003—2005年我国信息用户研究理论综述[J]. 图书情报工作，2007(7)：58～61

52. 魏珊，操志利. 中国信息化现状与合理推进[J]. 武汉大学学报，2014(5)：93～98

53. 顾海霞. 知识经济对提高劳动者素质的启示[J]. 中国集体经济，2012(6)：114

54. 徐金铸. 信息源及其分类研究[J]. 现代情报，2001(12)：39～40

55. 张倩苇. 信息素养与信息素养教育[J]. 电化教育研究，2001(2)：9～14

56. 谷雨，武振毅. 信息机构信息资源管理探析[J]. 信息技术，2007(4)：138～140

57. 孙丽昙. 网络信息源的生态属性及其应用研究[J]. 科技情报开发与经济，2007(18)：91～92

58. 谭丹丹，胡玲丽，陆莹. 数字信息服务中的用户心理研究[J]. 图书馆理论与实践，2006(1)：56～58

59. 毛赣鸣,黄盛卿.试析网络信息源权限[J].大学图书馆学报,2003(4):32~34

60. 李艳.社会信息环境的现代转型[J].现代情报,2003(12):116~117

61. 李公文,林雪涛.青少年网络移动学习新范式[J].继续教育研究,2013(10):54~55

62. 崔鸿雁,杜志新.论网络环境下纸型载体文献的不可取代性[J].前沿,2005(2):5

63. 李巍,林强,等.科技期刊与网络数据库共生共荣的发展之道[J].中国科技期刊研究,2014(6):793~796

64. 郭少友.机构库建设的若干问题研究[J].中国图书馆学报,2006(1):77~80

65. 袁顺波,董文鸳.机构库的起源、影响及图书馆的应对策略[J].情报资料工作,2006(2):44~46

66. 罗春荣.国外网络数据库:当前特点与发展趋势[J].中国图书馆学报,2003(3):44~47

67. 傅健,杨雪.国内移动学习理论研究与实践十年瞰览[J].中国电化教育,2009(7):37~41

68. 李爱国.个人信息环境与定制服务[J].情报理论与实践,2005(1):78~81

69. 季拥政.泛在信息社会及其基本特征[J].图书馆学研究(理论版),2011(10)

70. 钱小聪.当泛在网真正泛在[J].中国电信业,2010(8)

71. 郭庆婧."泛在"时代:呈现全新特性,呼唤移动支撑[J].人民邮电,2007(10)

72. 季拥政.泛在信息社会及其基本特征[J].图书馆学研究(理论版),2011(10)

73. 杨鹤林.从数据监护看美国高校图书馆的机构库建设新思路:来自DataStaR的启示[J].大学图书馆学报,2012(2):23~28

74. 陈山枝.信息通信产业融合的思考——网络、终端与服务[J].当代通信,2006(Z1):31~36

75. 白兆山人的博客.对事实、数据、信息、知识和情报相互关系的新认识[EB/OL].http://baizscp.blog.163.com/blog/static/17553230220110269285734 8/[2014-07-01]

76. 百度文库.无处不在的泛在信息社会(2012-06-01)[EB/OL].http://wenku.baidu.com/link?url=lI89lTTWokwkoaVjMWZT0fNBHezZVUNJlg_eDoG8i1O9OjonZJQ8V0dVFaXjiWAsqcByPntbupJkTpVwVg3b5pLAXhYx3tc8AJ0aZsti5Z7[2014-07-01]

77. 迁者——贺利坚的博客.改变学习模式,在课外学习中获得突破(2010-12-16)[EB/OL].http://blog.sina.com.cn/s/blog_5717f02f0100nuey.html[2014-07-12]

78. 知乎社区.数据库与信息检索(2010-09-02)[EB/OL].http://www.zhihu.com/topic/19827604/questions[2014-07-27]

79. 俞信吉.网络环境下个人信息概念的厘定(2010-09-02)[EB/OL].http://www.chinalawedu.com/new/16900_174/2010_9_2li69953581129010220723.shtml[2014-07-26]

80. 中华文本库.政府信息资源管理与开发[EB/OL].http://www.chinadmd.com/file/xrc6e63porp6ue3tce6zvpat_2.html[2014-07-26]

81. 中国互联网信息中心. 第33次中国互联网络发展状况统计报告(2014-03-05)[EB/OL]. http://www.cnnic.net.cn/hlwfzyj/hlwxzbg/hlwtjbg/201403/t20140305_46240.htm[2014-07-11]

82. 人大经济论坛. 大数据专选页面[EB/OL]. http://bbs.pinggu.org/bigdata/[2014-07-11]

83. 信息检索(网络教材)[EB/OL]. http://odp.nit.net.cn/xxjs/[2014-07-11]

84. 信息检索(多媒体)教程(网络版)[EB/OL]. http://www.lib.lut.cn:8901/main.htm[2014-07-15]

85. 百度百科[EB/OL]. http://baike.baidu.com/[2014-07-31],相关词条

86. 互动百科[EB/OL]. http://www.baike.com/[2014-07-31],相关词条

87. MBA智库[EB/OL]. http://wiki.mbalib.com/[2014-07-31],相关词条

88. 维基百科[EB/OL]. http://zh.wikipedia.org/wiki/[2014-07-31],相关词条